고려시대 한시와 국어시가의 상관성

고려시대 한시와 국어시가의 상관성

정소연 지음

한국문화사

고려시대 한시와 국어시가의 상관성

1판 1쇄 발행 2020년 6월 30일

지 은 이 | 정소연
펴 낸 이 | 김진수
펴 낸 곳 | 한국문화사
등   록 | 제1994-9호
주   소 | 서울특별시 성동구 광나루로 130 서울숲 IT캐슬 1310호
전   화 | 02-464-7708
팩   스 | 02-499-0846
이 메 일 | hkm7708@hanmail.net
홈페이지 | http://hph.co.kr

ISBN 978-89-6817-901-3 93810

• 이 책의 내용은 저작권법에 따라 보호받고 있습니다.
• 잘못된 책은 구매처에서 바꾸어 드립니다.
• 책값은 뒤표지에 있습니다.

• 이 도서의 국립중앙도서관 출판예정도서목록(CIP)은 서지정보유통지원시스템 홈페이지
  (http://seoji.nl.go.kr)와 국가자료종합목록 구축시스템(http://kolis-net.nl.go.kr)에서
  이용하실 수 있습니다. (CIP제어번호 : CIP2020024831)
• 이 저서는 2018년 대한민국 교육부와 한국연구재단의 중견연구지원을 받아 수행된 연구임
  (NRF 2018S1A5A2A01037546).

머리말

필자는 한국문학사 중 시가사(詩歌史)의 전개에 관심을 두고, 특히 한문과 국어의 이중언어로 문학활동을 한 우리 시가사에 주목하게 되었다. 이러한 양상이 훈민정음 창제 후 더 적극적으로 드러나게 된 조선시대를 연구의 출발로 삼았다. 감사하게도 한국연구재단의 인문저술출판사업의 지원을 3년간 받아 조선시대 한시와 시조를 함께 지은 이중언어시인에 대해 연구한 성과를 『조선 전·중기 시가의 양층언어문학사』(2014, 새문사)와 『조선 중·후기 시가의 양층언어문학사』(2014, 새문사)로 출간하였다. 뜻하지 않게 교육부장관 표창을 받아 학계 선생님들의 보이지 않는 격려를 입었고 이 연구를 지속하는 데 힘이 되었다. 이후 여성 시인의 사례를 추가하여 『조선시대 한시와 국문시가의 상관성』(2019, 한국문화사)로 개정판을 출간하였다.

19세기에 이르면 이중언어시인의 한시 창작은 지극히 적어지고 국문시가인 시조 위주로 짓는 경우에 이르렀다. 그렇다면 국문(國文) 전용시대인 20세기의 시인들은 어떻게 하는지, 이전까지의 한시를 근대 국문시와 어떻게 관계를 맺어가는지에 대한 관심을 두고 관련 연구를 지속하게 되었다. 감사하게도 한국연구재단의 신진연구지원사업의 지원을 3년간 받아, 근대시를 형성하는 데에 기여한 20세기 시인들이 전통 한시를 번역하고 수용한 양상을 살핀 『20세기 시인의 한시 번역과 수용』(2019, 한국문화사)를 출간하였다.

이 연구들은 모두 조선시대에서 20세기까지 한국 시가사에서 한시에 대응하여 국어시가가 어떻게 성장하고 발전해왔는지, 특히 노래[歌]인 국어시가가 시(詩)인 한시와 대등해지기까지 어떤 과정을 통해 발전하였고 근대 국문시의 시대에 이르게 되었는지의 과정을 추적한 것이다. 그런데 그 이전인 고려시대는 국문이라는 문자도 없고, 한문과 향찰의 문자생활을 하면서 국어를 구어로 하는 이중언어 속에 있었다. 이러한 고려시대에는 조선시대에 비해 한시와 국어시가를 대등하게 인식한 것을 발견하게 되었다.

고려시대 시인들은 국어시가를 개인 서정시로 짓는 경우가 조선시대에 비하면 극히 적지만, 한시를 통해 국어시가를 여러 방식으로 나타내고자 하였다. 이에 본서를 통해서 고려시대에 시와 노래를 대등하게 인식하고, 국어시가의 한시화가 다양하게 나타난 점을 보게 될 것이다. 한문과 국문이라는 두 기록매체를 가진 조선 전기에는 두 언어가 상하관계였고, 그래서 한시와 국문시가가 점점 대등해지는 과정을 거쳤지만, 고려시대에는 그렇지 않았다. 고려는 오히려 한시가 자리를 잡아가고 있는 때였고, 이미 존재했던 국어시가가 한시와 대등하게 인식되며 둘 간의 거리가 매우 가까웠음을 알 수 있었다.

개인적인 공부 여정과 성과를 책으로 낸다는 것은 언제나 두려운 일이다. 나 자신에게는 깨달음의 기쁨을 주었던 공부 과정들이었으나 학문적 엄정성 앞에서는 늘 부족하다. 지적사항들은 한둘이 아닐 것이다. 그러나 감사하게도 한국연구재단의 중견연구자지원사업의 지원을 2년간 받아 개인적인 공부에 그치지 않고 출간을 결심하게 되었다. 2장을 제외하면 모두 새로 연구한 것이고 처음 발표하는 것이다.

이 연구를 하는 데에 많은 분들의 도움을 받았다. 선행연구를 하신 선생님들이 계신 덕분에 많이 배울 수 있었다. 연구 자료를 구해주고 편집에도 손을 보태준 박사과정생 윤예전 연구원이 아니었다면 어두운 눈으로 더 많은 시간을 헤매고 있었을 것이다. 출판을 해주신 한국문화사 김진수 사장님, 김태균 전무님, 조정흠 차장님, 유인경 선생님, 이정빈 주임님 덕분에 이번 책도 세상에 나올 수 있었다. 늘 지지해주는 남편과 가족들의 사랑을 생각하면 코끝이 찡해진다.

2020년 6월에

차례

■ 머리말 __ v

1. 서론 __ 1

I. 10세기

2. 향가 〈普賢十願歌〉와 한역시의 구조 비교 __ 7
   2.1. 서론 ·· 7
   2.2. 국어시가의 한역에 대한 연구사적 검토 ······································ 12
   2.3. <普賢十願歌·頌>의 내용구조 비교 ·· 18
   2.4. 한 행의 한역 양상 비교 ·· 21
      2.4.1. 일대일 대응 관계 ·· 23
      2.4.2. 새로운 내용의 추가와 구체화 ·· 27
      2.4.3. 삭제 관계 ·· 35
   2.5. 한시의 首·頷·頸·尾聯과 향가의 제1·2·3句 비교 ······················ 44
   2.6. 결론 ·· 50

3. 〈보현십원가〉에 나타난 탄사의 기능 변화와 시적 특성 강화 __ 55
   3.1. 서론 ·· 55
   3.2. 신라 향가와 고려 향가의 탄사 비교 ·· 56
   3.3. 신라 향가와 고려 향가의 거리: 노래인 향가에서
       가시(歌詩)로서의 향가로 ·· 64

II. 11~12세기

4. 11~12세기 한시와 국어시가의 상관성 __ 69
   4.1. 개관 ·· 69
   4.2. 11세기 초 전후 향가와 장연우의 한역시 <寒松亭> ·················· 77
   4.3. 예종의 한시와 국어시가 비교 ·· 80

    4.4. 정서의 국어시가 <정과정>과 한시 ·················· 92
    4.5. 12~13세기 이규보의 한시와 국어시가의 상관성 ············ 100
        4.5.1. 이규보의 구비서사시와 서사 한시 <東明王篇> ······· 100
        4.5.2. 이규보를 통해 본 13세기 전반기 한시 속의
             국어시가 ······································ 106

III. 13세기

5. 13세기 사대부의 한시와 국어시가의 밀착, 경기체가 〈한림별곡〉 _ 115

6. 13세기 승려의 한시와 국어시가의 상관성 _ 132
    6.1. 혜심의 한시 속에 나타난 국어시가의 특성 ············· 132
    6.2. 충지의 한시 속에 나타난 국어시가의 특성 ············· 154

7. ≪삼국유사≫에 나타난 한시와 국어시가의 상관성 _ 162
    7.1. ≪삼국유사≫의 구성 방식과 시가(詩歌)에 대한
        13세기의 적극적 관심 ······························ 162
    7.2. ≪삼국유사≫에 병기(倂記)된 한시와 국어시가 비교 ········ 170
    7.3. 일연의 한시와 국어시가에 대한 인식 ················ 183

IV. 14세기

8. '소악부(小樂府)'를 통해 본 한시와 국어시가의 상관성 _ 192
    8.1. 서론 ··· 192
    8.2. 소악부 창작 배경에 나타난 한시와 국어시가의 관계 ········ 199
    8.3. 이제현과 민사평의 소악부의 구성과 시가사적 의의 ········ 220

9. 14세기 사대부의 한시와 국어시가 비교 _ 234
    9.1. 안축의 경기체가와 한시 비교 ····················· 234
    9.2. 사대부 이중언어시인의 시조와 한시 비교 ·············· 251
        9.2.1. 서론 ····································· 251
        9.2.2. 우탁의 시조와 한시 비교 ······················ 252
        9.2.3. 이조년의 시조와 한시 비교 ····················· 257
        9.2.4. 이색의 시조와 한시 비교 ······················ 259
        9.2.5. 원천석의 시조와 한시 비교 ····················· 275
        9.2.6. 정몽주의 시조와 한시 비교 ····················· 283

9.2.7. 길재의 시조와 한시 비교 ·················· 288
9.2.8. 이존오의 시조와 한시 비교 ·················· 290
9.2.9. 정도전의 시조와 한시 비교 ·················· 294

10. 14세기 승려 혜근의 한시와 가사 비교 __ 300
10.1. 서론 ·················· 300
10.2. 발화 대상 비교 ·················· 306
10.3. 제재 및 내용 비교 ·················· 312
10.4. 한시와 가사의 형식과 언어 매체의 상관성 비교 ·········· 322
10.5. 결론 ·················· 327

V. 고려시대 전체

11. 고려 한시를 통해 본 국어시가 __ 331
11.1. 서론 ·················· 331
11.2. 고려 한시에 나타난 시가관 ·················· 335
11.2.1. 시와 노래를 다르게 구분하는 관점 ········ 336
11.2.2. 시가일도관 ·················· 342
11.3. 한시에 나타난 이별의 노래 ·················· 348
11.4. 한시에 나타난 민요 개관 및 어부 노래 ·················· 358
11.4.1. 개관 ·················· 358
11.4.2. 한시에 나타난 민요 뱃노래 ·················· 363
11.4.3. 사대부의 어부가, 창랑가와 탁영가 ·················· 366
11.5. 한시에 나타난 잘 알려진 국어시가 ·················· 378
11.5.1. 신라의 기녀 천관의 노래와 고려가요<가시리> ······ 379
11.5.2. 망부석 설화와 <정읍사> ·················· 383
11.5.3. <정과정>과 충신연주지사(忠臣戀主之詞)의
수용사 ·················· 386
11.5.4. 신라와 고려의 <처용가> ·················· 393
11.5.5. <벌곡조>, <포곡가>, <유구곡>의 관련 양상 ········ 397

12. 결론 __ 404

- 참고문헌 __ 413
- 찾아보기 __ 430

1. 서론

본서는 한국문학사에서 한시와 국어시가의 상관성을 보는 일환으로 고려시대의 경우를 살펴본 것이다. 선행연구사에서 고려시대의 국어시가의 발전과 전개에 대해 양적으로나 질적으로 매우 많고 깊게 다루었다. 그러나 한시에 대응하여 그 상관관계를 추적한 연구는 많은 편이 아니다. 한시 연구는 한시 연구대로, 국어시가 연구는 국어시가 연구대로 각각 이루어져온 부분이 더 많다. 그러나 문학사는 한문학과 국문문학이 공존하면서 상호 경쟁하고 발전하는 길항관계 속에서 역동적으로 진행된다. 한국시가사의 지형도를 제대로 이해하기 위해서는 동시대에 공존하는 두 언어 매체로 이루어진 한시와 국어시가의 상관관계를 살펴볼 필요가 있다. 국어시가의 전개와 발전은 한시와 공존하면서 상호작용한 구도를 벗어나서 생각할 수는 없다. 이에 본서에서는 고려시대 한시와 국어시가의 공존이 어떤 상호성과 역학 관계 속에서 역동적으로 이루어졌는지 살펴보고자 한다.

관련 선행연구에서 조선시대 전·중기에는 한문과 국문, 또 한시와 국문시가가 상하의 관계가 명확하다가 중·후기에는 점점 대등한 관계로 나아가는 과정을 볼 수 있었고[1], 20세기에는 국문시가 중심에서 한시를 수용하여 근대 한국시가로 자리잡는 과정을 볼 수 있었다.[2] 시조와 한시는 국문과 한문, 그리고 구어와 문어라는 언어 매체의 차이만이 아니라 노래와 시라는 대비적 특징이 있다. 그러나 고려의 가요와 한시는 이러한 대비적 특성이 더 강하다. 고려시대에는 자국어 기록매체가 있지 않았다는 점에서 조선시대 이후와 또 다른 조건에 놓여있다. 시조는 시이면서도 노래라면 고려가요는 시의 속성에 비해 노래임이 더 명확하다. <서경별곡>을 예로 든다면 반복구와 후렴 부분을 제외하면 의미를 전달하는 부분이 차지하는 물리적 분량은 전체 분량의 1/3 정도밖에 되지 않는다. 이는 고려 국어시가는 노래로 실현되기 것으로서 눈으로 읽어서 의미정보를 획득하는 것이 아니라는 것을 의미한다.

조선시대 이후에는 시인을 명확하게 알 수 있는 상황 속에서 한시와 국문시가의 관계를 추적했다면, 고려시대 국어시가는 특정 개인 작가보다는 공동체적 향유가 더 두드러진 상황 속에서 그 존재 양상이 어떠했는지 봐야 한다. 따라서 문어와 구어로 각각 존재했던 한시와 국어시가의 이중언어적 특성이 고려시대에는 어떤 식으로 존재했는지, 그리고 이러한 상황 속에서 한시에 대응하여 국어시가는 어떻게 성장하고 전개되었는지의 그 역학적 구도를 읽어낼 필요가 있다.

본서에서는 고려시대의 시가사라는 문학사적 흐름에 따라 10세기에서 14세기까지 세기별로 어떤 특징을 보이는지를 큰 틀로 하여 논의를 진행하되, 향유층별, 작가별, 갈래별로 그 특징을 자세히 살펴본다. 시대나 향유층, 갈래에 따라 한문학에 대한 민족어문학의 대응이 더 활발하거나 그렇지 못했는지, 한시와 국어시가의 거리는 어떻게 좁혀지거나 멀어지는지 등을 보게 될 것이다. 이러한 큰 틀의 연구대상을 정리하면 다음과 같다.

---

1   정소연(2019), 『조선시대 한시와 국문시가의 상관성』, 한국문화사.
2   정소연(2019), 『20세기 시인의 한시 번역과 수용』, 한국문화사.

[그림1] 연구대상 및 연구내용 개요

고려시대 한시와 국어시가의 상관관계사

(가) 시대	(나1) 갈래에 따른 특징1 : 국어시가와 한시 비교 (이중언어시인)	(나2) 갈래에 따른 특징2 : 국어시가의 한시화 (번역과 수용)	(나3) 갈래에 따른 특징3 : 한시의 국어시가화	(다) 향유층에 따른 특징
10세기		◦향가와 한역시 - 균여의 <보현십원가>와 최행귀의 <보현십원송> - 장연우의 한역시 <한송정>		
11세기	◦향가와 한시 (현종과 신하들)			
12세기	◦향가와 한시(윤언민) ◦고려가요와 한시 (예종, 정서)	◦구비서사 및 고대가요의 한시화 - 이규보, <동명왕편>		
13세기	◦경기체가와 한시 (사대부, <한림별곡>) ◦향가와 한시 (승려 충지, 혜심의 향가의 흔적과 한시) ◦일연, ≪삼국유사≫의 향가 수용과 한시	◦향가의 한시화 - 승려 충지의 <비단가>, 승려 혜심의 <기사뇌가> 등 - ≪삼국유사≫의 <도솔가>와 한역시	◦한시체 국어시가 (경기체가, ≪악장가사≫의 <어부가> 등) ◦현토가요 ◦한문가요 (한시의 노래화)	◦'사대부'의 한시와 국어시가의 상관관계 ◦'승려'의 한시와 국어시가의 상관관계 ◦'백성'의 국어시가와 사대부, 승려의 수용
14세기	◦경기체가와 한시(안축) ◦시조와 한시(우탁, 이조년, 이색, 원천석, 정몽주, 길재, 이존오, 정도전) ◦가사와 한시(승려 혜근)	◦민요와 소악부 (이제현과 민사평) ◦한시 속의 국어시가 (고려 한시 상당수 속에 나타난 다양한 국어시가의 흔적들) ◦노랫말 부전(不傳) 국어시가의 한역 - ≪고려사≫ 악지 등		

위 [그림1]은 본서의 연구대상을 시대와 갈래, 향유층에 따라 재배열한 것이다. 우선, (나1)은 대부분은 한시와 국어시가를 모두 지은 이중언어시인을 대상으로 한 것이다. 다만 13세기의 <한림별곡>은 특정 개인의 작품이 아니다. 한림의 여러 선비들이 곧 한시 작가이기도 하므로 이중언어시인들이 함께 향유한 국어시가라는 점에서, 해당 작품에서 대표적 시인으로 거론한 이인로와 진화의 한시를 함께 살펴본다. 또 ≪삼국유사≫의 향가와 한시 비교는 서로 다른 시대에 일어난 작품을 비교한다는 점에서 특이사항을 가진다. 향가는 신라의 것이고 한시는 주로 일연의 찬시이다. 그러나 13세기의 수용 결과라는 점에서 시화집의 면모를 보이는 이 문헌에서 수용한 향가와 한시를 비교한다.

13세기 승려 시인의 경우, 혜심과 충지 등은 국어시가 형태로 남은 작품은 없다. 다만 우측 (나2) 부분을 보면 향가의 한역시로 볼 수 있는 한시들이 있다. 이에 향가의 한역시로 추정되는 이들의 한시를 통해 국어시가의 상관성을 살펴본다. 이러한 경우는 승려 보우, 운묵 등의 사례가 더 있으나 대표적 시인으로 혜심과 충지 위주로 살펴보고 보우와 운묵은 간단히 검토한다. 이를 통해 13세기 승려 시인들은 국어시가를 따로 남기지는 않았어도 한시를 통해 국어시가의 특성을 함께 추구한 것을 볼 수 있다.

(나2)는 고려 한시가 가진 두드러진 특징이라고 할 수 있다. (나3)과 비교했을 때 (나2)가 시대별 추이도 뚜렷하고 사례가 많은 것은 고려시대가 국어시가의 한시화를 적극 보였다는 것을 의미한다. 10세기에 향가를 한역하여 한시화하는 것은 물론이고, 신라의 노래, 고려가요[3], 민요, 경기체

---

[3] 고려시대 국어시가는 다양한 갈래가 있지만, 민요를 궁중에서 수용한 국어시가의 경우 대개 고려속요, 혹은 고려가요라고 부른다. 속악가사로 칭하기도 하는데, ≪악장가사≫나 ≪고려사≫ 악지의 '속악' 가사에는 사대부가 지은 경기체가 <한림별곡>도 들어가고, <가시리>나 정서의 <정과정> 등도 속한다. 이에 본서에

가 등을 한시에서 수용하였다. 특히 13세기 이후 이러한 현상이 두드러진다. 엄격한 근체한시를 많이 지은 고려의 유명한 시인이자 조선시대에서도 ≪동문선≫을 통해 적극 수용된 시인들의 한시 속에서 국어시가의 특성이라 할 수 있는 구어적 표현들, 민요의 수용, 노래 지향의 다양한 흔적들을 볼 수 있다. 이를 통해 조선시대 이후로 이어지는 국어시가의 전신(前身)을 고려 한시에서 볼 수 있다는 점에서 시가사적 의의가 크다. 이제현과 민사평은 소악부라는 별도의 갈래를 창작하는 시도를 하였다는 점에서 더 적극적으로 이를 보여주었다.

(다3)은 시대를 특정하기 어렵다. 조선시대에 남은 문헌들을 통해 고려시대에도 불렸으리라 예상할 수 있다. 한문가요와 현토가요는 한자를 활용해 국어시가화하려는 시도로서, 그 극점이 경기체가로 나타났다. ≪악장가사≫ 소재 <어부가>는 현토가요와 고려속요의 중간적 형태이다. 7언으로 된 한시구나 그것을 중간에 나누어 조사를 다는 방식은 현토가요와 같고, 후렴은 고려속요의 방식이다. 경기체가와 더불어 고려시대에 한시를 국어시가화하는 독특한 방식을 보여준다. 경기체가는 (나)에서, <어부가>는 (나2) 한시에 나타난 국어시가에서 적극 다룬다.

(다) 향유층과 관련하여서는 크게 세 측면에서 볼 수 있다. 사대부, 승려, 백성으로 나눌 수 있는데, 백성들은 한시와 국어시가를 함께 향유한 것은 아니라서 사대부나 승려의 경우를 통해 살펴보게 될 것이다. 예를 들어, 이제현과 민사평이 민요를 한역한 소악부를 통해서나, 혹은 소악부가 아니라도 사대부 윤여형의 <橡栗歌>나 승려 굉연의 <舂米行> 등에서 민요

서는 조선시대에도 지속적으로 창작되는 경기체가, 시조, 가사, 민요 등은 별개로 칭하고 나머지 국어시가를 고려가요로 지칭하고자 한다. 고려가요가 가진 민요적 속성을 굳이 드러내고자 하는 '고려속요'라는 명칭도 있는데, 이는 민요 기반의 특성을 강조하고자 할 때에 병용한다.

의 수용을 볼 수 있다.

고려시대는 사대부 출신 승려도 적지 않았고, 서로 간의 교류도 활발하였다. 모두 한시를 지으면서, 백성들의 삶에도 깊은 관심을 가지고 있어 민요를 포함한 국어시가의 수용에 적극적으로 관여하였다. 이를 통해 한시와 국어시가는 더 가까워질 수 있었다. 이제 구체적 사례를 통해 이러한 양상을 더 자세히 살펴보도록 하자.

I. 10세기

2. 향가 <普賢十願歌>와 한역시의 구조 비교*

2.1. 서론

10세기에는 신라 이후로 여전히 향가를 한시와 함께 짓고 향유했다. 그러나 남아있는 자료 속에서 신라 향가와 한시를 모두 지은 이중언어시인이 드물고, 작품을 다 볼 수 있는 경우는 더욱 적다. 11세기 이후만 해도 해당 시대에 새로 지은 향가 작품의 전모를 보는 것이 쉽지 않고, 더구나 <普賢十願歌>와 같이 긴 향가는 볼 수 없다.

10세기의 한시는 최행귀 외에 최승로 등 몇 편에 불과하고, 한시와 국어시가의 두 갈래를 모두 지은 시인의 작품도 남아있지 않다. <보현십원가>와 그 한역시도 동일인에 의한 것이 아니다. 향찰본 <보현십원가>는 11세기에 활동한 혁련정이 남긴 《均如傳》 7장 <歌行化世分>에 들어있는 승려 균여(923-973)[1]의 향가이고, 그 한역시 <普賢十願頌>은 같은 책 8장

---

* 본장은 「<普賢十願歌>의 漢譯양상 연구-향가와 한역시의 구조 비교를 중심으로-」라는 제목으로 『어문학』 108, 한국어문학회, 2010, 87-132면에 게재된 것을 일부 수정한 것이다.

1 이하 본서에 등장하는 인물의 생몰년은 대부분 한국학중앙연구원의 한국민족문화대백과사전(https://encykorea.aks.ac.kr)에 기반하고, 이외에 신병주·김범·고운기 외,

<譯歌現德分>에 실려 있는데 10세기에 활동한 최행귀의 것이다. 승려 균여가 지은 <보현십원가>를 사대부 문인인 최행귀가 한시로 바꾼 것이다. 최행귀는 빈공제자 전통의 중심에 있던 최언위(868-944)의 아들로, 태조조의 비명문 제작과 승려의 일생을 담은 비명문 제작도 대부분 맡았고, 중국의 외교 사절단과도 활발히 교류하였다.[2] 이런 이력을 볼 때에 중국에도 이름이 알려진 승려 균여의 향가에 관심을 가지고 한역하고자 하는 것은 당연하다고 할 수 있을 것이다.

≪균여전≫에 의하면 균여는 경전 강해도 많이 했고, 그에 따르면 게송을 지을 법도 한데 한시에 대한 언급은 없고 사뇌에 익숙했다고 하였다.[3] 최행귀는 한시를 번역하면서 "게송(偈頌)은 붓타(부처)의 공덕을 찬송하는 것이고, 가시(歌詩)는 보살의 수행을 찬송하는 것"이라고 갈래 구분을 하였다.[4] 이 대목이 말해주는 바는 여러 가지이다.

첫째, 게송과 시가 그런 것이라면 균여가 부처의 공덕을 담은 게송을 짓지 않았다고 보기 어려우나 작품을 찾기는 어렵다. 둘째, 최행귀는 <보현십원가>를 가시(歌詩)라고 하여, 노래하는 시라고 보았다. 국어시가도 노래로 부를 뿐 한시처럼 시(詩)라고 본 것으로 이해할 수 있다. 셋째, '歌詩'를 국어시가와 한시를 모두 지칭한 것으로 볼 수도 있다. 그러면 위의

인물한국사(https://terms.naver.com/list.nhn?cid=59015&categoryId=59015), 기타 논문들을 참고한다.

[2] 최행귀의 생애과 이 시기의 특징에 대해서는 이혜순(2004), 『고려 전기 한문학사』, 이화여자대학교출판부, 67-100면 참고.

[3] <歌行化世分者>. "師之外學 尤閑於詞腦 (後略)" 이하 본서에서 ≪균여전≫ 소재 자료의 인용과 그 해석은 혁련정, 최철·안대회 역주(1986), ≪譯註均如傳≫, 새문사의 영인본과 번역을 가져와 일부 수정하고, 박재민(2013b), 『고려 향가 변증』, 박이정, 부록의 영인본을 참고한다.

[4] <譯歌現德分者> "(前略) 其序云 偈頌讚佛之功果 歌詩揚芥之行因 (後略)"

대목을 부처를 찬송하면 한시 중에서도 게송이라 하고, 보살의 수행을 찬송하면 일반적인 노래나 시라고 해석할 수 있을 것이다. 찬송의 대상이 부처일 때만 게송이라 한다는 갈래 인식을 볼 수 있다. 곧, 불교시가의 하위 갈래를 게송, 선시, 선가로 나눌 수 있는 근거를 여기에서 찾을 수 있다.

<보현십원가> 11수의 향찰본과 한시본은 고려시대에 우리말노래의 한역이 어떤 양상으로 이루어졌는지 볼 수 있는 좋은 자료이다. 고려 국어시가의 한역은 14세기의 '소악부'가 또 있으나 이보다 몇 세기 전의 양상이라는 점에서도, 그리고 향가라는 또 다른 갈래의 한역 양상을 본다는 점에서도 의미가 있다. 또 한역시이기는 하지만 이 시기의 많지 않은 한시 가운데 11수나 되어서 그 차지하는 비중 역시 높다고 할 수 있다.

<보현십원가>는 <보현행원품> → <보현십원가> → <보현십원송>으로 창작되었다고 보는 만큼, <보현십원가>의 향찰 해독, 작품분석과 더불어 한역시나 한문산문 <普賢行願品>과의 비교 논의가 이루어져왔다. 이진(1984)[5]에서는 최행귀의 한역시가 향가의 단순한 번역이 아니라 재창조된 별개의 시(詩)로 보았고, 한역시 전체에 쓰인 비유법이 수평·수직 이미지를 만들어 시적 긴장을 일으킨다는 점에서 높이 평가하였다. 서철원(1999·2006·2011)[6]에서는 <普賢十願頌>은 <보현십원가>의 번역이라기보다 ≪화엄경≫의 전체 결론에 해당하는 <普賢行願品>을 기반으로 하여 향가 <보현십원가>의 주제를 더 강화하고자 표현과 구조를 많이 바꾸었

---

[5] 이진(1984), 「최행귀 譯詩 고찰」, 『동경어문논집』 1, 동국대학교 경주캠퍼스 국어문학회. 151-176면.

[6] 서철원(1999), 「균여의 작가 의식과 <보현십원가>」, 고려대학교 석사학위논문 ; 서철원(2006), 「나말여초 향가의 지속과 변모 양상」, 『우리문학연구』 20, 우리문학연구회, 81-106면 ; 서철원(2011a), 『향가의 역사와 문화사』, 지식과 교양 참고

다고 보았다.[7] 그러나 양희철(1989)[8]에서는 향가는 <보현행원품>의 축약이 아니라 하향 조절하였다는 점에서 불경을 벗어났다고 했다. 또 품(品)의 발화자는 보현보살인데 가(歌)의 발화자는 품(品)의 청자인 선남자(善男子)의 위치임을 지적했다.

형식과 관련한 연구로는 다음을 들 수 있다. 조동일(1999a)[9]에서는 11수 전편을 예로 들지는 않았지만 한시의 7언 한 행과 10구체 향가의 2구[10]가 정보량의 면에서 일치한다는 일반론을 끌어냈다. 황패강(2000)[11], 조연숙(2005)[12]에서는 한역시 11수에서 매번 5, 6행이 향가에 없는 내용이거나 표현을 독창적으로 해서 새로 넣은 것으로 시의 주제를 부각시키는 데 중요한 역할을 수행한다고 하였다. 이외에도 장원철(1995)[13]와 가장 최근의 연구인 김기종(2017)[14]에서는 <보현십원가>만이 아니라 <도솔가>, <도이장가> 등 범위를 더 넓혀서 한시와 비교했다는 점에서 주목된다. 시

---

[7] 또한 서철원(2011a), 위의 책, 344면에서는 <보현십원가>가 쇠퇴기의 향가가 아니라 향가의 성취를 계승, 확장했다고 보고 있어서 주목된다.

[8] 양희철(1989), 「균여 <願王歌>의 方便詩學」, 『어문논총』 6·7, 청주대학교, 241-260면 ; 양희철(1997), 「균여 <願王歌> 연구의 현위치」, 『모산학보』 9, 동아인문학회, 257-280면.

[9] 조동일(1999a), 「민족어시의 대응 방식」, 『하나이면서 여럿인 동아시아문학』, 지식산업사 중 향가와 시조 부분, 329-345면 참조.

[10] 여기서의 '구'는 10구체라는 용어에서의 '구'로서 10구체를 10구로 본다면 그 중에 2구라는 뜻이다.

[11] 황패강(2000), 「≪균여전≫의 민속학적 이해-균여 설화와 향가를 중심으로-」, 『한국문화연구』 3, 경희대학교 민속학연구소, 311-332면. 특이한 점은 品과 한역시인 頌을 참고하여 향가 <보현십원가>가 나왔다고 한 점이다(331면).

[12] 조연숙(2005), 「최행귀의 한역시 연구」, 『고시가연구』 16, 한국고시가학회, 279-305면.

[13] 장원철(1995), 「향가와 한시」, 『한국한문학연구』 15, 한국한문학회, 5-52면.

[14] 김기종(2017), 「향가와 그 한시의 관계」, 『열상고전연구』 56, 열상고전연구회, 105-138면.

와 노래, 기록과 가창, 나아가 사상의 차이까지 비교하였다.

<보현십원가>는 흔히 사용하는 형식적 분류인 4·8·10구체로 볼 때에도 가장 긴 10구체 향가이고, 한역시도 한시의 정형시형 중에서 긴 형식인 7언율시로 되어있다. 우리 시가사 전반에 있어서 한역된 시의 형태를 보면 7언율시로의 한역은 드물고 그나마 가사의 한역에서 볼 수 있다. 그런 점에서 우리말노래의 한역 양상에 있어서 한시의 근체시 중 7언율시로의 한역 양상을 고찰한다는 데에서도 의의를 찾을 수가 있다. 7언율시는 근체시 중에서 가장 길고 정보량이 많기 때문에 한역 양상의 다양한 모습을 볼 수 있으리라고 기대한다.

본고는 지금까지의 선행연구에 힘입어 <보현십원가>의 한역 양상을 분석하되 우리말노래와 한시의 관계에 대한 하나의 조명이라는 관점에서 논의하려고 한다. '鄕歌'라는 명칭도 원칙적으로는 갈래명이 아니라 '우리말노래'라는 뜻이고 이는 <보현십원가>를 한역한 최행귀의 관점이기도 했다.[15] 그러므로 향가의 한역 양상을 살펴보되 향가의 한역에 대한 연구일 뿐만 아니라 국어시가의 한시화라는 이중언어적 관점에서 논의를 진행한다. 특히 11수의 <보현십원가>가 어떤 양상으로 한역되었는지 구조를 중심으로 비교해보려고 한다.

이를 위해서 우선, 국어시가의 한역에 대한 시가사적 전개를 개관하면서 관련 연구사를 검토해본다. 다음으로, 한역 양상을 비교하되 내용구조를 먼저 살펴본 뒤에 형식 구조를 비교할 것이다. 한 행(行) 단위를 기준으

---

[15] "然而詩構唐辭 磨琢於五言七字 歌排鄕語 切磋於三句六名 ... 十一首之鄕歌 詞淸句麗 其爲作也 號稱詞腦", <譯歌現德分者>, ≪均如傳≫, 최철·안대회(1986), 앞의 책, 영인본. 이와 관련하여 이상혁(1999), 「문자 통용과 관련된 문자 의식의 통시적 변천 양상-최행귀, 정인지, 최만리, 이규상의 문자 의식을 중심으로-」, 『한국어학』 10, 한국어학회, 1999, 233-256면에서도 최행귀의 문자 의식이 대외적 한문주의와 대내적 이중 문자론(한문과 향찰)의 조화라고 해석하였다.

로 시작하여, 또 이보다 더 큰 단위인 향가의 구(句)와 한시의 연(聯)에 나타난 한역 양상을 살펴본 뒤에 전체 구조인 향가의 3단 구조와 한시의 4단 구조에 나타난 한역 양상을 고찰한다.

2.2. 국어시가의 한역에 대한 연구사적 검토

향가의 한역 문제는 비단 향가라는 갈래 내에서의 문제만은 아니다. '우리말로 된 노래'를 '한문으로 된 시'로 바꾸는 문제이므로 국어시가의 한시화라는 관점에서 본 하나의 현상이라고 할 수 있다. 국문(國文)이라는 매체가 생기기 전까지 국어시가의 기록이 어려운 우리 시가사에서 한역은 고려시대만이 아니라 고대가요부터 조선시대까지 항상 존재해왔다. 2000년대 초반만 해도 향가의 한역 연구는 빈약했지만 이제는 향가 한역과 더불어 한역시 전체에까지 관심을 두고 연구가 진행되고 있다. 논의의 관점을 넓혀서 국어시가의 한역 연구사를 살펴보면 대개 내용의 가감(加減) 위주로 되어있고, 주제의식의 변화에 대한 연구도 있다.

가장 선행연구가 풍부한 것은 시조 갈래이다. 내용과 관련해서 가장 많이 논의되는 것은 정보량의 차이로 인해 내용을 더하거나 혹은 빼는 문제이다.[16] 김문기·김명순(1996)[17]에서는 축약, 확대 부연, 생략과 첨가, 재구성 등이 나타난다고 했다. 이는 신위 등 조선시대에 시조를 한역(漢譯)했던 사대부 스스로의 고백이기도 한데, 자연스럽게 형식의 문제와 연결된다. 원시(原詩)인 시조보다 한역된 한시의 형식을 살리고자 했기 때문이다.

---

[16] 대표적인 논의로 김명순(1998), 「조선후기 시조 한역의 양상과 의미」, 『한국한문학연구』22, 한국한문학회, 371-399면을 들 수 있다. 김명순(1998)에서는 대체로 시조 한역의 양적 상황에 주목하여 거시적 안목에서 한역의 양상을 연구해왔다.

[17] 김문기·김명순(1996), 「조선조 한역시가의 유형적 특징과 전개양상 연구(2)-한역기법과 전개양상을 중심으로-」, 『어문학』58, 한국어문학회, 62면.

반대로 원래의 시조를 살리려는 경우에는 시조의 6구 형태를 가져와 6행의 한시를 짓게 되는데 근체시는 아니나 나름의 형식적 통일성을 가지기 위해서 역시 시조의 정보량을 100% 옮기게 되지는 않는다.[18] <고산구곡가>의 한역은 시조의 초·중·종장의 순서가 한시에서는 앞뒤가 바뀌기도 한다.[19]

이기현(1994)에서는 시조의 한역이 조선 초기에는 잡언체나 고시의 자유로운 형식이었다가 후기에는 엄격한 근체시로 되고, 문학성도 후기로 가면서 풍부해졌다고 했다.[20] 김문기·김명순(1996)[21]에서는 17세기에 본격적으로 시조의 한역이 이루어지고 18세기에는 매우 활발하였는데 6구 형태가 큰 비중을 차지한다고 했다. 19세기까지 시조의 한역이 활발하였는데 이때는 7언절구형이 주류를 이룬다고 했다. 조해숙(2005)[22]에서는 16세기에서 19세기까지의 한역 양상을 구체적으로 분석했는데 시조의 한역사 연구는 시조사의 쟁점을 해명하고 복원 작업에도 기여한다고 했다.

시조 한역사에서 근체시로의 한역이 시조의 마지막 시대에 적극 이루어진 것처럼, <보현십원가> 역시 향가의 역사로 보자면 마지막 시대라 할 수 있는데, 7언율시의 엄격한 근체시의 형식을 이룬다는 점이 같은 현상이라고 볼 수는 있다. 그러나 고려시대 향가의 한역은 자료가 빈약하기는 하지만 대부분 근체한시라는 점이 특성이다. 장연우의 <한송정>을 향가의

---

[18] 일례로 이형상의 한역시를 들 수 있는데 이에 대해서는 조해숙(2005), 「17세기 시조 한역의 성격과 의미」, 『조선후기 시조 한역과 시조사』, 보고사 참고.
[19] 이기현(1994), 「<고산구곡가>의 한역악부에 대한 일고찰」, 『동아시아문화연구』 24, 한양대학교 한국학연구소, 1994, 53-90면에서는 송시열과 여러 선비가 함께 한역했다고 보았다.
[20] 이기현(1994), 앞의 글, 87-88면.
[21] 김문기·김명순(1996), 앞의 글, 72면.
[22] 조해숙(2005), 앞의 책, 220-223면.

한역시로 본다고 했을 때, 이를 포함하여 ≪삼국유사≫의 <도솔가>의 한역시, <보현십원가>의 한역시가 모두 근체시 형식이기 때문이다.

조동일(1999)[23]에서는 한시의 시조화보다 시조의 한시화가 더 많고 시조의 한역은 7언절구가 상례라고 하였다. 3장 구조의 평시조의 정보량이 한시에서는 7언절구와 가장 유사하기 때문이다. 그런데 <보현십원가>의 한역시는 7언율시 형태로서, 이는 가사 갈래에서 보이기도 한다. 가사 갈래의 한역은 시조와 달리 그 장형성으로 인해 부분만 한역되는 경우가 많고, 12가사의 경우 5언절구나 7언절구, 때로는 잡언시로 한역되기도 한다.[24] 가사를 전편 한역할 때에는 정현석(1817-1899)과 같이 7언고시로 한역하는 경우도 있다.[25] 7언이 될 경우에는 가사의 전반행(前半行)은 4자(字)로, 후반행(後半行)은 3자(字)로 한다.[26] 정도(1708-1787)와 같이 한 작품을 때로는 가사의 한 행을 7언고시로, 때로는 半行을 5언고시로 섞어서 하는 경우도 있다.[27] 이러한 변화 역시 내용을 거의 그대로 옮기기 위한 결과이다. 때로는 초사체로 한역을 함으로써 감정을 더 확대 표현하는 경우도 있다.[28] 또 김만중이 정철의 가사 <관동별곡>을 한역한 것은 내용적으로 선적(仙的) 취향이 더 강해지고 왕정(王程)을 외면하는 방향으로 변

---

[23] 조동일(1999a), 앞의 책, 343면.
[24] 이에 대한 자세한 논의는 김문기(2000), 「십이가사의 한역 양상과 그 의미」, 『국어교육연구』 32, 국어교육학회, 2000, 87-114면 참고.
[25] 이에 대해서는 김명순(2000), 「정현석의 시가 한역 양상 연구」, 『동방한문학』 19, 동방한문학회, 257-289면 참조.
[26] 이에 대해서는 김문기(1997), 「가사 한역의 목적과 한역기법」, 『국어교육연구』 29, 국어교육학회, 23-44면 참조.
[27] 이에 대해서는 김문기(1998), 「가사 한역가의 현황과 한역 양상」, 『모산학보』 10, 동아인문학회, 271-308면 참조.
[28] 이에 대해서는 최규수(2000), 「<사미인곡> 한역의 전개상과 그 의미」, 『열상고전연구』 13, 열상고전연구회, 107-128면 ; 김문기(1997), 앞의 글 참조.

화가 되기도 한다.[29]

조선전기의 경우 악장의 한역시에 대한 논의는 <용비어천가>를 중심으로 이루어졌다. <용비어천가>는 국문으로도 기록되고 동시에 한역시도 있는 대표적인 악장으로서 국문시가 2행이 한문 4언 4구 2행으로 한역되었다. 김완진(1972)에서는 <용비어천가>의 국문가사와 한역시의 공존은 이중독자를 염두한 것이라고 하였다.[30] 필자 역시 <월인천강지곡>과의 비교를 통해 <용비어천가>의 한역시 공존은 대상독자와 밀접한 관련이 있다고 보았다.[31] 곧 <월인천강지곡>은 한역시가 없고 국문가사만 있는데 이는 여성과 백성을 위한 노래이기 때문이다. 또 <용비어천가>는 <용비어천가 약본>[32]이나 한역시의 존재가 있다는 것을 통해 상층 사대부를 위한 것임을 밝혔다.

고려시대에 이루어진 한역 양상은 이제현과 민사평의 소악부가 가장 주목받아왔다. 이제현은 11수의 고려가요를 7언절구로 한역하되 정보량의 차이로 인해 부분역이나 발췌역을 했다고[33] 하였으나 번역을 넘어선 작업임이 이후 여러 논자들에 의해 논의되었다.[34] 또 서수생(1984)[35]에서

---

[29] 최규수(1998), 「서포 김만중의 <관동별곡 번사>에 나타난 한역의 방향과 그 의미」, 『한국시가연구』 4, 한국시가학회, 257-286면 참조.
[30] 김완진(1972), 「세종대의 어문정책에 대한 연구」, 『성곡논총』 3, 성곡학술문화재단, 185-215면 ; 김완진(1996), 『음운과 문자』, 신구문화사, 301-345면.
[31] 정소연(2009), 「<龍飛御天歌>와 <月印千江之曲> 비교연구 – 양층언어현상(Diglossia)을 중심으로」, 『우리어문연구』 33, 우리어문학회, 187-222면.
[32] <용비어천가 약본>은 다음과 같은 표기법을 보인다.
海東六龍飛莫非天所扶時尼
히동뉵뇽비막비텬소부ㅣ시니
[33] 정혜원(1980), 「고려한역시가고」, 『관악어문연구』 5, 서울대학교 국어국문학과, 97-114면.
[34] 이에 대해서는 본서의 해당 장에서 더 깊이 상론하게 될 것이다. 관련 선행연구들

는 7언소악부라는 한시의 갈래로 이해하여 최치원의 <향악잡영>, 그보다 더 멀리는 <공후인>도 4언소악부로 보았다. 이와 같은 관점에서 이기현(1994)[36]에서는 우리말노래의 한역은 모두 '한역악부'로 볼 수 있다고 했다. 여운필(2008)[37]에서도 이와 같은 넓은 시각을 보여주어 고려 시인의 한시에서 나타난 한역을 더 다양하게 살펴보았다.

삼국의 노래를 한역한 경우에 대한 선행연구는 드물다. 다만 이제현과 민사평의 소악부 속에 <처용>, <정읍>으로 추정되는 한역시가 있어서 관련 연구가 없다고 하기는 어렵다. 이외에 백제노래 <宿世結業歌(숙세결업가)>[38]라 부를 수 있는 노래에 대한 연구가 이루어졌는데, 이종묵[39]과 조동일(2005)[40]에서는 한문시가라고 했다. 이에 의하면 고대가요의 4언 4구의 표기관습을 고려할 때에 한역시일 가능성도 생기지만[41] 원시(原詩)를 알 수 없어서 한역 양상을 알 수는 없다. 최근 이승재(2017)[42]에서는 목간에 기록된 삼국의 노래 몇 편을 소개하고 있는데, <宿世結業歌(숙세결업

    의 목록과 더불어 소악부 자체가 가지는 시가사적 의미와 구체적 번역 방식에 대해서는 본서 해당 장 참조.
[35] 서수생(1984),「익제 소악부와 고려가요」,『동양문화연구』11, 경북대학교 동양문화연구소, 1-51면.
[36] 이기현(1994), 앞의 글 참조.
[37] 여운필(2008),「고려시대 한시와 국문시가」,『한국한시연구』16, 한국한시학회, 5-36면.
[38] 조해숙(2006),「백제목간기록 "宿世結業..."에 대하여」,『관악어문연구』31, 서울대학교 국어국문학과, 157-176면의 견해를 따른다.
[39] 조해숙(2006), 앞의 글, 63면 참조. 해당 내용이 일간지의 기사에 언급되었다는 찾을 수 없어서 이 논문을 대신 참고한다.
[40] 조동일(2005),『(제4판)한국문학통사』1, 지식산업사, 133-134면.
[41] 조해숙(2006), 앞의 글 참조.
[42] 이승재(2017),『시가, 목간에 기록된 고대 한국어』, 일조각, 2017, 208-250면.

가)>나 <憂辱歌(우욕가)>는 초창기 한시 단계라면 <万身歌(만신가)>는 우리말 어순의 향가로 보고 있다.

마지막으로 더 이른 시기의 고대가요[43] 몇 편의 한역에 대한 연구를 살펴보도록 하자. <구지가>, <공무도하가>, <황조가> 등의 고대가요의 한역은 위의 삼국의 노래와 같이 원래의 우리말노래를 알 수 없기 때문에 비교가 불가능하고 한역된 상태에서 연구가 진행되었다. <구지가>의 경우 김완진(2000)[44]에서는 완전한 한역이 아니라는 이유에서 구결로 된 선향가(先鄕歌) 형태로 보았다. 김은정(1996)[45]에서도 <구지가>는 미완의 한역가라고 해서 같은 입장을 보였고, <황조가>는 처음에는 노래의 기록이었다가 한시의 형식이 자리잡힌 뒤에 지금의 모습으로 변형되었다고 하였다.

한편 성호주(1979)[46]와 김은정(2014)[47]에서는 한국시가의 특질을 고대가요에서 찾고 우리말노래의 원형을 살리는 방향으로 한역이 되었다고 본다. 예를 들어, <공무도하가>나 민요의 한역이 모두 4언 4구인 것은 우리 노래를 한역하는 데에는 4언 4구가 합당하기 때문이고 ≪시경≫의 형식과 일치한 것은 우연의 결과라고 하여 한시의 형성기의 특징으로 보았다.

본서에서 10세기의 한시와 국어시가의 상관성은 <보현십원가>의 한역

---

[43] 연구자에 따라 고대가요를 향가와 함께 '상고시대'로 보기도 하고 (권두환 편 (1998),『고전시가』, 한국문학총서1, 해냄), '고대에서 중세로의 이행기'로 보기도 한다. (조동일(2005),『(제4판)한국문학통사』1, 지식산업사)
[44] 김완진(2000),「향가에 대한 두어 가지 생각」,『향가와 고려가요』, 서울대학교출판부, 175-185면.
[45] 김은정(1996),「형성기 한국한시 연구」, 서울대학교 일반대학원 석사학위논문.
[46] 성호주(1979),「고대한역 3가요에 대한 고찰」,『수련어문논집』7, 부산여자대학교 국어교육학과 수련어문학회, 151-164면. 이 논의에서 한 가지 더 눈에 띄는 것은 <해가>를 <구지가>의 패러디로 보는 것이다.
[47] 김은정(2014),「한국한시 형성 과정 고찰」,『국문학연구』30, 국문학회, 7-38면.

시와의 비교, 그리고 <보현십원가>의 기록방식을 중심으로 본다고 하였다. 이러한 한역 연구사를 염두하는 것은 한시와 국어시가의 관계라는 큰 틀에서 접근하기 위함이다. 특히 11수가 연작성을 띤 <보현십원가>의 한역 양상은 이후 이제현과 민사평의 소악부에까지 시가사적 의미를 가진다. 외형상 소악부는 연작성을 드러내지는 않지만 하나의 큰 틀에서 연작성을 가진 한역시인 점을 본서에서 자세히 다루게 될 것이다. 따라서 본장에서도 이를 고려하면서 고려 향가 11수가 어떻게 연작성을 가지면서 한역 양상을 띠고 있는지의 전체 구조를 염두하면서 본 논의를 진행하고자 한다.

2.3. <普賢十願歌·頌>의 내용구조 비교

이후의 논의를 위해서 11수 전체의 중심내용을 여기서 개괄해보고자 한다. 아래에 제시하는 [표1]은 11수 전체의 중심내용과 향가와 한역시에서 중점적으로 다루고 있는 중심인물을 정리한 것이다. 시가에서 시적 화자와 발화 대상은 중요한 요소가 되는데 <보현십원가>는 화자와 대상이 모두 인물(人物)이다. 사물에 관심을 두는 경기체가가 나오기 전까지 국어시가는 인물에 주목하는 것이 대부분의 경향이다. 이러한 향가의 한역이니 인물에 주목하는 것은 한역시도 마찬가지이다. 그러나 향와 한역시에서의 중심인물이 거의 유사하지만 괄호로 표시한 부분은 향가와 한역시가 조금씩 다른 부분이라 주목을 요한다. 아래의 [표1]을 보고 논의를 계속하도록 하겠다.

[표1] <普賢十願歌·頌>의 중심내용과 중심인물 비교

<普賢十願歌·頌>		중심내용	향가의 중심인물	한역시의 중심인물
제1수	禮敬諸佛歌·頌	法界에 가득찬 부처에 대한 예경	부처	부처
제2수	稱讚如來歌·頌	德이 끝없는 부처를 찬양	부처	부처
제3수	廣修供養歌·頌	지성으로 燈供養을 함	나	나
제4수	懺悔業障歌·頌	죄악에 대한 참회	나(+우리)	나
제5수	隨喜功德歌·頌	다른 사람의 공덕을 따르고 기뻐함	나&남의 관계	나&남의 관계
제6수	請轉法輪歌·頌	法輪이 가득 나타난 세상이 되도록 부처를 향해 法雨를 빔	부처	부처
제7수	請佛住世歌·頌	부처가 세상에 머물기를 청함	부처(+우리)	부처
제8수	常隨佛學歌·頌	부처의 苦難行을 나도 좇음	나	나(+부처)
제9수	恒順衆生歌·頌	부처처럼 나도 중생을 따라 부처를 기쁘게 하리	나	나(+부처)
제10수	普皆廻向歌·頌	부처처럼 모든 공덕을 중생에게 돌리리	나&남의 관계	나&남의 관계
제11수	總結無盡歌·頌	부처의 마음 알아서 生界 다할 때까지 普賢行願함	나	나

위 표를 보면 향가와 한역시가 크게는 공통적이면서도 작게는 차이가 있음을 알 수 있다. 우선, 공통점이 되고 있는 내용구조를 살펴보도록 하자. 표를 보면 제1수~제5수와 제6수~제10수의 5작품씩 중심인물이 반복되고 있다. 곧 [부처(1·6수)→부처(2·7수)→나(3·8수)→나(4·9수)→나&남(5·10수)]으로 같은 구조가 반복되고 있다. 이렇게 작품 전체가 [부처→나→중생(나&남)→부처→나→중생(나&남)]이 된다는 것은 불교의 윤회사상을 보여준다. 내가 부처가 될 수 있고 남도 될 수 있으므로 나와 남의 구분이 없으니 모두가 순환의 관계에 있는 것이다.

마지막 제11수는 앞에까지의 10수에 대해 종합하는 역할을 한다. 곧 향가 제11수 첫 행에서 '중생계가 마침으로 기약을 삼는다'고 한 것처럼 끝없는 순환 속에서 언젠가 중생계가 마치고 참된 근원으로 돌아갈 날을 기약하는 내용이다. 따라서 부처와 나, 그리고 남과의 관계를 순환하다가 작품이 제11수에서 끝나듯이 중생계가 끝나고 근원으로 돌아간다는 의미를 띤다고 할 수 있다. 그러한 내용의 제11수가 연작성을 띤 11수의 작품 말미에 존재함으로써 전체를 맺는 역할을 한다. 이렇게 11수의 내용구조는 불교의 윤회 및 순환의 원리(제1수~제10수)+진리에의 안착(제11수)라는 점에서 향가와 한역시가 공통적이다.

　반면에 중심인물에 있어서 차이점을 살펴보면 다음과 같다. 향가의 경우에는 제4수와 제7수에서 '나'와 '부처'에 더하여 '우리'를 주목하고 있다면 한역시의 경우에는 그렇지 않다. 또 제8수와 제9수를 보면 '나'가 중심인물이면서 '부처'의 내용이 조금 더 부각되고 있다.[48] 이 점은 구체적인 한역 양상을 비교함으로써 왜 그렇게 되었는지, 그래서 나타나는 효과는 무엇인지에 대해 보게 될 것이다. 미리 간략하게 그 이유를 언급하자면 음성중심의 문화인 '노래'가 지닌 공동체성과 개인 위주의 문자문화인 '기록'이 가지는 특징이라고 할 수 있다. 더 구체적인 분석은 3장을 통해 보도록 하겠다.

　이제 비교고찰을 위한 전제로서 기본형식구조에 대해 잠시 언급하고 2장을 마무리하고자 한다. 최행귀는 왜 10구체 향가를 7언율시로 한역했을까? 우선 10구체 향가를 한역하기 위해서는 정보량에 있어서 5언보다는 7언이 더 맞았다고 생각해볼 수 있다. 10구체를 5행으로 배열했을 때에 한 행은 시조의 한 행과 같게 되는데[49], 실제로 조선시대의 한역 양상에서도 시조 한 행이 7언 한 행으로 한역되는 경우가 많았다.[50] 그러므로 10구

---

[48] 김기종(2017), 앞의 글, 110면에서 <수희공덕송>에도 나와 남의 관계가 나온다고 지적하였는데, 필자 역시 이 점을 부정한 적은 없다. 위 [표1]에서도 보듯이 이 점이 분명히 나타난다. 이후의 본론에서도 상론하게 되듯이, 향가보다는 한역시에서 나와 남의 관계가 줄어들고 약화되어 더 강조되는 인물의 변화가 있다는 경향을 말한 것이지 나와 남의 관계를 다루지 않는다고 한 것은 아님을 거듭 강조한다.
[49] 조동일(1999a), 앞의 책, 333면.
[50] 김문기·김명순(1996), 앞의 글, 61면.

체인 <보현십원가>도 7언 5행, 곧 모두 35字 정도로 한역하는 것이 정보량이 맞지만 근체한시에 5행 형식은 없으므로 5언율시인 40字가 가장 가까운 시형이 된다. 그러나 최행귀는 5언을 쓰지 않고 7언을 썼다. 이는 정보량 외에 다른 이유도 있음을 짐작하게 한다.

전통적으로 5언은 규범적이라면 이에 비해 7언은 민가풍의 유희적 성격을 지니고 있다.[51] 이런 한시의 전통에 비추어볼 때에 사뇌가의 원래의 성격과 더불어 우리말노래를 한역하는 데에는 7언이 더 맞았다고 할 수 있다. 그렇다면 7언절구는 28자(字)로서 정보량에 있어서 너무 맞지 않기 때문에 7언율시가 되었다고 하겠다. 여기서 한역시의 정보량이 많음을 감안해볼 때에 한역시에는 향가에 없는 내용이 들어가리라는 것을 예상할 수 있다. 그렇다고 해서 향가에 있는 내용을 빼는 경우는 없다고 단언할 수 없다. 이후 보겠지만 전체의 절반이 삭제의 한역방식으로 되는 경우도 있다.

본고의 비교 논의는 향가는 4음보 5행, 한역시는 7언 8행이라는 형식구조에 기반해 진행된다. 향가의 10구체를 5행으로 보고 향가 한 행이 한시의 7자(字)라는 한 행과 비교해서 어떻게 한역이 되었는지 비교해 보고자 한다. 우선 행 단위를 놓고 먼저 비교한 뒤에 행보다 큰 단위를 통해 전체 구조를 비교해보도록 하겠다.

2.4. 한 행의 한역 양상 비교

여기서는 한 행을 기준으로 향가와 한역시를 비교해보고자 한다. 곧 한역시의 1행은 향가의 어느 만큼을 번역한 결과인지를 살펴본다. 11수의 향가를 한역한 양상을 보면 정보량이 대등하게 그대로 옮기는(=) 방식,

---

[51] 김은정(1996), 앞의 글, 40면

전체적으로 없던 부분을 새로 만들거나 더하는(+) 방식, 있던 것을 빼는(-) 방식의 크게 3가지로 나눌 수 있다.

그런데 이러한 한역 방식은 다른 갈래의 한역 양상과 비교했을 때 전혀 새로운 것은 아니다. 예를 들어, 시조의 한시화에서도 세 가지 한역 방식이 나타났다. 정보량을 대등하게 옮기는 1:1 대응의 한역을 '재현'이라고 한다거나 더하거나 빼는 방식을 '변이'로 묶어서 다루기도 했다.[52] 혹은 본고에서와 같이 정보량이 적어지는 경우를 '삭제'나 '축약'이라고 하기도 한다.[53] 그러나 차이가 있다면 그 경우에는 1:1로 정보량이 대응되는 '재현'을 위해 정형시가 아닌 장단구형으로 한역하기도 하였지만 <보현십원가>는 정형시라는 전제 속에서 이러한 한역 양상이 나타난다는 점이다.

또 한 가지 주목해야 하는 것은 지금까지의 한역 연구는 '연작형'을 다루는 경우가 거의 없었다는 점이다. 그렇다면 이는 같은 세 가지 방식의 한역이라도 각각의 개별 작품에서 보이는 경우와 11수의 연작형 작품에서 나타나는 경우가 다를 것이다. 예를 들어, <보현십원가>는 제1수와 제11수에서만 1:1 대응이라는 한역방식을 쓰고 있고 다른 데에서는 볼 수 없다. 연작성을 드러내기 위한 방편으로 이 한역방식을 택했기 때문이다.

세 가지 한역 방식이 <보현십원가>에 모두 나온다는 점은 주목을 요한다. 작품수가 11수나 되니 가능한 모든 방식이 적용되는 것은 당연하지 않느냐고 할 수 있겠으나 2장 말미에서 살펴보았듯이 한역시의 정보량이 향가보다 더 많음에도 삭제나 1:1 대응의 한역 방식도 있다는 것은 당연한 현상이 아니기 때문이다. 따라서 갈래 차이로 인해 추가의 방식이 나오는

---

[52] 대표적인 예로 조해숙(2005), 앞의 책, 특히 101-118면을 들 수 있다.
[53] 대표적인 경우로 정병욱(1970), 「한시의 시조화 방법에 대한 고찰」, 『국어국문학』 49·50, 국어국문학회, 269-276면 ; 김문기·김명순(1996), 앞의 글 ; 이기현(1994), 앞의 글 등을 들 수 있다.

것은 충분히 예상할 수 있지만 그 외에 1:1 대응과 삭제의 한역 방식이 적지 않게 나타난다는 점은 구체적인 분석을 통한 검토가 필요하다.

따라서 세 가지 방식이라는 그 자체는 어떤 갈래의 번역에서나 볼 수 있더라도 구체적으로 어떻게 나타나는지, 왜 그 작품에서 나타나는지 등 그 내용과 양상에 더 주목할 필요가 있다. 그러므로 세 가지 방식은 일반적인 번역 양상에서 볼 수 있는 보편적인 현상이라 하더라도 <보현십원가>에서는 총 11수라는 연작성 속에서, 또 서로 다른 정보량의 차이에도 불구하고 '어느 위치의 작품에' '어떻게', '왜' 이 세 가지 방식이 모두 나타나게 되는지 구체적인 양상에 주목해야 할 필요가 있다.

이제 각각의 한역 양상을 세 개의 절로 나누어 순차적으로 살펴보도록 하자.

2.4.1. 일대일 대응 관계

여기서는 우선 가장 평이한 한역방식으로서 향가에 있는 정보량이 1:1로 거의 그대로 대응되도록 한역한 경우를 살펴본다. 물론 아주 똑같지는 않지만 거의 두 작품이 서로의 번역작품이라는 것을 단번에 알 만큼 비슷한 경우이다. 이러한 예는 제1수 <禮敬諸佛歌>와 마지막 작품인 제11수 <總結無盡歌>에서 보인다. 다음 작품을 보도록 하자.

제1수 <禮敬諸佛歌>
心未筆留 慕呂白乎隱佛體前衣
　　마음의 붓으로 그리옵는 부처앞에
拜內乎隱身萬隱 法界毛叱所只至去良
　　절하는 몸은 法界 다하도록 이르거라.
塵塵馬洛佛體叱刹亦 刹刹每如邀里白乎隱
　　塵塵마다 부처의 절이며 刹刹마다 뫼셔놓은

法界滿賜隱佛體 九世盡良禮爲白齊
    法界 차신 부처 九世 다아 禮하옵저.
嘆曰 身語意業無疲厭 此良夫作沙毛叱等耶
    아으 몸·말·뜻 싫음없이 이에 宗旨 지어 있노라[54]

<禮敬諸佛頌>
以心爲筆畵空王   마음으로 붓을 삼아 부처님을 그리고
瞻拜唯應遍十方   우러러 절하오니 두루 시방세계 비춰오시라!
一一塵塵諸佛國   낱낱의 티끌마다 모두 부처님의 나라이고
重重刹刹衆尊堂   곳곳의 절마다 다 부처님의 집입니다.
見聞自覺多生遠   보고 들을수록 부처로부터 멀어진 多生의 나를 만나오니
禮敬寧辭浩劫長   永劫의 긴 시간일망정 어찌 禮敬하지 아니하리까?
身體語言兼意業   몸과 말과 그리고 생각의 三業을
總無疲厭此爲常   싫은 생각 하나없이 닦으오리다.

  향가 1행은 한역시 1행으로, 향가 2행은 한역시 2행으로, 향가 3행은 한역시 3·4행으로, 향가 4행은 한역시 5·6행으로, 향가 5행은 한역시 7·8행으로 한역되어 있다. 거의 1:1의 대응이 될 뿐만 아니라 정보량도 비슷

---

[54] 이 대목을 조동일(1999a), 앞의 책, 339면에서는 향가의 제5행 전반부를 우리말로 풀지 않고 한자 그대로 '身語意業無疲厭'을 살려 '아이/身語/意業/無疲厭//'의 4음보로 나누어 한역시 7행과 대비하고, 향가 5행의 후반부인 '이리/ 宗旨/ 지어/ 있노라//'의 4음보를 한역시 8행과 대응시켰다. 이렇게 하면 결과적으로 향가 제5행이 총 8음보가 된다. 이는 5행의 향가를 2행+2행+1행이되 마지막 1행을 다시 나누어 총 6개의 작은 단위로 여겨서 그런 것일 수도 있다. 그러나 그 대목의 설명 이후 같은 면(338면) 하단에서 일반화할 때에는 다시 향가 제5행이 4음보라고 설명해서 오기(誤記)가 보인다. 따라서 향가 5행의 8음보로 흩었던 것이 어떻게 다시 4음보가 되는지 보여야 한다. 같은 면(338면) 상단처럼 향가 3행 전반부인 '티끌마다/ 부첫 절이며/'의 2음보를 한역시 3행과 대비한 것처럼 향가 5행 전반부도 본고와 같이 '아이/ 身語意業無疲厭/'이라고 해야 할 것이다. 제2음보가 좀 길지만 시조 종장의 제2음보와 같은 현상으로 볼 수 있다.

하다. 물론 향가 4행과 한역시 5·6행의 경우, 한역시 5행은 향가에 없는데 첨가가 된 것이다. 또 표현과 의미가 조금 달라진 부분도 있다. 향가 1행에서 '그리웁는'은 마음속에서 그리워하다는 의미가 있는데 한역시 1행에서는 이를 '畵'로 적어 가시적(可視的)으로 그리는 것으로 되어있다. 그러나 대체적으로는 향가의 정보량이 100%로 한역되었고 한역시에서 5행만 추가되었다는 점에서 1:1 대응의 한역이라고 할 수 있다.

이제 제11수 <總結無盡歌>를 보도록 하자.

제11수 <總結無盡歌>
生界盡尸等隱 吾衣願盡尸日置仁伊而也
     生界 다한다면 나의 願 다할 날도 있으리여
衆生叱邊衣于音毛 際毛冬留願海伊過
     衆生ㅅ 깨움이 끝모를 願海이고
此如趣可伊羅行根 向乎人所留善陵道也
     이다이 가 저대로 행한다면 향하는대로 善길이여
移波普賢行願 又都佛體叱事伊置耶
     이바 普賢行願 또 부처ㅅ 일이더라
阿耶普賢叱心音阿于波 伊留叱餘音良他事捨齊
     아으 普賢ㅅ 마음 알아서 이리[55] 하고 他事 버릴진저

<總結無盡頌>
盡衆生界以爲期   중생계가 마침으로 기약을 삼건마는

---

[55] 향가에서는 이와 같이 대명사 사용이 빈번하다. 이후에도 나오겠지만 한역시는 그 대명사의 구체적인 내용을 풀어쓰면서 8행이라는 그릇을 채우는 데에 활용한다. 참고로 시조와 한시를 비교한 연구에서 시조에는 대명사의 사용이 빈번함을 지적하고 이것이 구술성의 특징임을 밝힌 바가 있는데 (정소연(2006), 「신흠의 절구와 한시 비교 연구」, 서울대학교 박사학위논문) 향가에서도 대명사의 사용이 빈번하니 이는 한시와 대비되는 우리말노래의 특징으로 확장해서 볼 수 있겠다.

生界無窮志豈移	생계가 끝없으니 내 뜻이 변하리이까?
師意要驚迷子夢	스승의 마음은 길잃은 자의 꿈을 깨치는데 있거니
法歌能代願王詞	法의 노래로 능히 願王의 가사를 대신할 수 있으리.
將除妄境須吟誦	장차 迷妄의 경계를 떠나려 하면 모름지기 이를 외우고,
欲返眞源莫厭疲	참된 근원으로 돌아가려 하면 싫어하는 마음 없어야 하리.
相續一心無間斷	서로 한 마음으로 쉼없이 한다면
大堪隨學普賢慈	보현의 자비를 따라 배울 수 있으리.

위 작품을 보면 향가의 1·2행은 한역시 1·2행으로, 향가의 3·4행은 한역시 3~6행으로, 향가의 5행은 한역시 7·8행으로 번역되었다. 여기서 한역시 제5행은 새로 추가된 것인데 전체 내용에 1:1 대응을 크게 벗어나지 않으면서도 부처에 비해 너무 멀리 있는 자신을 발견함으로써 부처를 예경하는 이유를 더 강조한 것이라는 점에서 전혀 새로운 내용의 추가는 아니다. 또 제5행의 존재로 인해 그 앞뒤의 내용이나 순서가 무너지는 것도 아니다. 향가 제5행에서는 '다른 일을 버리라'고 한 것이 한역시 제7행에서는 '쉼없이 하는 것'으로 바뀌었으나 다른 일을 버리지 않으면 쉼없이 하지 못하기 때문에 내용은 그대로 옮긴 것이 된다.

이렇게 제11수에서도 제1수와 같이 표현이나 의미는 조금씩 달라졌으나 향가의 정보량이 삭제되지 않고, 또 새롭게 추가된 부분도 많지 않아서 거의 1:1 대응의 한역이 이루어졌다. 전체 11수중에서 향가의 정보량을 빼지 않고, 그렇다고 추가나 변화를 심하게 하지 않고 거의 그대로 한역한 경우는 이 두 작품만 보인다. 두 작품은 전체의 처음과 마지막이기 때문에 連作性을 유지하기 위한 방편으로 변화를 심하게 가하지 않았다고 할 수 있다.

그러나 다른 작품에서는 전혀 다른 내용을 만들어넣거나 의미의 변화가 다르게 생기는 경우가 있다. 이러한 한역 방식은 크게 창조·추가·구체화의

'더하는 방식'과 삭제의 '빼는 방식'으로 나눌 수 있다. 이와 더불어 '변형'의 방식이 나타나는데 정보를 더하거나 빼는 모든 현상이 사실 변형이라고 할 수 있을 것이다. 그러나 여기서는 그렇게 지나치게 범박한 의미가 아니라 향가에 있는 것을 바꾸되 '내용은 그대로인데 표현을 바꾸는 경우'에 사용한다. 변형은 더하거나 빼는 다른 방식과 결합해서 나타나게 된다. 이제 다음 절에서는 더하거나 빼는 한역 양상을 절을 달리 해서 각각 살펴보도록 하겠다.

2.4.2. 새로운 내용의 추가와 구체화

향가에 없던 내용이 한역시에서 새로 생기는 경우는 제10수 <普皆廻向歌> 한역시 제5행에서처럼 부분적으로 보이기도 하지만 대개는 이보다 더 자주, 더 많은 부분에 걸쳐서 나타난다. 우선 제2수 <稱讚如來歌>를 보도록 하자.

제2수 <稱讚如來歌>
今日部伊冬衣 南無佛也白孫舌良衣
　　　오늘 무리들의 南無佛이여 아뢴 혀에
無盡辯才叱海等 一念惡中湧出去良
　　　無盡 辯才의 바다 一念안에 솟나거라.
塵塵虛物叱邀呂白乎隱 功德叱身乙對爲白惡只
　　　세계 모든 것들이 모신 功德의 身을 對하여
際于萬隱德海詰 間王冬留讚伊白制
　　　끝없는 德의 바다를 西王들로 기리리라.
隔句必只一毛叱德置 毛等盡良白乎隱乃兮
　　　아으 비록 一毛ㅅ德도 못 다 아뢰는구나.

<稱讚如來頌>
遍於佛界磬丹衷　　부처님의 나라 가득하도록 온 정성을 다하여
一唱南無讚梵雄　　한결같이 '나무'를 외치며 부처님을 찬송하네.
辯海庶生三寸抄　　辯論의 바다, 세 치 혀끝에서 끝없이 펼쳐지고,
言泉希涌兩唇中　　말의 샘, 두 입술 사이에서 기쁘게 용솟음친다.
稱揚覺帝塵沙化　　깨달음의 왕이여! 티끌세계 교화시킨 것 칭송하고,
誦詠醫王刹土風　　마음의 구원주여! 시방국토 감화시킨 것 송영하리.
綜未談窮一毛德　　끝내 한 터럭 만큼의 덕도 마저 말하지 못한대도
此心直待盡虛空　　이 마음은 오직 허공계 끝까지 다하기를 원하네.

　한시 1행은 향가에는 있지 않는 내용이지만 굳이 연관성을 찾자면 향가 제1행의 일부인 '오늘 무리들의'를 아주 다르게 의역했다고 할 수 있다. 조연숙(2005)에서는 한시의 5, 6행이 향가에 있지 않다고 했는데[56] 이뿐만 아니라 그 외에도 향가에 없는 내용이 한시에 있음을 알 수 있다. 이후의 논의를 통해서도 그 예를 더 볼 수 있다. 이렇게 향가에 없는 내용을 한시에서 새로 만든 경우를 일컬어 '創造'의 한역방식이라고 지칭하도록 하겠다.
　위의 작품을 전반적으로 검토해볼 때 향가의 5행과 한시 7행을 제외하면 1:1로 대응되게 번역된 경우는 없다. 예를 들어 한시 2행은 향가의 1행에 해당하지만 '부처님을 찬송한다'는 말은 향가에 없고 추가된 내용이다. 또 한시 3·4행은 향가 2행에 해당한다고 볼 수 있지만 한시 4행은 향가 2행에 해당하는 내용을 더 부연한 것이라서 향가의 한 행이 한시 두 행으로 한역된 것이라 하겠다. 물론 표현도 새로워졌다.
　또 한시 5·6행은 전혀 없는 내용이 아니고 향가 3·4행을 '구체화'시킨 것이다. 향가에서는 '功德을 찬양한다'고 했는데 한시에서는 구체적으로

---

[56] 조연숙(2005), 앞의 글, 295-295면.

'깨달음을 통해 교화시키고'(3행), '마음을 감화시킨 것(4행)'을 찬양한다고 했다. 이렇게 한시 2~6행은 향가에 있는 내용을 부연하거나 일부만 추가하는 '추가'의 원리와 더불어 '구체화'의 방식을 취하고 있음을 알 수 있다. '창조'의 한역방식이 향가에 없던 행 전체가 새롭게 생긴 것이라면 '추가'나 '구체화'의 방식은 향가에 있던 내용을 부연하거나 첨가해서 더 풍부하게 만드는 방식이다. 7언율시라는 한역시는 5행 향가보다 더 많은 정보량을 담을 수 있기 때문에 이러한 방식이 적용된 것이다.

또 다른 작품으로 제6수 <請轉法輪歌>를 보도록 하자.

제6수 <請轉法輪歌>
彼仍反隱 法界惡只叱佛會阿希
     저 넓은 法界안엣 佛會에
吾焉頓叱進良只 法雨乙乞白乎叱等耶
     나는 또 나아가 法雨를 빌었더니라.
無明土深以埋多 煩惱熱留煎將來出米
     無明土 깊이 묻어 煩惱熱로 다려내매
善芽毛冬長乙隱 衆生叱田乙潤只沙音也
     善芽 못다 기른 衆生ㅅ밭을 적심이여.
後言菩提叱菓音烏乙反隱 覺月明斤秋察羅波處也
     아으 菩提ㅅ 열매 영글은 覺月 밝은 가을밭이여.

<請轉法輪頌>
佛陀成道數難陳 불타의 도를 이룬 그 길을 말하기 어려우나
我願皆趨正覺因 나는 오직 正覺의 因을 따르기 원하네.
甘露洒消煩惱熱 달콤한 이슬은 번뇌의 열을 시원하게 식히고,
戒香熏滅罪愆塵 경계의 향은 죄악의 먼지를 샅샅이 멸하네.
陪隨善友瞻慈室 좋은 벗은 뫼시고 따라 자애로운 가르침을 우러르고
勸請能人轉法輪 能人에겐 권하고 청하여 法輪을 굴리게 하니

雨寶遍沾沙界後　　法寶의 비가 두루 사바세계를 적신 뒤에
　　更於何處有迷人　　어느 곳에 또 미혹된 사람이 있으리.

　한역시 제1행은 향가 제1행을 번역하지 않고 향가에 없던 내용을 새로 만들어 창조의 방식을 취했다. 한역시 제2행은 향가 제2행의 변형이다. 향가에서는 '法雨를 빌었다'고 했는데 한역시에서는 '正覺의 因을 따르기 원한다'고 다르게 표현했다. 기존의 것이지만 의미는 비슷하되 다르게 표현한 변형이라고 할 수 있다. 같은 곳에서 향가는 '나는 또 나아가'라고 함으로써 끊임없이 계속해서 간구했다는 의미를 표현했는데 한역시는 '나는 오직'이라고 해서 다른 것이 아닌 바로 이것을 간구했다는 의미로 바뀌었다.
　한역시 제3행은 향가 제2행의 번역이고, 한역시 제4행은 없던 것이 새로 생긴 것이다. 내용을 보면 향가 제3·4행에서 말하는 바를 더 구체화시켜서 한역시 3·4행이 서로 대(對)를 이루는 근체시의 양식에 맞게 바꾸느라 생긴 현상이다. 향가는 제3·4행이 연속적인 의미로서 '번뇌열을 다려내매 중생밭을 식힌다'고 했는데 이를 한역시 제3행이라는 하나의 행에서 '이슬은 번뇌열을 식히고'라고 다 말해버렸다. 그런데 한역시 제3·4행은 대(對)를 이루어야 하니 같은 의미가 병렬되도록 한역시 제4행에서 '향은 죄악의 먼지를 멸하네'라는 행을 새로 추가한 것이다. 이런 경우는 없던 행을 새로 만들었으나 의미의 새로운 창조는 아니므로 '추가'의 방식이다.
　가장 '창조'의 방식다운 한역은 그 다음에 나타난다. 위에서 보듯이 향가에서 한역되고 남은 것은 제5행밖에 없는 반면에 한역시는 무려 4행이나 남아있기 때문에 새로 행을 만들어 채울 수밖에 없는 것이다. 대개 향가 제5행이 한역시 제7·8행의 미련(尾聯)에 해당되기 때문에 자연스럽게 한역시 제5·6행은 창조될 수밖에 없다. 그래서 생긴 한역시 경련(頸聯)을 보면 제목에 해당하는 '법륜을 굴리게 청한다'는 내용이 직접적으로 표현됐

다. 향가에서는 같은 제목이지만 '법륜을 굴리기를 청한다'고 직접 말하지 않고 '법우를 빈다'고 했는데 이 대목을 한역시 2행에서는 '정각의 인을 따르기 원한다'고 바꾸어 표현함으로써 같은 말을 두 번 쓸 수 있게 한 것이다. 그러므로 왜 한역시 제2행이 '변형'의 방식을 추구하게 되었는지 해명이 되었다.

'창조'나 '추가'라는 한역방식은 7언율시라는 한시의 그릇에 비해 정보량을 적게 담는 4음보 5행의 향가를 생각할 때에 번역과정에서 가장 일차적으로 생길 수 있는 현상이다. 1:1의 대응이 될 수도 있으나 에서도 보았듯이 <보현십원가>는 연작성을 띤 작품의 처음과 마지막이라는 위치와 기능을 위해서만 이 방식을 택했다. 그리고 그 경우에도 약간의 '창조'된 행이 있음을 볼 수 있었다. 그러나 특별히 연작성을 나타내야 하는 위치가 아닌 제6수의 경우에는 자연스럽게 서로 다른 두 갈래의 시형식에 맞게 창조와 추가의 한역이 이루어지게 된 것이다. 그리고 '변형'의 한역방식은 이 과정에서 필요에 의해 부차적으로 생긴 한역방식임을 제6수의 분석을 통해서 알 수 있었다.

이제 또 다른 창조·첨가의 한역원리가 나타난 작품을 보도록 하자. 아래 작품은 제8수 <常隨佛學歌>이다.

제8수 <常隨佛學歌>
我佛體 皆往焉世呂修將來賜留隱
    우리 부처 다 지난 누리에 닦으려시던
難行苦行叱願乙 吾焉頓部叱逐好友伊音叱多
    難行苦行人 願을 나는 頓部人 좇으리이다.
身靡只碎良只塵伊去米 命乙施好尸歲史中置
    몸이 부서져 드틀이 되매 命을 施할 사이에도
然叱皆好尸卜下里 皆佛體置然叱爲賜隱伊留兮
    그리 다 하심 배우리 한 부처도 그리하심이로세.

城上人佛道向隱心下 他道不冬斜良只行齊
　　아으 佛道 향한 마음아 다른 길 아니 비껴 가리

<常修佛學頌>
此婆娑界舍那心　이 사바세계에서 비로자나부처님이 큰 보리의 마음을 내시어
不退修來迹可尋　물러서지 않고 닦아온 그 자취를 찾아보리라.
皮紙骨毫兼血墨　살가죽을 벗겨 종이를 만들고, 뼈를 부숴 붓을 만들어 피를 먹물삼아 경전을 베끼고,
國城宮殿及園林　나라와 궁전과 동산까지도 버리셨네.
菩提樹下成三點　보리수 아래에서 三點의 깨달음 이루시곤
衆會場中演一音　대중이 모인 도량에서 圓滿한 음성으로 연설하시네.
如上妙因總隨學　위와 같은 오묘한 수행을 모두 따르고 배워서
永令身出苦河深　영원토록 이 몸을 깊고 깊은 괴로움의 바다에서 빼내오리라.

　한역시 제1·2행은 향가 제1·2행을, 한역시 제3행은 향가 제3행을 번역한 것이다. 그런데 한역시 4~6행은 향가에 없는 내용이다. 향가에서는 '그리하심'이라고 대명사로 표현하고 만 부분이 한역시에는 구체화되었다. '그리' 한다는 것은 무엇을 어떻게 한다는 말인지 구체적으로 나와 있지 않은데 한시에서는 제3~6행이 모두 부처의 행하심을 기록하고 있어서 향가에서 알 수 없는 실상을 알 수 있게 했다. 그러므로 이 부분은 '추가' 및 '구체화'의 한역방식을 취하게 되었다.
　한편, 향가의 제3·4행은 문법적으로는 연결어미로, 내용적으로도 연속되어 있는데 한시의 제3·4행은 병렬로 배열되어 반복되는 구조이다. 이는 제6수를 설명하면서도 지적했듯이 또 제2수에서도 보았듯이 한시의 함련이 대(對)를 이루어야 하기 때문이다. 따라서 '行'이라는 단위를 기준으로 해서 향가와 한시를 살펴보지만 같은 의미의 '行'은 아니라고 할 수 있다. 향가의 제3·4행은 원래 하나의 단위로 보기 때문이다. 이는 최행귀와 많은

선행연구에서 지적하고 있는 10구체 향가의 3句형태와 관련된다. 곧 5행으로 볼 때에는 1~2행, 3~4행, 5행의 3句가 되는 것이다. 비록 한시에서도 제3·4행이 '함련'으로서 묶이지만 실제로는 대등한 구조가 '반복·병렬'되는 것이라면 향가에서는 '연속'적인 구조를 취한다고 할 수 있다.

이 점은 향가와 한시가 아니더라도 시조와 한시를 대비한 논의에서도 나타나는 현상이다.[57] 비록 시조가 초·중·종장의 3행이지만 초·중장이 연속되는 경우가 많고 중·종장이 연속되기도 한다. 이에 비해 한시에서는 연속되는 십자구(十字句)가 없는 것은 아니지만 드물고, 오히려 대(對)를 이루며 같은 구조가 병렬적으로 대등하게 배열되는 등가구조를 취하는 것이 일반적이다. 그러므로 이러한 현상은 향가든 시조든 한시에 대비되는 우리말노래의 행(行)이 한시의 행(行)에 비해 가지고 있는 일반적인 특징이라고 볼 수 있다.

끝으로 창조와 추가의 한역으로 인해 가장 많이 변형이 된 경우를 보도록 하겠다. 아래 작품은 제7수 <請佛住世歌>이다.

제7수 <請佛住世歌>
皆佛體 必于化緣盡動賜隱乃
    한 부처 비록 化緣 마쳤으나
手乙寶非鳴良尒 世呂中止以友白乎等耶
    손을 부벼 올려 누리에 머물게 하리라.
曉留朝于萬夜未 向屋賜尸朋知良서尸也
    밝은 아침 까만 밤에 향하실 벗 알아셔라
伊知皆矣爲米 道尸迷反群良哀呂舌
    이를 알게 되매 길 잃은 무리 서러우리.

---

[57] 시조의 연속구조와 한시의 등가구조에 대한 논의는 정소연(2006), 앞의 글, 71-84면 참조.

落句吾里心音水淸等 佛影不冬應爲賜下呂
　　아으 우리 마음을 맑게 하면 佛影 아니 應하시리.

<請佛住世頌>
極微塵數聖兼賢　　극히 작은 티끌만큼 많은 성현의 부처님,
於此塵世畢化緣　　이 뜬 구름같은 生界에서 교화의 인연을 마치려 하네.
欲示泥洹歸寂滅　　열반에 드시어 寂滅의 세계로 돌아가려 하시나
請經沙劫利人天　　沙劫토록 인간계와 천상계에 이익 주기를 청하옵니다.
談眞盛會猶堪戀　　진리를 말하시는 성대한 모임이야 그리운 것이언마는
滯俗群迷實可憐　　세속에 매인 저 미혹한 중생이 참으로 가련하네.
若見惠燈將隱沒　　지혜의 등불이 꺼질듯함을 보니
盍傾丹懇乞淹留　　어찌 온 정성 기울여 이 세상에 머물기를 빌지 않으리

　이 작품은 11수 전체 중에서 한역 결과가 향가와 가장 다른 경우에 속한다. 한역시 제1행은 향가 제1행중에서도 전반부인 '한 부처'를 한역한 것이다. 그리고 향가 제1행의 후반부가 한역시 제2행으로 한역되었다. 향가 제2행은 한역시 제4·8행으로 번역되었고 향가 제3·5행은 한역되지 않았으며 향가 제4행은 한역시 제6행으로 번역되었다.
　한역시 제4행은 향가 제2행과 비슷하다고도 하겠지만 누리에 머물기를 바라는 것(향가)과 이익을 주기를 청하는 것(한역시)은 달라서 대강의 의미가 통하면서도 다르다고 할 수 있다. 이 역시 향가에서는 '머물라'는 외적인 행동을, 한시에서는 머물기를 바라는 '이유'인 '이로움을 주기 위해서'라는 차이가 보인다. 한시 제8행에 '온 정성을 다하여'는 향가 제2행 전반부에의 '손을 비벼 올려'에서 왔다. 향가는 행동이라면 한시는 의미이다. 의미로 인해 겉으로 행동이 나오는 것인데 향가에서는 외적인 동작이, 한시에서는 그렇게 하는 이면의 의미나 동기를 다루고 있는 차이점이 보인다. 결과적으로 한역시 제3·5·7행이 모두 창조된 행이고 나머지 부분적

으로도 추가가 된 것을 볼 수 있다.

지금까지 창조·추가·구체화의 한역방식을 살펴보았다. 이때의 창조·추가는 어떤 것을 뺀 뒤에 그 자리에 대체하기 위해서 나타나는 현상이 아니라 향가의 정보량을 100% 다 옮기고도 창조와 추가를 더한 경우이다. 그리고 그 정도가 1:1 대응의 한역방식에서보다 훨씬 더 심해진 것을 말한다. 정보량의 차이, 곧 두 갈래의 형식에 해당하는 그릇의 크기가 향가보다는 한역시가 더 크기 때문에 창조와 추가의 원리가 한역 방식 중 가장 많이 쓰였다.

이제 다음 절에서는 삭제의 한역방식에 대해서 살펴보도록 하겠다.

2.4.3. 삭제 관계

앞에서 살펴본 제4수, 제8수에서는 추가의 한역방식과 더불어, 앞의 제2수에서 볼 수 없었던 '削除'의 한역원리가 적용되었다는 점에서 주목을 요한다. 앞에서 잠깐 언급했듯이 한역시의 그릇이 향가보다 크다고 해서 향가의 정보량에 더하여 항상 첨가·창조의 원리만 적용되는 것이 아니라 반대로 삭제의 한역방식도 있다는 점에서 그렇다.

일례로 바로 위의 제7수 <請佛住世歌>에서 향가 제5행은 삭제되었는데 이는 주제와 제목에 맞지 않아서 그런 것으로 보인다. 부처가 세상에 머물기를 바라는 것이 주제인데, 향가 제5행은 '우리 마음을 맑게 해야 佛影'이 임한다고 하니 '나와 우리'로 관심의 대상이 옮겨지기 때문이다. 이는 2장에서 내용구조를 살펴볼 때에도 언급한 바 있다. 따라서 왜 그렇게 했는지에 대한 이유를 삭제의 한역원리를 살펴보면서 밝힐 필요가 있다.

여기서는 '삭제'의 한역원리를 보려고 한다. 삭제는 향가의 해당 내용이 한역시에서 없어지는 것, 곧 한역시에서 그 부분을 번역하지 않고 버리는 것을 말한다. 이 과정에서 다른 것으로 의미나 표현이 바뀌어 그 자리를 대체하기도 해서 변형의 한역방식도 함께 나타난다. 제4수 <懺悔業障歌>를 보며 '삭제'의 원리를 살펴보도록 하자.

제4수 <懺悔業障歌>
顚倒逸耶 菩提向焉道乙迷波
　　顚倒이루어 菩提 향한 길을 잃어
造將來臥乎隱惡寸隱 法界餘音玉只出隱伊音叱如支
　　지어오는 惡은 法界 너머 나니잇.
惡寸習落臥乎隱三業 淨戒叱主留卜以支乃遣只
　　모진 버릇에 떨어진 三業 淨戒ㅅ主로 지녀두고
今日部頓部叱懺悔 十方叱佛體閼遣只賜立
　　오늘 무리 모두 참회함을 十方ㅅ 부처 알으소서.
落句衆生界盡我懺悔 來際永良造物捨齊
　　아으 衆生界盡我懺盡 來際 길이 造物 버리저.

<懺悔業障頌>
自從無始劫初中　　無始劫 과거로부터
三毒成來罪幾重　　세 가지 독을 지어오니 죄가 얼마나 무거울건가?
若此惡緣元有相　　이 악업의 인연에 본디 體相이 있다 하면
盡諸空界不能容　　나를 받아들일 허공계는 하나도 없으리.
思量業障堪초창　　업보를 생각하니 슬픈데
罄竭丹誠豈墮慵　　온 정성 다할 뿐 어찌 태만하리요
今願懺除持淨戒　　이제 참회하노니 淨戒를 지켜서
永離塵染似靑松　　푸른 솔처럼 영원히 티끌세상 떠나려하네.

향가 제 4수에서 거의 절반은 한역이 되지 않았다. 한시의 제1·2행은 그나마 향가의 제2행의 의역이라 할 수 있으나 향가 제1행은 한역이 전혀 되지 않았다. 향가 제2행의 내용에 포함될 수 있기 때문에 잉여라고 생각

해서일 수 있다. 향가의 제1행은 "왜 악을 짓는가?"에 대한 이유가 될 수 있는데 한역을 하면서는 향가 2행의 수식어 정도로 이해한 것으로 보인다. 향가 제1행을 삭제하는 대신에 한역시 제1행에 '無始劫初中'을 추가해서 '아주 셀 수 없을 만큼 오래전부터' 죄를 지어왔다는 점을 중요하게 생각하고 있다.

또 향가 제4행도 한역되지 않았다. 향가 제4행은 작품 전체에서 유일하게 '우리'의 참회가 나오는 부분인데 한역시는 향가 제4행을 삭제함으로써 작품 전체가 '나'의 참회에 관심이 집중되는 결과가 나타났다. 또한 한역시 제3~6행은 나의 죄악을 얼마나 슬퍼하는지, 그래서 정성으로 참회한다고 함으로써 역시 '나의 참회함'에 대한 집중도가 더 높아진 결과를 가져온다.

향가의 제4행에서 '우리'에 대한 언급은 11수의 連作性을 생각해볼 때에 중요한 의미를 가진다. 다음 작품인 제5수가 '남의 공덕을 따르며 기뻐하는 것'이 주제인 것을 감안할 때에 향가에서는 중심인물이 '나'에서 '우리'로 넘어가는 것을 미리 알리고 연작구조의 일부 작품임을 알게 하는 고리, 혹은 표지가 되기 때문이다. 작은 것이라 할 수도 있겠지만 2장에서 살펴보았듯이 역시 제9수에서 제10수로 넘어갈 때에도 '나와 중생'을 묶어주는 향가의 제3행을 삭제하고 있는 것이다. 해당 부분을 보자.

제9수 <恒順衆生歌>
覺樹王焉 迷火隱乙根中沙音賜焉逸良
    覺樹王은 迷惑을 뿌리 삼으시니라.
大悲叱水留潤良只 不冬萎玉內乎留叱等耶
    大悲ㅅ 물로 적시어 아니 이울 것이러라.
法界居得丘物叱丘物叱 爲乙吾置同生同死
    法界 가득 구물구물 할 나도 同生同死

念念相續無間斷　佛體爲尸如敬叱好叱等耶
　　　　隨順함을 늘 생각하여 부처께 하듯 敬하리라
打心衆生安爲飛等　佛體頓叱喜賜以留也
　　　　아으 衆生 便安하다면 부처 또 기뻐하시리.

<恒順衆生頌>
樹王偏向野中榮　　보리수왕이 광야 한가운데 盛裝하고 있으니
欲利天般萬種生　　천만 가지 생명들을 이롭게 하려는 듯.
花果本爲賢聖體　　꽃과 열매는 성현의 본체를 나타내고,
幹根元是俗凡精　　줄기와 뿌리는 범속한 사람의 정기를 비유하네.
慈波若洽靈根潤　　자비의 물결이 靈을 가진 뿌리를 흠뻑 적셔 주듯이
覺路宜從行業成　　깨달음의 길은 마땅히 行業을 좇아서 이루어져야 하리.
恒順遍教群品悅　　항상 따르고 두루 가르친다면 모든 生靈이 기뻐하리니
可知諸佛喜非輕　　모든 부처님의 기쁨이 적지 않음을 알겠네.

위 작품에서 향가 제9수의 제3행은 '나와 중생'이 함께 살고 함께 죽는다는 내용인데 한역시에서는 삭제되고 없다. 향가에서는 제3행과 제5행에서 중생이 두 번 등장하는데 '중생과 나'를 연결시켜주는 것은 제3행뿐이고 제5행은 '중생과 부처'의 관계를 보여준다. 한역시는 이를 삭제함으로써 제7행에서 중생이 나오되 '중생과 부처'만 있고 '나와 중생'이 직접적으로 연결되는 부분이 사라졌다. 그런데 다음 작품인 제10수 <普皆廻向歌>는 '모든 선(善)을 중생에게 돌리겠다'는 '나와 중생'의 관계를 주제로 삼고 있기 때문에 한역시보다는 향가가 다음 작품과의 연작성을 더 잘 나타내고 있다고 하겠다. 그러므로 '삭제'의 한역원리를 통해 한역시보다는 향가가 연작성을 더 강하게 드러내고 있음을 알 수 있다.

이는 비단 본 작품의 특성이라거나, 혹은 향가와 한시만의 비교에서 드러나는 특징인 것만은 아니다. 더 넓게 국어시가와 한시의 대비에서 나타

나는 특성이라고 보아야 할 것이다. 국어시가와 한시 모두 연작성을 가질 수 있으나, 국어시가의 연작성은 한시의 경우보다 더 강한 편이다. 정소연(2019)[58]에서도 이황과 이이의 시조와 한시를 비교하면서 이이의 한시가 이황의 한시보다 연작성이 더 강하다고 하여도 이황의 시조만큼은 아닌 것을 확인할 수 있다. 또 이제현과 민사평의 소악부가 가진 연작성도 국어시가의 한역시라는 점에서 국어시가와의 관계와 긴밀함을 보여준다. 이는 기록문학인 한시보다 구술문학인 국어시가의 특징이라고 할 수 있다. 기록하면서 볼 수 있는 시에 비해 주로 말과 음성으로 향유해야 하는 경우는 내적 결속력이 더 강하지 않으면 흩어지기 쉽고, 소리가 가진 일회성으로 인해 연속성을 가진 표지들이 더 강력하게 나타나야 한다는 특성이 작용하기 때문이다.

이번에는 10수 <普皆廻向歌>를 보도록 하자.

제10수 <普皆廻向歌>
皆吾衣修孫 一切善陵頓部叱廻良只
    한 나의 닦을손 一切善 頓部ㅅ 돌리어
衆生叱海惡中 迷反群無史悟內去齊
    衆生ㅅ 바다 안에 잃은 무리 없이 알리고져.
佛體叱海等成留焉日尸恨 懺爲如乎仁惡寸業置
    부처ㅅ 바다 이룬 날은 懺하여온 모진 業도
法性叱宅阿叱寶良 舊留然叱爲事置耶
    法性ㅅ 집의 보배라. 예로 그리하셨더라.
病吟禮爲白孫隱佛體刀 吾衣身伊波人有叱下呂
    아으 禮하옵는 부처도 내몸 이바 남 있으리.

---

[58] 정소연(2019), 『조선시대 한시와 국문시가의 상관성』, 한국문화사.

<보개회향송(普皆廻向頌)>
從初至末所成功	처음부터 끝까지 이룬 공덕을
廻與含靈一切中	靈을 가진 모두에게 돌려주리라.
咸의得安離苦海	모든 사람이 안락을 누려 苦海를 벗어나고자 하는데
憶斯消罪仰眞風	그 길은 죄를 씻고 참된 교화를 우러러보는데 있도다.
同時共出煩盡域	모두 함께 번뇌의 세계에서 뛰쳐나와
異體咸歸法性宮	다른 만물까지도 모두 진리의 궁전에 들어가기를.
我此至心廻向願	나의 이 지극한 廻向의 서원은
盡於來際不應終	未來際가 다하도록 그치지 않으리.

향가의 제5행은 <수희공덕가>에서도 나온 내용인데 여기서도 볼 수 있다. 그런데 한역시의 마지막 제7·8행을 보면 이 내용이 삭제되고 없다. 향가의 제5행이 결론 및 내용집약에 해당된다면 한역시의 제7·8행도 그런 역할을 한다. 그런데 향가 제5행에서는 '나와 남의 관계'로 끝맺고 있다면 한역시 제7·8행에서는 '나의 간절한 서원의 끝없음'으로 작품을 맺고 있다. 바로 지향점이 서로 다른 것이다.

또 다른 경우로 제5수 <隨喜功德歌>를 보도록 하자.

제5수 <隨喜功德歌>
迷悟同體叱 緣起叱理良尋只見根
  迷悟同體의 緣起의 理를 찾아보니
佛伊衆生毛叱所只 吾衣身不喩仁人音有叱下呂
  부처 衆生 두루 다 내 몸 아닌 남 있으리.
修叱賜乙隱頓部叱吾衣修叱孫丁 得賜伊馬落人米無叱昆
  (부처님께서) 닦으심은 頓部ㅅ 내 닦음인저. 얻는 것마다 남이 없으니
於內人衣善陵等沙 不冬喜好尸置乎理叱過
  어느 人의 善들도 아니 기뻐함 두오릿까.
後句伊羅擬可行等 嫉妬叱心音至刀來去
  아으 이리 여겨 가면 嫉妬ㅅ 마음 이르러 올까.

<隨喜功德頌>
聖凡眞妄莫相分	聖이니 凡이니 眞이니 妄이니 나누지 말지니
同體元來普法門	그 실체는 같아서 본래 큰 진리 안에 있네.
生外本無餘佛義	삶을 제치고야 부처님의 뜻은 어디에도 없으니
我邊寧有別人論	내게 남과 다르다 할 무엇이 있을까.
三明積集多功德	세 통찰력을 쌓으매 공덕은 늘어가나
六趣修成少善根	여섯 세계가 닦은 대로 이루어지매 善根은 줄어가네
他造盡皆爲自造	남의 이룸이 모두 나의 이룸이니
惚堪隨喜惚堪尊	모두 다 따르고 기뻐하고 존경을 바쳐야 할 것이라.

향가를 보면 나와 남의 관계에 대해 중점적으로 언급되고 있다. 제2행에서 '내몸 아닌 남 있으리', 제3행에서 '얻는 것마다 남이 없으니', 제4행에서 '어느 사람의 선을 아니 기뻐하겠는가', 제5행에서 '질투의 마음 이르러 올까' 등이 그러하다. 질투라는 마음도 타인과의 관계에서 오는 마음이기 때문에 여기에 포함된다.

그런데 한역시를 보면 향가 제2행이 삭제되고 '聖凡眞妄'으로 바뀌었다. 향가 제3행도 한역시 제4행에서는 나와 남의 관계라기보다 나는 남과 다르지 않으니 어떻게 구별[別]하겠는가 하는 말로서 한역시 제1·2행의 문제를 계속 이어가고 있다. 또 향가는 '질투의 마음'을 문제삼고 있는데 한역시는 그 대신에 '모두 기뻐하고 존경해야 한다'는 내용으로 바꾸었다. 이렇게 전체적인 주제는 같으나 구체적인 전개과정에 있어서 한역시는 '나와 남의 관계'에 대한 표현들을 줄이고 약화시킨 것을 볼 수 있다.

이처럼 제4수 <懺悔業障歌>의 향가 제4행, 제9수 <恒順衆生歌>의 향가 제3행, 여기서 본 제10수 <普皆廻向歌>의 향가 제5행과 제5수 <隨喜功德歌>의 여러 행들 등 지금까지 살펴본 삭제 대목의 공통점은 '나와 중생'의 관계, 곧 '나와 남'의 관계를 보여주는 대목이라는 것이다. 그런데 한역시에서는 항상 이 대목이 빠져서 결국 '나'에게로 작품의 지향점이 집중되고 있음을 볼 수 있었다. 또 2장에서 전체 내용 구조를 살펴볼 때에도 지적한 것처럼 제7수 <請佛住世歌> 향가의 제5행에서는 시적 화자인 나를 포함해서 '우리'가 마음을 맑게 하면 부처가 누리에 머물리라는 내용이 일부 포함되어 있는 반면에 한역시에서는 '우리'에 대한 대목이 없다.

이렇게 향가에 나오는 '나와 너'의 관계와 한역시에서 결과적으로 강조되고 있는 '나'에게로의 집중은 부르는 노래와 읽는 시의 차이로 볼 수 있다. 부르는 노래는 듣는 이가 있으므로 나와 너, 우리라는 향유현장의 특징을 가지고 있다. 반면에 눈으로 읽는 시는 혼자서 향유하는 방식이다. 읽는 시는 문자가 고정되어 있어서 눈으로 읽으며 음미하며 더욱 자신에게로 향하게 된다. 눈으로 읽으며 자신의 내면을 돌아보게 되는 것이다. 반면에 부르는 노래는 목소리가 외부로 향하게 되므로 나에게서 너에게로, 그래서 우리의 관계를 환기시킨다.[59]

향가는 처음부터 부르는 노래였기 때문에 많은 이들이 부르고 다른 이들에게 들려줌으로써 포교 및 수행(修行)의 목적을 이루려고 하였다. 그래서 '나'와 더불어 듣는 '너와 우리'를 포함하는 노래가 되게 하였다. 그러나 한역시는 노래로 향유되거나 전파되는 것이 아니므로 이 점이 약화된 것이라 할 수 있다. 한역시는 공동체적 향유방식을 가지고 있지 않으므로 눈으로 읽거나 음영하는 사람이 그 자신에게 말을 걸고 돌아보며 수행하는 기능을 하는 것이다.

삭제의 원리가 적용된 나머지 부분은 부분적이긴 하나 이외에도 하나를 더 들 수 있다. 앞에서 살펴본 제10수 <보개회향가> 향가의 제4행 후반부에 '예로부터 그러셨더라'가 한역시에는 빠진 것을 더 들 수 있다. 이 역시

---

[59] 이와 관련하여 노래인 시조의 청자 지향적 서법과 읽는 시인 한시의 독백적 서법에 대해서는 정소연(2006), 앞의 글, 55-70면 참조. 청자가 부재하는 한시에 비해 청자가 존재하는 시조에서 화자의 표현력을 증대하는 효과가 있음을 발견할 수 있다.

제4수 <참회업장가>의 향가 제1행처럼 불필요한 부수적인 것으로 여겨서 라고 할 수 있다.

이번에는 삭제를 통한 변형의 방식이라고 할 만한 것으로 다음의 제3수 <廣修供養歌>를 보도록 하자.

제3수 <廣修供養歌>
火條執音馬 佛前燈乙直體良焉多衣
    횃불 잡으며 佛前燈을 고치는데
燈炷隱須彌也 燈油隱須彌逸留去耶
    燈炷는 須彌요 燈油는 大海 이루거라.
手焉法界毛叱巴只爲旀 手良每如法叱供乙留
    손은 法界 다하도록 하며 손에마다 法ㅅ供으로
法界萬賜仁佛體 佛佛周物叱供爲自制
    法界 차신 부처 佛佛 두루 供하옵저.
阿耶 法供沙叱多奈 伊於衣波最勝供也
    아야 法供이야 많으나 이야말로 最勝供이여.

<廣修供養頌>
至誠明照佛前燈   지성으로 부처님전 등불을 밝히오니
願此香籠法界興   이 香烟이 法界서도 피어오르기 원하네.
香似妙峰雲靉靆   향은 오묘한 산봉우리에 구름이 피어오르듯
油如大海水洪澄   기름은 큰 바다에 물결이 일렁이듯 하네.
攝生代苦心常切   중생을 건지고 괴로움 대신할수록 마음은 간절해지고
利物修行力漸增   만물을 이롭게 하고 수행할수록 나의 힘은 더해지네.
餘供取齊斯法供   나머지 공양이 이 法供養에 맞서려 하고
直饒千萬摠難勝   천만가지 다 대어도 이길 것은 없으리.

향가 제1행에서는 "火條執音馬 佛前燈乙直體良焉多衣 (횃불 잡으며 佛前

燈을 고치는데)"라고 하였는데 그 한역시 <광수공양송(廣修供養頌)> 제1행에서는 "至誠明照佛前燈 (지성으로 부처님전 등불을 밝히오니)"라고 되어있다. 향가 제1행의 전반부인 '횃불을 잡으며'가 삭제되었는데 半行이지만 앞의 경우와 같이 잉여적인 부분이라고 생각해서 삭제한 것이다. 그러나 의미상 '횃불을 잡으며 등불을 고치는' 행위는 오랫동안 등을 켠 상태에서 供을 하다가 꺼져 다시 켠 것을 말함으로써 시간적인 길이와 그만큼의 공을 보여준다. 반면에 한역시에서는 이러한 비유적인 표현이 아니라 '至誠'이라는 단어로 직접적인 표현을 쓰고 있다는 점에서 차이가 있다.

　지금까지 총 11수의 작품 전체에 대하여 향가와 한역시의 한 행을 기준으로 한 한역양상을 살펴보았다. 그 결과 1:1 대응, 창조·추가·구체화, 삭제의 방식으로 한역된 것을 알 수 있었다. 어떤 경우에는 한 작품에 두 가지의 한역원리가 나오기도 하지만 대체로 주류적인 한역원리가 나타난 경우를 대표작품으로 들어 살펴보았다.

　한 행을 기준으로 했을 때에 1:1의 대응이 되는 경우도 있었지만 대부분은 향가의 한 행이 나누어져서 한역시의 두 행이 되기도 하고 이 과정에서 추가의 한역이 나타났다. 또 향가의 두 행을 한역시의 한 행으로 바꾸면서 삭제가 나타나기도 했다. 그리고 그 이면에는 노래로서의 구술성이 강한 향가의 공동체성을 배제하고 읽는 시의 문자문화의 특징인 개인이나 부처 자체에 초점을 두기 위한 것, 혹은 향가의 간접적 표현을 직접적으로 말하기 위한 것 등의 이유가 있음을 볼 수 있었다.

2.5. 한시의 首·頷·頸·尾聯과 향가의 제1·2·3句 비교

　이번에는 한 행보다 더 큰 단위에서의 한역 양상을 살펴보려고 한다. 최행귀가 한역을 할 때에도 정형적인 규칙의 최소단위인 행만을 기준으로 한 것이 아니기 때문이다. 한시에서는 수·함·경·미련의 2행+2행+2행+2행으로 구조로 되어있고 향가에서는 2행+2행+1행의 구조로 되어있다. 그러므로 이러한 4단 구조와 3단 구조의 차이에 주목하여 향가의 2행 이상의 단위, 나아가 전체 구조의 한역 양상을 살펴보도록 하자.

한시에서 首·頷·頸·尾聯은 두 행씩을 묶은 것으로 한역시는 전체 4단 구조를 취하고 있다. 향가도 한시의 연(聯)에 해당하는 단위로 나누면 제1·2·3句로 지칭할 수 있다. 향가를 3구(句)로 나누는 것은 최행귀가 한역시와의 비교에서 이미 사용한 '3句 6名'이라는 표현에도 잘 나타나 있다. 6명(名)에 대한 견해는 연구자마다 다양해도 3구(句)는 10구체 향가의 3단 구조를 일컫는 뜻으로 견해가 일치하고 있다. 그래서 여기서는 최행귀의 표현을 그대로 가져와 한시의 연(聯)에 대응하는 향가의 중간구조에 대한 용어로 구(句)라는 표현을 사용하도록 하겠다.

최행귀는 <보현십원가>가 빼어난 향가이듯이 한역시도 한시로서 최고의 수준이 되게 하려고 했다. 그래서 향가 5행의 3단 구조를 그대로 옮기지 않고 한시의 형식에 맞게 8행의 4단구조로 번역한 것이다. 따라서 내용적인 측면에서의 번역뿐만 아니라 형식적 측면에서 각 갈래의 고유의 형식을 따른 경우에는 고유한 형식이 새로운 갈래에서는 어떻게 옮겨졌는지 살펴볼 필요가 있다.

주지하듯이 향가의 제3구는 한시에서와 달리 정보량이 절반으로 줄어든다는 점에서 차이가 있다. 둘 다 정형시이면서도 향가의 마지막 구(句)가 행수가 다른 것은 한시와는 다른 우리말노래의 구조적 특성을 잘 보여주는 것이라 할 수 있다. 그렇다면 4단 구조와 3단 구조의 차이, 또한 한역시의 미련과 향가의 제3구의 정보량의 차이는 어떤 양상으로 한역이 되었는지, 그로 인해 드러나는 두 갈래의 특징은 무엇인지 한시의 연(聯)과 향가의 구(句)에 나타난 한역 양상을 살펴보도록 하자. 우선 제1수 <禮敬諸佛歌·頌>을 본다.

제1수 <禮敬諸佛歌>

心未筆留 慕呂白乎隱佛體前衣
  마음의 붓으로 그리옵는 부처앞에
拜內乎隱身萬隱 法界毛叱所只至去良
  절하는 몸은 法界 다하도록 이르거라.
塵塵馬洛佛體叱刹亦 4刹刹每如邀里白乎隱
  塵塵마다 부처의 절이며 刹刹마다 뫼셔놓은
法界滿賜隱佛體 6九世盡良禮爲白齊
  法界 차신부처 九世 다아 禮하옵저.
嘆曰 身語意業無疲厭 8此良夫作沙毛叱等耶
  아으 몸 말 뜻 싫음없이 이에 宗旨 지어 있노라

<禮敬諸佛頌>
以心爲筆畵空王 마음으로 붓을 삼아 부처님을 그리고
瞻拜唯應遍十方 우러러 절하오니 두루 시방세계 비취오리.
一一塵塵諸佛國 낱낱의 티끌마다 모두 부처님의 나라이고
重重刹刹衆尊堂 곳곳의 절마다 다 부처님의 집이다.
見聞自覺多生遠 보고 들을수록 부처로부터 멀어진 多生의 나를 만나오니
禮敬寧辭浩劫長 永劫의 긴 시간일망정 어찌 禮敬하지 아니하리.
身體語言兼意業 몸과 말 그리고 생각의 三業을
總無疲厭此爲常 싫은 생각 하나없이 닦으리.

 한역 양상을 보면 향가 1구는 한역시의 수련으로, 향가 2구는 한역시의 함련과 경련으로, 향가 3구는 미련으로 한역된 것을 볼 수 있다. 한역시가 모두 8행이니 이를 향가의 3단 구조에 넣는다면 [2+4+2]라고 할 수 있다. 따라서 4단 구조인 한역시지만 함련과 경련이 향가의 2句의 한역이므로 향가의 3단 구조를 허물지 않고 한역한 것을 알 수 있다. 그 결과를 다음과 같이 표로 정리할 수 있다.

[표2] 제1수 <禮敬諸佛歌> 행(行)·구(句)·작품 전체의 한역 양상

한 행		한 구		한 작품 전체	
향가	한역시	향가	한역시	향가	한역시
1행 → 1행		1구 → 首聯 (2행)		1句(2행)+2句(4행)+3句(2행) // [2+4+2]	
2행 → 2행					
3행 → 3·4행		2구 → 頷·頸聯 (4행)			
4행 → 5·6행					
5행 → 7·8행		3구 → 尾聯 (2행)			

   [표2]를 보면 향가의 제2句를 한역시의 함련과 경련으로 바꾸었으니 향가의 중간 단계를 확장한 것을 알 수 있다. 제1수는 거의 1:1 대응이 되기 때문에 쉽게 이 구조를 파악할 수 있는 편이다. 나머지 작품들의 경우에 한 행끼리 비교했을 때에는 삭제나 창조가 이루어지더라도 3단 구조와 4단 구조라는 전체의 흐름으로 비교해본다면 이러한 방식으로 한역의 전체 구조를 파악해볼 수 있다. 이렇게 [2+4+2]의 형태는 제1수 외에도 제4수, 제6수, 제8수, 제11수가 더 있다. 11수의 작품을 모두 이러한 방법으로 한역 양상을 살펴보면 다음과 같이 나타난다.

[표3] <普賢十願歌·頌>의 전체 한역 양상(1)

<普賢十願歌·頌>		한역 구조
제1수	禮敬諸佛歌·頌	2+4+2
제2수	稱讚如來歌·頌	4+2+2
제3수	廣修供養歌·頌	4+2+2
제4수	懺悔業障歌·頌	2+4+2
제5수	隨喜功德歌·頌	4+2+2
제6수	請轉法輪歌·頌	2+4+2
제7수	請佛住世歌·頌	4+2+2
제8수	常隨佛學歌·頌	2+4+2
제9수	恒順衆生歌·頌	4+2+2
제10수	普皆廻向歌·頌	4+2+2
제11수	總結無盡歌·頌	2+4+2

위의 [표3]을 보면 향가의 제5행, 곧 제3구는 예외없이 모두 한역시의 미련(尾聯)으로 번역되는 것을 볼 수 있다. 물론 세부적으로는 4장에서 보았듯이 제5행을 삭제하는 경우가 한 번 있었지만 여기서 보는 것은 3단 구조와 4단 구조의 변화이기 때문에 문제가 되지 않는다. 제3구는 같은 방식으로 한역이 되었지만 제1·2구를 어떻게 한역하느냐에 따라 결과적으로 총 2가지의 형태가 나타난다. 곧 [2+4+2]와 [4+2+2]이다. [2+4+2]는 향가 제1구를 수련으로 한역하는 것이고 [4+2+2]는 향가 제1구를 수련과 함련으로 한역하는 것이다. 곧 [수·함련+경련+미련]이 되든지 [수련+함·경련+미련]이 되는 것이다.

여기서 주목할 것은 [수련+함련+경련·미련]의 한역방식은 나타나지 않는다는 것이다. 향가의 제1구가 수련과 함련인 4행으로 한역되거나, 향가의 제2구가 함련과 경련인 4행으로 한역됐다는 것은 그만큼 향가의 해당 구가 비중과 의미가 크다는 것을 의미한다. 반면에 향가의 제3구를 한시의 경련과 미련으로 한역을 하지 않았다는 것은 제3구가 제1구나 제2구보다 더 비중이 크게 여겨지지는 않았다는 말이다.

이 점은 시조의 한역 양상과 비교해보면 그 차이점이 더욱 두드러진다. 시조에서는 초장이 절구의 기구와 승구로, 혹은 종장이 전구와 결구로 한역이 되고 중장은 한역 과정에서 사라지는 경우가 적지 않다.[60] 시조의 한역과정에서 나타난 이러한 현상은 시조에서 중장의 기능과 비중이 그만큼 약하다는 것을 보여준다. 곧 시조 갈래 자체의 구조와 밀접한 것이다. 마찬가지로 <보현십원가>의 한역 양상에 있어서 향가 제3구가 4행으로 한역되는 경우가 없다는 것은 그만큼 제1구나 제2구보다 더 비중이 있거

---

[60] 이에 대한 더 자세한 논의는 정병욱(1970), 앞의 글 ; 정병욱(1977), 『한국고전시가론』, 신구문화사 ; 조해숙(2005), 앞의 책, 29-36면 참조.

나 중요한 기능을 담당하는 것은 아니라는 것을 뜻한다.

흔히 시조의 3장 구조와, 종장의 첫 음보가 감탄구로 시작하는 형식은 우리 시가사의 연속성과 관련해서 10구체 향가에서 왔다고 해석해왔다. 그런데 한역 양상 비교를 통해서 향가 제3구가 10구체 향가에서 차지하는 비중과 역할은 시조 종장과 같지는 않다는 것을 볼 수 있다. 이는 향가의 제1구와 제2구가 2행씩이라면 제3구는 1행으로서 정보량이 더 적은 측면과도 연결될 것이다.

한편, 흥미로운 것은 [2+4+2]와 [4+2+2]라는 두 가지 종류가 무작위로 나오는 것이 아니라는 점이다. [표3]에 나타난 규칙을 찾아보면 제1수와 제11수, 제4수와 제8수, 제6수가 [2+4+2], 나머지 제2수와 제10수, 제3수와 제9수, 제5수와 제7수가 [4+2+2]인데 제6수를 중심으로 해서 양끝 쪽에서부터 서로 같은 대칭구조를 이루고 있다. 이를 정리하면 다음과 같다.

[표4] <普賢十願歌> 전체 한역 구조 양상(2)

제1수와 제11수	[2+4+2]	제1수 제2수 제3수 제4수 제5수 제6수 제7수 제8수 제9수 제10수 제11수
제2수와 제10수	[4+2+2]	
제3수와 제9수	[4+2+2]	
제4수와 제8수	[2+4+2]	
제5수와 제7수	[4+2+2]	
제6수	[2+4+2]	

[표4]의 제일 우측에 있는 그림을 보면 바깥짝끼리 같게 구조가 이루어진 것을 볼 수 있는데 이는 마치 한시 한편의 내부구조와도 같다. 한시에서도 함련과 경련은 각각 안짝끼리 대(對)를 이루고 다시 함련과 경련이 대를 이루기 때문이다. 한시의 대구 구조가 11수 전체의 구조에서 재현되고

있다는 것은 흥미롭다. 이러한 구조는 한역 결과에서 나타난 것이므로 한역시 개별 작품의 구조가 한역시 11수 전체에서도 나온다는 것은 의도적인 결과라고 볼 수 있다.

2.6. 결론

지금까지 연작 향가인 <普賢十願歌> 11수가 어떻게 한역이 되었는지 향가와 한역시를 비교해보았다. 내용구조의 경우, 제1수~제5수의 중심인물인 [부처→부처→나→나→나&남]이라는 흐름이 다시 제6수~제10수로 반복되면서 '부처'와 '나'와 '중생'의 관계가 순환되는 발견할 수 있었다. 그러나 이 커다란 틀 속에서도 향가는 한역시에 비해 '나와 남'의 관계, '우리'를 더 조명하고 있다면 '상대적으로' 한역시는 이를 약화시키고 시적 화자인 '나', 그리고 '부처'를 더 드러내고 있음을 알 수 있었다.

형식구조의 경우에는 우선 서로 다른 두 갈래를 동등하게 비교하기 위해서 향가는 4음보씩 5행 구조, 한시는 7언씩 8행 구조를 기본형으로 전제하고 살펴보았다. 우선, '정형시'가 되게 하는 최소의 반복단위로서 '한 行'을 기준으로 어떻게 한역이 되었는지 보았다. 그 결과 제1수와 제11수는 가장 기본적인 번역이 충실히 이루어져서 정보량에 있어서 1:1의 대응이 이루어지게 한역되었음을 볼 수 있었다. 이로써 11수라는 연작성을 띤 작품의 형식적 수미(首尾)의 기능을 한다고 지적했다.

나머지 제2수에서 제9수는 향가에 비해 한역시에서 정보량이 더해지는 창조·추가·구체화(+)의 한역방식과 반대로 정보량을 빼는 삭제(-)의 한역방식을 살펴보았다. 창조·추가·구체화의 원리는 향가의 5행에 비해 7언 8행의 한역시가 그릇이 더 크기 때문에 생긴 방식임을 발견했다. 이에 비해 삭제의 한역방식은 한역시 그릇이 더 커서 나타나기 어려울 것이라고 예사하기 쉬우나 실제로는 주제를 분명하게 지향하기 위해 불필요하다고 여겨지는 대목이나 중심인물에 있어서 '나'에 더 초점을 맞추려고 '우리'에 해당하는 부분을 빼기 위해서 나타났음을 발견할 수 있었다.

행(行)보다 더 큰 단위로서 한역시의 연(聯) 단위와 향가의 구(句) 단위에 나타난 한역 양상을 비교해보았다. 향가의 제3구는 일률적으로 한역시의 미련(尾聯)으로 한역이 되었고 향가 제1·2구를 나머지 수련·함련·경련으로 한역하였다. 이때 두 가지의 구조가 나타나는데, 때로는 향가 제1구를 한역시 수련(首聯)으로 한역하고 향가 제2구가 함련(頷聯)과 경련(頸聯)이 되는 경우와 향가 제1구를 한역시 수련(首聯)과 함련(頷聯)이 되게 하고 향가 제2구를 경련(頸聯)이 되게 한역하는 경우의 두 가지 방식만 나타났다. 곧 [4행+2행+2행]이 되거나 [2행+4행+2행]이 되는 구조이다.

이로써 시조에서 중장의 비중이 약해서 한역과정에서 빠지는 것과 달리 향가에서는 중간의 제2구의 비중이 약하지 않고 오히려 확장되어 한역되는 것을 발견할 수 있었다. 또 한역시를 통해 10구체 향가의 제3구와 시조 종장의 감탄구의 비중은 같지 않다는 것도 보았다. 시조에서 종장의 비중과 역할이 향가에서의 제3구보다 이후 더 강화된 것을 알 수 있다. 우리 시가사의 연속성과 관련해 시조의 3장구조가 10구체 향가로부터 시작되었다는 것이 기존의 견해였으나 실상 두 갈래의 내적 구조에서는 이러한 차이도 있음을 밝히게 된 것은 한역시와 향가의 비교 연구를 통해 얻게 된 소중한 성과이다.

끝으로, 향가의 3단 구조를 어떻게 4단 구조로 한역했는지 전체의 형식 구조를 살펴보았다. 제6수를 기준으로 해서 제1수와 제11수, 제2수와 제10수, 제3수와 제9수, 제4수와 제8수, 제5수와 제7수끼리 같은 방식의 한역 구조를 이룬다는 것을 알 수 있었다. 곧 개별 한역시 한 편에 있어서 함련과 경련이 대(對)가 되듯이 11수 전체의 구조도 제6수를 기준으로 바깥 작품끼리 대(對)를 이루어 개별 작품의 구조와 11수의 연작시의 전체 구조가 같은 방식을 이룬다는 것을 발견할 수 있었다.

국어시가의 한역(漢譯)은 한문과 국어, 두 가지 언어를 사용했던 우리나라의 역사로 인한 현상이므로 앞에서 좀 길지만 관련한 한역 연구사를 검토한 바 있다. 이러한 관점에서 <보현십원가>의 한역은 어떤 의미가 있는지 생각해보고자 한다. 우선 자료가 가지는 의미로 다음의 네 가지를 찾을 수 있다.

첫째, <보현십원가>의 한역시인 <보현십원송>은 유일한 고려 향가의 한역 자료로서, 한역의 역사를 염두할 때에 11수에 이르는 '연작(連作)'의 한역이라는 점에서 의미가 있다. 둘째, 또 11수의 한역시가 모두 7언율시이기 때문에 가장 정보량을 많이 담을 수 있는 그릇의 한역이고, 시조의 3행보다 더 그릇이 큰 5행 향가의 한역이라는 점에서도 의미가 있다. 또한 가사 갈래의 부분적인 한역을 제외하면 고전시가의 한역사에서 7언율시는 많은 경우가 아닌데 이에 대한 사례연구라는 점에서도 가치가 있다. 셋째, 향가라는 갈래를 넘어 3단 구조의 우리말노래가 4단 구조의 한역시로 한역된 보편성을 밝혀주는 사례라는 점에서 의미가 있다.

위의 세 가지와 관련하여 본 논의가 가지는 의미는 다음과 같다.

첫째, 연작성을 띤 작품의 한역 양상을 구체적으로 연구한 결과, 11수의 연작성과 관련해서 다음을 발견할 수 있었다. 개별 작품의 한역시가 가지는 내부적인 대(對)를 이루는 형식구조가 11수 전체에서도 제6수를 기준으로 전체가 대(對)를 이루는 형식구조를 이루고 있다. 곧 한 작품의 형식구조와 연작된 11수 전체의 형식구조가 일치한다는 점을 발견했다는 의의가 있다. 이로써 개별 작품 위주로 한역한 선행연구사에서 찾을 수 없는 연작성을 띤 한역 연구의 새로운 양상을 보일 수 있었다. 이러한 수미 상응의 구조는 윤회라는 사상적 배경과도 긴밀한 것으로 보았다.

둘째, 향가의 5행과 한역시의 8행이라는 서로 다른 형식에 나타난 한역

방식으로서 1:1 대응, 창조·추가·구체화, 삭제라는 세 가지 한역 방식의 실상을 구체적으로 규명하고 그 원인을 추론하였다. 이 세 가지 한역 방식은 일반적인 번역의 방식이긴 하지만 '연작성'을 띤 작품에서 각각의 한역 방식이 '어느 위치의 작품에 나오는지', '왜 그러한지' 밝히고, '어떻게 나타나는지' 구체적인 양상을 분석했다는 데에 의의가 있다. 또한 향가의 정보량이 더 적음에도 불구하고 한역시에서 삭제의 방식을 택한 것은 노래의 구술성과 공동체성을 배제하고 '나'에 더 집중하기 위한 것임을 밝혔다.

셋째, 우리말노래의 3단 구조가 4단 구조의 한역시로 번역될 때의 양상을 발견했다는 데에 의의가 있다. 곧 [1구(수련)+2구(함련과 경련)+3구(미련)]의 [2행+4행+2행] 구조나 [1구(수련과 함련)+2구(경련)+3구(미련)]의 [4행+2행+2행]의 두 가지 구조로 한역된다는 것을 발견할 수 있었다. 이로써 향가의 한역 양상이라는 범위를 넓혀 우리말노래의 한시화로서 갈래간의 구조적 차이가 어떻게 번역을 통해 나타나는지 그 양상을 밝혔다.

넷째, 우리 시가사의 연속성을 설명할 때 시조의 3장구조가 향가에서 온 것이라고 하나 본고의 분석결과, 특히 전체 구조의 비교를 통해서 실제 내적 구조는 차이가 있음을 밝힐 수 있었다. 곧 시조에서는 초장이나 종장이 확장되어 한역됨으로써 시조에서의 초·종장의 비중이 크다는 갈래 자체의 특성이 드러났다면 향가에서는 제1·2구가 확장되어 한역되는 경우만 나타나고 제3구가 그런 경우는 없었다. 이로써 향가 제3구의 비중이 시조 종장의 것과는 다르다는 것을 밝히게 된 것은 한역 비교를 통해 얻을 수 있는 소중한 성과라고 생각한다.

그러나 논의의 한계로는 다음을 지적할 수 있다. 아직 향가의 형식구조와 관련해서 최행귀가 언급한 '3句 6名'이라는 부분이 명확하게 해결되지 않은 상태에서 한시와의 형식구조를 비교해 일반화하려고 했다는 것이다.

3구(句)에 대해서는 어느 정도 합의가 되었지만 6명(名)에 대해서는 아직도 논란이 분분하다.[61] 또한 <보현십원가>의 한역 양상을 통해 발견한 10구체 향가의 구조적 특성이 신라시대의 10구체 향가에도 적용될 수 있는지 비교하는 것이 남은 과제이다. 곧 시조의 3장 구조와 관련해서 시조에서 종장의 비중과 <보현십원가>에서 제3구의 비중이 다르다는 사실을 밝혔으나 이 점이 신라시대의 10구체 향가에까지 일반화시킬 수 있는 것인지는 연구가 더 필요하다. 이를 통해 신라와 고려라는 시대적 변화의 양상으로 볼 수 있을지 혹은 10구체 향가 자체의 형식미학으로 일반화시킬 수 있을지가 결정될 것이다.

  본장에서 살펴본 성과들, 곧 고려 향가와 그 한역시가 가진 차이점이 한시와 국어시가의 대등한 관계를 훼손하거나 두 갈래 간의 거리가 멀다는 것을 의미하는 것은 아니다. 서론에서도 밝혔듯이, 최행귀 역시 둘을 대등하게 여기고 이 작업을 진행하였다. 두 갈래의 차이보다는 근본적으로 우리말과 한문의 차이라 할 수 있다. 그래서 형식적 차이, 나아가 기록매체인 문어와 일상어인 구어의 차이점이 자연스럽게 나타났다고 할 것이다.

---

[61] 가장 최근 연구로 김성규(2016), 「향가의 구성 형식에 대한 새로운 해석」, 『국어국문학』 176, 국어국문학회, 177-208면에서도 이 문제를 다루고 있고, 타당한 논의가 이루어졌다고 생각하는데, 이 성과는 본서 2장에서 다시 살펴보게 될 것이다.

3. <보현십원가>에 나타난 탄사의 기능 변화와 시적 특성 강화

3.1. 서론

　본장에서는 <보현십원가>의 기록방식에 주목하여 탄사(歎辭) 부분을 중심으로 신라의 10구체 향가와 비교 논의를 진행한다. 향가는 국어시가이지만 향찰문자를 빌렸을 때에는 기록의 목적이 있다. 그런데 실제 불린 그대로인지는 알 수 없는 상태에서 기록된 상태는 많은 것을 보여주리라 기대할 수 있다. 특히 주목되는 부분은 원전의 띄어쓰기와 탄사 부분이다. 이를 통해 고려시대 국어시가가 가진 기록문학성과 시적 특성을 보게 될 것이다.

　신라 향가와 고려 향가 <보현십원가>는 모두 13세기의 기록물이다. 그런데도 기록된 방식의 분절은 서로 다르다. ≪삼국유사≫의 신라 향가는 10구체라고 해도 원전에서의 띄어쓰기는 9구나 11~13구까지 다양하다. <풍요>와 <찬기파랑가>를 제외하면 나머지는 4, 8, 10구체로 분절되어 있지 않다.[1] 반면 <보현십원가>의 원전을 보면 10구체라는 외적 형식이 실제 기록의 '띄어쓰기'와도 일치한다는 점이 일연의 10구체 향가 기록과 다르다.² 일연보다 20~30년 정도 이른 시기의 기록인³ 균여의 <보현십원가>는 탄사(歎辭)를 바로 뒷구와 합하여 모두 10개의 구가 되게 기록되어 있다. 13세기 중엽 기록시에 10구체라는 형식이 외형적으로도 인식되고 있다는 점이 주목되면서도 일연의 경우와 다른 차이점으로는 이미 있던 한역시의 존재가 이러한 영향을 미친 것은 아닌가하는 추정도 해본다.

이렇게 시각적으로도 10구체를 지키고 있다는 것은 노래를 기록하면서 시로서의 형식미를 적극 고려하였다는 것을 생각해볼 수 있다. 최행귀가 한시로 바꾼 역시(譯詩)도 10행인 것처럼 향가의 기록방식에서도 시적 형식을 추구한 것이다. <보현십원가>가 시적 특성을 보이는 지점은 또 있다. 바로 제9행이 시작되는 탄사(歎辭) 부분이다.⁴ 일연의 기록방식과 다른 점이 또한 <보현십원가>의 탄사의 표현방식이기도 하다. 이에 대해서는 장을 달리해서 자세히 살펴보도록 하자.

3.2. 신라 향가와 고려 향가의 탄사 비교

≪삼국유사≫ 소재 향가의 띄어쓰기는 어떤 부분은 오류로 보는 시각도 없지 않아서 절대적으로 보기가 어려운 측면이 있다. 그러나 본장에서

---

1 박재민(2013a), 『신라 향가 변증』, 태학사, 17면.
2 이하 <보현십원가> 원문은 최철·안대회 역(1986), ≪역주 균여전≫, 새문사 ; 박재민(2013b), 『고려 향가 변증』, 박이정, 부록의 영인본을 참고한다. 후술하겠지만, 이때 탄사는 다음 구와 합해서 세면 10구체가 된다.
3 에에 대해서는 혁련정, 최철·안대회 역(1986), 앞의 책, 10면 참조.
4 10구체 향가에서 마지막 2구 직전의 '阿耶'와 같은 감탄사 부분을 연구자마다 다르게 부르고 있다. 일반적으로는 감탄사라고 부르고, 감탄사 이후의 2구를 낙구로 부른다. '차사사뇌격(嗟辭詞腦格)'이 제시된 ≪삼국유사≫ 권1, 기이 제1 노례왕조의 기록에 따라 감탄사를 차사(嗟辭)로 부르기도 하는데 본고에서는 탄사, 혹은 감탄사로 지칭하고 감탄사 이후 부분의 2구를 낙구로 지칭한다.

는 띄어쓰기를 가급적 그대로 받아들여서 구(句)의 수를 세려고 한다. 앞서 한역시와 비교할 때에 향가의 '구(句)'를 10구체의 경우 제1, 2구는 4구체씩 묶어 지칭하고, 제3구는 탄사(歎辭)를 포함한 그 나머지를 지칭하는 용어로 사용하였다. 그러나 여기서는 신라 향가와의 비교를 위해 한문 원전의 띄어쓰기 단위를 '구(句)'로 세어 살피고자 한다. 이에 탄사 부분을 비교하고, 구의 수를 세면 다음 [표1]과 같다.

[표1] 고려 향가와 신라 향가의 탄사(歎辭) 비교[5]

	<보현십원가> (11수 모두 총10구씩)		≪삼국유사≫[6] 수록 향가
1	嘆曰(예경제불가)	阿耶(광수공양가)	阿耶(찬기파랑가, 총9구)
2	隔句(칭찬여래가)	阿耶(총결무진가)	阿耶(우적가, 총9구)
3	阿耶(광수공양가)	後句(수희공덕가)	阿邪(원왕생가, 총9구)
4	落句(참회업장가)	後言(청전법륜가)	阿也(제망매가, 총8구)
5	後句(수희공덕가)	落句(참회업장가)	阿邪也(맹아득안가, 총11구)
6	後言(청전법륜가)	落句(청불주세가)	後句(안민가, 총9구)
7	落句(청불주세가)	隔句(칭찬여래가)	後句(혜성가, 총9구)
8	城上人(상수불학가)	嘆曰(예경제불가)	後句亡(원가, 총11구)
9	打心(항순중생가)	打心(항순중생가)	
10	病吟(보개회향가)	病吟(보개회향가)	
11	阿耶(총결무진가)	城上人(상수불학가)	

위 [표1]에서 고려 향가는 탄사 자체가 독립되어 있어 띄어쓰기에 따른 분절을 보면 총11구씩이라 할 수 있으나 신라 향가의 경우 탄사가 독립되

---

[5] 가운데 칸은 탄사의 표현이 같은 것끼리 제시하여 비교에 용이하도록 하기 위해서 <보현십원가>의 원전 배열 순서와 다르게 재배열해본 것이다. 탄사는 원문에 있는 띄어쓰기대로 세었다. 곧, 독립된 경우에는 1구로 세고, 앞구로 뒷구에 붙어 있을 때는 앞구나 뒷구를 포함해서 1구로 센다. 총 구의 수 역시 원문의 띄어쓰기대로 한 것이다.

[6] 일연, 고전연구실(리상호) 역(2004), ≪新編三國遺事≫, 신서원의 원문을 대상으로 한다.

기도 하고 앞의 구나 뒤의 구에 붙어있기도 하여 통일을 위해 탄사는 독립된 경우 다음 구에 붙여 구의 수를 센 것이다. <원가>는 마지막에 탄사가 있고 작품이 끝나서 독립된 것으로 세었다.

<보현십원가>는 바로 다음의 구와 합해서 띄어쓰기 분절이 총 10구로 통일되어 있다. 신라 향가의 경우는 탄사 부분이 작품마다 독립된 1개의 구인 경우도 있고, 앞의 구 말미에 붙어있기도 하여 통일되어 있지는 않다. 그러나 고려 향가와 같은 방식으로 구의 수를 세었다. 그래서 탄사가 특정 구와 붙어있을 때는 그대로 세고, 탄사가 독립적으로 있는 경우는 바로 다음의 구와 합하여 수를 세었다. 예를 들어 <찬기파랑가>나 <우적가>에서 '阿耶'는 독립된 1구를 이루고 있어서 그 자체를 1구로 세면 총 10구이지만 뒷구와 합해서 9구로 세었다. <안민가>에서 '後句'는 독립되지 않고 제7구의 마지막에 붙어 있어서 따로 1구로 세지 않았고, 총 구의 수는 9구이다. 그렇다고 해서 탄사가 앞의 구에 붙어있을 때 총 구의 수가 적어지는가 하면 그렇지도 않다. <제망매가>에서 '阿也'는 독립된 하나의 구임에도 총 구수는 9구이고, <맹아득안가>도 '阿邪也'가 제9구 말미에 붙어있어도 총 구의 수는 11구이니 앞의 구에 탄사가 붙어있는지의 여부가 총 구의 수를 정하는 것은 아니다.

신라 향가는 '阿耶'와 '後句'의 2가지 유형으로 나눌 수 있는 종류가 대부분이다.[7] 일부 비슷한 표현('阿也', '阿邪也')이 더 있어서 8수의 신라 향가의 탄사는 이 2가지 유형 내에서 그 유사성이 높은 편이다. 이에 비해

---

[7] 서철원(2011),「鄕歌의 분절과 음보율의 양상을 통해 본 율격의 관습」, *Journal of Korean Culture* 17, 한국어문학국제학술포럼, 97-126면에서는 고려 향가의 차사(嗟辭)는 언급하지만 따로 분류에 넣지는 않았고, 신라 향가를 대상으로 차사를 '阿耶'(阿也), '阿邪'(阿邪也), 여음을 표기하는 '後句', 이렇게 3가지로 나누고 있다. 본서에서는 후술하듯이 고려 향가까지를 모두 대상으로 하여 앞의 두 가지를 제1유형 계열로 묶고 '後句'를 비롯한 관련 계열들을 제2유형으로 분류하였다.

고려 향가는 다양성이 크고 새로운 표현이 훨씬 더 많다. 신라 향가에서 보이는 '阿耶', '後句'의 2가지 종류를 기준으로 보았을 때, 신라 향가에서 5회 등장한 '阿耶'계열은 2회만 등장하고, '後句'계열은 1회 등장한다. '後句'와 유사성이 높은 '後言', '落句', '隔句'를 제외하더라도 <보현십원가>에서만 보이는 탄사가 아직 더 있다. 제3의 유형으로서 음영 표시한 부분과 같이 '嘆曰', '打心', '病吟', '城上人'과 같이 더 다양하고 새로운 표현들이 여럿 보인다. 이에 유형별로 정리하면 다음 표와 같다.

[표2] 10구체 향가 탄사의 유형별 분류 (음영 부분은 고려 향가)

	제1유형	제2유형	제3유형
1	阿耶(찬기파랑가)	後句(안민가)	嘆曰(예경제불가)
2	阿耶(우적가)	後句(혜성가)	打心(항순중생가)
3	阿邪(원왕생가)	後句亡(원가)	病吟(보개회향가)
4	阿也(제망매가)	後句(수희공덕가)	城上人(상수불학가)
5	阿邪也(맹아득안가)	後言(청전법륜가)	
6	阿耶(광수공양가)	落句(참회업장가)	
7	阿耶(총결무진가)	落句(청불주세가)	
8		隔句(칭찬여래가)	

위 [표2]에서 음영 부분은 고려 향가 <보현십원가>의 경우를 표시한 것이다. 제2유형과 제3유형으로 갈수록 고려 향가에 더 많다. 제1유형은 신라 향가에 더 많아서 신라에서 고려로 탄사의 유형 변화가 보인다. 신라 향가에는 제1, 2유형만 있지만 고려 향가는 제1~3유형까지 모두 있다. 시대적 변화를 고려한다면 제1, 2유형만 있던 향가의 탄사 부분은 제3유형까지 생겨나는 변천을 보인다고 할 수 있다. 그렇다면 이 유형이 의미하는 바가 무엇인지 유형별 특징을 더 자세하게 살펴보자.

우선, 두 시대의 향가에 모두 나타난 제1유형 '阿也'는 탄사(歎辭), 곧 말 그대로 감탄하는 어휘로서 음성언어의 '아야'라는 입말의 소리를 그대로 표현했다고 볼 수 있다. 실제로 '아야'가 노랫말 그 자체로서 그대로 불렀다고 해도 이상할 것이 없다. 이런 점에서 신라 향가에 압도적으로 많은 '阿也'는 그 자체가 실제 입말로 구현된 노랫말을 기록한 것이라고 할 수 있다.

그런데 제2유형인 '後句'를 비롯한 '後言', '落句', '隔句'는 사실 이 어휘 자체가 노랫말인 것은 아니다. 신라 향가에서도 나오지만 고려 향가에서 더 많이 나오는 이러한 제2유형의 표현들은 그 다음의 구절을 가리키는 표현이다. '後句亡'은 말 그대로 '다음 구절이 없다, 사라졌다'는 설명이고, 이에 따르면 <안민가>와 <혜성가>도 바로 뒤의 구를 설명하는 의미가 된다. 그런데 굳이 구분해서 '後句'라고 기록한 것을 보면 이 표현 다음에 나오는 노랫말을 어떻게 부르라는 지시적 의미가 큰 것으로 보인다.[8] 이런 점에서 탄사 이후의 제9, 10행 부분은 후렴적 성격으로 노래했다는 것으로 추정된다.

고려 향가에도 '後句'는 1회밖에 등장하지 않으나 위와 같이 신라 향가에서의 후렴의 의미로 이해될 수 있을 것이다. 또 신라 향가에서는 보이지 않았던 '後言'도 비슷한 의미로 이해될 수 있을 것이다. 이에 비해 고려 향가에만 2회 등장하는 '落句'와 1회 등장하는 '隔句'는 비슷한 제2유형 내에 속하는 계열이면서도 약간의 의미 변화가 느껴진다. 굳이 한편의 작품 안에서 이러한 다양한 표현을 사용할 뿐만 아니라 이전에 없던 새로운

---

[8] 김성규(2016), 「향가의 구성 형식에 대한 새로운 해석」, 『국어국문학』 176, 국어국문학회, 177-208면에서는 본고에서 제2유형으로 분류한 표현을 후렴으로 보고, 3구 6명의 형식은 3+2/3+2의 반복으로 부른다고 해석했다는 점에서 그 타당성이 매우 높다고 생각한다. 그러나 본서에서 제1유형으로 본 '阿耶'와 같은 구음의 탄사 및 제3유형의 경우는 별도로 다루지 않고 제2유형인 '後句' 계열에 주목하여 향가 형식을 새롭게 보고 있다. 본서는 제2, 3유형을 모두 뒷구를 설명하는 지시 부분이라고 보는 반면, 김성규(2016)에서는 본서가 제3유형으로 분류한 부분만 뒷구를 설명하는 것이라고 본 점도 다르다.

말로 표현했다는 것은 동일한 의미의 선상에서만 보기 어렵기 때문이다.

흔히 10구체 향가의 탄사 이후의 2구 부분을 '낙구'라고 하는데, 신라 향가에는 없던 이 표현이 고려 향가에는 실제로 '落句'라는 말이 2회 등장하고 있다. '後句'와 같은 제2유형의 계열로 묶었던 만큼 '後句'가 남은 제9, 10행이 후렴의 역할이라는 의미인 점을 감안해 '落句'는 후렴이지만 음악적으로 좀 더 다르게 불러야 하는 의미라는 생각이 든다. 음조가 좀 더 낮아져서 떨어진다는 의미이거나, '隔句'는 시간적인 차이를 더 두어 부르라는 의미일 수 있을 것이다.

제3유형으로서 신라 향가에서 전혀 보이지 않았던 '嘆曰', '打心', '病吟', '城上人'의 네 표현은 역시 그 자체가 노랫말이라고 보기는 어렵다. 입말의 소리를 어떻게 내라고 하는 지시어이다. '嘆曰'은 '탄식하며 이르니', '打心'은 '가슴을 치며', '病吟'은 '아파서 신음하는 소리, 끙끙 앓으며', '城上人'은 '성 위의 사람이 소리쳐 부르듯'로 의역해볼 수 있다. 탄사라 할지라도 이 네 가지의 상황은 모두 달라서 그 소리의 크기나 방식이 다 다르다. '嘆曰'과 '病吟'은 가장 작은 소리라면 '城上人'은 성 위에 올라가 성 사람들에게 다 들리도록 내야 하는 소리이니 가장 큰 목소리의 외침이다.

이렇게 <보현십원가>에서만 보이는 제3유형의 4개의 어휘는 탄사이긴 하지만 그 소리를 어떻게 내야 한다는 설명에 가깝다. 연극으로 치면 지시문에 해당되는 역할을 한다는 점에서 신라 향가의 입말의 탄사에서 더 나아가 실질적인 내용을 가진 역할이 부여되고 있는 것이다. 해당 탄사와 이어지는 제9~10행의 내용을 연결하여 해석해보면 이러한 점이 더 분명해진다.

[표3] <보현십원가> 제3유형 작품에서 탄사 이하 구절의 해석

제1수	예경제불가	嘆曰 身語意業無疲厭 此良夫作沙毛叱等耶	아아(한숨 쉬며 이르되) 몸과 말과 뜻과 업을 싫음 없이 이에 항상 하리
제8수	상수불학가	城上人佛道向隱心下 他道不冬斜良只行齊	아아(성 위의 사람) 불도를 향한 마음이여 다른 길로 비껴가지 않으리
제9수	항순중생가	打心衆生安爲飛等 佛體頓叱喜賜以留也	아아(가슴을 치며) 중생이 편안하다면 부처님 또한 기뻐하시리
제10수	보개회향가	病吟禮爲白孫隱佛體刀 吾衣身伊波人有叱下呂	아아(끙끙 앓으며) 예배 드리는 부처님도 내 몸이어니 이봐 남이 있을까

[표3]에서는 노랫말로서 모두 '아아'라는 감탄구로 풀기는 하였으나, 지시문처럼 괄호 속에는 원래 표현의 의미를 적어두었다. 이렇게 보니 이 작품은 역시 노래로 실행되는 것임이 분명해진다. 그냥 눈으로 읽는 시(詩)라면 굳이 감탄구의 성격이나 정도가 어떠한가에 대한 설명은 불필요하다. 그러나 이 작품을 노래로 부르는 연행성을 생각한다면 해당 구절을 노래할 때 어떤 정도와 종류의 소리로 부르라는 의미로 이해가 된다. 특히 제1수는 '曰'의 의미까지 살려 말하듯이 부르라는 것으로 보인다.

이와 같이 탄사의 표현에 있어서 같은 13세기의 기록물이지만 신라 향가의 탄사와 고려 향가의 탄사는 그 기능과 기록방식에 차이가 있다. <보현십원가>가 ≪삼국유사≫보다 2, 30년 정도 더 일찍 기록되었지만 이런 시기의 차이가 탄사에 변화를 가져왔다고 보기는 어렵다. 그보다는 실제 신라 향가와 고려 향가가 각각 실제 향유된 시대에 귀속하는 특성이라고 보아야 할 것이다.

신라와 고려 향가 모두 노래로 향유되었고, 이 점은 고려 향가의 탄사가 앞에서 보았듯이 연행성을 지시한다는 점에서 이 작품 자체가 노래로 향유된 점은 더욱 분명히 드러난다. 그러나 해당 탄사 자체를 기록하는 방식에 있어서는 신라 향가보다 고려 향가의 탄사 부분이 더 실질적인 기능과 지시를 담고 있어서 음성적 특성보다는 기록문학의 특성이 더 강화되었다

고 보인다. 실제로 앞에서 비교했듯이 신라 향가에서는 노랫말로 구현되는 구음인 제1유형이 가장 많다면 고려 향가에 와서는 제1유형이 줄어들고 노랫말이 아니라 설명을 기록하는 의미가 더 강한 제2, 3유형이 많아졌다. 신라 향가에서 탄사는 그 자체가 소리의 기능만 있어서 노랫말 그대로라고까지 이해될 수 있는 여지가 더 크다. 이에 비해 고려 향가는 탄사 자체는 음성성이 거세된 경우가 더 많아서 그 자체가 노랫말의 일부라고 보기는 어렵다. 희곡의 지시문처럼 실질적 기능을 하지 그 자체가 노랫말은 아닌 것이다. 오히려 탄사 다음의 구절을 어떻게 불러야 하는지에 해당하는 설명적 기능이 강화됨으로써 탄사 자체는 더 이상 노랫말의 일부는 아니게 된다. 따라서 시(詩)에 비해 노래에 더 많은 특징인 감탄사와 같은 음성적 표현들이 더 줄어드는 결과를 가져오게 되었다.

　이러한 변화는 말 그대로 변화라고 할 수 있다. 신라와 고려 향가가 모두 향가라는 갈래에 속하지만 차이점이 있다는 것은 주지의 사실이다. 그런데 이에 더하여 탄사에도 새로운 표현들이 더 생겼고, 그 기능과 성격도 차이가 있는 것을 볼 수 있었다. 이러한 변화가 의미하는 무엇일까. 신라와 고려의 향가가 모두 노래이긴 하지만 소리를 '그대로' 글로 옮기는 듯한 표현은 줄어들었다. 해석은 '아아'라고 하였지만 실제 적힌 표현은 '城上人'과 같이 실질적 의미가 있는 설명적 대목이라서 그 자체는 노랫말이라고 할 수 없다. 이는 마치 <구지가>에서 '龜何'라고 기록되었지만 '거북아'라고 해석은 하지만 실제로 '구하'라고 발음하며 노래부른 것은 아닌 것과도 같다. <구지가>는 노래로 불렸겠지만 남아있는 시구 자체가 노랫말은 아닌 것이다. <구지가>의 기록텍스트는 시경체라고 부르듯, 혹은 한역시라고 부르듯이 이와 같이 고려 향가도 신라 향가보다는 더 시화(詩化)된 방식으로 기록되었다. <보현십원가>가 노래인 것은 사실이라도 텍스트는 기록성이 더 강화된 것이다.

3.3. 신라 향가와 고려 향가의 거리: 노래인 향가에서 가시(歌詩)로서의 향가로

≪삼국유사≫와 <보현십원가>의 기록이 모두 13세기에 이루어졌음을 거듭 상기해볼 필요가 있다. 비록 13세기의 기록이기는 하지만 신라 향가와 고려 향가 모두 같은 13세기의 기록물이라는 점에서 그 비교 기준은 대등하다. 그런데도 전술한 바와 같이 탄사의 유형과 양상은 많이 달라졌다.

고려 향가는 신라 향가보다 노래가 가진 구음의 특성은 그만큼 약화되었을 가능성도 생각해보게 된다. 10구체라는 공통적 시형을 가졌으면서도 그 10구체를 이루는데 중요한 역할을 했던 탄사가 더 이상 '아아'와 같은 구음(口音) 자체가 필요하지 않는 노래였을 것이라는 추정을 해보게 된다. 참고로 고려속요가 노래로 향유되었다는 표지로 각종 구음(口音), 곧 여음구들이 많다는 것을 생각해본다면 고려 향가는 신라 향가보다는 구음이 적어진 노래, 시구에 가깝게 정제된 노랫말을 가졌다는 점이 특징이라 할 수 있다. 결론적으로 같은 10구체라도 신라 향가보다는 고려 향가가 더 시(詩)에 가까운 격식을 갖추기 위해 탄사가 실질적 의미를 가진 표현으로 바뀌었다.

이러한 이유로 고려 향가는 노래로서의 기능이 약화되고 또 다른 갈래가 그 자리를 차지하게 되었다고 생각한다. 10구체 향가가 종교성과 서정성을 모두 잘 구현하다가[9] <보현십원가>의 경우를 보면 서정성이 약화되면서 오히려 그 서정시로서의 역할은 한시가 그 자리를 차지한다. 10세기 이후는 한시에서도 개인 서정성을 드러내고[10] 11세기 이후에는 이러한 경

---

[9] 고정희(2018), 「향가의 서정적 쟁점과 전망-10구체 향가의 형식을 중심으로-」, 『한국시가연구』 45, 한국시가학회, 175-208면에서는 <제망매가>와 같이 진실한 종교시는 서정시와 다르지 않다는 점을 밝히고 있다.

향이 하나의 유형으로 성립되었다고 본다.[11] 그러나 지금까지 탄사를 살펴본 바, 비단 서정성이라는 이유 외에도 향가가 가진 노래의 기능이 약화된 측면도 고려해볼 만하다. 향가가 '우리말노래'라는 의미이듯이 10구체 향가에서 '우리말'의 구음이 가장 확연한 곳은 탄사 부분이다. 그런데 구음의 성격이 약화되고 실질적 의미를 가진 표현으로서의 기능이 강화되니 '우리말'의 특성도 잘 드러나지 않고 '노래'의 특성도 약화된다.[12]

그러나 한편으로 이러한 현상은 우리말노래가 시적 특성을 획득하는 과정이라고 볼 때에 또 다른 의미를 가진다. 신라 향가의 탄사가 음성적 기능이 강하였다면 고려 향가의 탄사는 기록적 기능이 강화되었다. 그만큼 음성성보다는 기록성을 더 강조하는 방향으로 향가가 바뀌게 된 것이다. 이는 우리말 노래도 신라에 비해 고려에 이르면 시로서 인식되는 측면이 강화된 것을 의미한다.

이와 관련해, 최행귀는 <보현십원가>를 한역(漢譯)하면서 남긴 서문에서 "시와 노래는 본질이 같으나 이름이 다르다(詩歌之同體異名)"고 하였다. "근원은 하나이되 물줄기가 둘로 나뉘는 것(憑托之一源兩派)"과 같다는 것이다. 균여와 최행귀가 모두 같은 시대 사람이니 10세기에는 우리말 노래도 본질상 한시와 대등하다는 의식이 있었다고 볼 수 있다. 그 본질이 무엇인지를 구체적으로 밝히고 있지는 않지만, 10세기에도 시와 노래의 거리가 멀지 않다는 점은 명확하다.

또한 최행귀는 한역시의 서문에서 부처님의 공덕을 찬송하는 것은 게송

---

[10] 김은정(2014), 「한국한시 형성 과정 고찰」, 『국문학연구』 30, 국문학회, 7-38면.
[11] 이혜순(2004), 『고려 전기 한문학사』, 이화여자대학교출판부, 197면.
[12] 정제된 현대시를 노래로 바꾸는 경우도 많기 때문에 무조건 구음이 있어야 노래라는 것은 아니다. 여기서는 같은 10구체의 신라 향가와 고려 향가를 비교할 때에 탄사의 구음성이 약화되었다는 의미이다.

(偈頌)이고, 보살의 수행을 찬송하는 것은 가시(歌詩)라고 하였다.[13] 그런데 <보현십원가>의 내용을 보면 제1수 '예경제불가'는 부처님에 대한 찬송시이고, 제7수 '청불주세가'나 제8수 '상수불학가'의 일부에도 부처님에 대한 찬송은 나온다. 최행귀의 분류에 따르면 향가 속에도 게송의 기능이 있는 대목들이 있는 것이다. 앞서 2장에서 향가와 한역시를 비교하면서 한역시는 향가에 비해 '나와 남'보다는 부처에게 더 집중하고 있는 바, 중심인물의 이동이 보인다고 한 바 있다. <보현십원송>으로 바꾸고자 하는 의도가 이와 무관하지 않을 것이다.

그런 점에서 최행귀의 '가시(歌詩)'라는 표현은 <보현십원가>에 대한 적절한 갈래명이라고도 할 것이다. 본장에서도 살펴본 바, 신라 향가에 비해 시적 특성이 더해졌다는 점에서도 역시 적절한 명칭으로 보인다. 게송, 선시, 선가로 나누었을 때 최행귀는 한역시를 통해 게송을 지향하였고, 기존의 향가는 선시이자 선가라고 본 것이다. 그러나 분명 향가에 대해 노래이지만 시이기도 하다는 가시(歌詩)의 지위를 부여한 점은 중요하다.

이점은 조선시대에 한시와 우리말노래가 대등하지 않은 것과 대비되어 흥미롭다. 예를 들어 시조를 시여(詩餘)라고 한 것은 시를 짓고 남는 것으로서 대등한 의식과는 거리가 멀다. 시조는 그 자체로 의미와 기능이 있다고 여겼지만 한시와 대비할 때에는 대등한 장르는 아니었다. 이는 '시조'라는 장르의 문제일 수도 있지만 이보다는 국어시가로서의 의미가 더 크다고 보인다. 조선후기에 이르러서야 대등해지는 과정을 겪으면서 국어시가에 의미 부여를 했고, 그렇게 되기까지 많은 시간과 노력이 요구되었다.

이에 비해 고려시대에는 문자는 없고 아예 소리로만 존재했던 국어로 된 시가에 대해서도 그 시(詩)로서의 기능과 의미를 부여하고 한시와 같은

---

[13] <譯歌現德分者> "(前略) 其序云 偈頌讚佛之功果 歌詩揚芥之行因 (後略)"

본질에 주목하고 있었던 것이다. 국어시가의 한시화인 이제현과 민사평의 소악부가 조선시대에는 중기 이후에 이르러서야 다시 나타난 것을 생각해 보면 고려시대가 조선 전기에 비해 국어시가에 대한 위상을 더 높게 가지고 한시와 대등하게 여긴 것을 보게 된다.[14]

이로써 문학사에서 국어시가의 위상은 낮은 상태에서 점점 높아져간 일방향성은 아님을 알 수 있다. 10세기는 한시와 국어시가가 대등하게 여겨졌고, 소악부는 13세기 이후에도 이러한 사정이 지속되었음을 보여준다. 물론 국가 기록 문헌에서는 이어(俚語)라서 기록하지 않기도 하였으나 개인으로서는 그렇지 않았던 것이다. 승려인 균여와 사대부인 최행귀 모두 국어시가의 의의를 높게 여겼다. 이 점은 승려 일연으로도 이어져 신라 향가를 기록의 대상으로 삼고자 하였고, 이제현, 민사평으로도 이어져 소악부도 창작되었다. 소악부가 이전에 없던 장르라고는 하지만 근체한시로서의 번역은 이미 최행귀가 보였던 것이다. 길이만 더 짧아져 절구의 형태가 처음 있는 일일 뿐이다.

지금까지 실제 10구체 향가의 탄사를 통해서 신라 향가보다 고려 향가는 시적 특성이 더 강화되고 있다는 것을 보았고, 이는 작품을 남기거나 기록한 승려와 사대부가 한시와 국어시가를 대등하게 인식하는 시각에 기반한 것도 볼 수 있었다. 실제로 11세기 초인 현종13년(1022년)의 기록에서는 한문으로 된 찬시(讚詩)를 지음과 동시에 향풍체의 노래를 짓게 하였다고 하였고, 이렇게 방언을 겸한 것은 뜻이 다르지 않기 때문[15]이라는 대등한 인식도 보인다.[16] 이로써 한시와 국어시가는 고려시대에는 대등하

---

[14] 이에 대한 구체적인 논의는 정소연(2019),『조선시대 한시와 국문시가의 상관성』, 한국문화사 참고.
[15] 해당 원문은 본서 4장 참조.
[16] 박경주(1998),「고려시대 향가 전승과 소멸 양상에 관한 고찰」,『한국시가연구』

게 인식되다가 조선이 되면서 국어시가를 상대적으로 낮게 여긴 것이지 고려시대부터 한시와 국어시가가 상하(上下)의 양층적 관계에 있으면서 조선후기에 와서야 서서히 대등해진 것은 아님을 알 수 있다.

이러한 연유로는 몇 가지의 배경이 작용할 수 있겠지만 15세기의 훈민정음이라는 존재가 중요한 역할을 했으리라 생각된다. 자국어 문자가 없을 때에는 한문과 국어가 비록 고급 문어와 일상 구어의 관계, 특히 사회적으로 상하의 양층언어적 관계에 있더라도 실제 개인의 시가(詩歌) 향유에 있어서는 앞서 향가의 경우를 통해 살펴본 바, 한시와 국어시가를 대등하게 여긴 것을 볼 수 있었다. 이는 한문과 대조할 수 있는 문자가 어차피 존재하지 않았고, 또 국어를 기록하는 대체 문자도 향찰로서 한자를 활용한 것이라서 문자적 측면에서 모두 한문을 활용했다. 자국어 구어는 그 자체로 한문과 대조될 수 없는 구어로서의 고유한 성격이 있어서 비교되는 것은 말과 글의 문제이지 문자 그 자체로서의 대비는 아니었던 것이다.

그러나 국문(國文)이 생겨난 뒤로 문자적으로 한문과 국문이 뚜렷이 대조되는 국면에 이르게 되었다. 무엇보다 창제의 동기가 '어리석은 백성이 이르고자 할 바'를 기록하기 위한 것임이 분명하여 국문에 대한 인식이 더욱 낮을 수밖에 없었다. 국문은 암글, 이어(俚語) 등으로 사용자를 한정한 문자였기 때문에 같은 문자로서 한문과 상하 관계에 놓여있다는 인식이 강하게 작용할 수밖에 없었던 것이다.

4, 한국시가학회, 190-191면에서는 고려시대 한문가요의 융성도 한시와 국어시가를 대등하게 본 것의 현상이라고 보고 있다. 그러나 국어시가 그 자체의 존재와 한문가요는 또 다른 장르이다. 노래로 연행되었다는 점에서는 자국어의 구어로 실현은 되었겠지만 한문가요는 텍스트만 볼 때에는 한시로 편입이 되고, 문장구조 자체 역시 한문이라는 점에서 논의가 더 필요하다.

II. 11~12세기

4. 11~12세기 한시와 국어시가의 상관성

4.1. 개관

이 시기도 향가와 한시가 공존하는 때이다. 왕과 문인들은 둘을 함께 향유하기도 하였는데, 이러한 사례로 현종, 예종, 윤언민, 정서 등의 한시와 국어시가를 살펴본다. 또한 이규보는 13세기까지 활동한 문인이지만 12세기말의 작업인 <東明王篇>(1193), <開元天寶詠史詩>(1194)를 위주로 이규보의 한시가 시가사적으로 어떻게 한시와 국어시가의 상관성에 있어서 지속적 측면을 보여주는지 살펴보고자 한다.

현종(992-1031)은 부모의 명복을 빌고자 현화사를 짓고 낙성식에서 찬문을 쓰고, 시를 지은 뒤에 다시 노래를 지었다고 한다.[1] 비문 뒤에 적은 글에 보면 이러한 내용 뒤에 ≪시경≫을 인용하여 노래와 시가 다르지 않다는 논리를 펼치고, 그 뒤에 현종이 향풍체(鄉風體)로 노래를 짓고 신

---

[1] 이하 내용에 해당하는 원문은 다음과 같다. <高麗國靈鷲山大慈恩玄化寺碑陰記> "(前略) 御製其□眞殿讚 (中略) 其□詩則令板 (中略) 方言風俗, 雖則不同, 讚事叙陳意. 皆無異, 斯盖詩所云, 嗟歎之不足, 故詠歌之, 詠歌之不足, 故舞之蹈之之義, 是也. 聖上乃御製依鄉風體歌 遂宣許臣下獻慶讚詩腦歌者, 亦有十一人(後略)" 최연식 편저 (2014), ≪韓國金石文集成≫ 권27, 한국국학진흥원, 10-12면.

하에게도 경찬시뇌가(慶讚詩腦歌)를 바치게 하니 11인이 지어 올렸다고 한다.[2]

'향풍체'와 '시뇌가'라는 언급은 당시 지은 노래가 향가라고 추정하게 되는 부분이다. 특히 저 세상으로 가신 부모님의 명복을 빌었다는 점에서 여러모로 신라 향가와 맞닿은 지점을 상기하게 된다. 우선 <제망매가>가 죽은 누이를 위한 노래라는 점에서 현종의 당시 상황과 유사하다고 할 수 있다. 또한 절의 낙성식이라는 점은 향가가 불교적 세계를 다루는 점과도 밀접하여 한시만이 아니라 향가가 알맞은 자리라고 할 수 있다. 향가에 불교적 배경의 노래가 많으므로 절의 낙성식에서 적합했을 것이다.

향가의 창작자에 승려가 많은 점을 고려하면 군신(君臣) 간에 향가를 함께 지은 점은 고려시대에 보이는 변화 양상이라고 할 수 있다. 군신을 다룬 신라 향가 <안민가>가 있지만 지은이는 충담사이지 군신이 아니기 때문이다. 현종의 사례는 예종(재위1105-1122)이 군신 간의 관계 속에서 한시 <도이장시(悼二將詩)>와 국어시가 <도이장가(悼二將歌)>를 함께 지은 상황을 이해하는 발판이 된다. 왕이 직접 국어시가도 짓고, 이를 신하들과 함께 향유한 점이 같다. 또 예종의 <도이장가>는 대상을 추모했다는 점에서는 신라 향가의 창작 배경이 지속되고 있는 점도 현종의 사례와 유사하다. <찬기파랑가>나 <모죽지랑가>와 같이 대상을 찬양하고 추모하는 방식이 <도이장가>의 창작 배경과 닿아있다. 창작 배경은 시가사적으로 이어지고 있으면서 향가의 작가층, 나아가 향유층이 왕과 신하들로 확장된 점은 고려 전기에 보이는 변화라고 할 수 있을 것이다.[3]

---

[2] 박노준(2018), 『향가 여요의 역사』, 지식산업사, 127-128면에서는 현종과 신하들이 지은 노래를 향가로 보면서 10여 수의 연장체로 추정하였다. 이를 포함하여 <보현십원가>, <도이장가> 등 고려 향가의 형식적 특성은 연장체로서 신라 향가와 다른 형식적 변모가 일어난 것으로 보았다.

한편 윤언민(尹彦旼, 1095-1154)이라는 사람은 잘 알려져 있지 않지만, 병중에 송(頌)을 짓고 이어 향가를 지었다고 한다. 해당 부분은 다음과 같다.

(전략) 병이 낫지 않고 날로 더해 이제 어쩔 수 없자, 병중에 송(頌)을 지었다.

"봄이 다시 가을 되니
복숭아 붉고 물은 푸르다.
□□ 다시 동쪽으로 가니
나를 보호하리, 하늘은.
금일은 병중
□□신세이나
먼 하늘 만리
한 점 구름되어 날아가리."

글은 서방(西方)을 □□, 향가(鄕歌) 한 관(關)도 지어 붙였다.(하략)[4]

---

[3] <도이장가>는 정서의 <정과정>처럼 그 갈래가 향가와 고려가요 양쪽의 특성을 모두 가지고 있다. <도이장가>는 신라 향가와는 형식이 다르고, 고려 향가 <보현십원가>에 비해 길이가 짧지만 분연이 된 것 같다. <보현십원가>가 10구체 11연이라면 <도이장가>가 향찰문자로 남은 기록을 고려해 넓은 의미로는 4구체 2연의 향가라고 할 수도 있을 것이다. 조동일(2005), 『(제4판)한국문학통사』 1, 지식산업사, 311-312면에서는 향가로는 손색이 있다고 하였어도 또 다른 장르라고 지칭하지는 않았다. 향가로 보고 논의를 진행한 경우도 있다. (김혜은(2010), 「향가와 한시의 장르적 상보 관계 고찰」, 『열상고전연구』 32, 열상고전연구회, 423-452면을 예로 들 수 있다.)

[4] '尹彦旼 墓誌銘' 중. 이하 원문은 임세권·이우태 편저(2014), ≪韓國金石文集成≫ 권29, 한국국학진흥원, 61-63면에서 가져오고 번역을 참고한다. (前略) 當是時會有宿疾 奏乞閑官 除拜安西大都護府使 然 其疾未瘳 日加無已 病中乃作頌云 "春復秋兮 桃紅水綠 □復?東兮 護我眞君 今日病中 □ □身世 長空萬里 一點飛雲" 又文?西方作鄕歌一關 以貼? (下略)

병중에 송(頌)을 먼저 짓고, 이어 향가도 지어 붙여두었다고 하였다. 앞에서 현종의 경우와 같이 한시를 먼저 짓고, 향가도 함께 지은 것이다. 한시는 4언 8구이고, 곳곳에 '兮'가 들어가 한시체이지만 노래와 같은 게송으로 지은 것이라 할 수 있다. 향가를 이어 붙인 것을 볼 때에 한시과 향가는 비슷한 내용이라 예상할 수 있다. 특히 '서방(西方)'과 관련하여 향가를 언급한 맥락을 본다면 병세가 호전되기를 기원하는 마음이 담겨있는 쪽으로 한시를 해석할 수 있다는 점에서 위와 같이 번역하였다.
　비문(碑文)에서는 윤언민이 매일 일을 마치고 불경을 읽을 정도로 심취했다고 하고, 의술을 배워 사람들도 구제했다고 하였다. 이런 본인이 정작 병에서 놓여나기 어려우니 게송과 향가로 기도문처럼 이 시를 지었으리라 생각된다. 제4구의 '眞君'을 일반적인 뜻을 좇아 하늘이라고 풀이했으나, 음절별로 뜻을 다 살리면 제4구는 '나의 참된 임금을 보호하리'로 볼 수도 있다. 이러한 해석에 기반하여 8구를 두 부분으로 나누면 전반부는 임금과 나라를 위해, 후반부는 자기 자신에 대해 쓴 것이라 할 수 있다. 전반부에서는 세월이 바뀌어 열매 붉고 물이 푸르듯, 나의 참된 임금이라면 자연의 비호 아래 나라와 임금의 안위도 보호될 것이라는 희망을 보여준다. 후반부는 지금은 병중 신세이지만 먼 하늘 멀리 한 점 구름이 되어 자유롭게 되기를 의탁하여 기원하고 있다.
　향가는 병을 고치거나 소원이 이루어지는 감동천지귀신의 효능을 가졌다고 일연도 기록한 바 있다. 한시 바로 다음에 서방(西方)이라는 단어도 있으니 향가는 서방정토를 향한 기원문이자 이런 효능을 염두한 것이 될 것이다. 그러므로 마지막 구에서 한 점 구름은 외물(外物)에 의탁하는 한시 작시 방식임과 동시에, 저 먼 곳 구름 한 조각처럼 자기 자신도 병에서 놓여 자유로운 영혼이 될 것을 기대하고 예견하는 것이기도 하다.
　지금까지 언급한 여러 사례에서 보이는 바, 신라 향가와 유사한 점은 작시의 배경과 상황이다. 제사를 드리거나 추모하거나 병을 고치고자 하는 마음의 소원을 아뢰는 점이 그러하다. 반면 신라 향가와의 변화는 작가층의 변화에 있다. 더 이상 화랑은 존재하지 않고, 승려의 향가는 10세기 균여의 사례만 남아있는 상황에서 위의 사례들은 왕이나 문인들이 향가를 한시와 함께 짓고 향유했음을 보여준다.

이 중에서 향가와 한시 작품을 전체 다 볼 수 있는 것은 예종의 경우이다. <도이장가>와 <도이장시> 외에도 예종은 <伐谷鳥>(고려사 악지 권71, 악지2)를 지었다고 하나 작품은 남아있지 않고, 이와 같은 작품으로도 보고 있는 <維鳩曲>[5], 그리고 비슷한 내용의 한시가 남아있다. <도이장가>나 <유구곡>은 신라 향가의 형식과는 벗어나 있다. 고려가요로 보는 쪽이 더 가까워서 신라 향가에서의 변화는 작가층과 더불어 형식적으로도 밀접하게 관련되어 있다는 것을 알 수 있다. 이 점은 정서의 <정과정곡>(의종 10년, 1156)과 그의 한시도 마찬가지이다.[6] 현종과 윤언민의 향가는 모두 비석에 한문을 새긴 글이고 여기에 국어시가를 남겨두지는 않았다. 이에 비해 향가와 형식이 달라진 예종과 정서의 노래는 조선시대에까지 불려 기록에 남아 있다.

여기서 고려전기 한시와 국어시가의 관계에 대해서 생각해보자. 10세기에는 최행귀의 기록을 통해서 시와 노래가 본질상 같다는 인식을 볼 수 있었다. 시와 노래가 대등하게 인식되고 그 둘 간의 거리가 멀지 않게 여겼다. 한편, 한시가 개인의 서정시로서도 지어지는 것은 9세기 이후로[7] 11세

---

[5] 본서는 <벌곡조>와 <유구곡>을 온전한 같은 작품이 아니라 포함관계에 있다고 보는데, 이에 대해서는 본서 11장 참고. 본 장에서는 고려시대 국어시가로서, 또 제재면에서 관련성이 깊은 작품임을 논의하는 데에 중점을 두어 후술하기로 한다.

[6] <정과정곡>은 신의를 저버린 왕에게 원망하며 억울함을 하소연하는 노래라는 점에서 역시 향가 <원가>와 창작 동기가 유사한 측면이 있다.

기에 이르면 이러한 방식이 하나의 문학 유형으로 확립되었다고 평가된다.[8] 한시가 개인의 서정시로 주된 역할을 하기 전까지 서정 부분은 향가가 맡고 있었고, 같은 시인에 의해 한시와 그 기능을 나누어 맡지는 않았다. 그만큼 신라시대에는 향가가 맡고 있는 영역이 넓고 향가로도 충분하다고 할 수 있었다. 향가는 국가에서 필요한 악장적 기능도 하면서 개인적 서정의 표현 통로로, 또한 종교적 목적을 이루어는 데에까지 두루 역할을 하고 있었다. 한시는 국가적, 특히 대외적 소통의 기능을 맡고는 있어도 아직 그 위상이 대내적으로 향가와 대등하거나 대체할 정도는 아니었다.

　9세기 이후에야 향가가 주로 맡고 있던 서정시의 영역을 한시가 맡기 시작하고, 11세기에 한시가 개인 서정시로 확고히 자리잡게 되면서 향가도 소멸단계에 이르렀으니 그만큼 향가의 퇴조와 한시의 발전은 긴밀한 관계에 놓여 있다. 그런데 앞에서 살펴본 바, 11세기에는 향가를 향유하는 동기나 배경은 신라 향가와 유사하면서도 한시를 동시에 향유하고 있었다. 게다가 12세기에 한시와 함께 향유한 국어시가는 향가의 형태를 탈피한 고려가요로 그 자리가 대체되었다. 향가의 다양하고 넓은 영역에 걸친 역할이 한시로, 또 다른 국어시가인 고려가요로 나뉘어지고 잠식되고 있었던 것이다.

　여기서 담당층의 변화도 긴밀한 관련이 있다. 이 시기 왕이나 신하들은 화랑, 승려와 그 성격이 다르다. 국가 기구의 핵심적이고 중추적 역할을 하고 있는 이들로서 한시 향유가 필수적인 담당층이기도 하다. 이런 점에서 한시 향유를 하면서 동시에 향가의 창작 동기가 요구되는 상황에서는

---

[7]　이러한 변화는 9세기부터 이루어졌고, 그 대표적 시인으로 최치원을 들 수 있다. 이러한 흐름에 대해서는 김은정(2014), 「한국한시 형성 과정 고찰」, 『국문학연구』 30, 국문학회, 7-38면 참조.
[8]　이혜순(2004), 『고려 전기 한문학사』, 이화여자대학교출판부, 197면.

이를 함께 향유했다고 생각된다. 신라 귀족과 그 성격이 다른 고려의 왕과 신하들은 향가가 아닌 새로운 국어시가를 요구할 수밖에 없다. <도이장가>나 <정과정곡>은 아직 향가의 잔존형태라고 할 만큼 적극적으로 다른 장르를 추구한 것은 아니라고 하더라도 그 담당층의 성격 변화가 형식 변화와 맞물려있다는 것은 충분히 보여주고 있는 것이다.

한편, 고려 전기 한시의 성격에 대해서 좀 더 살펴볼 필요가 있다. 10세기만 해도 한시는 가창(歌唱)의 성격을 가진 성시(聲詩)의 특성이 강했다고 한다.[9] 우리는 말과 글이 중국과 다르기 때문에 가창성이 강한 성시는 쉽게 접근하기 어려운 측면이 있다. 송대에 이르러 가창적 요소가 많이 탈피된 도시(徒詩)가 된 뒤에야 한시 창작을 본격적으로 할 수 있었다고 하니 한시 창작이 본격화되기 전까지 상대적으로 향가가 가진 위상이나 역할이 충분히 강했으리라는 점 또한 이해할 수 있다.[10]

또한 11세기에는 사(詞)가 유행하기도 했다. 예종대에는 송에서 음악과 악기를 가져오고, 교방악도 들어와 그에 맞는 가사인 사(詞)가 유행하였다. 선종(재위 1084-1094), 예종(재위 1105-1122), 의종(재위 1146-1170) 등은 사(詞)를 짓고 신하들에게 화작(和作)을 요구하기도 했다.[11] ≪고려사≫ 악지의 음악이 대부분 북송의 사이고, 유영(990-1050)의 경우 산사(散詞) 8편이 ≪고려사≫ 악지에 남아있다. 그런데 사(詞)는 한시의 한 장르이지만 노래와 밀접한 한시이다. 중국에서는 음률을 갖추어 지으므로 노랫말이라고 할 수 있다.

이렇게 고려 전기 향유한 한시의 특징을 보면 노래의 성격이 강한 한시

---

[9] 김은정(2014), 앞의 글 참조.
[10] 김은정(2014), 앞의 글 참조.
[11] 이혜순(2004), 앞의 책.

라는 점에서 두 가지의 양면적 모습이 발견된다. 우선, 당시 한시가 노래의 성향이 강하다는 점에서 시와 노래의 거리가 멀지 않았다는 점이다. 율시라도 가창성에 기반한 성시(聲詩)의 특성이 강하였고, 또 사(詞)도 유행했으니 한시라도 노래와 긴밀한 장르로 인식될 수 있었을 것이다.

　한시가 노래와 가깝다는 것은 한시의 절대적 필요성과 위상이 약하다는 것을 의미한다.[12] 향가, 혹은 고려가요로 노래의 기능을 충분히 할 수 있는 국어시가가 있기 때문에 그만큼 한시가 절대적이지 않다. 한시는 대외적으로도 여전히 유용하고 필요하지만, 대내적으로는 사(詞)라고 해도 노래로 바로 부를 수 없는 한시인 사보다는 우리말노래가 더 향유하기에 좋다. 게다가 중국과 말과 글이 다른 우리에게는 사(詞)를 짓기가 쉽지는 않다. 오히려 한시에서 가창성이 탈피되면서 우리에게 한시는 더 적극적으로 수용되었다.[13] 소동파의 사(詞)도 음악성을 탈피하고 그만큼 시에 가깝다는 비난도 받았다고 하는데[14], 그래서 이 시기 소동파의 사가 수용되었다고 보기도 한다.[15] 그렇다고 해도 역시 기존 근체시보다 자유로운 비격식의 시이다. 한편에서는 사의 시화를 보여준 것이지만 그만큼 사의 범위를 넓히고 사와 시의 거리를 좁힌 것이기도 하다.

　이 시기 한시가 노래와 가깝다는 것은 시인들의 한시에서도 나타나는

---

[12] 고려시대 궁중에서의 구호, 치어를 비롯한 한문가요의 존재는 당시 향유한 한시가 노래의 특성을 가진 점과 긴밀해 보인다. 국어시가도 아닌 한시를 노래로 부를 수 있다고 여기는 것은 당시 한시 자체에 이미 가창성과 긴밀한 특성을 가진 율시나 사를 향유했기 때문이라고 할 수 있다.

[13] 이에 대해서는 김은정(2014), 앞의 글 참조.

[14] 소동파의 사(詞)는 원래 사가 가진 음악성을 탈피했다는 점에서 그저 시(詩)라는 비판도 받았다고 한다. 이에 대해서는 이혼진(2006), 「蘇東坡詞 研究」, 『퇴계학과 유교문화』 38, 경북대학교 퇴계연구소, 211-257면 참조.

[15] 이혜순(2004), 앞의 책, 376면.

데, 특히 국풍(國風)을 추구했다고 평가받는 경우가 더욱 그러하다. 대표적으로 정지상(?-1135)의 경우를 들 수 있는데, 7언절구 <송인>이 고려가요 <서경별곡>의 전통 위에 있다거나[16] 7언율시 <송인>이 고려가요 <가시라>의 종결부분과 시상이 비슷하다고 보기도 한다.[17] 그런데 정지상은 설리적이기보다 감성을 표면에 직접 드러낸 시풍을 보였다고 평가되는데, 이러한 측면이 당대인의 고유한 성서, 나아가 민중의 정감을 대변한다고까지 보기도 한다.[18] 정지상은 국어시가를 남기지는 않았지만 정감의 적극적 표출로 국어시가와 만나는 지점을 보여준 것이다. 이 역시 당시 한시가 노래와 멀지 않기 때문이고, 더 나아가 국어시가와의 거리가 매우 가까운 것을 보여주는 것이다.

10세기 <보현십원가>에서부터 생각해보면 균여가 교화(敎化)를 위해 향가를 지었다고 했지만 실질적으로 균여, 그리고 이를 한역한 최행귀는 최상층의 지식인이다. 신라 향가는 담당층이 서민에서 귀족, 왕까지 다양했지만 고려시대에 들어 12세기까지의 경향을 보면 향가의 향유층은 좁아졌다. 그러나 결과적으로 한시 향유층인 왕과 문인들이 향가를 알고 짓기도 하는 등 향유했다는 것은 향가와 한시가 더 가까이 만날 수 있는 기회가 되었다.

4.2. 11세기 초 전후 향가와 장연우의 한역시 <寒松亭>

전술한 바와 같이 11~12세기에는 왕, 문신들이 국어시가를 지었다는

---

[16] 이혜순(2004), 앞의 책, 359면. 이종묵(2003), 「한시 속에 삽입된 옛 노래」, 박노준 편(2003), 『고전시가 엮어 읽기』 상, 태학사, 399-416면에서는 제3, 4구 부분은 이별가의 일부로서 당시의 노래가 삽입되었다고 보고 있다.

[17] 안대회(2000), 『한국 한시의 분석과 시각』, 연세대학교 출판부, 119-120면.

[18] 안대회(2000), 앞의 책.

기록이 보이는데 노래만이 아니라 한시도 함께 짓고 있다.[19] 10세기 <보현십원가>는 승려 균여가 지은 것을 문인 최행귀가 한역하였는데, 그 뒤인 광종 때에 장연우(張延祐, ?-1015)라는 문인이 향가를 한시로 해(解)하였다는 기록이 ≪고려사≫ 악지에 보인다.[20] 향가의 작자가 누구인지는 모르지만 다른 사람이 지은 향가를 문인이 한역하는 경우가 11세기 전후로 있다는 것을 보여주는 기록이다. 장연우가 중국에 갔을 때 비파 바닥에 적혀있는 이 노래를 강남 사람들이 읽을 줄 몰라서 "作詩解之"했다고 한다. 그 한역시는 다음과 같다.

<寒松亭曲>[21]
月白寒松夜   달 밝은 한송정 밤
波安鏡浦秋   물결 편안한 경포의 가을
哀鳴來又去   슬피 울며 오고 가네
有信一沙鷗   유신한 한 백사장의 갈매기

한자라도 중국인들이 읽지 못하여서 향찰문자로 추정하고 향가로 보기도 한다. 한역시는 5언절구이고, 10세기 말에서 11세기 초 장연우의 작(作)이니 이때까지 향가가 향유되고 있었다는 것을 보여준다. 장연우가 향가

---

[19] 김기종(2017), 「향가와 그 한시의 관계」, 『열상고전연구』 56, 열상고전연구회, 105-138면, 108면에서도 11~12세기에는 한시와 향가를 동시 창작하는 경향이 있다고 보고 있다.

[20] ≪고려사≫ 악지 권71 俗樂, 寒松亭, "世傳, 此歌, 書於瑟底, 流至江南, 江南人, 未解其詞. 光宗朝, 國人張晉公, 奉使江南, 江南人問之, 晉公作詩解之曰, "月白寒松夜, 波安鏡浦秋. 哀鳴來又去, 有信一沙鷗." 이하 ≪고려사≫ 악지의 원문은 국사편찬위원회의 고려시대 사료 데이터베이스(http://db.history.go.kr)에서 가져오고, 번역은 여운필 역(2011), ≪역주 고려사 악지≫, 월인을 참고한다.

[21] ≪東文選≫ 권19에도 실려 있는데 <寒松亭曲>이라는 제목으로 되어 있다.

를 지은 것은 아니라서 이후 살펴볼 군신의 향가와 한시 향유에 들어가지는 않는다. 그러나 이 한 작품이 말해주는 바는 여러 가지이다. 첫째, 최행귀가 보여준 향가의 한역시화(漢譯詩化)가 11세기 초에도 이루어지고 있다는 점에서는 그 지속성을 볼 수 있다. 둘째, 고려 향가의 본 모습 그대로는 아니지만 한역시의 내용을 보건대, 불교적 내용의 향가 외에도 일반적인 서경과 서정을 읊은 향가가 고려시대에도 있다는 것을 알 수 있다. 셋째, 향가 원작과 얼마나 같고 다른지는 모르지만[22] 적어도 장연우의 한역시는 선경후정(先景後情)의 전형적인 구조를 가지고 있어서 이 시기 한시가 개인 서정시로서 안정된 형태를 띠고 궤도에 오른 것을 말해준다.

마지막 사실과 관련하여 서정시로서의 한시의 위상을 보여주는 또 다른 관련 작품이 있다. 여말 선초에 박신과 일화가 있는 강릉 기녀 홍장의 시조에도 유사한 구절이 있어서 들면 다음과 같다.

寒松亭 둘 붉은 밤의 鏡浦臺예 물껼 잔 제
有信한 白鷗는 오락가락ᄒ것만은
어떻다 우리의 왕손은 가고 아니 오는고[23]

위 시조는 초장과 중장이 장연우의 한역시와 거의 같다. 이 시조를 왕손인 박신을 기다리는 마음을 읊은 것이라고 보는 경우가 많은데, 그만큼 국어시가인 시조로 그대로 바뀌기에 손색이 없다는 것을 의미한다. 다만 차이점은 한시에서는 전구(轉句)에 화자의 슬피 우는 심정[哀鳴]을 나타냈

---

[22] 비파 뒷면에 쓰여 있었다는 향가가 실제 해당 노래의 전체인지, 혹은 전체가 쓰였으나 장연우가 그 중 일부를 옮겼는지는 알 수 없다. 곧, 장연우의 한시가 향가 전체를 그대로 옮겼는지의 여부는 알 수가 없으므로 작품의 일부일 가능성도 있을 것이다.
[23] 황충기 편저(1995), ≪校注 海東歌謠≫, 태화.

는데, 시조에서는 이를 삭제하고 화자의 감정을 드러내는 직접적 표현을 뒤로 감추었다는 것이다.

홍장의 시조로 남은 국어시가는 장연우의 한역시에서 왔다기보다 향가에서 왔다고 보는 편이 합당할 것같다. 굳이 한시에서 시조로 바꾸기보다 이미 우리말로 노래하던 향가가 시조로 변이되는 편이 언어 간의 유사성이나, 둘 다 노래라는 점에서 장르 간의 연속성이 높기 때문이다. 게다가 홍장은 강릉의 기녀이니 해당 지역에서 불리는 노래가 지속적으로 전승되고 있다고 보아야 할 것이다. 지역성의 측면에서도 중국까지 흘러가 장연우가 한역한 시가 다시 강릉지역으로 돌아와 시조화되는 것은 요즘같은 지식정보화사회가 아닌 때에 쉽게 이루어지기는 어렵기 때문이다.

장연우는 국내에서 한역한 것이 아니라, 향찰문자도 읽을 수 없고 우리말노래도 들어서는 모르는 중국인들을 위해 한시화할 수밖에 없었던 것이다. 최행귀도 중국인들이 알지 못하므로 향가를 한역한다고 하였다. 그렇다면 이때까지만 해도 굳이 국내에서 향가를 한시화할 특별한 이유는 말 그대로 '번역이나 통역'으로서의 까닭이 아니라면 불필요했다고 할 수 있다.

4.3. 예종의 한시와 국어시가 비교

예종의 작품은 몇 남아있지는 않다. 예종은 <悼二將歌>와 <悼二將詩>[24], <伐谷鳥>와 같은 작품으로 추정하기도 하는 <維鳩曲(비두로기 노래)>를 볼 수 있다. <도이장가>와 <정과정>은 주지하듯이 향가에서 고려가요로의 과도기적 형태로 보는데, <도이장가>는 앞서 4구체 2연의 향가로도 볼

---

[24] 신방현 편(1922), ≪列聖受教≫(국립중앙도서관 소장본), <平山申氏高麗太師壯節公遺事>, 23-24면, 일풍활판소. 이하 원문은 이 책에서 인용한다.

수 있다.

사실 고려시대에는 조선시대처럼 이중언어시인이 많지는 않다. 같은 사람이 한시도 짓고 국어시가도 짓는 경우가 고려시대에는 드물다. 예종은 신숭겸과 김낙, 두 장수에 대한 한시를 먼저 짓고 다시 <도이장가>를 지었다고 한다. 또 곽여와 한시를 주고 받기도 하고, 국어시가 <벌곡조>와도 관련이 깊어서, 왕으로서 한시와 국어시가를 모두 지은 드문 사례를 자세히 볼 수 있다는 점에서 의미가 있다.

우선 예종의 <벌곡조>에 대해 보자. ≪고려사≫ 악지에는 <벌곡조>에 대한 설명이 남아있다. 예종이 자신의 정치에 대해 의견을 듣고자 하나 간(諫)하는 신하가 없을까봐 이 노래를 지었다고 하는데[25], 작품이 없다. 그런데 ≪시용향악보≫의 <유구곡(維鳩曲)>이 <벌곡조>일 가능성을 높다고 보는 견해가 적지 않아서 선행연구사에서 자주 언급이 되어왔는데[26] 작품은 다음과 같다.

<維鳩曲>[27]
비두로기 새논
비두로기 새논
우루믈 우루디
버곡댱이삭
난 됴해

---

[25] ≪고려사≫ 권71, 악지2, "伐谷鳥. 伐谷, 鳥之善鳴者也. 睿宗欲聞己過及時政得失, 廣開言路, 猶恐群下不言, 作此歌, 以諷諭之也." 이하 ≪고려사≫ 원문과 번역은 국사편찬위원회, 고려시대 사료DB(http://db.history.go.kr)에서 가져온다.

[26] <벌곡조>와 <유구곡>이 같은 작품이라는 견해와 이를 반대하는 견해에 대해서는 임주탁(2008), 「維鳩曲의 해석과 伐谷鳥·布穀歌와의 관계」, 『한국문학논총』 49, 한국문학회, 5-30면에 자세하다.

[27] ≪時用鄕樂譜≫. 문숙희(2012), 『시용향악보 복원 악보집』 소재 영인본, 252-255면.

버곡댱이사
난 됴해

이 작품과 관련해 별도의 설명은 없어서 작품 자체로만 이해할 필요가 있다. 제재로서 비두로기, 곧 비둘기와 버곡댱, 곧 뻐꾸기가 등장한다. 중복을 제외하고 핵심 내용만 추리면 "비둘기는 울음을 우는데 뻐꾸기가(야) 난 좋아"이다. 화자는 이유는 말하지 않지만 뻐꾸기가 좋다거나, 혹은 비둘기가 화자로서 뻐꾸기가 좋다고 하는 내용으로 되어 있다. 여기 뻐꾸기의 등장으로 인해 <벌곡조>의 뻐꾸기와 연결이 되면서 같은 작품일 가능성이 제기될 수 있는 기반이 되었다.

본서에서는 같은 작품 여부의 문제가 아니라 뻐꾸기가, 또한 비둘기가 고려시대나 문학에서 어떻게 인식되고 있는 제재인지에 주목하고자 한다. 우선 임주탁(2008)에서는 '維鳩' 한자의 여러 용례를 들어 '鳩'의 종류에 따라 뻐꾸기를 지칭할 수도 있음을 보였다.[28] 이에 따르면 <유구곡>은 뻐꾸기에 대한 노래가 될 수 있고, 실제로 봄에 많이 우는 새로 인식되어 울음을 우는 새가 뻐꾸기로 지칭되는 것이 비둘기보다는 더 자연스러울 수 있다. 이러한 추정은 비둘기 못지 않게 이 작품이 뻐꾸기에 집중하고 있다는 것을 보여준다. 그만큼 뻐꾸기는 중요한 제재로 인식되어 문학에서 다루어지고 있다고 할 것이다.

다음으로, 일반적인 해석과 같이 비둘기와 뻐꾸기를 서로 다른 새로 해석하여 생각해보자. ≪시용향악보≫가 조선에 와서 기록된 점을 감안하여 예종 이후의 역사도 함께 살펴볼 필요가 있다. 고려시대와 조선시대에 비둘기는 왕과 고관대작들이 사치스럽게 기르는 새로 호사스러운 취미에 속

---

[28] 임주탁(2008), 앞의 글, 8면.

했다.[29] 비둘기의 사육으로 그물을 만드는데 궁중의 옷감이 너무 소요되거나, 막대한 비둘기 사료가 든다는 기록도 보인다.[30] 때로 공무에 힘쓰기 어려울 정도로 비둘기 사육으로 쟁송이 많아 이를 금지하기도 했다.[31] 고려사에 별다른 평은 없지만 이러한 기록은 백성들을 위해 애써야 하는 왕과 위정자들의 입장을 고려한다면 비판의 소지가 다분하다. 비둘기, 그리고 군신은 이러한 사치를 부리는데, 백성들의 삶은 늘 어렵기 마련이다.

예종이 즉위한 해(1105)에 친히 말하기를, 10가구 중에서 9가구의 집이 비어있는데 백성의 구휼에 힘쓰지 않는다고 한 기록이 있을 만큼 농민들이 도망가 유망민(流亡民)이 많았다고 한다. 해당 부분을 보면 다음과 같다.

갑신 교서(敎書)를 내려 말하기를,
"나의 선대를 생각해보면 혼란한 시기를 잘 다스려 나라를 세우고, 여러 어진 임금이 잘 지켜 나에게까지 이르렀다. 지금 여러 도(道)·주(州)·군(郡)의 사목(司牧)으로 청렴하고 백성을 가엾게 여기고 구휼하는 자는 열에 하나 둘도 되

---

[29] 이하 비둘기에 대한 당대적 인식에 대해서는 여기현(2007), 「시가 속 비둘기의 변용 - <유구곡(維鳩曲)> 재해석을 위하여」, 『반교어문연구』 23, 반교어문학회, 107-134면 참조.

[30] 명종 26년(1196)에 이의민의 아들 이지영이 최충헌의 동생 최충수의 비둘기를 빼앗은 사건으로 이의민 부자가 최충헌 형제에게 살해되었다. (≪고려사≫ 128, 열전 41, 이의민 관련 기록. 이하 ≪고려사≫와 ≪고려사절요≫ 관련 내용은 국사편찬위원회, 고려시대 사료 DB(http://db.history.go.kr)를 참고하고 원문을 가져온다.)
공민왕 17년(1368)에는 궁궐 안 수백 곳에서 비둘기를 키우고, 새장을 만드는 베를 1000필, 사료를 매달 12곡(斛), 곧 지금으로 매달 1톤 가까이 소요되었다고 한다. 이러한 비둘기 사랑은 아들 우왕으로도 이어졌다. (≪고려사≫ 041 세가41, 9월 기록)

[31] 고종 2년(1227)의 ≪고려사절요≫ 권15 기록을 보면 마을에서 비둘기, 매의 사육이 쟁송을 많이 일으켜 공무를 폐할 정도라고 하여 금하였다고 한다. (十二月 御史臺 禁閭里養鵓鴿 鷹鷂 以廢公務起爭訟故也)

지 않는다. 이익을 좇고 거짓으로 명예만을 구하여 대체(大體)가 손상되었으
며, 뇌물을 좋아하고 자신의 이익만을 꾀하여 백성에게 해를 끼쳐 유망(流亡)
이 서로 잇달아 열 집 가운데 아홉 집이 비었으니 나는 매우 가슴이 아프다.
이것은 실로 인사고과[殿最]가 시행되지 않아 사람들에게 권선징악(勸善懲
惡)이 없었기 때문이며, 명망 있는 신하를 파견하여 군현(郡縣)을 순행(巡行)
하고 수령의 인사고과를 살펴서 듣는 것이 마땅하다. 내가 이제 마땅히 상과
벌을 명백하게 밝히는 데 힘쓰려 하니, 추밀대신(樞密大臣)은 모두 나의 뜻을
체득하여 조종의 법령과 제도를 추검(推檢)하여 백료(百僚)에게 징계하고 타
이르는 것을 법식[程式]으로 삼으라."라고 하였다.[32]

고려시대 사람들은 전쟁 중에라도 본관을 떠나기를 싫어했다고 하는데, 그럼에도 불구하고 이주를 택하는 것은 마지막 선택지로서, 유민(流民)의 길을 택하는 것은 결국 굶어죽거나 노비가 되는 것을 피해서이다.[33] 고려 건국 초에 유랑민이 많아서 정착을 위해 애를 썼는데, 위의 기사를 보건대 예종 당시에도 이 문제는 여전했던 것으로 보인다.[34] 도망간 농민들은 다음 단계로 도적이 되고, 더 나아가면 무력항쟁을 하게 되니 나라의 존망이 위태로운 것은 당연한 수순이다. 따라서 백성들이 굶주림을 못 이겨 도망가지 않도록 하는 것은 위정자가 가장 애써야 하는 부분인데, 비둘기는

---

[32] ≪고려사≫ 권12, 1105년 12월, 甲申 教曰, "惟我祖宗, 經綸草昧, 肇造邦家, 累聖持守, 以及寡人. 今諸道州郡司牧, 淸廉憂恤者, 十無一二. 慕利釣名, 有傷大體, 好賄營私, 殘害生民, 流亡相繼, 十室九空, 朕甚痛焉. 實由殿最不行, 人無勸懲之故也, 宜遣名臣, 巡行郡縣, 考守令殿最以聞. 朕方將務明賞罰, 其樞密大臣, 悉體朕懷, 推檢祖宗典章, 戒諭百僚, 以爲程式."

[33] 이에 대해서는 하일식 편(2007), 『고려시대 사람들의 삶과 생각』, 혜안, 35-45면 참조.

[34] 결국 12-13세기 농민 대항쟁을 부른 사회경제 모순이 예종 이후에도 지속되어 유민이 계속 발생했다고 한다. 김순자(1994), 「원 간섭기 민의 동향」, 『14세기 고려의 정치와 사회』, 민음사, 365-408면, 406면.

이를 오히려 저해하는 존재였던 것이다. 이러 이유라면 비둘기보다 뻐꾸기가 더 좋다고 하는 이유가 될 수 있다.

특히 뻐꾸기는 포곡조(布穀鳥)라고 불린다는 점을 상기해보자. 포곡은 베나 곡식으로 의식(衣食)을 일컫는다. 뻐꾸기가 우는 소리를 음차한 '포곡'이 하늘에 울려 퍼지면 배불리 먹고 따뜻하게 입을 수 있다는 것을 예견하는 것으로 들린다. 뻐꾸기가 와서 이렇게 많이 울면 면이나 곡식 농사도 잘 되고 그러면 백성들은 의식(衣食)을 걱정하지 않고 살 것을 기대하게 된다는 점에서 뻐꾸기는 포곡조라고도 불리는 것이다. 그런데 앞서 비둘기의 사육은 사치의 상징으로서 백성들의 가난한 의식(衣食)과 대비되는 측면이 있었다. 뻐꾸기는 비둘기와 대조적으로 백성들의 편안한 삶을 의식(意識)하게 하는 새이기도 한 것이다.

예종이 뻐꾸기를 들어 간(諫)하기를 바라는 것은 결국 위정자로서 좋은 정치를 하기 위함이다. 정치를 잘 하는 것은 백성을 잘 다스리는 것으로 대표될 수 있다. 이런 점에서도 뻐꾸기는 백성들을 잘 돌보아야 하는 정치와 긴밀한 제재가 될 수 있다. 이러한 관점에서 읽을 수 있는 작품을 아래에 김부식(1075-1151)의 한시에서도 볼 수 있다.[35]

<聞敎坊妓唱布穀歌有感 睿王喜聽此曲(교방 기생이 '포곡가' 부르는 것을 듣고 느낌이 있어 예왕(睿王)이 이 곡 듣기를 좋아한다.)>[36]
佳人猶唱舊歌詞　가인은 오히려 옛 노랫말 부르는데
布穀飛來櫪樹稀　포곡새 날아와도 도토리나무 드무네
還似霓裳羽衣曲　도리어 예상우의곡과 비슷해
開元遺老淚霑衣　개원(開元)의 남은 늙은이는 눈물로 옷을 적시네

---

[35] 8장에서는 <벌곡조>와 관련하여 더 다양한 한시를 다루게 될 것이다.
[36] ≪東文選≫ 권19.

기구(起句)에서 김부식은 기생이 부르는 노래를 옛 노래라고 하였고, 한시 제목에서는 <포곡가>라고 이 옛 노래의 제목을 밝혔다. 게다가 제목의 주(註)에서는 예종이 이 노래 듣는 것을 좋아한다고 하였다. 이런 점에서 이병기(1955)[37], 김창룡(2018)[38] 등은 김부식이 들었다고 한 <포곡가>가 고려속요 <벌곡조>일 가능성을 제시하였고, 권영철(1958)[39], 전규태(1968)[40]에서는 ≪동국여지승람≫의 기록까지 더해 같은 견해를 보였다. 그러나 이 한시에서 언급한 <포곡가>가 곧 예종이 지은 <벌곡조>인지는 확실하지 않다. 다만 예종이 즐겨 들었다는 것을 알 수 있을 뿐이다. 따라서 여기서는 제재로 나온 포곡조와 당시의 역사적 상황이 긴밀하다는 것을 고려해 살펴보고자 한다.

승구(承句)를 <포곡가>의 가사 중 일부로 보기도 하지만 포곡가의 노랫말과 더불어 이에 대한 화자의 견해로도 볼 수 있다. '포곡(布穀)'이라는 말을 쓴 것은 옷과 곡식을 의미하는 측면이 크다. 그런데 오히려 도토리나무가 적다는 것은 흉년의 가난함을 의미하는 대비적 표현이다. 도토리는 흉년 때 구휼하는 구황작물이다. 포곡조가 날아오면 농사가 잘 되어 배부르고 따뜻하게 입을 것이라고 기대하기 마련이건만, 도토리나무조차 없다는 것은 상황은 그 반대라는 뜻이다.

전구(轉句)와 결구(結句)에서는 당나라 현종이 양귀비와 즐기던 시절에 만든 노래인 <예상우의곡>을 안록산 이후 늙은 유신들이 듣고 눈물을 흘렸다는 고사를 들어 비슷하다고 하였다. 개원의 남은 늙은이도 당 현종의 화려한 시절과 안록산의 난 이후를 모두 체험한 것처럼 김부식 역시 예종

---

[37] 이병기(1955),「시용향악보의 한 고찰」,『한글』115, 한글학회, 367-393면, 381면.
[38] 김창룡(2018),『새로 읽는 고려의 명시가』, 보고사, 42-44면.
[39] 권영철(1958),「유구곡고」,『어문학』3, 한국어문학회, 45-70면, 64-65면.
[40] 전규태(1968), ≪고려가요≫, 정음사, 219-220면.

의 화려한 시절과 이후 이자겸과 묘청의 난 등으로 어지러운 때도 겪었다. 이러한 대비적 역사를 고려하면 <포곡가>는 화려했던 옛 시절의 노래일 수 있고, 당시는 난으로 어려운 때라는 것을 짐작하게 한다.

위의 김부식의 한시를 통해서 포곡조는 나라의 좋은 때와 그렇지 못한 현실을 대비하는 제재로서 나타나고 있다. 문인으로서 시대 현실을 개탄하는 데에 <포곡가>는 작시의 동기가 되고 있는 것이다. 이러한 측면에서는 예종의 <포곡가>도 마찬가지이다. 작품이 없지만 정치를 잘 하고자 신하의 간(諫)을 듣고자 하는 의도에서 <벌곡조>를 지었기 때문이다. 이렇게 뻐꾸기라는 제재가 임금이나 신하의 입장에서 정치를 잘 하고 나라가 잘 되었으면 하는 의도를 드러내는 데에 나오는 것은 공통적이다.

이번에는 예종의 <도이장사>와 <도이장가>를 지은 순서대로 보면 다음과 같다.

[표1] 예종의 한시 <도이장사>와 국어시가 <도이장가> 비교

한시	향찰	김완진 해독[41]
見二公臣像 汎濫有所思 空山蹤寂寞 平壤事留遺 忠義明千古	主乙完乎白乎 心聞際天乙及昆 魂是去賜矣中 三烏賜敎職麻又欲 望彌阿里剌	님을 온전케 하온 마음은 하늘 끝까지 미치니, 넋이 가셨으되 몸 세우시고 하신 말씀, 직분(職分) 맡으려 활 잡는 이 마음 새로워지기를.
死生有一時 爲君躋白刃 從此保王基	及彼可二功臣良 久乃直隱 跡烏隱現乎賜丁	좋다, 두 공신(功臣)이여. 오래오래 곧은 자최는 나타내신저.

공교롭게도 행수가 같다. 한시는 5언율시이고, <도이장가>도 8구이다.

---

[41] 김완진(1980), 『향가해독법연구』, 서울대학교출판부, 216면에서는 마지막 두 구를 하나로 묶어 총 7행으로 현대역을 하였다.

<도이장가>는 문헌을 보면 중간에 띄어쓰기가 되어 있어서 4구 2연의 형식이다. 시상의 흐름을 비교하기 위해서 한시와 국어시가의 현대어 풀이를 나란히 보면 아래 표와 같다.

[표2] <도이장사>와 <도이장가>의 현대어 풀이 비교

<도이장사>	<도이장가>
두 공신의 모습 보니	님을 온전하게 하신
생각하는 바 넘치네	마음은 하늘가에 미치고
빈 산에 자취는 적막하지만	넋은 가셨지만
평양의 행사는 남아있네	내려주신 벼슬은 또 대단하구나
충의는 천고에 밝고	바라보면 알리라
생사는 다만 한 순간이네	그때의 두 공신이여
임금위해 흰 칼날 받아	오래 되었으나(오랫동안) 곧은
이로써 왕의 기틀 보존했네	자취는 나타나시도다

1구~4구까지는 한시와 국어시가의 흐름이 크게 다르지 않다. 두 공신(님)을 생각해보니 그 마음이 넘쳐나고, 넋은 갔어도 그 자취는 행사와 벼슬로 남아있다. 후반부 5구~8구는 나타내는 바는 공신이 이룬 공적이지만 한시가 국어시가보다 좀 더 구체적이다. 국어시가에서는 '곧은 자취' 정도로 공로를 나타냈지만 한시에서는 '임금을 위해 칼을 대신 받았다'는 구체적 공로가 나와 있기 때문이다. 이런 점에서 만약 두 공신의 공적을 구체화하는 것에 목적이 있었다면 한시를 짓고 다시 국어시가를 지을 필요는 없을 것이다.

두 작품의 비교에 대해 조동일(2005)[42]에서는 한시는 설명문이라면 향가는 참여기로서 현장의 감각은 한시가 감당하지 못해 향가가 필요했다고 보았다. 정감의 격한 표현이 한시보다 국어시가가 알맞다는 의미로 이해

---

[42] 조동일(2005), 앞의 책, 같은 곳.

된다. 김혜은(2010)[43]에서도 한시에서는 지그시 누른 둘러 둔 감정을 향가에서는 비통한 심정을 드러냈다고 보았다. 이 또한 감정의 표현은 한시보다 국어시가가 더 효과적이라고 본 것이다.

이러한 선행연구의 관점 역시 이 두 작품의 차이 중 하나이다. 앞에서 서술한 것처럼 한시가 더 구체적이고, 그래서 설명문이라고 볼 만큼 설리적(說理的)인 부분이 있는 것도 사실이기 때문이다. 김은정(2014)[44]에서도 한시가 노래의 가창성과 밀착되었을 때보다 좀 더 설리적인 율시로 중국 내에서 변화가 일어나고, 우리에게도 이러한 한시가 송대에 유입된 후 본격적인 한시 창작이 이루어졌다고 보았다. 현종의 경우처럼, 예종도 왕으로서 국어시가보다는 한시를 먼저 지었다. 그리고 이때의 한시는 위에서 보듯 좀 더 설명적이고 구체적이었다.

또한 제1~2구를 보면, 한시에서는 '생각이 넘쳐난다'고 하고, 국어시가에서는 '마음이 하늘에 미친다'고 하였다. 이 '마음'은 두 공신의 마음이자 공신을 향한 마음이기도 하다. 한시에서는 생각을, 국어시가에서는 마음을 얘기했으니 각각 머리와 가슴으로 대비된다고 할 수 있다. 이런 점에서 12세기에 한시로는 좀 더 설리적인 측면을 나타내고, 국어시가로는 마음의 감정을 나타내는 차이가 있어서 둘을 모두 필요로 했다고 할 수 있다.

그런데 이러한 차이점만 있는 것은 아니다. 전반 네 구에 비해 후반 네 구에서의 변화와 차이가 더 크다는 점에서 다시 이 부분을 자세히 비교해보자. 한시에서는 마지막에 '임금'을 위해 이룬 일로 작품이 마무리된다. 또 그 직전에 '충의'라는 말이 나와서 임금인 예종의 입장에서 두 공신을 바라보고 있다는 점이 명확하게 드러난다. 반면 국어시가에서는 마지막에

---

[43] 김혜은(2010), 앞의 글, 446면.
[44] 김은정(2014), 앞의 글 참조.

'곧은 자취'가 남아있다고 하였는데, 바로 직전에 높은 벼슬을 내린 점, 그래서 바라보면 알 것이라고 한 것과 연결지어보면 왕이 다른 이들에게 하고 싶은 얘기로 볼 수 있다. 한시가 작자인 왕의 편에서의 고백이라면 국어시가는 이러한 두 공신에 대해 다른 이들에게도 알려주고 말을 건네는 점이 다르다. 곧, 한시는 개인적인 감회를, 국어시가는 다른 신하들에게도 전하고자 하는 말이라는 점에서 차이를 보인다.

이런 점에서 이 작품들이 팔관회라는 배경과 관련이 있다는 점을 상기해보자. 이런 행사가 없었다면 예종은 한시를 짓고 그쳤을 수도 있다. 그러나 행사를 통해 여러 신하들과 함께, 나아가 국가적 행사로서 두 공신을 추모하고 두 공신의 일화를 공유하기에는 향가가 필요했다는 것이다. 이는 고려시대 국어시가로서 가지는 특징으로 확장해서 이해될 수 있는 부분이기도 하다.

고려시대 국어시가로서 고려가요는 궁중악의 노랫말이다. 연회나 제사의 자리에서 부르는 노래이니 목적을 가지고 있는 의식요, 혹은 악장문학이라고 할 수 있다.[45] 예종은 한문가요인 <九室登歌>라는 노래를 짓고 연주하며 조상의 덕을 칭송하며 제사를 지내기도 했다.[46] 왕이 제사와 정치, 두 가지 역할을 하면서 특정 의식을 치르면서 해당 노래를 지었던 것이다.[47] <구실등가>는 예종 이전의 아홉 왕을 예찬한 것으로서 예종의 가계

---

[45] 고려가요를 악장으로 보는 연구로 몇을 들면 다음과 같다. 최진원(1996), 「고려가요 연구의 현황과 전망」, 성균관대 인문과학연구소 편, 『고려가요 연구의 현황과 전망』, 집문당 ; 이민홍(1996), 「고려가요와 예악사상-처용가무와 민족나례를 중심으로」, 성균관대 인문과학연구소 편(1996), 앞의 책 ; 조만호(1996), 「고려가요의 정조와 악장으로서의 성격」, 성균관대 인문과학연구소 편(1996), 앞의 책 ; 김영수(2016), 「악장으로 읽는 <만전춘별사>」, 고가연구회 편, 『새로 풀어본 고려가요』, 보고사.

[46] 《고려사》 권14, 예종 11년(1116) 10월 조.

예찬가[48]라는 점에서 국어시가가 아닌 한문가요로 남겼다. 국가 행사에서 두 공신에 대한 추모는 넓게 제사의 한 부분이기도 하다. 정소연(2019)[49]에서는 ≪악장가사≫ 소재 한문가요는 신을 향해, 현토가요는 임금을 향해, 국문가요는 군신남녀 모두를 향해 발화하는 경향이 있음을 밝혔는데, 예종의 경우에도 한문가요와 국어시가의 구분이 드러난다. <구실등가>는 왕을 향한 노래이니 한문가요로 짓고, 두 신하를 위해서는 한시와 더불어 국어시가도 지은 것이다. 이러한 양상이 12세기에도 있었다는 것을 알 수 있다.

또한 팔관회는 불교적 성격을 가진 행사이다. 현종이 절의 낙성식에서 향가를 지은 것처럼 향가와 유사한 형식의 국어시가를 짓는 것은 자연스러운 일이다. 외형상 향가에 가까워도 보인다는 점에서 예종은 향가의 추모적 창작 동기라는 지속적 측면을 고려해 이러한 형식을 썼을 수도 있고, 율시 8구에 해당하는 동일한 형식을 고려했을 수도 있다. 외형이 향가이든 다른 고려가요에 더 가깝든 적어도 국어시가의 필요성과 효용이 국가 행사와 관련되어 있다는 점은 예종대에 확인할 수 있다.

다만 4구 2연 형태라는 변형은 생각해볼 필요가 있다. 신라의 국어시가인 향가와 다른 고려 국어시가의 특징은 연장체에 있다. <보현십원가>도 연장체라는 점에서 신라 향가에서 변화가 나타났다. 예종대 역시 연장체를 고려해 4구 2연의 국어시가를 지었을 가능성이 높다. 그러나 결과론적으로 8구가 된 점, 그리고 한시도 8구의 율시라는 점을 고려한다면 한시와

---

[47] 박기호(2003), 『고려 조선조 시가문학사』, 국학자료원, 75면에서는 <구실등가>가 조선시대 악장 <용비어천가>와 상응한다고 보았다.
[48] 박기호(2003), 앞의 책, 92면.
[49] 정소연(2019a), 「≪악장가사≫의 한문가요·현토가요·국문가요의 상관성」, 『(개정판) 조선시대 한시와 국문시가의 상관성』, 한국문화사.

유사하게 하려는 의도가 이면에 있었던 것은 아닐지 추정해보게 된다. 또한 <구실등가>도 4언 8구 형태가 많다는 점까지 고려해보면 국어시가, 혹은 노래와 8구의 관계도 있었던 것은 아닐까 생각해보게 된다.

사실 예종은 <예종창화집>을 남겨 이규보가 이에 발문을 쓴 것이 ≪동문선≫에 있고[50], 서도 순시때 신하들과 창수한 시를 사죽에 옮겨 악부에 전했다고 기록이 이인로의 ≪파한집≫에 전한다.[51] 이는 곧 국어시가보다는 한시를 훨씬 더 많이 지었다는 의미이다. <벌곡조>가 남아있지만 1수이고, 결국 군신 간에 창화는 한시로 하되 제사 등 국가적 행사에 국어시가 <도이장가>가 더 있는 셈이다. 그렇다면 이후 국어시가 국가 행사인 제사나 연회 때 많이 불리게 되는 고려후기[52]보다 더 이른 시기에 이러한 모습을 보이되 향가를 활용한 형식으로 이를 시도한 것으로 볼 수 있을 것이다.

4.4. 정서의 국어시가 <정과정>과 한시

정서(鄭叙)의 <鄭瓜亭>은 ≪고려사≫ 악지 속악조에서 장연우의 <한송정> 바로 다음에 나온다. 정서는 인종 왕비의 동생을 아내로 맞았고, 인종의 총애를 받았으나 의종이 즉위한 뒤 고향 동래로 방축된다.[53] 다시 소환

---

50 이규보, <睿宗唱和集跋尾>, ≪東文選≫ 권102.
51 이인로, ≪파한집≫.
52 박기호(2003), 앞의 책에서는 고려 국어시가를 종묘제악, 무가(처용가, 동동, 정석가 등), 교훈(도이장가, 유구곡, 정과정곡, 사모곡, 상저가, 오관산, 정읍사, 정석가, 안동자청 등 충, 효 등을 다룬 노래들), 유락(한림별곡, 죽계별곡, 관동별곡 등 경기체가, 채홍철의 자하동, 쌍화점, 가시리, 만전춘, 서경별곡 등)의 4가지 기능으로 분류하였다. 이에 따르면 예종은 국어시가로는 교훈(도이장가, 벌곡조), 한문가요로는 종묘제악(구실등가)의 작품을 지은 것이 된다.
53 ≪고려사≫ 악지 권71 俗樂, 鄭瓜亭의 해당 대목 전체는 다음과 같다. 鄭瓜亭, 內侍郎中鄭叙所作也. 叙自號瓜亭, 聯昏外戚, 有寵於仁宗. 及毅宗卽位, 放歸其鄕東萊曰, "今日之行, 迫於朝議也, 不久當召還." 叙在東萊日久, 召命不至, 乃撫琴而歌之, 詞

하겠노라던 약속과 달리 오래 지나도 소식이 없자 1156년(의종 10년)[54] 이 국어시가를 지었다고 한다. 그 이후 거제도로 유배지를 옮겼고, 20여 년의 유배생활을 마치고 1170년에야 재등용되었다.[55] 정서가 지은 <정과정>은 ≪악학궤범≫에서 볼 수 있다. 작품은 다음과 같다.

(前腔) 내 님믈 그리 ᄉᆞ와 우니다니
(中腔) 山 졉동새 난 이슷ᄒᆞ요이다
(後腔) 아니시며 거츠르신ᄃᆞᆯ 아으
(附葉) 殘月曉星이 아르시리이다
(大葉) 넉시라도 님은 ᄒᆞᆫᄃᆡ 녀져라 아으
(附葉) 벼기더시니 뉘러시니잇가
(二葉) 過도 허믈도 千萬 업소이다
(三葉) 물힛마리신뎌
(四葉) ᄉᆞᆯ읏브뎌 아으
(附葉) 니미 나ᄅᆞᆯ ᄒᆞ마 니ᄌᆞ시니잇가
(五葉) 아소 님하 도람 드르샤 괴오쇼셔[56]

≪고려사절요≫ '정항 조'에서는 그 아들 정서에 대해 정함, 김존중 등이 거짓으로 죄를 얽어 의종이 의심하던 차에 탄핵했다고 하였다. 정서의 노랫말에서도 '아니시며 거츠르신ᄃᆞᆯ'이라고 한 것처럼 거짓이라고 하였

極悽惋. 李齊賢作詩解之曰, "憶君無日不霑衣, 政似春山蜀子規. 爲是爲非人莫問, 只應殘月曉星知."
[54] 박경주(1998), 『한문가요연구』, 태학사, 195면.
[55] ≪高麗史≫ 권97, 列傳10, 鄭敍 ; ≪국역 신증동국여지승람 Ⅲ≫, 「신증동국여지승람 제23권 동래현(東萊縣)」
[56] 성현 외 찬, ≪樂學軌範≫. 김지용 해제(2011), 『악학궤범』, 명문당, 226면의 일본 名古屋 蓬左文庫 영인본.

다. 이러한 거짓 모함 때문에 긴 유배기간을 보냈으니 정서의 억울함도 이해할 만하다. 의종이 곧 부르겠다고까지 했으나 20년의 기다림은 약속의 지체가 지나치게 심각하다. 나아가 한창 일할 나이인 30대에서 50대를 유배지에서 보냈던 점, 또한 의종의 이모부이기도 한 입장에서는 조카 간의 시기지투 사이에서 미움을 입었으니 이 또한 억울할 수밖에 없는 상황이다. 이러한 넘치는 억울함을 정제된 한시나 한문보다는 우리말로 바로 쏟아내고 싶은 심정을 이해해볼 수 있다. 한시로 억울함을 호소하기보다 우리말노래로 억울함을 있는 그대로 나타내고 싶었을 것이다.

또 한편으로는 노랫말에 집중해보면 '過도 허믈도 千萬 업소이다'는 문제적이다. 비록 위와 같은 수많은 억울함의 이유가 있다고 하나 그래서 정제되지 않고 그 억울함을 분출하느라 우리말노래로 지었다고 하나, 그럼에도 불구하고 자신에게 허물이 전혀 없다고 하는 것은 말로는 할 수 있어도 글로 남기기는 쉽지 않다. 글은 자성적 기능 또한 강하고 문자로 고정되어 오래 남는 것이므로 쉽게 이런 내용을 기록할 수 없다. 일회적인 소리로는 이런 말을 꺼내 흘려보낼 수는 있지만 두고 두고 남는 한시로 이렇게 말하는 것은 스스로가 걸리는 부분이 없지는 않을 것이다. 고려속요의 특성 중 하나가 극단적 언사를 서슴지 않고 표출하는 것이라면[57] 이런 점에서도 한시보다는 노래를 지어 억울함과 당당함을 분출하지 않았나 생각해볼 수 있다.

그렇다면 정서의 한시에는 이 정도의 억울함과 당당함을 나타낸 작품이 실제로 없을지 봐야함에도 문집이 남지 않아 단편적으로밖에 볼 수 없는 상황이다.[58] 정서의 한시가 어떠했는지에 대해서는 여러 정황을 통해 추

---

[57] 박노준(2018), 『향가 여요의 역사』, 지식산업사, 250-252면
[58] 《동문선》 권19에 5언절구 한 수가 보인다.
鄭敍, <題墨竹後> 閑餘弄筆硯 寫作一竿竹 時於壁上看 幽姿故不俗

정할 뿐이다. 최자(1188-1260)의 ≪보한집≫에서 정서의 ≪과정잡서≫(시화집)을 언급하고, ≪보한집≫의 뒤에 붙였다고 하는 것을 보면 정서의 한시나 감식안도 높이 살만 할 것이다. 그런데 주목되는 것은 정서가 최유선(?-1075)의 <규정시>와 <梳(빗)詩>를 넣은 것을 높이 평가했다는 점이다.[59] 여성적 어조를 담은 한시에 주목한 것을 보면 <정과정곡>과 일맥하는 부분이 있다. 곧 임금에 비하면 신하, 남성에 비하면 여성, 권력을 쥔 대신에 비하면 유배 간 신하 등의 대조적 관계에 있어서 약자에 속하는 편의 목소리를 담는 것에 주목했다는 점이다.

실제로 정서 이후의 고려 문인들도 한시를 통해 정과정곡을 언급하거나 정서의 억울함에 자신의 처지를 빗대어 경우가 적지 않다. ≪고려사≫ 악지에서도 노랫말이 극히 슬프다(詞極悽惋)고 하였는데, 후대 문인들도 이런 점을 주목한 한시를 여럿 남겼다. 특히 억울한 심정을 슬픈 가사로 쓴 만큼 비슷한 처지에서 비슷한 정감을 드러내는 경우 <정과정>을 상기하는 한시들이 적지 않다.

관련한 한시들이 대부분 7언절구인데 비해 변중량(卞仲良, 1345-1398)의 <寧海>는 7언율시이다. 마지막 제8구에서 "매번 과정곡을 읊고 혼자 슬퍼한다(每賦苽亭獨自悲)"(동문선 권16)고 하였다.[60] 변중량은 정도전 등을 비판하다가 관직을 읽은 적이 있는데 아이러니하게도 정도전 일파로

---

[59] 이에 대해서는 김건곤(2004), 「고려시대의 일실 시화, 시평집 고찰-잡서, 속파한집, 동국문감을 중심으로-」, 『정신문화연구』 94, 한국학중앙연구원, 3-25면 ; 박천규(2002), 「중국 국가도서관 장본 『보한집』과 고려 이장용 발문」, 『한민족어문학』 40, 한민족어문학회, 235-257면 ; 한국민족문화대백과사전(https://encykorea.aks.ac.kr)

[60] 시 전체는 다음과 같다. "二月江城霽景遲 芳洲散策動春思 少年流落傷豪氣 半日娛歡遇舊知 梅柳開時難把酒 樓臺多處愳題詩 京華北望幾千里 每賦苽亭獨自悲" (≪동문선≫ 권16)

몰려 참살되었다. 유숙(柳淑, 1316-1368)의 <書懷寄趙瑚先輩>는 7언절구인데, "他鄕作客頭渾白 到處逢人眼不靑 淸夜沈沈滿床月 琵琶一曲鄭瓜亭"(동문선 권21)이라고 하였다. 유숙 역시 신돈을 거슬러서 유배를 간 경험이 있다.[61]

≪고려사≫ 악지에 소개된 이제현(李齊賢, 1287-1367)의 7언절구 형태의 소악부는 이후 자세히 보기로 하고, 우선 이제현과 관련이 깊은 문인들에게서도 <정과정>에 대한 소환은 적지 않게 발견된다.[62] 민사평(閔思平, 1295-1359)은 <東國四詠益齋韻> 4수 중 제3수 '鄭中丞月下撫琴'라는 소제목을 달고 7언절구("蟾影圓流露桂枝 夜深斗覺爽襟期 世人誰是知音耳 一曲廣陵空自知"(동문선 권21))를 지었는데, 한수(韓脩, 1333-1384)도 이와 비슷한 제목인 <鄭中丞謫居東萊對月撫琴>을 지었다. 제목에서 보듯이 정서가 동래 적거시 달을 보고 거문고를 연주했다는 것을 말하고 7언절구로 "半輪江月上瑤琴 一曲新聲古意深 豈謂如今有鍾子 只應彈盡伯牙心"(동문선 권21)이라고 하여 백아와 종자기와 같이 정서가 자신의 마음을 잘 나타냈다고 하였다. 이숭인(李崇仁, 1347-1392)은 한수의 이 시를 자신이 지은 7언절구의 <秋日雨中有感> "琵琶一曲鄭過庭 遺響凄然不忍聽 俯仰古今多少恨 滿簾疏雨讀騷經"(도은집 권3)과 나란히 적어두었다. <정과정>이 너무 슬퍼서 못들을 정도라고 하며 굴원의 이소와 관련지었다.

한수와도 친밀하였고, 이제현의 문생이었던 정추(鄭樞, 1333-1382)는 이존오와 함께 신돈을 탄핵하다가 동래 현령으로 좌천되었는데, 이때 지은 한시 중에 두 수의 7언절구에서 정서의 국어시가를 언급하고 있다. "風淸江瀨鴻雁鳴 日出海底蛟龍驚 我來此地訪前古 瓜亭一曲傷我情"(圓齋集 권

---

[61] ≪新增東國輿地勝覽≫ 권23 '東萊縣'에 유숙 이하의 시인들과 한시가 소개되어 있다.
[62] 관련 수용사와 국어시가의 관계는 8장에서는 더 자세히 다루게 될 것이다.

上.)에서는 결구(結句)에서 '瓜亭曲'이라고 하였는데, 다음의 작품에서는 '鵑啼曲'으로 표현하고 있다.

<東萊> (동국여지승람 권23)
雲盡長亭月在天　　구름 걷힌 정자에 달빛은 밝고
橫琴相對夜如年　　거문고 대하는 밤은 일년이라
鵑啼曲盡思無盡　　견제곡 다하도록 그리움이 다하지 않으니
誰把鸞膠續斷絃　　누가 난교 풀로 끊어진 줄 이을까

두 시 모두 좌천된 정추의 처지가 정서의 처지와 같고, 장소도 동래라서 정서의 처지와 더욱 긴밀한 상황 속에서 지어졌다. 그런데 위 시에 보듯이 전구(轉句)의 '鵑啼曲'이라는 표현은 <정과정>에 나오는 '산접동새'와 제1~2행의 구절을 들어 이 노래를 대표하고 있다. 앞에서 <정과정>을 언급한 여러 한시가 있었지만, '鵑啼曲'이라 표현한 것은 주목된다. <정과정>의 핵심어를 접동새로 보고 있기 때문이다.

우리말로 접동새, 한자로는 두견(杜鵑)이라고 하는 이 새는[63] 사실 예종의 <벌곡조>의 뻐꾸기와 같은 과에 속한다. 뻐꾸기가 속한 과(科, family)가 생물학적으로 '두견이과'이다. 예종도 잘 우는 뻐꾸기와 같이 신하들이 간(諫)하기를 바란다고 하였는데, 정서와 같은 신하가 왕에게 억울한 상황을 적극적으로 노래하는 것은 왕의 잘못된 것을 간(諫)하는 것에 다름 아니다. 정서가 여러 새 중에서도 '산접동새'를 들어 '운다'고 한 것은 예종의 <벌곡조>에서 뻐꾸기를 제재로 한 의도와 다르지 않다. 게다가 임주탁(2008)[64]에서는 <維鳩曲>의 '維鳩'는 집비둘기가 아니라 산비둘기일 가능

---

[63] '두견이', 한국민족문화대백과사전(http://encykorea.aks.ac.kr)
[64] 임주탁(2008), 앞의 글 참조.

성을 제시하면서 이 비둘기와 뻐꾸기가 같은 과에 속한다고 한 점을 상기하면 정서가 그냥 접동새가 아니라 '산'접동새라고 한 것과 다시 연결지점이 생긴다.

<정과정>에서 산접동새가 그리워서 우는 이유는 바로 그 다음 3~4구에 나오는 "아니시며 거츠르신⎕ 아으/ 殘月曉星이 아⎕시리이다"는 억울한 사정 때문이다. 거짓인데 모함을 당해 멀리 있게 되었으니 그리울 수밖에 없고, 그러므로 그 억울함을 하소연하여 바르게 되돌리려고 이 노래로 간(諫)하고 있는 것이다. 앞서 본 이숭인의 한시에서도 굴원의 <이소>와 관련짓고 있어서 그 억울함과 한스러움을 적극 드러내고 있는 것을 보았다.

사실 관련 한시가 많지만 ≪고려사≫ 악지에서 수용한 것은 바로 이제현의 소악부이다. 이제현은 "憶君無日不霑衣 政似春山蜀子規 爲是爲非人莫問 秖應殘月曉星知"라고 하였는데, 역시 <정과정>의 제1~4구를 택해 한역하였다. 이제현은 승구(承句)에서 산접동새를 '子規'로 표현하면서 첫 글자로 '政'을 썼다. 이 글자를 허경진(1987)[65]에서는 '님'이라고 번역하였고, 여운필(2011)[66]에서는 '바로', 국사편찬위원회의 ≪고려사≫ 번역[67]에서는 '틀림없이'라고 하였고, 민족문화추진회의 ≪신증동국여지승람≫에서는 '政'이 아니라 '正'이라고 쓰고 번역은 하지 않았다.[68] 그러나 '政'은 정사, 다스리는 일, 곧 군신이 제대로 해야 하는 일을 의미하는 것이니 이를 직접적으로 살려서 승구(承句)를 번역하면 '정사(정치)는 봄산에 자

---

[65] 허경진(1987), 『익제 이제현 시선』, 평민사, 107면, "님 모습은 봄날 동산에서 우는 접동새 같아라"
[66] 여운필(2011), 앞의 책, 245면. "바로 봄철 산의 두견새와 비슷하네"
[67] 국사편찬위원회, 고려시대 사료 DB(http://db.history.go.kr) "틀림없는 봄 산의 두견새일새"
[68] 민족문화추진회(1985), '東萊縣', ≪국역 신증동국여지승람 Ⅲ≫, 114면, 362면. "마치 봄 산의 촉자규(蜀子規)와도 같다."

규와 같다'가 된다. 이는 곧 예종이 말한 바, 바른 정치가 되도록 자규가, 곧 뻐꾸기가 울듯이 간해야 한다는 것과 같은 말이다.

결국 왕과 멀리 떨어져 있는 적거 중인 신하로서 도리를 다해 간(諫)하는 방법은 노래가 아니고서는 제대로 전달되기가 어렵다. 공식적인 방법으로는 되지 않는 상황이기 때문이다. 발없는 말이 천리를 가듯이 보이지 않지만 입에서 입으로 노래는 전해질 수 있는데 비해 글로 적어 문서화되어 남는 한시는 공식적인 화답이나 서신을 통하지 않는다면 유배 중인 신하가 전할 도리가 없는 것이다.

이렇게 정서의 남은 한시는 거의 찾기가 쉽지 않은 반면에 후대인들에게 이 우리말노래는 수 세기동안 입에서 입으로 회자되고 노래로 불려서 강렬한 영향을 미쳤다. 문자로 기록되는 한시보다 보이지 않고 소리로 존재하는 국어시가가 더 오랫동안 퍼지고 남았던 것이다. 게다가 신하로서 억울함을 하소연한다는 것은 왕에게 잘못된 것을 바로 잡으라고 간하는 것과 같다. 이런 점에서 정서는 산접동새라는 제재를 사용해 노래로 이러한 사정을 전하고자 한 것으로 이해된다.

지금까지 살펴본 바, 정서는 득의(得意)의 시가보다는 억울한 자, 여성 등 약자 편에서 느끼는 마음을 곡진히 드러내는 시인으로 후대인들에게 수용되었다. 그 중에서도 한시보다는 국어시가로라도 억울함과 바로잡으려고 간(諫)함으로써 신하로서 자신의 도리를 다했기 때문에 이후 재등용이 되고, 또 여러 세기가 지나도록 여러 문인들에게 적극 수용되었을 것이다. 덕분에 한시가 고려시대에 중심 갈래로서 확고한 시대에도 국어시가의 역할과 기능이 무엇인지 보여주는 사례가 되었다.

4.5. 12~13세기 이규보의 한시와 국어시가의 상관성

4.5.1. 이규보의 구비서사시와 서사 한시 <東明王篇>

이규보(1168-1241)는 최씨 정권에 참여한 문인이면서 신진(新進) 사인(士人)으로 12세기에서 13세기를 걸치고 있다. 그런데 여기서 볼 부분은 12세기 말에 이규보가 26세에 지은 작품인 <東明王篇>(1193)이다. 이와 관련해 이종찬(2000)[69]에서는 <동명왕편>을 <용비어천가>나 <월인천강지곡> 등과 함께 악부문학의 장르 위에서 문학사적 조명이 필요하다고 지적하고 있다. 더 자세한 이유나 배경은 언급되지 않았으나 본고의 관점과 상통하는 부분이 있다. 악부는 민요와 긴밀한 한시 갈래로 <동명왕편>은 역사를 다룬 영사악부로서 주목하기도 한 것이다.

이규보 역시 정지상처럼 국어시가를 직접 남긴 것은 아니다.[70] 그러나 이규보의 한시는 국어시가와의 긴밀한 관계를 말해주는 부분이 적지 않다. 강헌규(1989)[71]에서는 이규보의 여러 한시와 <청산별곡>이 주제나 제재가 유사하거나 대응되는 것이 적지 않다고 하였다. 사실 이규보의 한시에서는 특정 작품과의 유사성을 떠나서 노래를 다루거나 노래와 긴밀한 특성이 드러나는 지점이 적지 않아서 주목된다. 이규보는 12세기 말에서 13세기 전반기를 걸치고 있고, 또 한시도 많아서 이 시기의 연속적 측면에서 한시와 국어시가의 긴밀함을 잘 보여주는 사례가 많다. 여기서는 우선 12세기말의 작업인 <동명왕편>, 그리고 그 다음해에 지은 <開元天寶詠史詩>(1194)를 위주로 이규보의 한시가 시가사적으로 어떻게 한시와 국어시

---

[69] 이종찬(2000), 『한국선시의 이론과 실제』, 이화문화출판사, 248면.

[70] 앞에서 정지상의 7언절구 <송인>의 제3, 4구는 국어시가의 일부일 가능성을 언급한 바 있다.

[71] 강헌규(1989), 「'청산별곡' 신석-이규보 한시와 대비를 통하여」, 『어문연구』 17(2·3) 통합본, 한국어문교육연구회, 166-185면.

가의 상관성에 있어서 지속적 측면을 보여주는지 살펴보고자 한다.

첫째, <동명왕편>은 <구삼국사>의 시화(詩化) 작업으로, 한문산문의 시가화라는 의미를 가진다. 10세기에 균여는 한문 산문 <화엄경>을 시가화한 작업으로 <보현십원가>를 지었다. 균여가 국어시가화했던 작업을 이규보는 한시화하였고, 승려의 작업을 문인 사대부가 한 점은 다른 점이다.

둘째, 이보다 더 의미있는 부분은 구비서사시의 한시화라는 점이다. 사실 부처의 생애도 처음부터 기록된 산문이 아니라 구술되다가 경전화된 것이니 불교 신화의 시가화 작업이라고 할 수 있는데, 이규보는 동명왕 신화를 시가화했다는 점에서 의미를 가진다.

구비서사시는 우리말노래 중에서 사서적 특성을 가진 경우를 일컫는다. 구비라는 말이 우리말로 불렸다는 것을 의미하기 때문에 <동명왕편>이 국어시가와 무관하다고 할 수 없다. 물론 <동명왕편>은 <구삼국사>라는 사서(史書)를 한시화했다는 점에서 국어시가를 바로 옮긴 것은 아니다. 한문 산문의 한시화라고 해야 옳다. 그러나 <구삼국사>에 이르기까지 동명왕 신화는 구비서사시로 전해오다가 한문산문화된 것이다. '幷序'에서도 동명왕 이야기를 들었다고 하여 구비성을 확인할 수 있다. 그러나 더 오랜 내력은 노래에 기대어 동명왕 이야기가 전해지다가 산문으로 기록된 것이고, 이것은 신화의 일반적인 특성이기도 하다.

<東明王篇>의 전체를 잠시 살펴보자. '幷序'와 5언 282구의 '詩' 본문으로 구성되어 있는데, 시구 사이마다 있는 '註'가 시보다 분량이 더 많다. 시(詩)의 시작은 중국 신화의 제왕들을 먼저 언급한 뒤 해모수의 이야기로 들어가고 있어서 양면의 해석이 가능하다. 중국의 역사를 끌어와 우리 역사의 유구함을 뒷받침함으로써 우리 역사의 위상을 높이려 함과 동시에 중국 역사에 의지해 우리 역사의 위상을 높이려고 한다는 점에서는 사대적이라는 해석도 가능하다. 한시의 마무리 부분에서도 역시 중국 한대(漢

代) 고조와 광무제를 언급하며 시인의 말로 마무리하고 있다.

그러나 더 주목되는 것은 동명왕이 있기까지 해모수(그리고 하백, 유화)의 이야기가 분량상 절반을 넘게 차지한다는 점이다. 우리 역사의 연속성을 강조한다는 점에서는 유의미한 부분이다. 그러나 해모수와 관련된 내용이 김부식의 ≪삼국사기≫에서는 현저히 적게 다루어진다는 점에서 대조적인데, 이규보는 병서에서 구체적 내용은 언급하지 않더라도 김부식의 ≪삼국사기≫의 소략함에 대해서 지적하고 있다. 김부식의 ≪삼국사기≫는 동명왕의 사적을 간략하게 다루었으나, 백낙천이 중국 당 현종과 양귀비 이야기를 <長恨歌>로 노래를 지은 것처럼 노래하여 전하려고 하였음을 밝히고 있다.[72] 이 대목이 시사해주는 부분이 적지 않다.

우선, 김부식의 ≪삼국사기≫가 소략한 점을 언급하고 있음을 보면, 후대의 일연을 상기하게 된다. 일연도 김부식의 ≪삼국사기≫를 염두해 '남은 역사'라는 의미의 ≪삼국유사≫를 지었는데, 이규보도 이러한 배경의 동기를 가지고 있는 것을 볼 수 있다. 일연의 ≪삼국유사≫는 설화와 우리말노래에 대한 부분이 많다. 변격한문을 사용하기도 하면서까지 구술문학을 적극 기록해둔 것이다. 그만큼 구비문학의 기록이라는 의미가 큰데, 이규보가 ≪삼국사기≫가 소략하여 다루지 못한 동명왕 이야기를 다룬다는 점 역시 설화의 기록이라는 점에서 배경이 유사하다.

또한 이 동명왕 이야기는 구술문학 중에서도 구비서사시이다. 장편 국어시가의 한시화라는 점에서 <동명왕편>이 가진 의미를 찾을 수 있다. 물론 이규보가 노래로 불리는 것을 듣고 기록한 것이 아니라 <구삼국사>를 읽고서 쓴 것이라 할지라도 <구삼국사>의 기록은 구비서사시에서 온 것

---

[72] ≪東國李相國集≫ 권3, "金公富軾重撰國史 頗略其事 意者公以爲國史矯世之書 不可以大異之事爲示於後世而略之耶 按唐玄宗本紀 楊貴妃傳 並無方士升天入地之事 唯詩人白樂天恐其事淪沒 作歌以志之 彼實荒淫奇誕之事 猶且詠之 以示于後 矧東明之事"

이다. 이런 점에서 직접적인 국어시가의 한시화가 아니라도 우리말로 된 문학에 기반한 구비서사시의 한시화라는 점에서 의미를 찾을 수 있다.

둘째, <개원천보영사시>는 중국 역사를 제재로 한 것이지만 7언절구라는 형식과 풍자적 태도, 그리고 개별 이야기 화소별로 이를 시화(詩化)했다는 점에서 이후 이제현, 민사평의 소악부와 일연의 ≪삼국유사≫의 기록방식을 먼저 선보였다는 의미를 가진다. 소악부와 ≪삼국유사≫는 한시와 국어시가의 긴밀함을 보여주는 13세기의 중요한 사례이다. 12세기 말 이규보의 작업이 어떻게 연관되는지 구체적으로 살펴보면 다음과 같다.

<개원천보영사시>는 중국 당 현종의 사화(史話)를 제재로 한 7언절구 영사시 43수(<동국이상국집> 권4)를 지었다. 그런데 우리 역사를 다룬 <동명왕편>은 고시로, 중국 역사는 근체시로 지은 점이 흥미롭다. 손정인(2009)[73]에서는 악부시의 관점에서 유우석의 <죽지사>를 잠시 언급하지만 이보다는 사화의 응축과 요점이 잘 집약되고, 또 7언절구를 즐겨 짓기 때문이라고 보고 있다.

형식적으로 볼 때에 고시 역시 5언시의 연속이라서 정형시가 아니라고 할 수는 없으나 7언절구 43수에 비하면 더 자유롭다. 우리 역사의 연속성을 보여주듯, 또 우리 자국어의 구어적 자유로움을 담듯 고시로 지었다면 중국 역사는 이와 대조적으로 내적 단절성이 43수에 걸쳐 있으면서 한문이 가진 문자의 고정성도 7언절구라는 시형으로 잘 나타난다. 내적 단절성을 취해도 되는 것은 중국 역사의 유구성을 굳이 염두할 필요가 없는, 곧 현종과 양귀비 당시 상황만을 조명하는 제재이기도 하거니와, 개별작에서는 의심스러울 수 있겠으나 전체 제재 자체는 중국 역사의 문제점을 여실

---

[73] 손정인(2009), 「이규보의 <開元天寶詠史詩>의 구성원리와 표현양상」, 『고려시대 역사문학 연구』, 역락, 77-81면.

히 드러내려는 의도 또한 읽혀진다.

　작품의 내용상 중국 역사의 문제와 모순적 상황을 드러내고 비판, 풍자하는 의도가 없다고 보기 어렵고, 이런 의도에 7언절구 형식은 연속성보다는 특정 상황 중심으로 짧게 다루는 것이 더 효율적이다. 또 개별 작품마다 사화(史話)를 제시하고 있어서 이야기에 기반한 시화로서 시화집이나 ≪삼국유사≫의 이야기 본문+찬시의 형태 또한 상기하게 된다.[74]

　이 7언절구 형식을 이후 이제현과 민사평의 소악부로까지 잇는다는 것은 무리일 수 있겠으나 역시 소악부가 가진 비판과 풍자성이 7언절구를 통해 이루어진 점만은 상기할 필요가 있다고 본다.[75] 민요 채집이라는 악부가 위로든 아래로든 교화의 기능이 있듯이, 중국 현종의 사화(史話)를 통해 이규보의 시대가 처한 무신란 전후의 현실 속에서 반면교사로서의 기능도 함께 갖고 있다고 보인다.[76] 무신정권기에 우리 역사로 비판과 풍자의 태도를 보이는 것은 문인이 공격받을 수 있는 민감한 일이지만 중국의 역사는 가능한 측면이 있었을 것이다.

---

[74] 정소연(2012), 「≪삼국유사(三國遺事)≫에 나타난 고전시가 수용 방식과 현대적 의의」, 『국어교육』 138, 한국어교육학회, 223-257면에서는 ≪삼국유사≫에서 이야기와 시가의 관련 양상에 있어서 기록방식을 3가지로 나누었는데, 그 중 '이야기+비판적 찬시'의 형식을 가장 창작적이고 적극적인 방식으로 다루고 있다.

[75] 이에 대해서는 이제현과 민사평의 소악부를 다루는 장에서 후술하기로 한다.

[76] 게다가 이제현 역시 50여 수의 영사시를 지어 중국 역사에 대한 비판과 풍자 역시 보여준 바 있다. 시형은 다양하지만 7언절구로 이러한 비판적 관점을 드러낸 작품도 여럿 있다. 일례로 이제현, <淮陰漂母墓>(≪익재난고≫ 권1) 제2수를 보면 "婦人猶解識英雄 一見慇懃慰困窮 自棄爪牙資敵國 項王無賴目重瞳"이라고 하였는데, 특히 결구에서는 항우가 중동, 한 눈에 두 눈동자를 가진 것처럼 훌륭한 상을 가졌다고 하나 한신을 등용하지 않음으로 인해 인재를 보는 눈이 없었으니 빨래하는 아낙네 표모만도 못했다고 풍자하고 있다. 또 한신에 대한 풍자로는 다음의 <韓信>(≪익재난고≫ 권4) "出跨淮陰志頗奇 赤知王業匪人爲 欲令螻蟻翻溟渤 晚計何殊乳臭兒"를 들 수 있다.

셋째, 이규보의 <동명왕편>이 시가사적 전통 위에 있다는 점은 또 있는데, <동명왕편>에는 고대가요의 또 다른 사례를 보여준다. 동명왕 즉위 2년에 비류국과 세력 다툼을 하는 과정에서 흰 사슴을 잡아 거꾸로 매달고 홍수를 내려서 비류국의 항복을 받고자 행한 기우(祈雨) 주술(呪術)에서 <구지가>나 <해가>에서 보이는 호칭+명령+가정+위협의 주술 구조를 유사하게 볼 수 있다. <동명왕편>에서 이 부분은 인용된 것처럼 "敢自呪而謂" 다음 구에 나온다. 해당 부분은 "天不雨沸流 漂沒其都鄙 我固不汝放 汝可助我懫"이지만 호칭+명령+가정+위협의 주술 구조에 따라 해당 부분을 재배열해보면 다음과 같다.

호칭	天	하늘아
명령	汝可助我懫	너는 내 분함을 풀어라
가정	不雨沸流 漂沒其都鄙	비류에 비를 내려 도성을 표몰시키지 않으면
위협	我固不汝放	나는 너를 놓아주지 않으리

<구지가>나 <해가>에서는 거북을 통해 뜻을 이루고자 했다면 위 시구에서는 사슴을 통해 뜻을 이루고자 한다. 특정 동물을 통해 하늘에 말을 하는 방식이 유사하다. 이규보의 시편은 <구지가>와 <해가>에 비해 반복법이 없고, 호칭-가정-위협-명령의 순으로 명령 부분이 제일 뒤에 있는 점이 다르다. 그러나 위 시구를 통해 고대가요의 주술 구조의 시형의 또 다른 사례를 볼 수 있다는 점에서 고대 시가를 더 풍부히 하고, 이러한 시 형식이 고대가요의 하나의 하위 형태로 유행했다는 점을 뒷받침해준다. 이 당시 노래는 노랫말을 그대로 기록할 수 없고, 국어시가의 한시화로서 한역시 형태로밖에 남을 수 없었다. 이규보는 <동명왕편> 자체가 전술한 것처럼 국어시가의 한시화 작업으로서 그 안에 이러한 작은 부분 역시 국어시가의 한시화의 사례를 보여주고, 더 나아가 고대시가에서 <구지가>계라고

할 만한 주술적 구조로서의 우리말노래의 형식을 더 공고히 하는 데에 기여하고 있다.

4.5.2. 이규보를 통해 본 13세기 전반기 한시 속의 국어시가

앞에서 살펴보았듯이 이규보의 <동명왕편>과 <개원천보영사시>는 시가사적으로 한시와 국어시가를 긴밀하게 여기며 여러 가지 기여한 바를 보여주었다. 이러한 이규보라면 다른 한시들 속에서도 국어시가와의 긴밀함을 보여주는 것이 당연하다. 문제는 어떤 관계로 여기고 있는지를 찾는 것이다.

12세기 초 예종의 <도이장가>와 <도이장시>는 선행연구에서 지적한 바와 같이 격한 감정과 설명이라는 대비적 측면이 여러 특징 중 하나라는 점을 앞에서 살펴보았다. 예종이 보여준 한시와 국어시가의 관계가 가지는 여러 특징 중 하나이던 이 점은 사실 13세기 이후 더욱 본격화되어 나타난다. 이러한 인식이 이규보를 비롯한 13세기 시인들의 한시에서 자주 볼 수 있기 때문이다. 이규보의 아래 작품을 잠시 보자.

<留醉閔判官光孝家主人乞詩走筆贈之> (동국이상국집 권3)[77]
(前略)
酒酣四顧心飛揚　　술 취해 사방 보니 마음이 커져
天地六合爲之窄　　천지 육합이 좁아 보인다
忽呼侍婢鋪蠻牋　　홀연히 시비 불러 만전 펼치고
請我快放詩中顚　　시에 광증을 쾌히 쏟아 내라 한다.
填胸壯憤吐乃已　　가슴에 찬 장한 분노 토하고야 말아
因之留贈狂歌篇　　이로 인하여 미친 노래 남겨준다.

---

[77] 이식 역, 1980. 이하 원문과 해석은 한국고전DB(http://db.itkc.or.kr)에서 가져온다.

위 한시에서 마지막 세 구에는 시와 노래가 모두 언급된다. 취한 상태에서 자유로운 해방감을 시로 먼저 쏟아내었는데, 결국 분노를 토하고 말아 '狂歌'가 되었다고 하였다. 마지막 구를 보면 미친 노래에 머물고 말았다는 의미를 담고 있어서, 시와 노래 모두 마음의 품은 것을 자유로이 꺼내 쾌활한 해방감을 느끼려고 표현하는 것이지만 노래에 비해 시는 좀 더 절제되고 다듬어진 것이라는 의식이 보인다. 그래서 시보다는 노래가 비분강개를 토하는 통로가 되는 것이다.

박규홍(2011)[78]에서는 이규보가 어가오조로 지은 한시를 '作詞'했다고 제목에서 밝히고 있어서 주목하고 있다. 어부가라는 노래는 중국과 우리나라에서 많은 시인들이 다루고 있는데, 이러한 점도 이규보가 노래에 대한 적극적 관심을 한시를 통해서도 나타내고자 한 것을 보여준다. 그런데 특히 주목되는 것은 이규보가 위에서 본 것처럼 시와 노래에 대한 인식을 드러내는 대목이 한시의 마지막 부분에 많다는 것이다. 시를 마무리하는 자리라는 점에서 결구(結句)[79] 부분은 여러 가지로 중요한 의미를 가지는데, 그때 시가관을 보여주는 한시라면 특히 살펴볼 필요가 있다.

<溫上人所蓄獨畫鷺鷥圖>(동국이상국전집 권10)[80]

君不見翰林筆下曾解遣心閑	그대는 못 보았나 한림의 글에서 마음 한가함을
來去獨立沙洲傍	오다가다 홀로 모래톱 곁에 섰노라
何人畫手得神授	누구의 그림이 이토록 신기한가
丹青妙意髣髴謫仙腸	붉고 푸른 묘한 뜻은 李白의 뜻같다.
我初末識畵工趣	나도 처음에 화공의 뜻을 몰라

---

[78] 박규홍(2011), 『어부가의 변별적 자질과 전승 양상』, 보고사, 72면.
[79] 여기서는 근체시 중 절구의 구조에서 마지막 제4구를 설명하는 의미로서가 아니라 어떤 시형이든 작품을 마무리하는 구절이라는 의미로 사용한다.
[80] 한국고전번역원, 이상형 역, 1980을 가져오고 일부 수정하였다.

支頤倚壁私商量	턱 괴고 기대어 생각했지.
旣寫江湖奇絶致	이미 강호의 절경을 그렸으면
何不畵漁人舟子來往遊儵伴	어찌 어부와 사공이 왕래하며 노는 것은 그리지 않았을까
旣寫鷺鶿得意態	이미 백로의 득의한 모습을 그렸으면
何不畵游魚走蟹出沒行洋洋	어찌 고기와 게의 분주한 출몰은 그리지 않았을까.
(중략)	(중략)
白鷺見人處	백로가 사람을 보았다면
拂翼沙頭決爾一起驚飛翔	모래톱 머리에서 날개치며 놀라 날아갈 것을
白鷺窺魚時	백로가 고기를 엿볼 때면
植足葦間聳然不動難低仰	갈대밭 사이에서 움직이지 않고 한가롭기는 어렵지.
(중략)	(중략)
那敎雪客閑放態	어찌 백로의 한가로운 태도로
遣作黃雀多驚忙	참새처럼 깜짝깜짝 놀라게 할 수 있겠는가.
此意識者小	이 뜻 아는 이 적으니
<u>吾作歌詩始翼揚</u>	<u>내가 歌詩를 지어</u> 처음 들춰낸다.

위 시는 '君不見'으로 시작되고 있어 엄격한 근체시가 아니라 가행체를 지은 것임을 알 수 있다. 그래서 마지막 구에도 '歌詩'를 지었다고 하였다. 이 작품 자체가 노래인 시라는 말이다. 그만큼 격식보다는 노래와 같은 자유로움을 추구하였다. '何不畵~'가 반복되거나 '白鷺~'를 반복하면서 같은 자구로 노래와 같은 반복적 리듬을 살렸다.

그래서 마지막 구의 밑줄 친 부분을 보면 이 시를 일컬어 시이지만 자유로운 형식이라는 점에서 노래시[歌詩]라고 직접 작품의 정체를 밝히고 있다. 시(詩)는 엄격한 격식이라면 노래는 자유로워도 괜찮다는 의미이다. 최행귀는 향가를 가시(歌詩)라고 하였는데, 이규보는 한시를 두고 가시(歌詩)라고 하였다. 최행귀는 국어시가가 가진 시의 특성을, 이규보는 한시가 가진 노래의 특성을 주목하고 있어 둘 다 한시와 국어시가, 혹은 시와 노래를 대등하게 보는 관점을 보여준다. 또한 '가시(歌詩)'의 존재는 일반명사이기만 한 것이 아니라 이런 노래체 기반의 시, 노래와 긴밀한 시를 일컫는 고유명사로서 사용되고 있었을 가능성도 제기된다. 국어시가와 한시를 대등하게 보니 언어매체와 상관없이 '노래인 시'를 '가시'라고 불렀을 가능성도 있는 것이다.

여기서 또 주목할 것은 이러한 시가관이 말미에 제시되고 있는 방식이다. 시인이 이 시에서 말하고자 하는 바는 그림에 대한 해석만이 아니다. 이것을 아는 이가 적어서 처음 이 의미를 밝히고 있다는 것까지 알리고자 하는 것이 작시 의도이다. 그러나 화자의 목소리로 마무리할 수도 있는 것을 마지막 구의 밑줄 친 부분과 같이 시인의 목소리까지 드러내고 있다. 예를 들어 '이 뜻 아는 이 적네'라는 평이한 마무리나 '이 뜻 아는 이 화공과 나뿐이네'라든지 등 화자의 목소리만으로도 작품을 마칠 수 있는 방법은 여러 표현이 있다. 그런데 여기서는 작품 내적 화자 바깥의 존재인 시인의 목소리를 꺼내 작품을 마무리하고 있다. 시가를 다시 메타적으로 보는 대목을 굳이 추가하고, 이 작품이 가시(歌詩)라는 점까지도 밝히고 있는 것이다.

이규보의 한시 중에는 이와 같이 화자의 목소리만이 아니라 작품 바깥의 시인의 존재까지 드러내주는 대목이 마지막 부분에 드러나는 경우가 적지 않다. <淵首座方丈觀得恭所畫魚簇子>(동국이상국집 권13)라는 제화시는 고율시(古律詩)로 분류된 작품으로, 전체 5언 22구로 되어 있는데, "(前略) 擧指欲捫觸 猶恐跳藏淵 吾詩氣力茶 敢作活魚篇"(손가락을 들어 만져보고 싶지만, 뛰어나와 연못에 숨을까 염려되네. 나의 시는 기력이 나른하지만, 감히 활어편을 짓는다.)"고 작품을 마무리하고 있다. 그림 속 물고기가 너무 팔팔하여 산 것같다고 하고, 자신의 시는 이에 대조되지만 그래도 짓는다고, 시를 해석하는 말로 작품을 끝내고 있다.

또 다른 가행체 한시에서도 마찬가지의 특징을 볼 수 있다. 주필(走筆)로 썼다고 한 <醉歌行>(동국이상국집 권17)은 7언 12구로 되어있는데 형식적 변이가 보이는 부분을 포함한 마지막 네 구에서 시와 노래에 대한 언급이 또한 나온다. "(前略) 看花翫柳且高歌 百歲浮生非我有 君不見 千金不散將何用 癡人口爲他人守(꽃, 버들 구경하며 큰 소리로 노래하니, 백세 덧없는 인생은 내 것이 아니네. 그대는 못보았나, 천금을 흩지 않고 어디 쓰려고, 어리석은 사람은 남을 위해 재물을 지키네)"라고 하였다. 제목을 보면 취해서 부르는 노래인데, 제9구에서 보듯이 큰 소리로 노래를 부른다[高歌]고 하니, 이 작품이 그 노래라고 할 수 있다. 재물있는 자들은 돈을 아끼느라 봄을 즐기지도 못하는데, 돈도, 인생도 모두 자기 것이 아니니 봄을 맞이해 취해 노래하자는 내용의 작품이다. 가행체의 한시이므로 근체시의 형식을 엄격히 지키지 않았다. 노래의 분방함처럼, 또 취해서 봄을 마음껏 즐기는 마음처럼, 작품 전체 12구가 7언으로 진행되다가 제11구에서는 '君不見'이 들어가 형식적 변이를 보인다. 갑자기 작품 외적 자아를 끌어들이는 대목이 앞에서 본 여느 작품처럼 작품의 말미 부분이다. 이번에 작품 외적 자아는 시인이 아니라 이 노래(이 작품)을 듣는(읽는) 독자이다.

보통 시는 시적 자아인 화자를 내세워 말을 한다. 서정시로서의 미학은 작품 외적 자아를 굳이 내세우지 않는 것이 특징이다. 그런데 이규보의 시에서 근체시가 아닌 고시나 가행체 등 비격식의 시, 곧 가시(歌詩)류에서는 작품 외적 자아가 등장하여 작품을 마무리하는 데에 소환되거나 참여한다. 때로는 독자일 수도 있고, 때로는 시인일 수도 있는 존재가 개입한다. 격식을 갖춘 근체시에서는 서정적 자아만으로도 작품이 진행되는데 자유로운 가시에서는 그 서정성이 약화되고 작품 바깥의 존재가 개입하기 쉬운 방식을 취하고 있는 것이다. 시와 노래에 대한 인식을 보여주는 대목이 주로 작품의 마지막이면서, 동시에 해당 구절에서 서정적 자아 이외의 존재가 개입하는 것, 그리고 이런 작품은 대체로 엄격한 형식의 근체시가 아니라 가시(歌詩)라는 점이 긴밀한 것을 볼 수 있다.

사실 12세기 말에서 13세기 전반기까지 이규보의 작품을 살펴보았는데, 이러한 비슷한 특징은 김극기[81]나 그 다음시대인 13세기 중기 이후, 그리고 14세기에 이르기까지 여러 시인들에게서도 볼 수 있다. 김극기의 <草堂書懷>(동문선 권13)는 7언율시인데 마지막 네 구는 이러하다. "(前略) 預愁直道遭三黜 先把狂歌賦五噫 誰識静中閑味永 典書沽酒醉吟詩 곧은 도가 내쫓길까 염려되어, 먼저 미친 노래로 五噫歌를 짓는다. 누가 알리, 고요한 중의 한가한 맛을, 책을 팔아 술을 마시고 시를 읊는다.)" 근체시이지만 시가(詩歌)에 대한 인식은 역시 후반부에 나온다. 마음의 염려함을 우선 노래로 먼저 짓고(부르고)[82], 책을 팔아 술을 마시고서는 고요하고 한가할 때에는 시를 읊는다고 하였다. 도가 내쫓겨 책같이 팔아버리는 것은 시대에 대한 개탄으로 인함인데, 이러한 넘치는 감정을 인해서는 먼저 노래를 부르고, 한가한 중에서는 시를 읊는다고 하였으니 이규보가 보인 시와 노래에 대한 인식이 유사한 것을 볼 수 있다. 또 이규보와 같이 끝에서 두 번째 구, 곧 미련(尾聯)이 시작되는 구에서는 "誰識"이라고 작품 외적 존재를 끌어들이고 있다.

13세기는 물론이고 14세기에도 이런 양상이 지속적으로 나타나는데, 이제현(1287-1367), 이색(1328-1396), 원천석(1330-?), 정몽주(1337-1392) 등

---

[81] 생몰년을 알 수 없으나 고려 명종조(재위 1170-1197)에 활동했다고 하니(한국민족문화대백과사전, https://encykorea.aks.ac.kr) 이규보와 같이 12세기 후반~13세기 전반기라고 할 수 있다.

[82] 손정인(2000), 『고려중기 한시연구』, 문창사, 245면에 의하면 여기서의 개탄의 노래 '賦五噫'은 후한시대 양홍이 시사(時事)를 슬퍼해서 부른 것이라 하니 김극기가 지은 것이 아니라 부르기만 했을 수도 있다.

의 한시를 들 수 있다. 특히 14세기에 국어시가와 한시를 함께 지은 시인들은 국어시가가 몇 안 되지만 한시를 통해서도 시와 노래에 대한 인식을 보여주고 있어서 이후의 장에서 자세히 살펴볼 예정이다. 이규보의 경우와 비슷할 뿐만 아니라 달라진 측면, 나아가 시와 노래의 상관성에 있어서 시가사의 지속과 변화라는 점에서 가지는 의미에 대해서는 더 깊이 살펴볼 부분들이 있다.

이제현은 국어시가를 짓지는 않았어도 이를 한시화한 소악부를 지었고, 다른 시인들은 고려후기에 한시와 국어시가를 모두 지은 이중언어시인이다. 모두 한시와 국어시가의 상관관계에 대해 중요한 역할을 한 시인들이다. 특히 한시의 마지막 결구(結句) 부분을 통해 시가관을 나타내거나 작품 외적 자아를 끌어들이는 방식은 국어시가, 곧 향가나 시조에 있어서 마지막 부분과 유사성도 높아서 더욱 주목된다. 정도전의 시조 종장 제1음보에서 '아희야'라는 호명은 시적 화자만이 아니라 작품 바깥의 존재, 곧 교화적 어조를 취하는 사대부 시인까지도 상기되는 부분이다. 이규보의 한시 결구의 특징이 14세기 이중언어시인의 한시와 시조로 이어지는 가운데, 그 다리가 되는 13세기 이후 시인들에게서도 나타난다. 이에 대해서는 다음 장에서 자세히 살펴보기로 하자.

III. 13세기

　13세기는 한시와 국어시가의 공존이 지속되는 가운데 새롭고 다양한 양상이 펼쳐진다. 이 장에서 볼 부분은 크게 세 가지이다. 13세기에 한시와 국어시가는 서로 배타적으로 여기며 멀리 하기보다 둘 간의 가까운 거리를 볼 수 있다는 점이 공통적인데, 이러한 특성은 세 가지의 현상으로 크게 나누어 볼 수 있다.
　첫째, 국어시가 내에서 경기체가가 새로 등장하는데, 한시와의 거리가 매우 가깝다. 첫 경기체가인 <한림별곡>의 경우[1], 이후 14세기에 등장하게 되는 경기체가보다는 한시체가 적다고 해도 일반적으로 국어시가라고 생각할 때를 비교하면 우리말 조사나 어미가 지극히 적은 편이다. 장르명이라고도 보는 '경기체'의 '景幾'라는 말 자체도 한자어구이고, <한림별곡>의 경우 '景 긔'도 '경관 그것이'라고 풀이될 수 있는 한자어구이다. '景 긔'를 한자로 쓴 <華山別曲>에서는 '景其'라고 쓰고 있다. 한자 표현은 다양하지만 역시 <한림별곡>의 '景 긔'도 띄어쓰기까지 감안하여 '경관, 그것이'라고 해석되어야 하는 말이지 그 자체가 우리말의 일상어라고 하기는 어렵다. 현대국어에서는 일상어로 사용하지 않는 '景 긔'라는 이 한문구의 사용, 게다가 이 한문구가 후렴이기까지 해서 한시와의 거리가 매우 가까운 것을 볼 수 있다.
　둘째, 향가의 주된 창작층이었던 승려층은 향가의 잔존이라 할 만한 혜

---

[1] 구체적 창작 시기는 논자에 따라 조금씩 달라서 13세기말에서 14세기 초까지도 보지만 경기체가의 가장 첫 작품이자 13세기를 걸치고 있는 작품이라는 점은 대체로 공유하고 있다고 할 수 있다.

심의 <碁詞腦歌>, 충지의 <臂短歌> 등 외형은 한시이지만 국어시가와 긴밀한 시편을 남겼다. 그런데 이보다 더 주목되는 것은 이외의 여러 한시를 통해서도 국어시가와의 긴밀한 거리를 보여주고 있다는 점이다. 고려시대 국어시가가 가진 여음이나 후렴구의 방식을 접목하거나, 향가의 탄사를 접목하는 경우 등의 시도를 충지, 혜심 등의 승려 시인들에게서 볼 수 있다. 한국적 한시로서의 새로운 시도를 보여준다는 점에서 매우 주목되는 현상이다. 경기체가 <한림별곡>이 사대부 문인 내에서 일어난 새로운 변화이자 한시와 국어시가의 가까워진 거리를 보여주는 13세기의 한 현상이라면, 승려층 내에서도 새로운 변화가 나타나는 것이다.

셋째, 여러 시화집(詩話集), 곧 이인로의 ≪破閑集≫, 이규보의 ≪白雲小說≫, 최자의 ≪補閑集≫의 등장과 더불어, 국어시가와 한시 모두를 풍부히 다루며 시화적 성격까지 가졌다고 할 수 있는 ≪삼국유사≫ 등의 기록물에 주목할 필요가 있다. 산문집이지만 시가(詩歌)를 중요한 제재로 삼고 있다는 점에서 이 시기 시가에 대한 관심과 저변이 확대된 것을 보여준다는 점에서 이런 문헌들의 13세기의 등장은 문학사적으로 중요한 현상이다. 시가에 대한 관심은 국어시가이든 한시든, 또 문학 담당층에 있어서도 상하남녀노소 모두를 관심에 두게 되는데, 이런 적극적 관심에 있어서 전자의 시화집은 한시를 중심으로 했다면 ≪삼국유사≫는 한시와 국어시가를 모두 다루고 있어서 둘 간의 상관성에 대해서도 살펴볼 바가 많다. 이에 본서에서는 ≪삼국유사≫를 중심으로 13세기의 시가에 대한 관심과 한시와 국어시가의 상관성에 대해 접근해보고자 한다.

5. 13세기 사대부의 한시와 국어시가의 밀착, 경기체가 <한림별곡>

<翰林別曲>은 고종대(1213-1259)에 지었다는 ≪고려사≫의 기록[2]과 ≪악장가사≫의 기록[3]이 있으니 13세기의 산물로 보는 경향이 많다. 특히 등장인물의 생몰연대와 내용과 관련하여 고종 초기인 1215년으로 보기도 한다.[4] 이외에도 원(元) 문화의 영향을 받기 이전이므로 송사(宋詞)의 영향을 받았다고 보기도 하고[5], 13세기 후반에서 14세기 사이에 지어졌고 원(元) 산곡(散曲)의 영향을 받았다[6]고 보는 입장도 있다. 어떤 견해이든 한

---

[2] "此曲 高宗時 翰林諸儒 所作" (≪高麗史≫ 권71, 志 25, 樂, 俗樂) 고려사 원문은 국사편찬위원회(db.history.go.kr (2020.04.10.))에서 가져온다.

[3] "高宗時 翰林諸儒 所作" (≪俗樂歌詞≫ 봉좌문고본, 歌詞 上). 이하 <한림별곡>을 비롯한 ≪악장가사≫ 소재 작품은 김명준(2004), ≪악장가사 주해≫, 다운샘의 영인본에서 원문을 가져온다.

[4] 김진영(1988), 「경기하여가와 <한림별곡>」, 『경희어문학』 9, 경희대학교 문리과대학 국어국문학회, 5-34면.

[5] 김태준(1932), 「별곡의 연구」, 동아일보(김태준 편(1934), ≪조선가요집성≫, 조선어문학회)에서 처음 제시한 견해이다.

[6] 성호경(1989), 「한림별곡의 창작시기 논변」, 『한국학보』 56, 일지사, 56-78면 ;

시와의 상관성에 기반한 시각을 선행연구는 보여주고 있다.[7]

한시체 가요로 보는 입장도 있지만[8] 대부분 <한림별곡>은 국어시가로서 적극 논의가 이루어져왔다. 여기서는 국어시가로서의 특성을 특별히 더 논의하기보다 한시적 측면에서의 특성을 살펴봄으로써 13세기 첫 작품으로서 <한림별곡>이 한시와 국어시가가 밀착된 사례로서 가진 의미에 대해 논의하고자 한다. 논의를 위해 총 8연으로 된 <한림별곡>에서 제1, 2, 8연을 제시하면 다음과 같다.

<翰林別曲> 중(≪樂章歌詞≫)
원슌문元淳文 인노시仁老詩 공노ᄉ륙公老四六
니졍언李正言 딘한림陳翰林 솽운주필雙韻走筆
튱긔디쳑冲基對策 광균경의光鈞經義 량경시부良鏡詩賦
위 시댱試場ㅅ 경긔 엇더ᄒ니잇고
(葉) 금혹ᄉ琴學士의 옥슌문싱玉笋門生 금혹ᄉ琴學士의 옥슌문싱玉笋門生
위 날조차 몃부니잇고

당한셔唐漢書 장로ᄌ莊老子 한류문집韓柳文集
니두집李杜集 난ᄃ]집蘭臺集 빅란텬집白樂天集
모시샹셔毛詩尙書 쥬역츈츄周易春秋 주ᄃ]례긔周戴禮記
위 주註조쳐 내외읍 경긔 그 엇더ᄒ니잇고
(葉) 태평광긔大平廣記 ᄉ빅여권四百餘卷 태평광긔大平廣記 ᄉ빅여권四百餘卷
위 력남歷覽ㅅ 경긔 그 엇더ᄒ니잇고

성호경(2006), 『한림별곡의 창작 시기』, 앞의 책, 69-95면.

[7] 임기중 외(1997), 『경기체가 연구』, 태학사, 7-16면에는 1920년대 이후 1980년대까지의 경기체가 연구사가 잘 정돈되어 있다.

[8] 박경주(1994), 「한시체 가요로서 본 <한림별곡>의 창작 방식」, 이상익 외, 『고전문학 어떻게 가르칠 것인가』, 집문당, 297-311면에서는 <풍입송>, <야심사>, <자하동>을 들어 고려 사대부의 한시체 가요 향유라는 관점에서 함께 살펴보고 있다.

(중략)

당당당唐唐唐 당츄ᄌ唐楸子 조협皂莢남기
홍紅실로 홍紅글위 미오이다
혀고시라 밀으시라 뎡쇼년鄭少年하
위 내 가논듸 놈 갈셰라
(葉) 샥옥셤셤削玉纖纖 솽슈雙手ㅅ길헤 샥옥셤셤削玉纖纖 솽슈雙手ㅅ길헤
위 휴슈동유携手同遊ㅅ 경景 긔 엇더하니잇고

위 작품을 보면 6행+2행의 구성으로서 전대절과 후소절의 구조라거나 연장체인 점, 3음보가 많다는 등 율격면에서 국어시가의 전통을 계승하고 있는 것도 사실이다.[9] 그러나 시어면에서는 한문구 중심이다. ≪악장가사≫의 표기방식에 의해 국한문이 병기(倂記)되기는 하였지만 발음 역할에 불과하여 이러한 국문 병기 부분을 제외하면 다음과 같다.

元淳文 仁老詩 公老四六
李正言 陳翰林 雙韻走筆
沖基對策 光鈞經義 良鏡詩賦
위 試場ㅅ 景긔 엇더ᄒ니잇고
(葉) 琴學士의 玉笋門生 琴學士의 玉笋門生
위 날조차 몃부니잇고

唐漢書 莊老子 韓柳文集
李杜集 蘭臺集 白樂天集
毛詩尙書 周易春秋 周戴禮記

---

[9] 그럼에도 불구하고 그 가운데 연장체는 송사(宋詞)의 모방으로 보거나(이명구(1984), 『고려가요의 연구』, 신아사, 56-57면), 3·3·4의 음절수는 사륙변문으로 보는 견해도 있다.(조윤제(1949), 『국문학사』, 동국문화사, 62-68면)

위 註조쳐 내외읋 景 긔 엇더ᄒ니잇고
(葉) 大平廣記 四百餘卷 大平廣記 四百餘卷
위 歷覽ㅅ 景 긔 엇더ᄒ니잇고

(중략)

唐唐唐 唐楸子 皁莢남기
紅실로 紅글위 미오이다
혀고시라 밀으시라 鄭少年하
위 내 가논듸 눔 갈셰라
(葉) 削玉纖纖 雙手ㅅ길헤 削玉纖纖 雙手ㅅ길헤
위 携手同遊ㅅ 景 긔 엇더하니잇고

  제8연은 마무리되는 연으로서의 기능으로 인해 변형을 보여 좀 다르지만, 나머지 7연에서 절반 이상은 한문구에 해당된다. 한문 문장 형태와 국어 문장 형태로 나누어보면, 전반 3구와 후반 3구가 각각의 문장 구조에 해당된다. 나머지 7연에서 전반 3구는 한문과 대비되는 우리말의 특징인 조사나 어미가 전혀 보이지 않고 한문구로만 되어 있다. 품사로 보자면 명사구의 연속이다. 후반 3구도 약간의 조사나 어미가 보이는 정도에 불과하다. 전반 3구는 한시 장단구에 다름아닌 것으로도 볼 수 있을 정도이고, 14세기 이후의 경기체가 중에는 실제로 국어 문장구조가 전혀 등장하지 않는 경우도 많다.
  특히 여음이라 할 수 있는 후렴구는 고려시대 가요의 특징이자 국어시가의 특징이라고도 볼 수 있는데, 이러한 대목 중에서 '景 긔'는 서론에서도 잠시 설명한 것처럼 '경치 그것이'라고 풀이가 되어야 하는 한문구이다. 이후 경기체가에서도 '景 幾'나 '景 其'라는 말조차 한문구이고, '景 幾何如'라는 더 긴 한문구가 후렴이 되고 있기까지 한다. 이렇게 <한림별곡>은 국어시가이면서도 한시와의 거리가 매우 가까운 작품으로서 이 시기 한시와 국어시가가 밀착된 양상을 잘 보여준다.

이 작품은 이후 경기체가와 달리 특정인의 작자가 존재하지 않는다. 한림의 여러 선비라고 하였으니 문인 사대부의 작인 것만 분명하다.[10] 게다가 이 작품은 여러 논자들에 의해 교술적인가, 서정적인가, 혹은 복합적인가 등의 논쟁도 있었다.[11] 이는 작가가 개인도 아니고, 서정적이기만 한 것도 아닌 <한림별곡>의 특성을 잘 보여주는 것이다. 13세기를 살펴보는 첫 자리에서 <한림별곡>은 개인 서정시로서의 국어시가의 입지가 13세기에는 약하다는 것을 보여주기도 하는 것이다.

본장에서 차차 13세기의 한시와 국어시가의 상관성을 구체적으로 살펴보겠지만, 13세기에는 개인 서정시로서의 국어시가는 찾기가 드물다. <한림별곡>도 문인 사대부들의 공동작이고, 이후 살펴볼 충지나 혜심과 같이 승려 시인들에게도 한시화된 국어시가는 일부 남아있어도 개인 서정시로서의 국어시가 자체는 보이지 않는다. 쌍기의 작이라고도 알려진 <쌍화점>은 13세기 말엽이니 이 시기에서야 개인 서정시가 다시 나타나 14세기에 시조, 그리고 안축의 경기체가 <關東別曲>과 <竹溪別曲> 등이 나오게 된다. <쌍화점>도 공동체가 함께 향유한 노래로서 작가가 개인이지 개인 서정시로서의 기능은 약하다. 이렇게 13세기에는 국어시가보다는 한시가 개인 서정시로서의 중심적 역할을 하였다.

이렇게 13세기에 개인 서정시로서의 국어시가의 역할이 약했다면 그만큼 당시 시인들은 한시를 통해서 개인 서정시의 기능을 충분히 충족하고

---

[10] 제1연부터 등장하는 인물들은 무신집권기인 13세기 초중반을 보낸 유명한 문인들이다.

[11] 조동일, 김학성, 김흥규 선생님 등의 관련 연구사의 흐름에 대해서는 박일용(1987), 「경기체가의 장르적 성격과 그 변화」, 『한국학보』 13(1), 일지사(한국학보), 40-59면에 자세하다. 성호경(2006), 앞의 책, 216-224면에서는 서정적 특성과 교술적 특성만이 아니라 이에 더하여 서사적 특성까지 있다고 보았다.

있었을 것이다. <한림별곡>이 국어시가이면서도 공동 창작된 것이고, 또 한시와도 밀착되어 있음을 통해 이러한 추정이 가능하게 되었다. 그렇다면 <한림별곡>을 통해 한시와 국어시가와의 관련성을 더 추정해볼 수 있는 단서가 없을까.

이진규(2018)[12]에서는 당시 문단의 소식의 팔경시의 수용과 <한림별곡>의 8연이라는 형식을 연관시킨 바 있다. 그런데 실제로 <한림별곡> 제1연에 나오는 이인로(1152-1220)와 진화(1181?-?)는 모두 송나라 화가 송적(宋迪)이 그린 <소상팔경도>를 제재로 한 팔경시를 지은 바 있다. 두 시인은 <한림별곡> 내에서도 시인으로서 매우 주목받고 있다. 여운필(2004)에서는 제1연의 평가는 1220년대 후반에 문사들 사이에 회자된 평판이 반영된 것으로 보았다.[13] 특히 제1연에서 이인로는 시(詩) 장르와 관련해서 가장 먼저 나오는 인물이다. '仁老詩'라고 하여 시는 이인로라고 내세울 만큼이니 당시 문인들에게 시인으로서 얼마나 높은 평판을 가졌는지 알 수 있다. 더욱이 이인로는 ≪파한집≫까지 집필한 것을 상기한다면 이인로의 한시에 나타난 특징은 국어시가와의 관련성에 있어 중요한 시사점을 줄 가능성이 높다.

이인로와 진화는 국어시가를 남기지 않았지만 같은 제목의 한시 <宋迪八景圖>는 국어시가와의 관련성을 보여주고 있어서 주목된다. 이인로는 7언절구로, 진화는 7언 8구로 된 고시로 지은 것이 각각 ≪東文選≫ 권20과 권6에 실려 있다. 게다가 이인로는 시와 그림이 같다는 옛사람의 말을 가져와 의론을 펼친 적도 있다.[14] 소리와 운의 여부가 시와 그림이 다를

---

[12] 이진규(2018), 「한림별곡(翰林別曲)의 형성과 성격 연구」, 『어문학』 139, 한국어문학회, 237-261면.

[13] 여운필(2004), 「<한림별곡>의 '쌍운주필'에 대하여」, 『고려후기 한시의 연구』, 월인, 137-164면 중 141면.

뿐이라고 하였으니 그림에 비하면 시는 청각성을 가진 존재이다. 한시는 압운을 함으로써 청각성을 강화시키기는 하지만 국어시가에 비한다면 시각성이 강한 존재이다. 그런데 그림과 대비함으로써 한시도 국어시가와 같이 소리 의존적 존재라는 점이 부각되었다. 이 점을 굳이 주목하는 이유는 이인로와 진화의 <송적팔경도>가 이후 국어시가사에서 긴 수용사를 가지고 있는 '어부가'에도 지속적으로 수용되기 때문이다.[15] 좀 길지만 두 시인의 작품을 보이면 다음과 같다.

---

[14] ≪東文選≫ 권102, 李仁老, <題李佺海東耆老圖後>, "詩與畫 妙處相資 號爲一律 古之人以畫爲無聲詩 以詩爲有韻畫 (後略)" 이하 인용하는 이인로와 진화의 한시 원문과 번역문은 한국고전종합DB(http://db.itkc.or.kr)에서 가져온다. 이인로의 시는 김달진 역(1968), 진화의 시는 양주동 역(1968)으로 일부 수정하였다.

[15] 이외에도 이인로의 이 시는 이후 팔경시의 연원이 되기도 하여 이규보, 김극기 등을 비롯하여 조선시대까지 지속적인 영향을 미친다고 평가된다. 이에 대해서는 김건곤(2015), 「고려 문인들의 팔경문학 향유에 대하여」, 『장서각』 34, 한국학중앙연구원, 138-167면 참조.

	이인로, <宋迪八景圖>	진화, <宋迪八景圖>
1 平沙落鴈	水遠天長日腳斜 隨陽征雁下汀沙 行行點破秋空碧 低拂黃蘆動雪花 물 멀고 아득한 하늘 해가 지는데 볕을 따라 기러기는 모래톱에 내리네 줄줄이 가을하늘의 푸름을 점쳐 깨뜨리니 누른 갈대 낮게 스쳐 눈빛꽃을 뒤흔드네	秋容漠漠湖波綠 雨後平沙展靑玉 數行翩翩何處雁 隔江啞扎鳴相逐 靑山影冷釣磯空 淅瀝斜風響疏木 驚寒不作戛天飛 意在蘆花深處宿 가을 빛은 쓸쓸하고 호수 물은 푸른데 비 온 뒤의 모래밭에 푸른 옥을 펼쳤다 두어 줄 펄펄 날아 어느 곳의 기러기인가 강을 건너 기럭기럭 울며 서로 좇는다 푸른 산 그림자는 찬데 낚시터가 비었고 우수수 비낀 바람 성긴 나무를 울린다 추위에 놀랐으매 하늘 높이 날지 않고 그 뜻은 갈대꽃 깊은 곳에서 자는 데 있다
2 遠浦歸帆	渡頭煙樹碧童童 十幅編蒲萬里風 玉膾銀蓴秋正美 <u>故牽歸興向江東</u> 나룻가 내 끼인 나무 푸르게 우뚝우뚝 열 폭 부들돛폭 만 리의 바람 옥회, 은순채에 가을 정히 아름다우니 돌아갈 흥을 이끌어 강동으로 가자	萬頃湖波秋更闊 微風不動琉璃滑 江上高樓逈入雲 憑欄客眼淸如潑 俄聞輕櫓鳧雁聲 頃刻孤帆天一末 飛禽沒處水吞空 獨帶淸光橫一髮 만 이랑 호수 물결에 가을이 더욱 어른한데 실바람도 불지 않아 유리처럼 미끄럽네 강 위의 높은 누각은 멀리 구름 속에 있고 난간에 기댄 나그네 눈은 씻은 듯 맑다 가벼운 노 소리, 놀란 오리와 기러기 소리 어느새 하늘 한 끝에서 외로운 돛배 오네 나는 새 지나간 곳에 물은 하늘을 머금고 홀로 맑은 빛 띠고 먼 산에 한 올이 비낀다

	이인로, <宋迪八景圖>	진화, <宋迪八景圖>
3 江天暮雪	雪意嬌多着水遲 千林遠影已離離 蓑翁未識天將暮 誤道東風柳絮時 눈의 뜻이 교태 많아 물에 내리기 더딘데 저 수풀 먼 그림자는 이미 어수선하구나 도롱이 입은 늙은이 겨울인 줄 몰라서 동풍에 버들개지 날리는 땐 줄 잘못 아네	江上濃雲翻水墨 隨風雪點嬌無力 憑欄不見昏鴉影 萬樹梨花春頃刻 漁翁蒻笠戴寒聲 賈客蘭橈滯行色 除却騎驢孟浩然 簡中詩思無人識 강 위의 짙은 구름, 수묵을 풀어 놓은 듯 바람 따르는 눈송이는 교태인 듯 힘이 없다 난간에 기대어도 까마귀 그림자 보이지 않고 나무마다 배꽃은 잠깐 동안 봄일러라 고기잡이의 부들삿갓은 찬소리를 이었고 장사꾼의 목난초 돛배 나그네 길 멈추었다 나귀를 탄 맹호연을 제해 놓고는 아무도 이 시정을 아는 사람이 없으리
4 山市晴嵐	朝日微昇疊嶂寒 浮嵐細細引輕紈 林間出沒幾多屋 天際有無何處山 아침에 약간 떠올라 첩첩한 봉우리가 차다 뜬 아지랑이 가늘어라 엷은 비단 펼친 듯 수풀 사이 보일락말락 몇 집인가 하늘 가 있는 듯 없는 듯 어디가 산인가	青山宛轉如佳人 雲作香鬟霞作唇 更教橫嵐學眉黛 春風故作西施嚬 朝隨日脚卷還空 暮傍疏林色更新 遊人隔岸看不足 兩眼不博東華塵 푸른 산은 흡사 미인 같다 구름은 향기로운 귀밑머리, 저녁놀은 입술 다시 비낀 안개는 눈썹 그리는 먹을 본떠 봄바람은 일부러 서시의 찡그림을 만드네 아침에는 햇살을 따라 걷히어 비었다가 저녁에는 성긴 숲 끼고 빛이 더욱 새롭다 유인은 언덕 넘어 보아도 더 보고 싶으니 두 눈이 동화 티끌과 바꾸지 않으리

	이인로, <宋迪八景圖>	진화, <宋迪八景圖>
5 洞庭秋月	雲端瀲瀲黃金餠 霜後溶溶碧玉濤 欲識夜深風露重 倚船漁父一肩高 구름 끝 잔잔한 황금 전병 서리 뒤에 출렁이는 푸른 물결 밤 깊어 바람 이슬 무거운 줄 알고자 배에 기댄 어부의 한쪽 어깨가 높구나 (元朝趙子昻承旨 改此聯云, 記得大湖楓葉晚 垂虹亭上訪三高 원 조자앙 승지가 이 연을 고치기를, "기억나네, 동정호의 늦단풍, 수홍정 위에 삼고를 찾는다." 하였다.)	滿眼秋光濯炎熱 草頭露顆珠璣綴 江娥浴出水精寒 色戰銀河更淸絶 波心冷影不可掬 天際斜暉那忍沒 飄飄淸氣襲人肌 欲控靑鸞訪銀闕 눈에 가을 빛 가득하여 불꽃 더위를 씻고 풀잎 끝 이슬 방울은 구슬을 엮은 듯 강 계집이 목욕하고 나오매 수정이 찬데 빛깔은 은하와 겨루어 더없이 맑구나 물결 밑의 찬 그림자 움켜 쥘 수 없는데 하늘 가의 비낀 빛 어찌 차마 빠지는가 나부끼는 맑은 기운 사람 살을 덮치거니 푸른 난새를 타고 은궐을 찾으리
6 瀟湘夜雨	一帶滄波兩岸秋 風吹細雨灑歸舟 夜來泊近江邊竹 葉葉寒聲摠是愁 한 줄기 푸른 파도, 양쪽 언덕은 가을이라 바람이 가랑비 불어 돌아가는 배에 뿌린다 밤사이 강변에 대숲 가까이 와서 자니 잎마다 차가운 소리, 이 모두 근심이네	江村入夜秋陰重 小店漁燈光欲凍 森森雨脚跨平湖 萬點波濤欲飛送 竹枝蕭瑟碎明珠 荷葉翩翩走圓永 孤舟徹曉掩蓬窓 緊風吹斷天涯夢 강촌에 밤이 들어 가을 그늘 무거운데 조그만 주막 고기잡이 등불빛이 얼 것 같다 주루룩 빗발이 편편한 호수에 걸쳤는데 만 방울 파도는 날아 갈 듯하도다 댓가지는 바삭바삭 밝은 구슬 부수듯 연잎사귀 푸득푸득 둥근 수은 구르듯 밤새도록 외로운 배에 봉창을 닫았노니 급한 바람 불어 하늘 가의 꿈을 끊어버린다

	이인로, <宋迪八景圖>	진화, <宋迪八景圖>
7 煙寺晚鍾	千回石徑白雲封 巖樹蒼蒼晚色濃 知有蓮坊藏翠壁 好風吹落一聲鍾 천 구비 돌길 흰 구름이 봉했는데 암벽 창창한 나무에 저녁빛이 짙어라 알겠구나, 절이 푸른 절벽에 감추어져 좋은 바람에 종 소리 떨어뜨리네	煙昏萬木栖昏鴉 遙岑不見金蓮花 數聲晚鍾知有寺 縹緲樓臺隔暮霞 淸音裊裊江村外 水靜霜寒來更賖 行人一聽一廻首 査靄濛濛片月斜 연기 서려 어둔 숲속에 저녁 까마귀 깃드니 금련화 같은 먼 멧부리를 볼 수 없도다 저녁 종 두어 소리 절 있는 줄 알겠거니 어슴푸레한 누대들은 저녁 놀에 가리웠다 맑은 소리 강촌 밖으로 울려 가는데 물 고요하고 서리 찬데 종소리 더욱 길다 길 가는 이 한 번 듣고 한 번 머리 돌리니 아득한 저녁 안개에 조각 달이 비끼었다
8 漁村落照	草屋半依垂柳岸 板橋橫斷白蘋汀 日斜愈覺江山勝 萬頃紅浮數點靑 수양버들 기슭에 반만 숨은 초가집들 나무다리 건너면 흰 마름 우거졌네 강산의 아름다운 해 기울 때 더욱 느끼노니 만경 붉은 이랑 위 두어 점이 푸르구나	斷岸潮痕餘宿莽 鷺頭揷翅閑爬癢 銅盤倒影波底明 水浸碧天迷俯仰 歸來蒻笠不驚鷗 一葉扁舟截紅浪 魚兒滿籃酒滿瓶 獨背晚風收綠網 끊어진 언덕 조수 흔적에 묵은 풀 남았는데 해오라기는 날개 사이에 머리 꽂고 한가하다 해 그림자 거꾸로 드리워져 물결 밑이 밝고 물에 푸른 하늘이 잠기어 위아래를 모르겠네 돌아오는 부들삿갓에 갈매기는 놀라지 않고 조각배 한척 붉은 물결 끊는다 고기는 바구니에 가득하고 술은 병에 찼는데 홀로 저문 바람 등지고 푸른 그물 걷는다

이 시에서 밑줄 친 부분들은 이후 국어시가 <어부가>에 수용되고 있는 대목들이다.[16] 이현보의 <漁父歌>나 ≪樂章歌詞≫ <漁父歌>, 혹은 윤선도의 <漁父四時詞(어부ᄉ시사)> 등 어부를 서정적 자아로 하는 국어시가에 지속적으로 수용되거나, 비슷하다고 할 수는 없으나 시상의 흐름이나 유사한 심상을 보여주는 대목들이다. 꼼꼼하게 대조한 것은 아니고 몇 사례를 들기 위해 표시한 것이다. 이를 보면 다음과 같다.

이인로의 <송적팔경도>에서 제5수 '洞庭秋月'의 결구(結句)인 '倚船漁父一肩高'는 이현보의 <어부가> 9장에서 제1장 '倚船漁父ㅣ 一肩이 高로다'[17]에 수용된 바 있는 구절이다. 윤선도의 <어부사시사>와 유사한 시상이나 표현을 몇 가지만 예를 들면, 제2수 '遠浦歸帆'의 결구인 '故牽歸興向江東'은 <어부사시사>의 '春' 제3연에서 '東湖(동호)를 도라보며 西湖(서호)로 가쟈스라'[18]와 같이 공간의 이동이라는 흐름이 같고, 제4수 '山市晴嵐'의 승구와 전구인 '浮嵐細細引輕紈 林間出沒幾多屋'은 '春' 제4연에서 '漁村(어촌) 두어 집이 닛 속의 나락들락'과 같이 안개 속에서 언뜻언뜻 집이 보일 듯 말 듯한 장면이 유사하다.

진화의 <宋迪八景圖>에서 제8수 漁村落照의 제1, 2구인 '斷岸潮痕餘宿

---

[16] 조재룡(2015),「나는 네가 쓰려는 것을 알고 있다-예상 표절과 글쓰기의 세 가지 층위」,『번역하는 문장들』, 문학과지성사, 257-278면에서는 '예상 표절'이라는 개념이 나온다. 보통 표절은 뒷사람이 앞사람의 것을 도용(盜用)하는 것이나, 조재룡(2015)에서는 오히려 앞사람이 뒷사람이 쓸 것을 먼저 표절했다고 하는 독특한 시각을 보인다. 이러한 관점에서 보면 이인로와 진화는 이후 국어시가로서 유행하게 될 어부 형상의 한시를 미리 씀으로써 한시와 국어시가의 긴밀성을 감지하고 미리 보인 것이 된다. 이런 점에서 13세기 어부 형상의 한시가 후대에 어떻게 국어시가로 수용되었는가를 보는 것도 유의미하다.

[17] ≪聾巖集≫ 권3, '歌詞'.

[18] 이하 윤선도의 작품은 이형대·이상원·이성호·박종우 역(2004), ≪국역 고산유고≫, 소명출판의 영인본에서 원문을 가져온다.

荇 鷺頭揷趐閑爬癢'은 ≪악장가사≫ <어부가> 제2연 '靑菰葉上(쳥고엽샹)애 凉風(량풍)이 起(긔)커를 紅蓼花邊(홍료화변)에 白鷺(빅로)ㅣ 閑(한)ᄒᆞᄂᆞ다'와 이현보의 <어부가> 9장에서 제2장 '靑菰葉上애 凉風起 紅蓼花邊白鷺閒이라'에 모두 강 언덕의 풀과 그 사이로 보이는 백로의 한가로움이라는 두 제재가 함께 연이어 나오면서 한시와 같이 해당 연의 첫 자리라는 같은 위치에 수용되었다.

윤선도의 <어부사시사>와 연관된 몇 사례를 들면 다음과 같다. 제6수 '瀟湘夜雨' 제1구인 "江村入夜秋陰重"은 <어부사시사>의 '秋' 제2연에서 '水國(슈국)의 ᄀᆞ을히 드니 고기마다 슬져 읻다'에서 어떤 '공간'에 어떤 '시간'이 '들어와' 그 분위기가 더 두터워졌다는 시상이 유사하고, 제7수 '烟寺暮鍾'의 제4구 '標緲樓臺隔暮霞'와 제8구 '杳靄濛濛片月斜'는 '秋' 제7연에서 '鳳凰樓(봉황루) 渺然(묘연)ᄒᆞ니 淸光(쳥광)을 눌을 줄고'와 '흰 이슬 빋견ᄂᆞᄃᆡ 불근 ᄃᆞᆯ 도다 온다'의 두 구절과 심상이 유사하다.

물론 한 편의 시를 구성하는 일부 요소들의 연관은 시 전체 시상의 흐름이나 완성도를 고려할 때에 부분적 관계에 불과할 수도 있다. 그러나 몇 개의 사례만 들기는 하였어도 한시 전체가 주는 분위기와 이후 '어부가'류의 시가들이 주는 분위기의 유사성은 상당히 높은 편이다.

우선, 이러한 사실이 말해주는 바를 고려시대 한시체의 국어시가화의 형식 부분과 관련해서 생각해보자. 12세기 말에서 13세기 초의 이인로와 진화의 한시가 이후 ≪악장가사≫ 소재 <어부가>와 이현보의 <어부가>에 수용되었다는 것은 국어시가 어부노래 형식의 시대적 추이를 추적하는 데에 도움을 준다. ≪악장가사≫ <어부가>는 적어도 13세기 이후의 작품이라는 것을 의미한다. <한림별곡>은 13세기에 지어지되, 현토는 아니고 '한시구+국어시가의 후렴구' 형태를 취하고 있다. 그런데 국어시가 <어부가>는 '한시 현토+국어시가의 후렴구' 형태이다. 또한 현토가요로 <납씨

가>나 <정동방곡>은 정도전이 1393년에 지었으니[19] 한시 현토 방식의 노래는 좀 더 뒷 시기이다. 따라서 ≪고려사≫ 악지에 보이지 않던 <어부가>가 ≪악장가사≫ 이후에 나타난 것은 14세기 말 이후에야 한시 현토 방식의 노래가 존재했다고 추정할 수 있다.

다음으로, 이러한 수용 양상 전체가 보여주는 바, 한시이든 <한림별곡>이든 8수로 된 시가를 창작하는 관습 속에서, 당시 시인으로서 주목받고 높이 평가되는 이인로와 최자 등 12세기말에서 13세기 전반기 시인들의 한시와 이후 어부를 서정적 자아로 내세우는 국어시가가 이러한 관계 속에 있다는 현상 자체에 주목해보자. 이러한 부분들은 이 시기에 한시가 수행한 개인 서정의 기능을 보여주면서, 이후 국어시가사에까지 지속적으로 한시가 부분적으로 그 역할을 하고 있다는 것을 보여준다. <한림별곡>이나 현토 <어부가>는 사대부가 개인 창작의 새로운 국어시가를 모색하는 과정에서 한시를 활용하여 이를 시도하고자 한 노력의 흔적을 보여준다. 사대부 개인이 창작한 국어시가가 13세기에는 이렇게 할 작품이 보이지 않는데, 14세기 이후 등장하기까지의 중간 역할로 한시가 국어시가의 일부에 직접적 형태로 수용되어 개인 서정시로서의 기능을 맡았다는 것을 의미한다.

또 이 시기 시인들이 미래에 국어시가 <어부가>가 등장하리라고는 미리 알 수는 없어도 이후 8장에서 후술하게 되겠지만 어부 관련 민요를 향유하고 이를 한시 속에서 수용하는 가운데 지어진 이 시기의 한시는 이미 국어시가와 긴밀한 관계 속에 있었다. 이러한 추론은 <한림별곡>을 계기로 이루어진 바, <한림별곡>의 시가사적 기여에 기반한 것이라 할 수 있다. 지금까지의 논의를 통해서 <한림별곡>은 그 자체가 한시와 국어시

---

[19] 김명준(2004), 앞의 책, 54면.

가의 밀착된 점을 보여주는 데에서 더 나아가, 해당 시를 창작한 당대 시인들은 개인 창작의 국어시가로서 새로운 갈래가 등장하는 데에 중간 역할을 하기도 한 점을 읽어낼 수 있다.

<한림별곡>이라는 작품 자체가 한시와 국어시가가 밀착된 사례이면서 13세기에 처음 등장하는 새로운 국어시가 갈래라는 점은 이러한 측면에서 시사하는 바가 크다. '어부' 형상을 다루는 한시의 오랜 전통이 이후 국어시가사에까지 수용되면서 그런 교차지점이 된 시기가 13세기이고, 이러한 역할을 했던 이 시기의 시인들이라는 점을 <한림별곡>은 말해주는 것이다. 경기체가의 탄생은 이러한 13세기, 곧 한시와 국어시가가 밀착된 시대를 배경으로 했기 때문에 <한림별곡>과 같이 한시체이면서 국어시가이고, 개개인의 특성을 보여주는 시구를 등장시키면서도 공동체가 함께 지은 작품으로 지어진 것이다.

이후 살펴볼 13세기 승려 시인들은 향가의 한시화를 보여주는데, 여기서 본 바와 같이 사대부 시인들은 한시의 국어시가화를 보여준다. 한시와 국어시가가 긴밀하게 전개되는 시가사에서 사대부는 특히 '어부' 형상의 한시를 짓는 관습을 국어시가화하는 데에 적극 참여하였다. 이로써 이후 국어시가가 개인 서정시의 역할을 하는 데에도 기여하는 바가 크다. 어부라는 서정적 자아를 내세워 사대부 시인들은 한시와 더불어 국어시가를 통해서도 개인 서정시를 적극 짓는 하나의 관습을 마련하기 때문이다. 그러한 계기로서 이 시대가 가지는 시가사적 의미를 <한림별곡>이라는 존재 자체가 잘 보여준다.

<한림별곡>은 한시의 국어시가화(國語詩歌化)라고 해도 과언이 아니다. 특정 한시를 바꾸었다는 뜻이 아니라 한시체를 활용해 국어시가를 꾀했다는 의미이다. 전술한 것처럼 제8연을 제외하고 매연마다 전(前) 3구는 한문 문장구조로 되어있고, 명사구의 나열 방식을 보인다. 국어로 된 시어는

하나도 사용하지 않으면서 한문구로만 이루어진 방식을 취한 것이다. 이후 살펴볼 ≪삼국유사≫에서는 <도솔가>의 한역시나 <구지가>와 같이 국어시가의 한시화는 보이지만 그 반대는 보이지 않는다. 혜심의 <비단가>나 충지의 <기사뇌가>도 국어시가의 한시화이다. <한림별곡> 이전의 시가사는 국어시가의 한시화의 지속이었고 그 반대의 경향은 보기가 어려웠다.

그런데 <한림별곡>은 국어시가이지만 한시체를 활용했다는 점에서 한시의 국어시가화를 보여준 사례에 해당된다. 곧 13세기는 국어시가의 한시화가 지속된 시가사에서 '한시의 국어시가화'라는 전변(轉變)을 보였다는 점에서, 그리고 이러한 시가사적 산물이 바로 <한림별곡>이라는 점에서 획기적이고 중요한 의미를 가진다. 바로 이러한 점을 보였기 때문에 이후 한시의 국어시가화인 '어부가' 계열 국어시가들이 지속적으로 나타날 수 있었던 것이다. 또한 변곡점(變曲點)을 마련해준 <한림별곡>을 토대로 14세기에는 특정 국어시가의 더 적극적 등장과 발전이 가속화될 수 있었다고 본다.

<한림별곡>의 등장은 경기체가라는 새로운 갈래의 예고이면서도 사대부 시인의 국어시가 향유의 적극적 전개라는 시발(始發)이 된다. 사실 고려시대의 국어시가로 유행한 속요는 순수한 개인 창작은 드물고 공동체가 향유한 민가(民歌)를 수용한 재창작이다. 그런데 한시를 즐겨 짓고 한시를 주로 삼은 사대부 시인이 국어시가에 대한 그만한 가치를 인식하고 부여할 수 있는 계기를 <한림별곡>은 마련해주었다. 첫 작품으로서 한시체를 접목하기는 하였지만, 그렇기 때문에 국어시가로서의 위상을 높이 생각하게 되는 계기도 될 수 있었다. 한번 마련된 경기체가는 이제 개인 창작으로 이어질 수 있는 발판이 되었다.

또한 <한림별곡>은 사대부 시인에게 국어시가에 대한 그만큼의 가치

인식도 마련해주어서 새로운 국어시가인 시조의 등장으로도 이어질 수 있었다. 경기체가와 전혀 다른 갈래이지만 개인 서정시로서 국어시가의 위상을 마련하는 데에 <한림별곡>이 발판이 된 것은 사실인 것이다. 물론 <한림별곡>만 한시를 국어시가로 접목한 것은 아니다. 고려시대 시가를 모은 ≪악장가사≫의 현토가요는 한시에 조사나 어미 정도를 달더라도 한문을 국어 문장구조로 바꾸어 국어시가화한 당시의 향유방식을 보여준다. 현토가요와 방식은 다르지만 이러한 토대 역시 <한림별곡>이 자리할 수 있는 분위기 가운데 있었던 것이다. 따라서 <한림별곡>은 한시와 국어시가를 밀착시켜 국어시가의 위상을 마련하고 한시의 국어시가화를 통해 둘을 더 대등하게 인식하는 계기를 마련해주었다. 이 점이 <한림별곡>이 가진 시가사적 의의이자 13세기가 한시와 국어시가의 상관성에서 차지하고 있는 중요한 의미라고 생각한다.

6. 13세기 승려의 한시와 국어시가의 상관성

6.1. 혜심의 한시 속에 나타난 국어시가의 특성

　13세기 승려들의 한시와 국어시가의 관련성에 대해서는 여러 연구들이 있다. 이후 함께 다루게 될 충지까지 염두하여 여기서 선행연구를 잠시 포괄적으로 살펴보고자 한다. 이종찬(1980)[1]에서는 향가와 한시가 공존하다가 지식인 중심의 사회가 되면서 한시로 귀일되었고, 이와 관련해서 지눌과 혜심의 영향이 크다고 보았다. 지식인 중심의 사회와 서정시의 중심에 한시가 자리하는 것은 밀접하다고 하겠으나, 사대부 역시 기여한 바가 크기 때문에 승려만의 기여라고 볼 수는 없을 것이다. 다만 승려층에 있어서도 한시 중심의 시대가 되는 데에 기여한 바가 큰데, 이에 대해서는 그 구체적인 문학사적 기여가 무엇인지 본고에서도 주목하여 다루고자 한다.

　이종찬(1982)[2]에서는 고려의 불교문학에 있어서 교리 전파를 위한 노래는 대중성의 넓이를, 선(禪) 사유 문학인 한시는 문학의 깊이를 더했다고 비교하였다. 국어시가가 한시에 비해 대중을 수용자로 할 수밖에 없기 때

---

[1]　이종찬(1980), 「고려문학의 형성과정」, 『조연현박사회갑기념논문집』, 462면.
[2]　이종찬(1982), 「불가의 한시」, 황패강 외, 『한국문학연구입문』, 지식산업사, 231면.

문에 한시와 비교한다면 넓이와 깊이 면에서 이렇게 볼 수 있을 것이다. 그러나 본서에서 다룰 혜심과 충지 모두 국어시가를 직접 지은 것은 없고 관련 한시들은 여럿 보이는데, 한시만을 통해 말하고자 하는 바가 특히 국어시가와 어떤 관련 속에서 어떤 점에 주목하고 있고, 왜 그러했는지에 대해서는 살펴볼 필요가 있다.

국어시가를 짓지 않았는지, 지었는데 남지 않았는지는 모르지만, 결과적으로 혜심의 <기사뇌가>나 충지의 <비단가>는 향찰문자로 된 향가는 아니고, 한역시이거나 더 상위의 갈래로는 결국 한시에 속한다. 이들 국어시가와 긴밀성을 가진 한시들은 비단 사유의 깊이만으로 다 설명될 수 없는 측면이 있으리라고 예상된다. 이와 관련하여 이혜순(2004)[3]에서는 혜심, 충지의 한시는 자유로운 구어체와 규범적 틀을 깨는 새로운 사고관을 보여준다고 하였다. 이러한 특징에 대해서 본고에서는 국어시가의 관계 속에서 살펴보고자 한다. 특히 한국적 한시로서 13세기 승려층이 보여준 특성으로 보았는데, 이에 대해서는 본고에서 자세히 다루게 될 것이다.

김상현(1993)[4]에서는 동일한 시인의 향가와 한시를 비교한 것은 아니고 갈래 일반론적 비교이기는 하지만 향가는 공감과 소통을 나타내기 위해, 충지와 혜심 등의 게송은 교리와 깨달음 중심이라고 하였다. 서철원(1993)[5]에서도 이러한 관점을 보이고 있다. 이러한 특성은 앞서 이종찬(1982)에서 선 사유의 깊이를 보여주고 있다는 것과도 일맥 상통하는 점이다. 본고에서도 혜심과 충지의 한시가 분명 국어시가와 긴밀하다고 하지만 국어시가 그 자체는 아니면서 추구하는 바에 이러한 특성이 함께 있다는

---

[3] 이혜순(2004), 『고려 전기 한문학사』, 이화여자대학교출판부.
[4] 김상현(1993), 「향가와 게송과 불교사상」, 화경고전문학연구회 편, 『향가문학연구』, 일지사.
[5] 서철원(1993), 『향가의 유산과 고려시가의 단서』, 새문사, 190-203면.

점을 살펴보고자 한다.

진각국사 무의자 혜심(1178-1234)은 한국의 선시를 시작했다고 평가되어, 이후 보각 일연, 원감 충지, 백운 경한, 나옹 혜근으로 이어진다고 여겨진다.[6] 지방향리층의 집안으로 사마시(司馬試)를 치르고 태학에서 공부도 한 사대부 출신으로[7], 고려시대에 사대부에서 선승이 된 경우는 적지 않게 볼 수 있다. 혜심 당시의 선종은 그 직전에 의천이 개창한 천태종에 들지 않은 사람들에 의해 12세기 초 성립된 조계종에 속한다. 의천은 균여의 화엄학을 배제했다고 하니[8] 이러한 천태종의 의천과 달리 조계종에 속한 혜심이니 시가사(詩歌史)의 관점에서 보자면 혜심은 국어시가 향가로 유명한 균여와도 맥을 같이 하며 잇고 있다고 할 것이다.

혜심의 시는 350여 수가 남아있다고 하는데[9] ≪無衣子詩集≫에서는 260여 수를 볼 수 있다. 국어시가와의 관련성으로 주목받아왔던 <碁詞腦歌>도 역시 ≪無衣子詩集≫ 소재 작품이다. 이외에도 외형상 모두 한시체로 남아있지만 국어시가와의 관련성을 볼 수 있는 작품도 여럿 보인다.

승려의 시가(詩歌)와 관련하여 용어를 잠시 살펴보고자 한다. 2장에서 보았듯이, 최행귀는 고려 향가를 한시화하면서 게송(偈頌)과 가시(歌詩)를

---

[6] 박재금(2016), 「혜심의 선시에 나타난 역설」, 진각국사 선양회 편, 『진각국사의 생애와 사상』, 47-68면, 67-8면에서는 이후 선시를 지은 승려들의 원형성을 혜심의 선시가 가지고 있다고 보았다.

[7] 배규범(1993), 「무의자 혜심 시의 형식적 고찰」, 『고황논집』 13, 경희대학교 대학원, 67-91면, 67면. ; 박재금(1998), 『한국 선시 연구-무의자 혜심의 시세계』, 국학자료원, 8면.

[8] 김방룡(2016), 「진각 혜심의 선사상 체계와 불교사적 의의」, 진각국사 선양회 편, 『진각국사의 생애와 사상』, 99-126면, 103-104면.

[9] 이상미(2007), 『진각 혜심의 게송문학』, 박이정. ≪無衣子詩集≫ 외에 ≪禪門拈頌拈頌說話會本≫, ≪曹溪眞覺國師語錄≫, ≪曹溪眞覺國師語錄補遺≫에 전해져 350여 수에 이른다.

찬송의 대상에 따라 구분한 바 있어서 게송, 선가(禪歌), 선시(禪詩)의 갈래 구분이 가능하다.[10] 그러나 현대 연구자들에게는 좀 다르게 인식되고 있다. 특히 13세기 승려 시인이 남긴 작품은 자료상으로 국어시가는 남아있지 않고 한시만 남아있어서 주로 한시를 대상으로 용어에 대한 논의가 이루어졌다.

승려의 한시는 선시(禪詩), 혹은 게송(偈頌)으로 불린다.[11] 게송의 범위는 넓은데, 짧게는 4언이나 5언으로 된 1~2개의 구에서부터 긴 고시, 또 근체시도 있다. 또 가송(歌頌)이라고 불리기도 한다.[12] 때로는 게송이 가송보다 더 넓은 의미로서, 승려가 지은 시게(詩偈), 송고(頌古), 가송(歌頌) 등을 모두 통칭하는 의미로 사용되기도 하지만[13] 시게나 송고에 비해 가송은 '노래한다[歌]'는 의미가 있어서 우리말로 된 노래와의 긴밀성이 조금 더 높게 여겨진다.[14]

일례로 10세기 균여의 <보현십원가>를 최행귀는 <보현십원송>으로 바꾸어 '歌'를 '頌'으로 변화시킨 점을 분명히 하였다. 최행귀의 분류대로라면 부처님에 대한 찬양의 내용이 더 강화되었다는 것이고, 이 점은 2장의 논의를 통해서도 확인할 수 있었다. 그러나 이에 더 나아가 한시와 국어시

---

10 <譯歌現德分者> "(前略) 其序云 偈頌讚佛之功果 歌詩揚芥之行因 (後略)"
11 박재금(2004),「나옹 선시의 상징과 역설」, 고경식 외,『고려조 한문학론』, 민속원, 111-137면 ; 이상미(2007),『진각 혜심의 게송문학』, 박이정, 18-25면.
12 이상미(2007),『진각 혜심의 게송문학』, 박이정, 19면.
13 박재금(1998), 앞의 책, 23-24면.
14 이종찬(2000),『한국선시의 이론과 실제』, (주)이화문화출판사에서도 여러 승려들의 문헌의 체제도 '歌'와 '頌'을 구분한다는 것을 밝히고 있고(53면), 이에 기반하여 구체적인 가송(歌頌)을 소개할 때에는 <보현십원가>나 <서왕가> 등의 국어시가, 혹은 국어시가의 한역이라고들 하는 <비단가> 등을 위주로 소개하고 있다. 이외에도 운묵(雲默)의 776구의 <釋迦如來行蹟頌>, 보우(普愚)의 <太古庵歌>, <山中自樂歌>, 화엄경을 노래한 <雜華三昧歌>도 들고 있다(54-77면).

가의 관계라는 관점에서 본다면 우리말노래일 때는 '歌'라고 하던 것이 한역'詩'가 되면서 '頌'이라고 한 것임을 주목할 필요가 있다. 실제로 고려시대 승려의 경우 대부분이 국어시가와 한시를 모두 짓거나, 한시만 짓더라도 국어시가와 관련된 작품이 있다. 특히 14세기 나옹 혜근의 경우에는 ≪나옹화상가송≫ 속에 '歌'에 해당되는 <승원가>, <서왕가> 등과 같은 가사가 있는 점이 주목된다.

사대부와 달리 승려의 시가를 볼 때에 한시와 국어시가의 관련성이 더욱 주목되는 이유가 있다. 이는 조선시대와 달리 기록매체로서의 국문이 존재하지 않고 문어와 구어가 한문과 국어로서 전혀 다른 고려시대의 상황과 긴밀하다. 그래서 '語錄'과 같이 말로 표현한 것을 제자들이 기록하거나, 구술에 의해 전해진 것이 여러 경로를 거쳐 기록으로 남아있는 경우가 많다.[15] 사실 불교는 인도에서 중국을 통해 전해져왔으므로 말로든 글로든 번역이 아니고서는 유입될 수 없는 사상이다. '不立文字'라는 구절이 의미하듯, 기록문헌만이 아니라 말로도 전해질 수 있는 것이 종교적 깨달음과 가르침이다. 일반적으로는 문자를 구어보다 더 격식이 있다고 여길 수 있겠으나, 불교의 세계에서는 반대일 수 있어서 말과 글의 위상이 상하(上下)의 관계라고 할 수는 없다. 이에 승려의 시가를 살펴보면 한시체로 남아있는 게송도 우리말과 긴밀한 경우가 적지 않게 발견되는 것이다.

혜심의 작품 중에도 '歌'와 긴밀한 작품이 여럿 보인다. <碁詞腦歌>와 <孤憤歌>[16]는 제목에서 이 점을 밝히고 있고, <示居悅上人>, <示契渠上

---

[15] 물론 고려의 승려들이 처음부터 시를 적어서 남긴 것이 없다는 것은 전혀 아니다. 그렇지만 이종찬(2000), 앞의 책의 서문에서도 한글과 한문이라는 두 가지 표기체제에 주목하며 '토속과 아체를 잘 조화하는 것이 불교문학'(11면)이라고 본 점도 이러한 맥락에서 이해해볼 수 있을 것이다.

[16] 혜심 저, 유영봉 역(1997), ≪國譯無衣子詩集≫, 을유문화사. 이하 이 시집에 속한 작품을 인용할 때에는 이 책에서 원문과 번역을 가져온다. 번역은 일부 수정하였다.

人> 등에 나오는 작품도 이에 해당된다.[17] 형식은 각각 5언 10구, 장단구 24구, 장단구 12구, 장단구 14구인데, <시거열상인>에 나오는 작품은 제 14구 바로 앞에 '咄'이 1회 나온다. <기사뇌가>는 5언으로만 되어 있는데 비해, <시계거상인>의 작품은 5언과 4언이 교차로 반복되고, 나머지 두 수는 4언에서 7언까지 불규칙적으로 나타난다. 모두 외형상 한시체로 되어 있어서 한역시라고 할 수도 있을 것이고, 한시체로의 기록도 직접 했다면 한시로 먼저 지었다가 노래로 바꾸어 불렀을 가능성도 배제할 수 없을 것이다.

한시체로만 남아있으나 노래의 성격이 있는 작품이 여럿 있으니 자세히 살펴볼 필요가 있다. 그 중 한 작품을 보자.

<孤憤歌> (무의자시집)

人生天地間	사람이 천지간에 태어나면
百骸九竅都相似	흰 해골에 아홉 구멍 누구나 똑같은데
或貧或富或貴賤	누구는 가난하고 누구는 부유하며, 혹 귀하거나 천하고
或姸或醜緣何事	누구는 예쁘고 누구는 추하니 이 무슨 일인가?
曾聞造物本無私	일찍이 듣기로 조물주는 본래 사심이 없다는데
乃今知其虛語耳	이제는 거짓말임을 알겠구나.
虎有爪兮不得翅	호랑이는 발톱이 있으나 날개를 얻지 못했고
牛有角兮不得齒	소는 뿔이 있으나 이빨을 얻지 못했네.
蚊虻有何功	그런데 모기와 등에는 무슨 공이 있어서
旣翅而又觜	날개에 침까지 가졌는가?

---

[17] <示居悅上人>, <示契渠上人> 속의 작품은 ≪曹溪眞覺國師語錄≫에 나온다. 이하에서 이 문헌에 나오는 작품은 동국대학교 한국불교전서편찬위원회(1984), ≪曹溪眞覺國師語錄≫, ≪한국불교전서≫ 제6책, 동국대학교 출판부의 것을 가져온다. 이 책의 31면과 36면에 각각 '作歌曰', '歌曰'이라고 하고 각 작품을 소개하고 있다.

(中略)	(중략)
天地默不言	하늘과 땅은 묵묵히 말이 없고
與誰論此理	누구와 함께 이 이치를 논할까.
胸中積孤憤	가슴 속에 쌓인 외로움과 울분,
日長月長銷骨髓	날마다 달마다 골수를 녹이네.
長夜漫漫何時曉	긴 밤 더디니 언제 새벽이 오려나.
頻向書牕啼不已	자꾸 서창(書窓)을 바라보며 울기를 그치잖네.

　이 작품은 분한 마음, 세상의 불공평한 현상에 대한 의문과 울분을 토하고 있다. 사실 승려의 입장에서 이러한 질문들에 대한 답을 모르지는 않을 것이다. 그러나 머리로, 논리로 이해되는 측면과 마음으로 받아들이는 것은 다른 문제이다. 이 작품은 이런 점에서 솔직한 마음을 토로한 것이다. 이성으로 제어한 생각의 결과물이 아니라 감정으로 쏟아져내는 질문들이다. 이렇게 마음의 격분을 토로하기 위해서는 시형이 정제되기보다 장단구로 나타내는 것이 더 적합하고, 나아가 시(詩), 송(頌), 영(詠) 등이 아니라 가(歌)로 표현하는 것이 더 어울린다고 여긴 듯하다.

　그런데 흥미로운 것은 바로 그 다음에 나오는 작품이다. <代天地答>[18]은 바로 <孤憤歌>에 대한 자답시이다. 역시 답을 모르는 바가 아님을 이 시에서 알 수 있다. 그런데 이 시의 형식을 보면 5언 4구이다. 울분과 억울함의 감정은 길게 장단구로 표현하지만 그에 대한 논리적 답은 역시 간명하고 차분하다. 형식적으로도 정제되어 있다. 앞에서 12세기 초의 예종이

---

[18] 慧諶, <代天地答>(≪韓國佛敎全書≫)
　　萬別千差事　만 가지 천 가지 다른 일은
　　皆從妄想生　모두 망상(妄想)에서 생겨난다.
　　若離此分別　만약 이 분별에서 멀어지면
　　何物不齊乎　어떤 것도 가지런[齊平]하지 않다.

나 중기의 정서, 그리고 말기에 이규보 등을 통해서도 국어시가, 혹은 장단구의 한시는 넘치는 감정을 토로하는 데에 시형이 정제된 근체한시보다 더 자유롭고 표현하기가 좋은 경향이 있음을 살펴본 바 있는데, 이러한 특징이 혜심에게서도 보인다.

아래 볼 작품은 이미 널리 알려진 <기사뇌가>이다.

    <碁詞腦歌> 右憂喜鳥歌 (무의자시집)
    君看憂喜鳥   그대 우희조(憂喜鳥)를 보았나
    高在碧山嶠   높푸른 산 가파른 곳에 있다가
    聞世可笑事   세상의 가소로운 일 들으면
    放擊時一笑   큰 소리로 한 번 웃네
    偶隨貪肉鵰   어쩌다 고기를 탐하는 올빼미를 따라
    聚落遠遊嬉   멀리 마을에 와서 놀다가
    忽爾入羅網   갑자기 그물에 갇히니
    出身無可期   나갈 기약이 전혀 없네
    心生須托境   마음은 모름지기 경계에 따라 생기니
    窮谷宜接遲   깊은 골짜기에 깃드는 것이 당연하리

형식은 5언 10구로서 향가의 한역으로 보는 견해[19]와 창작 한시로 보는 견해[20] 모두 있다. 제목에서부터 '詞腦歌'라고 했고, 마침 10구라는 점에서 10구체 향가와의 관련이 깊은데, 제목 옆에 작은 글씨로 '憂喜鳥歌'라고도 했으니 어떤 방식으로든 이 작품은 노래로 불린 것으로 보인다. 제1구에 '憂喜鳥'가 등장하는 것으로 보아서 이 노래는 우희조로 시작하는

---

[19] 박경주(1998), 「고려시대 향가 전승과 소멸 양상에 관한 고찰」, 『한국시가연구』 4, 한국시가학회, 198면.

[20] 성호경(2005), 「사뇌가의 성격과 그 변천에 대한 시론」, 『시학과언어학』 10, 시학과 언어학회, 7-30면.

노래로서 첫 소절을 대개 제목처럼 지칭하는 노래의 특성을 보여주고 있다. 한시에서와 달리 구두로 부르는 노래는 따로 제목이 없는 경우가 많아서 대개 첫 소절을 제목처럼 지칭하는 경향이 있기 때문이다.

또한 <우희조가>라는 노래 제목은 고려시대의 또 다른 노래인 <벌곡조>나 <비두로기 노래> 등과 작제 방식이 같다. 그 이전 고대가요 중에도 <황조가>라는 노래가 있어 한역되어 전하니 새 이름으로 시작되는 우리말노래의 오랜 연원에 기반한다는 점에서도 국어시가사에 있어서 연속성이 높다. 이러한 점에서 <우희조가>라는 국어시가를 위의 형태로 바꾸어 <碁詞腦歌>라고 했을 가능성이 높다.

<碁詞腦歌>에서 '碁'는 바둑, 바둑돌을 의미한다. 바둑을 의미하는 한자가 여럿이지만 그 중에서 기(碁)는 바둑알이 돌인 경우이고, 나머지 한자들(棋, 棊)는 바둑판이 나무인 것을 의미한다.[21] 그렇다면 혜심의 이 노래와 돌로 된 바둑은 무슨 연관이 있는 것일까. 전남 강진에 터만 남은 월남사지에는 매화 무늬 화점이 있는 돌바둑판이 있다.[22] 그런데 이 월남사는 혜심이 창건했다고 알려져 있다.[23] ≪신증동국여지승람≫에서는 월남사를 간략히 소개하면서 이규보가 지은 비문이 함께 있다고 하는데, 이규보는 바둑을 매우 즐기기로 유명했다고 한다.[24] 이러한 점에서 혜심은 바둑,

---

[21] 남치형(2004),「돌바둑판 연구의 필요성」,『바둑학연구』1, 한국바둑학회, 163-171면, 163면.

[22] 남치형(2004), 위의 글, 164-165면. ; 박주성·노재현·심우경(2011),「입지와 장소 특성으로 본 암각바둑판의 의미와 문화재적 가치」,『문화재』44(4), 국립문화재연구소, 172-205면에 의하면 우리나라에 돌바둑판은 18개가 있는데, 이 중 월남사지의 돌바둑판을 비롯해 3개가 이동이 가능한 돌바둑판이라고 한다.

[23] ≪新增東國輿地勝覽≫ 권37, 전라도 강진현 월남사. 이규보가 지은 비문도 있다고 한다.

[24] 박주성·노재현·심우경(2011), 앞의 글, 174면. 이 글에 의하면 최치원, 정몽주 등 고려 이전의 유명한 시인들도 돌바둑판을 즐겼다고 하고, 이외에도 이규보, 원천

그 중에서도 돌바둑판과 긴밀한 연관을 가지고 있으니 이 노래는 바둑판과의 관련성이 있을 가능성이 높아 보인다.

바둑은 도교적인 신선사상, 풍류도, 세속을 떠난 세계 등과 관련이 있다고 알려져 있는데,[25] 특히 이 월남사지 돌바둑판에는 유일하게 화점(花點)의 기원이 된 꽃무늬가 실제로 새겨져 있다.[26] 또 가장 규모가 큰 돌바둑판으로 알려진 전북 무주의 돌바둑판은 신라 화랑과 관련된 기원을 가지고 있다.[27] 따라서 바둑이 가진 그 사상적 배경면에서, 또 화랑과의 기원을 가진 다른 돌바둑판의 존재를 통해서 바둑과 화랑의 관계가 긴밀하다는 것을 알 수 있는데, 이에 더 나아가 화랑은 향가의 주된 향유층의 한 부분을 차지했다는 점을 상기하게 된다. 또한 승려와 화랑이 모두 향가의 향유층이기도 했으니 혜심이 돌바둑판을 보면서 '사뇌가'라는 명칭으로 향가를 한역해서 새겼을 가능성도 없지 않을 것이다.

무엇보다 바둑은 세월이 금방 지나갈 만큼 빠져들 수 있고, 인생의 깨달음을 주는 존재이기도 하니[28] 작품 내용으로 보건대 울다 웃는 인생의 희비를 가르쳐주는 시구와도 연관된다. 도교적 배경 역시 탈속적 지향과 긴밀하니 이 작품의 흐름을 바둑을 두는 과정과 연관지어 인생의 깨달음을 얻게 되기까지로 해석할 수 있다.[29] 전반 제1~4구를 보면 이익을 초연하며

　　석 등도 바둑을 즐겼다고 한다.
[25] 이승우(2010), 바둑의 역사와 문화, 현현각양지, 10-33면 ; 박주성·노재현·심우경(2011), 앞의 글, 180-184면.
[26] 안영이(2005), 『다시 쓰는 한국 바둑사』, 한국기원, 32-37면에 설명이 자세하고, 남치형(2004), 앞의 글, 165면에서 사진으로 이를 확인할 수 있다.
[27] 안영이(2005), 앞의 책, 면.
[28] 이에 대해서는 박주성·노재현·심우경(2011), 앞의 글, 179-184면에 자세하다.
[29] <기사뇌가>가 삶의 이치를 알려준다는 시각은 성호경(2005), 「사뇌가의 성격과 그 변천에 대한 시론」, 『시학과 언어학』 10, 시학과 언어학회, 7-30면, 18면 ; 윤주

바둑을 두고자 할 때에는 웃을 수 있다가도 올빼미와 같은 상대의 계략에 빠져 자신도 모르게 이겨야겠다는 이익을 탐하게 되면 상대의 수 속에 그물과 같이 갇히기도 한다. 이 그물에서 빠져나갈 수 있는 전략은 처음처럼 탈속적 마음으로 깊은 골짜기에 있고자 하는 것이다. 제9구에서 말한 바, 마음에 따라 경계가 생긴다는 것은 그물과 같이 상대방이 둔 꾀를 이기려고 따르다가 생긴 바둑돌의 놓인 모습일 것이다. 외형상의 이러한 경계는 결국 마음의 탐심으로부터 온 것이기 때문이다. 이렇게 바둑을 마치면서 결국 마음에 이익을 탐하는 것을 버리고 깊은 골짜기에 사는 것이 웃을 수 있는 인생의 비결임을 깨닫게 되는 것이다.

혜심은 <竹尊者傳>을 지었는데,[30] 그 속에서도 이 <기사뇌가>와 비슷한 마음을 읽을 수 있다. 5언 8구로 된 삽입시 중 전반 4구인 "**我愛竹尊者 不容寒暑侵 年多彌勵節 日久益虛心**"이라고 된 부분을 보면 덥거나 추운 것을 용납하지 않고 세월이 가도 '虛心'을 더한다고 하였다. 외부의 이익이나 변화를 용납하지 않고 마음을 비우는 것은 <기사뇌가>에서 이익을 탐하지 않고 탈속적 세계인 깊은 골짜기 속에 있는 것과 같은 지향이다. 이를 앞서 살펴본 작품들과 연관지어 보자. 전술한 <고분가>에서 불공평한 세상에 대한 외로움과 분함을 토로한 바 있었는데, 덥거나 추운 변화를 보면 이익을 추구하는 탐심이 생기기 쉽다. 이에 대해 <대천지답>에서는 망상에서 이러한 것이 생겨나니 생각을 가지런히 해야 한다고 한 것처럼, <기사뇌가>를 통해서도 탐하는 마음을 경계하고 깊은 골짜기 속에 마음을

필(2017),「고려 후기 불교 우언과 전기우언」,『고전문학연구』52, 한국고전문학회, 67-97면, 72-73면에서도 볼 수 있다.

[30] 윤주필(2017), 앞의 글, 77-78면에서는 창작연대에 따라 이규보의 <청강사자현부전>이 혜심의 <죽존자전>에 영향을 주었고, 다시 혜심의 가전이 이규보의 <국선생전>에 영향을 미쳤을 가능성을 제시하였다. 이런 점에서도 바둑을 즐겼던 이규보와 <'기'사뇌가>를 남긴 혜심의 관계는 여러모로 긴밀하다고 할 것이다.

둘 것을 말하고 있는 것이다.[31]

그리고 보면 혜심이 사뇌가를 한역한 것은 앞서 <대천지답>과 같이 노래와 달리 한시화한 작업을 통해 깨달음을 나타내고자 하는 것이라고 보인다. 노래로서는 울분과 같은 감정을 토로하지만, 한시화된 작품에서는 지향점을 가르쳐주고 있는 것을 <기사뇌가>에서도 볼 수 있기 때문이다. 신라 향가나 고려 초기 향가에서는 이러한 깨달음의 이치도 향가로 나타냈는데, 혜심은 이를 한시화해야 한다고 여겼던 듯하다. 이 점에서 혜심이 생각한 바, 한시와 국어시가의 차이점을 볼 수 있다.

혜심의 한시 중에 국어시가와의 연관성을 보이는 또 다른 작품으로 <어부사>를 들 수 있다. 우선 작품을 보면 아래와 같다.

<漁父詞>(≪曹溪眞覺國師語錄補遺≫)[32]
一葉片舟一竿竹　　한 조각 배에 낚시대 하나
一蓑一笛外無畜　　도롱이와 피리 외에 아무 것도 없네.
直下垂綸鉤不曲　　곧바로 늘인 줄 바늘은 굽지 않았으니
何撈攎　　　　　　무엇을 잡으려나
但看負命魚相觸　　다만 죽는 줄도 모르는 고기가 서로 부딪히는 것 보네.

海上煙岑翠簇簇　　바다 위 연기 속 푸른 빛만 우거지고
洲邊霜橘香馥馥　　물가의 익은 귤 향내도 물씬물씬
醉月酣雲飽心腹　　술 취한 달과 구름, 배 부른 마음
知自足　　　　　　스스로 족함을 아니

---

[31] 특히 성호경(2005), 앞의 글, 18면에서는 <기사뇌가>가 인생의 이치를 깨닫는 작품으로 보면서 빈궁과 영달의 변함을 깨달아 지었다는 <신공사뇌가>와 연관지어 설명하고 있는데, 혜심의 <죽존자전>의 '不容寒暑'의 덥고 추움의 변화가 상징하는 바와도 연관된다고 할 수 있다.

[32] 박규홍(2011), 『어부가의 변별적 자질과 전승 양상』, 보고사, 57-77면에 논의가 자세하다. 번역도 여기에서 가져오고 약간 수정하였다.

何曾夢見閑榮辱	어찌 꿈에라도 영욕을 보겠는가.
脫略塵緣與繩墨	속세의 인연이나 규법을 벗어났으니
騰騰兀兀度朝夕	떳떳한 마음 기상으로 하루를 보낸다
獨是一身無四壁	오로지 한 몸 사방의 벽 하나 없어
隨所適	가는 대로 두어라
自西自東自南北	서쪽 동쪽 남쪽 북쪽으로
落落晴天蕩空寂	아득히 맑은 하늘 빈 듯이 고요하고
茫茫煙水漾虛碧	끝없이 아슴프레한 물 푸르름 일렁이누나
天水混然成一色	하늘과 물 혼연히 한 빛이니
望何極	어느 끝 바라보랴
更兼秋月蘆花白	가을 달에 갈대꽃 흰 빛만 더하네.

 5구 4수로 되어 있는데, 5구 중에서 나머지는 7언이고 제4구만 3언이 규칙적으로 반복된다. 박완식(2000)[33]과 박규홍(2011)[34]에 의하면 이 형식은 송나라에서 유행한 사패 중 하나인 '어가오(漁家傲)' 형태에 맞춘 것이라고 한다. 그러나 중국의 어부가 계열이 7-7-3-3-7로 5구의 글자수가 구성된다면[35] 혜심은 위에서 보듯이 7-7-7-3-7의 형태로 지었다.

---

[33] 박완식(2000), 『한국 한시 어부사 연구』, 이회, 313면.
[34] 박규홍(2011), 앞의 책, 같은 곳.
[35] 장지화(張志和)의 <漁歌子>를 예로 들면 다음과 같다. 박규홍(2011), 앞의 책에서 가져온다.

西塞山前白鷺飛	서새산 앞 백로가 날고
桃花流水鱖魚肥	복사꽃잎 떠가는 물에 쏘가리 살졌구나
靑篛笠	파란 댓잎 삿갓
綠蓑衣	푸른 도롱이 쓰고
斜風細雨不須歸	비낀 바람 가랑비에 굳이 돌아갈 건 무어람.
釣臺漁父褐爲裘	낚시터 어부는 털옷으로 갈아 입고

이규보의 <漁父>가 4수인 것처럼 혜심의 이 작품도 4수로 이루어져 있다. 앞서 <한림별곡>과 관련해 이인로와 진화의 <송적팔경도>를 보면서 이후 어부를 서정적 자아로 내세우는 국어시가와 관련성을 살펴본 바 있는데, 어부가 서정적 자아인 점으로 보자면 <송적팔경도> 못지 않게 이규보나 혜심의 이 작품도 연관성이 없다고 할 수는 없을 것이다. 예를 들어 혜심의 위 한시에서 제2수는 욕심없는 삶을 추구한다는 점에서 이규보의 <어부> 제4수 제2구 '猶笑公侯富貴身'[36]을 이으면서 윤선도의 <漁父四時

兩兩三三舴艋舟	둘씩 셋씩 배를 타고 있네
能縱櫂	노를 그냥 놓아두어도
慣乘流	흐르는 물 타고 갈 테니
長江白浪不曾憂	긴 강 흰 물결이 걱정될 일 없구려.
雪溪灣裏釣魚翁	삽계만에 고기 잡는 할아비
舴艋爲家西復東	작은 배를 집 삼아 동서로 오가누나
江上雪	강 위의 눈
浦邊風	갯가의 바람
笑著荷衣不歎窮	연잎 옷 우스워도 궁함을 탄식하지 않네.
松江蟹舍主人歡	송강 게딱지같은 집이라도 주인은 즐거워
菰飯蓴羹亦共餐	줄나무밥 순채국 모두 먹을 수 있어
楓葉落	단풍잎은 떨어지고
荻花乾	억새꽃은 말랐는데
醉宿漁舟不覺寒	취하여 고깃배에 잠드니 추위도 모를래라.
靑草湖中月正圓	청초 호수 가운데 달은 둥글고
巴陵漁父櫂歌連	파릉 어부 뱃노래 들리누나
釣車子	낚싯대
櫺頭船	배 앞에
樂在風波不用仙	즐거움이 풍파에 있으니 신선이 무슨 소용이리.

소동파는 장지화의 <어자가>를 수용해 <완계사>를 짓고, 또 <칠석>은 7-7-7-3-7의 어가조로 지었는데, 혜심의 <어부사>와 형식이 같다.

[36] 이규보, 《東國李相國集》 권14. 한국고전종합DB(http://db.itkc.or.kr)에서 원문을 가져온다.

詞(어부ㅅ시사)> '春'의 '三公(삼공)을 불러소냐'[37]와도 연결된다.

게다가 지금까지 살펴본 혜심이 보여준 한시의 특징은 한시와 국어시가의 관련성이 높다는 점에서 이러한 특성 중 하나로서 <어부사>도 한 자리를 차지하고 있다고 하겠다. 특히 한시이든 국어시가이든 여러 시인들과 공유되고 있는 어부라는 존재가 가진 특징인 욕심없이 자연에 맡기는 삶을 담고 있으면서도 앞에서 혜심이 보여준 <기사뇌가>나 <고분가>, 그리고 <대천지문>의 지향점과도 만나고 있다는 점에 더욱 주목할 필요가 있다. 특히 제2수의 밑줄 친 대목을 보면 스스로 족함을 알고 마음은 이미 부르다고 하였으니 탐심을 경계하고 탈속적 세계를 지향하는 바와도 통한다. 다만 '허심(虛心)'을 추구한 <죽존자전>의 삽입시와 표현면에서는 대조적이라도 아무 영욕을 추구하지 않는 것으로 마음이 부르다고 한 의미를 새긴다면 나타내는 바가 다르지는 않다고 할 것이다.

그런데 ≪고려사≫ 의종조(재위 1146-1170)에 예성강의 뱃사공과 어부들이 연행했던 '수희(水戲)'가 있어서 민요가 왕실로 수용되어 궁중의 질탕한 문화의 일환으로 공연되었다고 한다.[38] 그렇다면 승려나 유학자들의 이념적인 <어부가> 계열과 더불어 민요의 특성이 강한 어부노래 계열도 공존했다는 것인데, 시기적으로 보면 혜심 이전부터 궁중에서 연행되던 민요 기반의 어부노래가 이미 있었다. 사패의 형식으로 지은 혜심의 <어부가>는 노래에 기반한 사(詞)라는 점에서 노래와 긴밀하지만, 실제 국어시가인 민요 어부노래가 궁중에 수용되어 질탕한 문화였을 가능성을 생각하면 이와 구별되는 한시로서 격조있는 어부가를 지으려고 한 것으로 보인

---

[37] 이형대·이상원·이성호·박종우 역(2004), ≪국역 고산유고≫, 소명출판의 영인본에서 원문을 가져온다.
[38] 이형대(1997), 「어부형상의 시가사적 전개와 세계인식」, 고려대학교 박사학위논문, 38-48면.

다. 중국을 본받겠다는 의미라기보다는 국어시가의 내부에 이미 있는 어부노래를 염두해 이러한 전통을 이으면서도 욕심내지 않는 탈속적 경지의 삶의 지향을 나타내기 위한 한시를 지은 것이다.

한편, 혜심의 한시 중에는 탄사(歎辭)를 한자화한 표현들이 보여 주목된다. <湛靈上人求六箴>이라는 한시는 눈, 귀, 코, 혀, 몸, 뜻의 여섯 가지에 대한 가르침을 각각 다룬 총 6수로 이루어진 한시이다. 그런데 제4~6수는 모두 5언 8구로 형식이 규칙적이나, 눈, 귀, 코를 각각 다루고 있는 제1~3수는 제7행마다 3음절의 구음(口音)으로 되어 있고, 이에 따라 형식적 차이를 보인다. 대표적으로 코에 대해 다루고 있는 제3수를 보자.

<湛靈上人求六箴> (무의자시집)
'鼻'
香處勿妄開   향기로운 곳이라고 함부로 열지 말고
臭中休强塞   냄새난다고 억지로 막지 마라.
不作香天佛   향천(香天)의 부처도 아니 되거늘
況爲屍注國   하물며 송장 썩는 나라가 되겠느냐.
鐺中煎綠茗   솥에는 녹차(綠茶)를 달이고
爐上燒安息   향로에는 안식향(安息香)을 사르네.
呵呵呵   껄껄껄
其處求知識   그 어디서 지식(知識)을 구하냐.

위 시에서 보듯이 제7구만 3언으로 형식이 달라지고 있다. 이 시 앞의 제1, 2수도 모두 이 자리에는 우리말로 된 탄사가 나온다. 제1수인 '眼'에서는 꾸짖는 소리인 '咄咄咄(돌돌돌)', 제2수 '耳'에서는 성내는 소리인 '噁噁噁(오오오)', 위에 보이는 제3수 '鼻'에서는 꾸짖으며 웃는 소리인 '呵呵呵(가가가)'가 나온다. 공통적으로는 깨닫지 못하는 자에게 호통치며 꾸짖는 의미를 가지고 있다. 그러나 더 세밀하게 보면 세 수에서 각각 다른 소리와 의미, 한자를 사용하여 직접 말하는 구음의 기능을 표현하고 있다.

또 이러한 소리 다음의 제8행도 연결지어 보면 해당 구음이 작품의 전체 맥락 속에서도 의미심장한 역할을 한다. 제1수 '눈'에 대해서는 티끌 속에 경전이 있는데 보고도 깨닫지 못한다고 시작하면서 마지막에는 허물이 적지 않다고 한다.("塵中有大經 如何看不了 (중략) 咄咄咄 漏逗也不少") 제2수 '귀'에 대해서는 오음(五音)이 귀를 멀게 하니 쫓아다니지 말라고 시작하여, 여러 소리를 들어도 관세음이 어디 있는지 모르니 30대를 맞으라고 호통한다.("莫逐五音去 五音令汝聾 觀世音安在 (중략) 噁噁噁 好與三十棒") 위에서 보인 제3수 '코'에서는 녹차 향과 죽은 이를 위한 안식향 사르는 냄새가 공존하는 것을 맡으면서도 깨달음을 얻지 못하니 꾸짖으면서 동시에 비웃는 소리를 낸다.

신체 각 부위에 대한 가르침이니 신체 언어인 구음(口音)을 담아 표현하는 것이 무엇보다 가장 효과적이다. 작품의 주제에 따라 효과적인 표현 방식을 택한 것이지만, 한시에 우리말 소리를 나타내는 반복적 표현을 사용하는 것은 한시와 우리말의 거리를 결과적으로 가깝게 하였다. 게다가 해당 구음이 나오는 위치를 보면 마지막 구의 바로 앞 구이다. 10구체 향가와 같이 10구가 아니라 8구이지만, 마지막 구 바로 앞에서 탄사를 넣는 방식에서는 같다.

게다가 혜심은 <기사뇌가>와 같이 향가에 대한 관심을 표한 작품이 직접적으로도 남아있으니, 향가를 모를 리 없다. <기사뇌가>에서는 한시화 하여 탄사를 넣지 않는 것도 혜심의 창작 방식이라면, 8구로 된 한시에서 제7구에 10구체 향가와 같은 탄사를 넣는 것도 혜심만의 창작 방식이라 할 수 있다. 10구체 향가의 탄사가 '阿耶'에서 '城上人'까지 다양하고 우리말 구음 그대로가 아니듯이, 혜심은 '咄', '噁', '呵' 등으로 탄사를 택하여 다양하게 사용하고 있다. 10구체 향가는 때로 우리말과 실제로 비슷한 '阿

耶'도 있지만 그렇지 않은 경우도 많듯이, 혜심의 경우에도 '오(噁)', '가(呵)'와 같이 우리말과 실제로 비슷한 소리도 있지만 그렇지 않은 '돌(咄)'도 있다. 그렇지만 10구체 향가와 달리 모두 소리를 표현한 점은 분명한 시어를 사용하고 있다는 점에서 탄사라는 것을 더욱 분명히 한다.

혜심은 국어시가에 대한 관심을 보이면서, 국어시가 자체를 짓지는 않았지만 한시를 통해서도 우리말을 접목시키고, 우리말 노래의 특성을 살려 한시를 지은 것이라 할 수 있다. 또한 깨달음을 주고자 하는 주제적 지향을 한시에 담되, 이 시를 구한 담영상인(湛靈上人)에게 주는 답이므로 대화적 의미가 있다. 글로 나누는 한시이지만, 우리말로 대화를 하듯이 우리말의 구음을 살려서 깨닫지 못함에 대한 반응을 담아 이런 작품을 지은 것도 의미가 있다. 사대부의 한시에서는 드물게 보이지만, 승려의 한시에서는 그보다는 더 자주 나타난다.

혜심의 한시에서 우리말 탄사가 나오는 경우는 여러 편이 더 있다. 위와 같이 소리를 나타내는 표현을 3회 연속 쓰기도 하고[39], 이와 달리 '咄'을 한 번만 쓰는 경우도 있다.[40] 한 수를 자세히 살펴보면 다음과 같다.

<示眞上人>(조계진각국사어록)
天地地天天地轉　　하늘이 땅이고, 땅이 하늘이고, 하늘과 땅이 바뀐다.
海山山海海山空　　바다가 산이고, 산이 바다이고, 바다와 산이 비었다.
空空空處非他物　　비고 비고 빈 곳은 다른 것 아니라
全是全州全體翁　　온전히 온 고을 전체의 늙은이다.
咄　　　　　　　　쯧!

---

[39] 탁발하러 온 守尾 道者에게 준 5언 4구 2수와 7언 2구 1수의 총 3수로 된 <常在動容中>은 다음에서 보듯이, 7언 2구로 된 제3수에 '呵呵呵'가 나온다. (원문과 번역은 주호찬 편역(2007), 『무의자 혜심의 송고와 게송』, 한국학술정보, 306-307면에서 가져오고, 번역은 일부 수정하였다.)

天天地地何曾轉	하늘은 하늘이고, 땅은 땅인데 어떻게 거듭 바뀌고
海海山山甚處空	바다는 바다이고, 산은 산인데 어디가 빈 곳인가.
法法本本依位住	법과 법은 본래 제자리에 머물거니
婆婆元不是翁翁	늙은이는 늙은이지 원래부터 어르신은 아니다.
咄	쯧!

7언 4구 2수로 된 작품이다. 그런데 두 수 모두 제4구가 끝난 다음의

汝將歸故鄕	네가 고향에 돌아감에
化得个飯子	화주(化主)가 되었구나
我今亦隨喜	나도 따라 기뻐하면서
寫出這樣子	그 모양을 그려 본다
常在於其中	언제나 그 가운데 있어서
坐臥及經行	앉고 눕고 거니는 곳에 있거늘
而自不廻頭	스스로 돌이키지 못하였으니
廻頭暈轉生	돌아보아 生을 전환시켜 보라
住住旣畵出飯子樣	머무르기만 하다가 화주승(化主僧)의 꼴을 그렸으니
爲甚麽却胡說亂道	어떻게 호설난도(胡說亂道)를 물리치겠는가
呵呵呵	하하하!

40 제목은 없지만 '破竈話(古則153)' 관련 작품은 다음과 같다. 장단구 8구에 더해 마지막 제9구가 '咄'로 된 것을 볼 수 있다. (원문과 번역은 주호찬 편역(2007), 위의 책, 88면 이하에서 가져오고 번역을 일부 수정하였다.) 이외에도 묵뢰 선인에게 준 7구의 게송, 거열 상인에게 준 게송인 <活句徑截門> 등이 더 있다.

彼竈泥瓦合	저 조왕신이라는 것은 진흙과 기와를 합한 것이니
云何有聖靈	어찌 성령이 있으며,
此身膿血聚	이 몸은 고름과 피의 뭉치이거니
云何有識情	어찌 식정(識情)이 있으랴.
破也破也	깨졌구나, 깨졌구나.
墮也墮也	무너졌구나, 무너졌구나.
還我箇露裸裸	나에게 활짝 드러나
赤灑灑沒可把	잡을 수 없는 것을 들려다오.
咄	아!

마지막 자리에 '咄'자가 한 번씩 더 나온다. 외형은 7언 4구라서 근체시같아 보이지만 실제로는 그렇지 않다. 무엇보다 매 구마다 같은 글자가 여러 번 반복된다는 것이 특이하다. 근체시에서는 이렇게 첩어가 매행마다 반복되는 일은 없다. 노래에서는 잉여처럼 보일 수도 있는 반복적 첩어가 나오기도 하지만 엄격한 형식의 시에서는 그럴 수가 없는 것이다. 이러한 방식에 더하여 마지막의 '咄' 역시 꾸짖는 '소리'를 나타낸 것이니 시(詩)로서의 완성도 높은 고급문학을 지향하기보다 의미를 나타내기 위해 자유로운 언어 구사를 택해 입말에 해당하는 표현도 서슴지 않았다고 할 것이다.

　이는 마치 고려가요의 여음처럼 구음(口音)이 연마다 등장하는 후렴과 유사하다. 고려가요로 치면 2연밖에 되지 않지만, 연 말미마다 후렴이 우리말 소리를 담아 반복되고 있는 것이다. 게다가 시 전체에서 동어가 반복되는 점도 주목할 필요가 있다. 고려가요가 의미를 나타내는 핵심구절마저도 노래의 특성상 반복되는 것을 볼 수 있는데, 이 한시는 구마다 글자들이 계속 중복되어 나온다. 제1수의 제1, 2구의 중복되는 글자들은 제2수의 제1, 2구에서 자리를 바꾸면서 언어유희와도 같이 반복되고 있다. 우리식으로 한자를 읽더라도 소리의 미감과 반복의 리듬감을 느낄 수 있다. 고려가요에서 반복되는 구절을 제외하고 핵심구절만 보아도 의미가 통하듯이, 이 한시 역시 반복되는 글자를 빼고 보아도 작품의 핵심이 바뀌지 않는다. 이를 보면 다음과 같다.

　　　<示眞上人>에서 반복되는 부분을 제외한 나머지 구절
　　　天地轉　　　하늘과 땅이 바뀌고
　　　海山空　　　바다와 산이 비었다.
　　　空處非他物　빈 곳은 다른 것 아니라
　　　全是翁　　　온전히 늙은이다.

　　　天地何曾轉　하늘과 땅은 어떻게 거듭 바뀌고

海山甚處空	바다와 산은 어디가 빈 곳인가.
法本依位住	법은 본래 제자리에 머물거니
婆元不是翁	늙은이는 원래부터 어르신은 아니다.

이렇게 작품이 말하고자 하는 핵심적 의미는 변화가 없다. 그러나 그 맛과, 의미의 깊이나 강조에 있어서는 변화가 있음은 분명하다. 이 점은 고려가요에서도 마찬가지이다.[41] 의미를 전하는 핵심 구절만 본다면 핵심의 주지는 알 수 있겠지만 반복되는 구절과 여음이 모여서 이루어내는 작품 전체의 의미 강화와 리듬감, 맛에는 변화가 있는 것이다. 따라서 의미 위주의 전달이 아니라 반복되는 시어를 통해 의미를 더 구체화하고, 강조하며, 특히 이 시를 받는 진상인(眞上人)에게 직접 말을 건네는 식으로 전하는 효과까지 획득하게 된다. 상대에게 말을 전하는 방식으로, 우리말의 어감을 살리면서 반복되는 구절과 후렴 역할의 여음을 통해 리듬감까지 획득하고 있어서 전체적으로 한시와 당시 고려가요의 특징을 접목하고자 하는 결과로까지 이해될 수 있다.

사대부 출신으로 승려가 된 혜심이기에 한시가 갖추어야 할 격식이나 수준을 모르는 바는 아닐 것이다. 그러나 격조있는 한시를 추구하기보다 선시로서의 깨달음을 표현하는 바를 중시하는 것은 선승의 시이므로 가능하다. 이러한 방식은 다음에 살펴볼 충지의 경우에도 한 작품을 볼 수 있는

---

[41] 예를 들어, <서경별곡>의 제1연에서 원문과, 반복된 구절과 여음을 뺀 핵심 구절을 비교해보면 작품의 의미에 변화가 없지만 작품 전체의 의미의 구체화와 강조, 리듬감과 작품의 맛은 현격한 변화가 보이는 것을 아래에서 볼 수 있다.

<서경별곡> 제1연	반복 구절 제외
西京이 아즐가 西京이 셔울히 마르는 위 두어렁셩 두어렁셩 다링디리 닷곤 디 아즐가 닷곤 디 쇼셩경 고외마른 위 두어렁셩 두어렁셩 다링디리	西京이 셔울히 마르는 닷곤 디 쇼셩경 고외마른

데, 충지 역시 마지막 행에 '咄'을 한 번 쓰는 작품이 있다.[42] 고급문학으로서의 격조있는 한시를 지향하는 관점에서 보면 관심 밖의 작품일 수 있으나, 그 덕분에 소리를 표현하는 통로로서 한시를 활용할 수 있었다는 점에서 한시와 우리말의 관계를 살펴보는 대상으로는 유의미하다. 국어시가를 직접 짓지는 않았으나 한시를 통해서도 우리말, 그리고 국어시가가 가진 특성을 향가, 고려가요 등 여러 장르를 접목하여 활용한 것을 볼 수 있었다. 그만큼 혜심의 한시는 국어시가와의 거리가 가까워진 것이 특징이다. 이러한 노력은 사대부에게서도 볼 수 있는데, 사대부가 시구를 한역해서 자연스럽게 한시화하는 방향을 취했다면, 승려인 혜심은 국어시가의 여러 장르가 가진 구조적 특징, 우리말의 한역 등을 활용하여 한시화하는 방향을 취했다는 차이가 있다.

이런 점에서 중국과 대등해지려는 한문학의 관점에서 벗어나 우리식의 한문학이라는 관점에서 볼 필요가 있을 것이다. 문학사적 관점에서도 사대부 중심의 격조있는 고급 한시만이 유일한 평가 기준은 아닐 것이다. 승려층의 한시는 가르침을 전하는 그 담당층의 특성으로 인해 우리말을 담으려는 통로가 될 수 있었고, 그래서 고려 한시로서의 한 부분을 구성하는 의미가 있다고 생각된다. '한국적 한시', 우리식의 한시로서의 의미를 부여할 수 있을 것이다. 18세기 정약용이 '조선시'라고 선언하기 전에도 우리 방식대로의 한시 향유가 문학사에서 이어져왔다. 물론 한국인이 쓴 한시는 다 한국 한시겠지만, 승려층은 우리말과 긴밀한 한시를 보여주었다는 데에서 의미가 있다. 고급 문학으로서도 얼마든지 그 성취를 높이 평가할 수 있겠지만[43], 또 다른 관점에서, 곧 한시와 국어시가의 관련성이

---

[42] 충지의 <寄羅漢栗林恒禪客>은 5언 8구로 된 작품인데, 제8구에 '咄'이 한 번 나온다. 해당 작품은 충지에 대해 논의하는 다음 장에서 살펴본다.

[43] 이 점에 대해서는 많은 선행연구들에서 평가하고 있을 뿐만 아니라 조선시대 문인

라는 점에서도 문학사적으로 높이 평가될 수 있는 지점이 있는 것이다.

6.2. 충지의 한시 속에 나타난 국어시가의 특성

원감국사 충지(1226-1292)는 혜심처럼 사대부 가문 출신으로 장원 급제의 이력도 있고 일본에 사신으로 가기도 하였다.[44] 앞에서 13세기 승려문학과 관련하여 선행연구를 살펴본 바 있다. 이외에 시기적으로는 혜심보다 더 뒤로 무신정권이 끝나고(1270) 원 간섭이 본격화될 때 활동한 만큼 한시에 시대를 담아 우국(憂國)이나 민족의식을 드러냈다는 관점에서의 논의가 있고,[45] 혜심의 한시에 나타난 중세 후기라는 전환적 시기와 불교 사상과의 연관성, 그리고 대중들을 향한 현실 종교로서의 불교 등에 대해서도 다루어졌다.[46]

한시 330여 수가 남아있는데, 혜심에 비해 국어시가와의 관련성을 다룰

들도, 또 국가적 관점에서도 충분히 평가되어 왔다. 일례로 ≪동문선≫에는 혜심, 탄연 등 여러 고려 승려들의 시가 실려 있다. 혜심의 시는 18수가 있다. 또 ≪신증 동국여지승람≫ (권17, 충청도(忠淸道) 공주목(公州牧) 유구역(維鳩驛))에서는 혜심이 문극겸의 일화를 그림을 보고 알아보는 식견이 있으며 간(諫)하는 신하가 떠나는 모습이라는 것을 알아보고 그에 대한 시를 남겼다는 점에 주목하고 있다. 비록 해당 지역과 관련된 이야기를 전하는 것이라고 해도 혜심의 식견과 그 작시 능력까지 함께 높이 평가하고 있는 시각 또한 없지 않다.

[44] 생애에 대해서는 이종찬(2010), 앞의 책, 204-206면 참조.
[45] 진성규(1982), 「圓鑑國師 沖止의 憂國精神」, 『論文集』 13, 신라대학교, 53-86면 ; 최귀묵(1994), 「沖止시에 나타난 민족의식에 대한 비교문학적 연구」, 서울대학교 석사학위논문.
[46] 김성룡(2003), 「고려 중기 禪 사상과 문학 사상의 관련 양상 연구」, 『한국한문학 연구』 32, 한국한문학회, 165-205면 ; 강석근(2007), 「和靜的 觀點에서 바라본 두 僧侶의 行迹과 詩文學」, 『한국사상과 문화』 37, 한국사상문화학회, 75-100면 ; 박성규(2011), 「고려후기(高麗後期) 한문학(漢文學)에 나타난 불교사상(佛敎思想) 연구(研究)-원감국사(圓鑑國師) 충지(沖止)의 선시(禪詩)를 중심(中心)으로-」, 『漢字漢文敎育』 27, 한국한자한문교육학회, 407-430면.

만한 작품이 많은 편은 아니다. 그러나 '用里語'라고 한 <비단가>를 남겨 이 작품에 한해서는 선행연구에서도 자주 언급된 바 있다. 충지의 한시와 국어시가 간의 관계에 대해 직접 접근하고 있는 경우는 많지 않지만 최귀묵(1994)[47]에서는 충지의 <비단가>를 향찰문자로 된 작품으로 보고, 국어시가를 통한 민족어문학에 대한 가치 인식이라는 점에 주목하고 있다. 또한 충지의 경우를 월남 인종(仁宗) 승려의 자남어(字喃語) 작품과 이에 대해 한시(漢詩)로 다시 남긴 병작시(竝作詩) 등과 비교하며 한시와 국어시가의 병작은 충지의 뒤를 이은 승려 진우(晉愚)나 혜근(慧勤)에게서도 볼 수 있는 지속적인 현상이라고 하였다.

앞서 본서에서는 혜심의 한시에서 나타난 국어시가의 수용과 우리말의 특성, 이를 통한 고려 한시로서의 위상에 주목한 바 있다. 충지는 혜심만큼은 아니지만 탄사 '咄'이 등장하는 한 작품이 보인다.

<寄羅漢栗林恒禪客> (≪圓鑑國師集≫)[48]

曉入栗林下	새벽에는 밤나무 숲에 들어가
提藍踏山翠	바구니 들고 푸른 산빛을 밟고,
暮歸茅舍中	저녁에는 띠집으로 돌아와
展脚和衣睡	다리 뻗고 옷 입은 채 잠드네.
曾不失其時	한 번도 그 때를 놓치지 않고
作息能了事	일하고 쉬기를 정확히 하는
看看什麽物	보라, 어떤 물건인지
得恁甚靈利	그 얼마나 신기하고 영묘한지.
咄	아!

---

[47] 최귀묵(1994), 앞의 글.
[48] 이하 충지, 이상현 역(2010), ≪원감국사집≫, 동국대학교출판부에서 원문과 번역을 가져오고, 번역은 일부 수정하였다.

이 작품은 위에서 보듯이 5언 9구로 된 작품 말미의 제9구에 '咄'이 한 번 나온다. 앞서 혜심의 경우에도 7언 4구 뒤에 마지막 '咄'이 추가되면서 7언 5구가 되었는데, 이 작품 역시 5언 8구와 같은 근체시 형식에 마지막 소리를 더하고 있다. 혜심처럼 충지의 이 시도 마지막 탄사인 '咄'을 제외하면 근체시 형식이 되지만, 굳이 이 글자를 더하여 근체한시의 형식을 파괴하였다.

그런데 왜 이 글자를 마지막에 넣었을까. 자연 속에서 일하고 쉬는 규칙적인 삶, 그것이 신기하고 영묘하다고 하였으니 혜심의 경우와 달리 여기서의 '돌(咄)'은 놀라는 소리, 감탄의 소리라고 할 수 있다. 혜심은 시를 구한 이에게 가르침의 한시를 주면서 꾸짖거나 나무라는 탄식의 의미가 강했다면, 충지 역시 '羅漢栗林恒禪客'에게 '주는' 한시이면서도 가르치기보다는 삶을 나누는 의미가 더 크다. 이러한 삶의 모습에 대한 경이로움과 감탄의 긍정적 탄사이고, 부정적 의미는 아니라는 점이 다르다.

그 경이로움에 대해 굳이 감탄의 소리를 추가할 만큼 이 영묘함에 대한 탄식을 나타내고 싶었다고 할 것이다. 이 단어를 제외하면 근체시의 형식을 갖출 수 있는 자수와 구수를 가졌음에도 불구하고, 이러한 형식미를 추구하는 길을 택하지는 않았다. 한 글자 '咄'을 추가함으로써 우리말의 탄사가 가진 힘을 십분 활용하여 '靈利'에 대한 놀라움을 표현하고자 한 것이다.

그러나 우리말이 가진 소리에 대한 의식이 있었다고는 해도 이러한 작품은 많지 않아서, 즐겨 사용한 방식은 아니다. 따라서 이외에 국어시가와의 관련성을 찾을 만한 것으로 <비단가>를 살펴볼 필요가 있다.

<臂短歌>[49]
| 世人之臂長復長 | 세상 사람들은 팔이 길고 길어 |
| 東推西推無歇辰 | 동서로 쉼없이 팔을 펼치네 |

山僧之臂短復短	산승은 팔이 짧고 짧아
平生不解推向人	평생 남에게 뻗칠 줄을 모르네
大凡世上臂短者	무릇 세상의 팔이 짧은 자
人皆白首長如新	백발이 되어 낯서네
而況今昨始相識	이제야 비로소 서로 알아
肯顧林下窮且貧	산 속 빈궁한 나를 고려할까
我臂旣短未推人	나는 팔이 짧아 남에게 뻗치지 못하니
人臂推我誠無因	남이 내게 팔을 뻗칠 연고도 없네
嗚呼	오
安得吾臂化爲千尺與萬尺	어찌 내 팔도 천척 만척으로 변하여
坐使四海之內皆吾親	세상 사람들을 모두 나와 친하게 하리

이 한시에는 '用俚語因事作'이라고 제목 옆에 작게 적혀 있어서 어떤 점에서 우리말을 활용했는지가 관건이다. 제목에서 노래를 표방했고, 비록 13구로 되어 있다고 해도 마지막 구 바로 앞인 제11구에서 '嗚呼'라는 탄사가 나온다는 점에서 향가와의 긴밀함으로 주목받아왔다. 10구체 향가는 제9구 이하가 낙구임에 반해 이 시는 그보다 구수(句數)가 더 많으면서 제11구 이하가 낙구라는 점이 다르다. 그렇지만 앞서 혜심이 이러한 구수를 임의로 활용한 사례를 이미 본 바 있으므로 이러한 자유로운 형식은 충지가 택한 창작의 한 방식으로 볼 수 있다.

그런데 300수가 넘는 한시 중에서 우리말노래를 한역하거나 '歌'임을 표방한 작품은 이외에 더 찾기는 어렵다.[50] 보통 승려의 게송에 장단구가

---

[49] 충지, 이상현 역(2010), ≪원감국사집≫, 동국대학교출판부, 237면. 이하 원문과 번역은 이 책에서 가져오되 번역은 일부 수정하였다.

[50] <寄羅漢栗林恒禪客>의 경우 5언 8행으로 되어 있는데 마지막에 1음절의 감탄구 '咄'이라는 글자가 있어서 형식적으로도 율시가 아니고, 또 이 단어가 구음을 그대로 내고 있다는 점에서는 노래와의 연관성을 찾아볼 수 있다.

적지 않게 보이는데 비해 충지의 경우는 대부분이 근체시의 형태를 띠고 있다는 점이 특색이기도 하다. 특히 7언시가 많은데, 위의 <비단가>마저도 탄사 이전까지는 규칙적으로 7언으로 이루어져 있다. 국어시가와 관련이 깊은 한시는 대개 형식적으로도 엄격한 근체시가 아니라 자유로운 시형이 많다. 이런 점에서 7언시, 혹은 근체시 형식을 추구하는 경우가 많은 편인 충지는 그만큼 국어시가와의 긴밀함에 있어서는 전반적으로는 거리가 있다.

이는 충지 개인적 특징일 수도 있겠지만 시기적인 특징 또한 염두할 필요가 있을 것이다. 13세기 전반기 혜심(1178-1234)까지만 해도 국어시가와 한시의 거리를 좁히고, 특히 한시를 통해서 국어시가의 특징을 접목한다고 평가되는 특징을 많이 보였다. 그런데 원 간섭기라는 사회적 변화와 더불어, 문학사적으로도 13세기 후기는 고려가요의 유행이 더욱 강한 시대이다. 혜심은 고려가요의 특성도 한시를 통해 함께 나타내고자 시도할 수 있었지만, 충지의 시대는 국어시가의 향유가 전반적으로 일반화되어 있고, 적극 향유되는 분위기 속에서 굳이 한시를 통해 이러한 시도를 할 이유가 없는 시대가 된 것으로 보인다.

박경주(1998)[51]에서는 13세기의 혜심이나 충지의 국어시가를 시대적 차이는 구분하지 않고 한역되어 전한다는 공통점에 대해서 향찰이 한문화되는 추세에 놓여 향찰의 의미가 사라지기 때문이라고 보고 있다. 특히 <비단가>가 12구라는 점에서(탄사 '嗚呼'를 다음 구에 포함시킴), 또 <정과정곡> 역시 10구체 향가의 3분단 구조가 4분단 구조로 변동이 온 것을 보여준다는 점에서 소멸기 향가의 특징이라고 보고 있다. 사실 향가가 소

---

[51] 박경주(1998), 「고려시대 향가 전승과 소멸 양상에 관한 고찰」, 『한국시가연구』 4, 한국시가학회, 202-203면.

멀기인 것은 또 다른 국어시가인 고려가요의 입지가 강력하다는 것을 의미한다. 근본적으로 고려가요 향유가 강화됨에 따라 향가는 물론이고, 국어시가와 한시의 긴밀함도 멀어지게 된 것이 혜심 다음 시기인 충지의 시대라고 할 수 있다.

그럼에도 충지의 한시가 국어시가의 전통과의 관련성이 있다면 그것은 한시의 구조에서이다. 이와 관련하여 앞서 이규보의 사례에서 한시 마지막 부분의 메타적 결구(結句) 방식에 대해서 살펴본 바를 상기해보도록 하자. 혜심과 같은 시기를 보낸 이규보(1168-1241)를 다루면서 국어시가와의 관련성을 결구 부분에 주목해서 본 바 있다. 이러한 특성이 충지의 한시에서도 나타난다.

<次朴按廉(恒)題密城三郎詩韻> (≪圓鑑國師集≫)[52]
湖上靑山山上樓　호수 위 푸른 산, 산 위의 누각
美名長與水同流　아름다운 이름이 길이 물과 함께 흐르네
傍洲沙店排蝸殼　모래톱 주막은 달팽이집같고
逐浪風船舞鷁頭　물결과 바람 따라 뱃머리 춤을 추네
桑柘煙深千里暮　뽕나무밭에 안개 짙은 저물녘
芝荷華老一江秋　연꽃도 시들어 온 강에 가을이네
落霞孤鶩猶陳語　지는 노을에 외로운 물새[낙하 고목]은 오히려 진부한 말이라
<u>故作新詩記勝遊</u>　<u>그러므로 새 시를 지어 명승을 기록하네</u>

이 시는 멋진 승경을 주력해서 그리고 있는데, 승경을 그리는 데에서 끝나지 않고, 이 시 자체를 짓고 있다는 작품 밖의 화자, 곧 시인의 목소리가 마지막에 드러나 있다. 명승을 말해주는 제1화자는 제6구에서 끝나고,

---

[52] 충지, 이상현 역(2010), 앞의 책, 39면에서 원문과 번역을 가져오고, 번역은 일부 수정하였다.

제7, 8구는 또 다른 화자가 말한다. 제2화자, 여기서는 시인에 해당하는데, '新詩'를 짓는다고 하였고, 바로 앞에 '落霞孤鶩'은 진부한 말이라고 기존 시들에 대한 비평까지 들어있다. 작품 외적 자아가 개입한다는 점에서 세계의 자아화인 서정적 순간에서 작품이 끝나게 두지 않았다.

사대부인 안렴사에게 주는 시이면서 차운까지 하였으니, '落霞孤鶩'이라고 한 진부함은 분명 문인사대부의 일반적인 승경시에 대한 것이라고 짐작된다. 승려이지만 오히려 '新詩'라고 자부할 정도로 빼어난 경치를 잘 드러내고 있다고 스스로 말하고 있고, 실제로 이 시는 그렇게 평가하기에 손색이 없다. 이러한 자부심을 스스로 드러낼 만큼 시인은 자신의 목소리를 드러내고 있는데, 이렇게 작품 안팎의 경계를 허물고 시인의 존재를 드러내는 것은 문자라는 글 속에 작품을 가두지 않으려는 것이기도 하다. 기록문학은 텍스트 자체에 주목하다보니 작가로서 시인의 목소리는 거세되기 십상이고, 작품 그 자체가 말을 한다. 어느덧 문자로 된 작품은 시인의 손을 벗어나 스스로 말하면서 시인의 존재는 텍스트보다 뒤에 서게 되는 것이 구술문학과 다른 기록문학의 특징이기도 하다.

지금과 같은 2차 구술문화가 아니라, 일반적인 구술문화 속에서는 말은 목소리를 가진 신체, 바로 그 사람을 통해 전달되므로 작품과 작자가 더 밀착되어 있는 편이다. 이와 달리 기록문화 속에서는 작가를 떠나 문자 자체가 의미를 전달하므로 작자와 작품의 거리가 멀어지게 된다. 서정시라는 것이 시인이 자기 대신 서정적 자아를 대신 내세워 말을 하면서 작품 속의 화자에게 시인의 자리를 넘기게 되니 이러한 서정시가 기록문학으로 자리하게 되면 시인과 작품의 거리는 더 멀어지게 된다. 그런데 위와 같이 서정적 자아에게 몰입하지 않도록 작품 마무리를 작품 바깥의 시인의 목소리로 하게 되니 한시로서 기록문학이 가진 특성을 방해하고 구술문학과 같이 시인을 상기하게 되는 것이다.

사실 앞서 혜심의 구음(口音)을 반영한 한시, 이규보의 메타적 한시도 아직은 기록문학으로서의 한시, 그리고 기록문학인 서정시로서의 한시가 확고하지만은 않고, 구술문화의 자장 속에 한시가 자리하고 있는 양상의 한 모습이라 할 수 있다. 승려나 사대부나 담당층을 막론하고 고려시대 시인들 모두에게는 말과 글이 국어와 한문으로 다른 이중언어시대 속에서 한시가 자리하게 되는 진통을 겪어야 했다. 기록문학인 한시는 우리말을 사용하는 시인의 구술문화와 어떻게 공존하며 우리 시가사에 자리매김하게 되는가, 그 13세기의 모습이 이렇게 나타난 것으로 볼 수 있다.

이규보, 혜심, 충지 등 처지는 다르고, 국어시가와의 거리나 특성의 반영도 제각각의 개성이나 차이가 있었지만, 이들의 특성이 보여주는 바, 더 근본적인 것은 바로 우리말을 사용하는 구술문화에 속한 시인들이 한문으로 된 기록문학인 한시를 향유하면서 겪어야 하는 대응의 한 모습인 것이다. 혜심과 충지가 이규보, 김극기 등 문인사대부에 비해서 국어시가를 더 적극 접목한 한시를 지었다는 정도의 차이는 있지만, 본질적 측면에서의 공통점은 바로 여기에서 찾을 수 있다.

7. ≪삼국유사≫에 나타난 한시와 국어시가의 상관성

7.1. ≪삼국유사≫의 구성 방식과 시가(詩歌)에 대한 13세기의 적극적 관심

　13세기는 향가의 직접적 향유는 드물지만 기록을 통한 전승은 남겨진 문헌의 시기로 볼 때에 활발하던 때라고 할 수 있다. 혁련정이 균여의 <보현십원가>를 기록한 시기를 1250년경으로 보거니와[1] 일연의 ≪삼국유사≫에서의 향가 기록연대 역시 1270~80년경으로 보기 때문이다. 신라 향가의 작자가 모두 승려는 아니지만 상당한 비중을 차지한 것은 사실이었고, 승려 일연을 통해 적극적으로 기록되고 전승되었다는 점에서 국어시가, 특히 향가에 대한 적극적 수용과 전승이 승려에 의해서 이루어진 점은 주목된다. 특히 ≪삼국유사≫에는 신라 향가만이 아니라 여러 국어시가의 흔적을 볼 수 있고, 한시도 많이 나오므로 13세기의 양상을 보기에 좋은 대상이다.

---

[1] 혁련정, 최철·안대회 역(1986), ≪역주 균여전≫, 새문사, 11면.

일연(1206-1289)은 13세기의 한시와 국어시가의 관계를 살펴보는 데에 중요한 자료가 되는 ≪삼국유사≫를 남겼다. 신라 향가를 볼 수 있는 유일한 자료가 될 뿐만 아니라, 신라시대의 여러 노래, 게(偈), 사(詞), 한시 등을 비롯하여 배경설화를 기록하였고, 그에 대한 자신의 비평과 찬시(讚詩) 또한 남겨두었다. 이렇게 시가와 역사, 그리고 허구적 이야기가 함께 있다는 점에서 신연우(2019)[2]에서도 그 구성에 주목하였고, 김은령(2018)[3]에서는 14수의 향가와 73수의 찬시가 본문의 이해를 높이는 기능적 측면이 있다고 하였고, 이승남(2018)[4]과 같이 특정 대목의 서사와 시가의 관계를 긴밀히 이해하는 연구가 적지 않다.

사실 이야기와 시가를 함께 다루는 방식은 역사를 함께 다룬 ≪삼국유사≫ 외에도 ≪삼국사기≫가 있고, 13세기 이후 이규보, 이인로, 최자 등 각종 시화집에서도 볼 수 있다. 이규보는 ≪백운소설≫ 이전에 앞에서 자세히 보았듯이 <동명왕편> 등으로 역사 이야기를 시화하는 작업도 이미 보였다. ≪삼국유사≫는 이러한 전통 속에서 나타난 한 작업으로서 장르에 대한 통합적 시각이 보이고, 따라서 언어와 갈래를 넘어 국어시가와 한시도 함께 풍부히 다루고 있다는 점에서 주목된다.

따라서 ≪삼국유사≫는 특정 갈래나 대목을 중심으로 깊이 논의하는 것도 필요하지만, 다양한 갈래가 함께 있다는 구성의 특징에 기반하여 본고에서는 한시와 국어시가가 '함께' 나오는 대목을 살펴보고자 한다. 13세

---

[2] 신연우(2019), 「제주도 무가와 『삼국유사』의 삶의 의미 구현 방식」, 『한국무속학』 39, 한국무속학회, 67-91면.

[3] 김은령(2018), 「『삼국유사』의 시가와 향가·찬시와 향가 속 '꽃'의 양상을 통해본 상징과 층위-」, 『한국불교사연구』 13, 한국불교사연구소, 132-165면.

[4] 이승남(2018), 「『삼국유사』 기이편 무왕조의 서사적 의미소통과 향가 <서동요>」, 『동악어문학』 76, 동악어문학회(구, 한국어문학연구학회), 7-33면.

기 시화집들이 주로 한시 중심이라면, ≪삼국유사≫는 국어시가도 함께 중요한 비중을 두고 있기 때문에, 이 점에서 둘 간의 관련성을 자세히 고찰할 필요성이 있다. 특히 국어시가가 나오면서 한시가 함께 나오는 경우에 이 한시는 대체로 일연이 직접 지은 것이 많다. 대개는 찬시로서 해당 이야기를 마무리하는 자리에 주로 나온다. 앞서 김은령(2018)이나 이승남(2018) 등에서 시가와 산문이 병존할 때 시가는 산문과 긴밀하며 산문의 이해를 높이는 기능이 있다고 하였는데, 본서에서는 이와 달리 일연이 이야기 마지막에 쓴 찬시는 대부분 이야기 전체를 포괄하는 요약적 기능이 있다고 본다. 곧 산문의 이해를 돕는 것이 시가가 아니라 오히려 시가가 가진 함축적 내용을 산문이 펼쳐서 자세히 보여주고 있는 것이다.

  이런 점에서 그간 향가와 관련한 산문을 일반적으로 '배경'설화라고 보기도 하는데, 반대로 산문을 중심으로 향가와 일연의 찬시 등을 '삽입시가'로 보는 입장도 있다.[5] 또 신은경(2007)[6]에서는 동아시아의 보편적 현상으로서, 중국 한부(漢賦)에 기원한 형식이 ≪삼국유사≫에도 나타나 운문인 찬시로 종결되는 방식을 취한 것이라고 보았다. 이렇게 어떤 장르를 중심으로 볼 것인가에 따라 ≪삼국유사≫의 시가와 산문의 구성 부분은 다르게 이해될 수 있을 것이다. 물론 시가와 산문 중 무엇이 우선이거나 중심인가에 주목하기보다 이 둘을 병존하는 글쓰기 방식에 주목하면서 그 가운데 한시와 국어시가의 관련성에 대해 탐색하는 것이 본고의 목적이다.

  '三國遺事'라는 제명 자체가 남은 일, 남은 사건에 대한 것이므로 김부

---

[5] 신은경(1998), 「『삼국유사(三國遺事)』의 삽입시가(揷入詩歌) 연구」, 『古典文學研究』 13, 한국고전문학회, 31-68면. 이 연구에서는 삽입시가는 극적 효과, 정보 제공과 인물의 성격 부여, 그리고 서사체가 서정적 성격을 띠도록 하는 기능을 가진다고 하였다.

[6] 신은경(2007), 「동아시아 문학에서의 산문/운문 혼합서술에 대한 비교연구 -한부(漢賦)의 영향을 중심으로」, 『국제어문』 40, 국제어문학회, 155-186면.

식의 '三國史記'와 같이 역사를 기록한 것과는 또 다른 성격인 것을 보여준다. ≪삼국유사≫는 사건 중심으로 해당 사건과 관련된 시, 노래, 이야기, 소재 등을 담고 있기 때문에 산문과 시가 중 무엇을 우선시했다거나 중심에 두었다고 하는 것도 저자의 의도는 아닌 것으로 보인다. 다만 해당 산문의 말미에 있는 일연의 찬시는 대부분 산문 전체를 요약하고 있는 것만은 사실이다.[7] 시는 함축적인 것이 특징인데, 역으로 해당 시에 함축된 내용을 산문으로 펼치게 된다면 그 찬시의 바로 앞의 내용이 될 것이다.

이런 점에서 13세기 이후에 여러 시화집이나 ≪삼국유사≫ 등과 같이[8] 산문과 시가가 병존하는 글쓰기 방식의 유행은 시가가 가진 함축성을 충분히 소개하고 설명하는 것이 요구되는 시대적 요청일 수 있다. 당사자나 소수만 아는 시가를 더 많은 이들에게 알리려면 해당 시가에 함축된 내용을 펼쳐서 설명해주어야 한다. 이런 점에서 시가의 대중화에 대한 요구와 유행이 13세기의 시가사적 특성이 아닐까하는 추측을 하게 된다. 향가든 한시든 소수의 향유자들은 충분히 이해할 수 있는 것이지만 시가 향유자의 저변을 더 넓히는 데에는 자세한 부연설명이 필요하다.

최행귀의 향가 한역도 한시는 알지만 향가를 모르는 이들을 위한 것이

---

[7] 신은경(1998), 앞의 글, 특히 48-55면에서는 찬시를 7가지 양상으로 나누면서 전체를 정리하는 의미는 일부분에 속하는 것으로 보았다. 그러나 경일남(1987), 「삼국유사 소재 찬의 서사문학적 의미」, 『어문연구』 16, 어문연구학회, 83-99면 중 89-93면 ; 최재남·최유진·김재현(1999), 「『삼국유사(三國遺事)』 기사(紀事)와 찬(讚) 연구」, 『인문논총』 12, 경남대학교 인문과학연구소, 5-25면 중 8면 ; 김상현(2005), 「『삼국유사』의 찬(讚) 연구」, 『동국사학』 41, 동국사학회, 1-28면, 특히 12-14면에서는 일연의 찬이 대부분 글의 마지막에 나오면서 앞의 내용을 완결시키는 기능을 하고, 요약, 정리하며 평을 더하는 경우가 많다고 하였다.

[8] 최귀묵(2002), 「『삼국유사』 <남백월이성>조에 나타난 일연의 문학비평 - <사>와 <게>에 대한 비평을 중심으로-」, 『한국시가연구』 12, 한국시가학회, 55-80면에서는 일연의 비평부분인 의론문(議論文)을 시화(詩話)라 보았다.

라고 하였는데, 이는 비단 한자와 국어라는 언어의 문제나 장르만의 문제는 아니다. 향가를 모르는 이들에게도 향가를 알리고자 하는 의도가 한역시로의 작업에 이르게 하였고, 이로 인해 한시를 아는 이들은 덕분에 향가도 접하게 되는 것이다. 그것이 비단 중국인들을 위한 번역의 문제에 한정되지 않고, 내국인이더라도 향가 자체로 향유하기를 꺼리는 이들에게도 향가가 가진 내용과 주제, 특성을 한시를 즐기는 이들에게 전달하고자 하는 의도가 향가의 한역에는 있는 것이다. 결과론적으로 이러한 한역은 시가의 저변을 확대하려는 의도가 근저에 있지 않고서는 이루어지지 않았을 것이다.

마찬가지로 ≪삼국유사≫도 사건 중심으로 내용이 전개되지만 해당 사건과 관련된 과거의 시가를 밝혀 충분한 해설로 상호 보완되게 하여 시가 향유의 저변 확대에도 일조하고 있다. 일연은 향가를 짓지 않았어도 신라 향가를 향찰문자로 기록할 만큼 적극적 관심을 보였다. 여기에는 물론 다양한 관점에서의 의미를 부여할 수 있다.

첫째, 기본적으로는 우리 것에 대한 관심에 기반하여 국어시가에 대한 관심을 보여준다. 우리 역사에 대한 관심은 물론이고, 그 안에 국어시가를 한 부분으로 인식하고 있는 것을 볼 수 있다.

둘째, 사회적 계층의 문제로는 백성들의 노래에 대한 관심도 포함된다. 향가는 창작층이 귀족이 많다고 하여도 <풍요>나 <서동요>, <헌화가>나 <맹아득안가> 등 민요 기반의 노래도 많고, 향가만이 아니라 <구지가> 등 백성들이 함께 부른 노래 등을 볼 때에도 백성에 대한 관심의 발로인 부분을 적지 않게 볼 수 있다. 게다가 이 시기는 고려속요를 궁중에서 받아들이고, 이제현과 민사평도 소악부를 지을 만큼 민가(民歌)에 대한 관심이 높은 시기이므로 국어시가에 대한 관심이자 백성들의 노래에 대한 관심의 발로이기도 하다.

셋째, 이 모든 의미 부여에서 더 나아가 더 넓은 범위에서는 시가(詩歌) 향유의 확대와 유행이라는 관심, 이를 지향한 시대적 특성을 반영한 것으로 보인다. 스스로는 국어시가를 남기지 않을 것을 볼 때에 국어시가만의 관심은 아니기 때문이다.

13세기는 문학사적 시기 구분에서 고려 후기로서 중세후기라고 보는 견해[9]에 대해서 학계에서는 대체로 동의하는 것으로 보인다. 중세전기와 다른 후기의 특성은 시가의 보편화라고 할 수 있다. 국어시가이든 한시이든 더 많은 이들에게 시가를 확대하여 향유층을 넓히게 되는 것이 중세후기가 중세전기와 달리 가지는 특징으로서, 이를 위한 자세한 해설이 바로 13세기에 여럿 등장하는 시화집들, 그리고 ≪삼국유사≫, ≪삼국사기≫와 같은 문헌들이다.

일례로 최자(1188-1260)의 ≪보한집≫ 서문을 보면 "승려나 여성의 시라도 한두 가지 웃고 이야기할 만한 것이라면 비록 아름답지 않더라도 함께 기록한다."[10]고 하였는데, 아름답지 않더라도, 곧 한시로서의 빼어난 성취를 이루지 않더라도 시가라는 자체로 관심을 두었다는 것을 보여준다. '승려와 여성의 시까지 포함시킨 점 역시 사대부의 훌륭한 고급 한시만이 아니라 작가층의 저변을 넓혀서 누구의 시든 기록하고자 한 관심을 보여주는 것이다.[11]

이규보가 역사 이야기를 시화(詩化)한 것도 시가의 저변 확대에 속한다.

---

[9] 대표적으로 조동일(2005), 『(제4판)한국문학통사』 2, 지식산업사를 들 수 있다.
[10] 최자, ≪보한집≫ "或至 於浮屠兒女輩 有一二事可以資於談笑者, 其詩雖不嘉, 幷錄之" 박성규 역주(2012), ≪역주 파한집≫, 보고사.
[11] 이에 대해 김승룡(2013), 『고려 후기 한문학과 지식인』, 지식을만드는지식, 146면에서는 ≪보한집≫이 승려들을 하나의 계열로 파악하려는 움직임을 보인 것이라고 보고 있다.

더 많은 이들에게 ≪구삼국사≫의 내용을 전하고자 한다고 했는데, 산문류가 아니라 굳이 시화(詩化)라는 방식을 택한 것은 그만큼 시가의 저변 확대가 이루어지는 시대라는 것을 보여준다. 물론 산문에 비해 시가가 가진 장점이 충분히 있어서이기도 하겠지만, 그만큼 시가가 중요하게 여겨지는 시대적 요청 속에 있었다는 것을 의미하기도 한다.

≪삼국유사≫의 목차를 중심으로 보면 139개의 사건(편명)이 나온다. 이 140여 개의 편명 중에서 일연이 한시[12]로 사건을 마무리하는 경우는 50여 편이다.[13] 이 중에는 위치상 이야기의 중간에 나오는 찬시도 몇 수 있고[14], 이야기의 마무리에 찬시는 아니고 사(詞)로 마치는 경우도 있다.[15]

---

[12] 전부가 일연의 작(作)은 아니지만 마지막에 나오는 찬시(讚詩)는 대부분 일연이 지은 것이라고 할 수 있다. 그렇지 않다는 견해도 있지만(김주한(1983), 「삼국유사 소재 찬에 대하여」, 영남대학교 민족문화연구소 편, 『삼국유사연구 상』, 영남대학교 출판부, 241-256면 ; 하정룡(2001), 「삼국유사 소재 찬에 대하여」, 『남도문화연구』 7, 순천대학교 도남문화연구소, 107-131면 등) 이에 대한 반박 논의를 김상현(2005), 앞의 글에서 볼 수 있고, 이동근(1997), 「삼국유사의 편찬배경과 과정」, 『人文科學硏究』 16, 대구대학교 인문과학 예술문화연구소, 35-47면 중 43면에서는 50여 수의 찬시 중에서 2수가 타인의 찬이라고 보고 있다. 특히 김주한(1983)과 하정룡(2001)에서는 '有讚曰'과 같이 '有'가 나오면서 찬시를 소개하는 경우는 일연의 찬시가 아니라고 하지만, 일례로 하정룡(2001), 앞의 글, 126면 이하에서도 강조하고 있는 조항인 ≪三國遺事≫ 권1 기이 제1의 <天賜玉帶>와 관련하여, 114면에서 제시한 원문과 달리 정덕본, 순암안씨 수택본, 송석하 소장본 등에서 모두 찬시 바로 앞에 '讚曰'이라고 되어있고, '有'라는 글자는 아예 보이지 않는다. (원문은 일연 저, 권상로 역해(2007), ≪삼국유사≫, 동서문화사, 119면 ; 일연 저, 고전연구실(리상호) 역(2004), ≪新編 三國遺事≫, 신서원, 96면 참조)

[13] 44개 조항에 보이는 48개의 찬시에 대한 목록은 경일남(1987), 앞의 글, 4면 ; 하정룡(2001), 앞의 글, 114-117면에 자세하여 이 논문들에 미룬다.

[14] 권3, 탑상 제4에서는 <迦葉佛宴坐石>과 <前後所將舍利>에서, 권5, 避隱 제8에서는 <包山二聖>에서 중간에 찬시(讚詩)가 나온다. 이외의 찬시는 대부분 이야기의 끝에 나온다.

[15] 권3, 탑상 제4, <洛山二大聖觀音正趣調信>에서 그러하다.

상당한 사건에 대해 한시로 사건을 정리하고 있는 것을 알 수 있다.

그런데 과거의 사건에 대해 한시를 남긴 것이므로 결국 삼국의 고사(故事)에 기반한 한시라고 할 수 있다. ≪삼국유사≫는 모두 우리의 역사를 기반으로 하여 80여 수의 한시를 작시했으니 한국 고사에 기반한 창작 방식을 보여주는 것이다. 이러한 점에서 일연이 쓴 ≪삼국유사≫의 찬시는 우리의 고사에 기반한 한국적 한시라고 할 수 있다.

역사이자 고사인 과거에 대해 시가에 대한 관심과 더불어 이야기를 병작(竝作)한 ≪삼국유사≫의 형식은 13세기에 여러 사례에서도 볼 수 있다. 이규보는 중국 고사를 다룬 <開元天寶詠史詩> 외에도 우리 고사를 다룬 <東明王篇>을 지었고, 이승휴도 한국과 중국 고사에 기반한 <帝王韻紀>를 지었다. 역사에 대한 관심, 그리고 자국 역사에 대한 관심으로서의 의의가 있을 뿐만 아니라 이 역시 시화(詩化)의 작업이다.

이 시편들이 5언이나 7언을 즐겨 사용한 것처럼 일연도 7언으로 찬시를 지었다. 최행귀가 향가와 비교할 때에도 한시의 형식적 특징을 '五言七字'라고 한 것처럼 5언과 7언은 한시의 기본 자수(字數)이다. 한시의 가장 기본적인 형식을 통해 우리 고사를 활용하려고 시도한 것, 이 역시 한국적 한시에 대한 탐색의 일환으로 볼 수 있을 것이다. 앞서 본 혜심, 충지의 한시는 형식적 측면에서 국어시가의 여러 갈래를 접목했다는 점에서 한국적 한시를 모색한 시가사적 의의가 있다고 하였다. 일연의 찬시는 외형은 대개 7언절구형이 많으므로 삼국의 고사에 기반한 한시를 창작함으로서 한국적 한시를 추구한 것이다.

우리 것에 대한 적극적 관심이 있었기 때문에 향가에 대해서도 적극 발굴하여 기록한 것이라 할 것이다.[16] 결국 일연의 시가에 대한 관심은

---

[16] 고운기(2005), 「佛讚詩의 성격과 敍事上의 기능에 대하여: <삼국유사>의 讚을 중

통시적으로는 13세기 시가 향유의 저변 확대라는 시대적 특성 속에서, 공시적으로는 한국 시가에 대한 적극적 인식과 탐색으로서 향가를 수록하고, 나아가 삼국의 고사에 기반한 한국적 한시를 창작했다고 할 것이다.

이런 점에서 ≪삼국유사≫에서 한시와 국어시가는 어떤 관련성을 보이는지가 더욱 주목된다. 시가의 저변 확대라는 시기에 나타난 이 산물이 그 가운데 언어나 갈래는 어떻게 관련하여 인식하고 있는지, 그래서 일연이 생각하는 국어시가와 한시는 어떤 존재인지 살펴보는 것이 본고의 목적이다.

7.2. ≪삼국유사≫에 병기(倂記)된 한시와 국어시가 비교

≪삼국유사≫는 한시의 하위 갈래인 게송, 찬시, 사 등과 국어시가인 향가 등 여러 갈래에 대한 명확한 구별의식이 있다는 것이 선행연구의 견해이다.[17] 갈래에 대한 구분의 명확한 인식이 보였다고는 하나 한문으로 된 시가와 국어로 된 노래에 대한 상관관계 자체에 대해서는 자세히 밝히고 있지 않아서 논의가 더 필요하다. 앞서 찬시를 전체적으로 볼 때에는 찬시 앞의 내용을 마무리하는 경우가 많다고 하였는데, 본고에서 주목하는 바는 이 중에서도 한시와 국어시가가 함께 등장하는 대목이다.

≪삼국유사≫에는 한시가 국어시가보다 훨씬 많다. 찬시(讚詩)가 가장 많이 나오고, 어떤 조항에는 사(詞), 게(偈), 찬시(讚詩) 등 여러 갈래가 동시에 나오기도 하지만 국어시가가 함께 나오는 경우는 아니다. 우선 여기

심으로」,『傳統文化硏究』 4, 용인대학교 전통문화연구소, 7-23면 중 21면에서도 이러한 시각을 볼 수 있다.

[17] 호승희(1993),「신라한시 연구」, 이화여자대학교 박사학위논문 ; 최귀묵(2002), 앞의 글 ; 심경호(2016),「『三國遺事』の詩歌における樣式区分」, *Journal of Korean Culture* 32, 한국어문학국제학술포럼, 191-236면.

서는 ≪삼국유사≫에서 한시와 국어시가가 함께 나오는 대목을 살펴보고자 하는데, 이를 목록화하면 다음과 같다.

[표1] ≪삼국유사≫에서 한시와 국어시가가 함께 나오는 대목[18]

	편명 제목	작품
1	분황사 천수대비 맹아득안(3권 탑상 제4)	맹아의 어미가 지어 부른 <맹아득안가>와 일연의 찬시(7언절구)
2	양지사석(4권 의해 제5)	사람들이 함께 부른 <풍요>, 일연의 찬시(7언절구)
3	원효불기(4권 의해 제5)	원효의 노래(2구), 일연의 찬시(7언절구)
4	심지계조(4권 의해 제5)	산신이 지어부른 노래(4구), 일연의 찬시(7언절구)
5	월명사 도솔가(5권 감통 제7)	<도솔가>, 도솔가 한역시(7언절구), <제망매가>, 찬시(7언절구)
6	신충괘관(5권 피은 제8)	신충이 왕을 원망해 지은 <원가>, 일연의 찬시(7언절구)
7	영재우적(5권 피은 제8)	<우적가>, 일연의 찬시(7언절구)

위 [표1]의 목록은 시(詩)와 가(歌)가 모두 나오는 경우이다. 찬시는 한시임이 분명한데, 노래는 국어시가인가에 대해서는 작품을 구체적으로 보면서 밝히겠지만 그렇게 추정되는 부분을 고른 것이다. 우선 일연의 기술문에서 '作歌'라고 된 경우, 그리고 '唱'이나 '歌'와 같이 실제 노래를 불렀다고까지 기록된 것을 찾은 것이다. 갈래에 대한 구분 의식이 명확했다고 평해지는 일연이[19] 게송을 가(歌)라고 하지는 않은 것으로 보인다. 한시로

---

[18] 정소연(2012), 「≪삼국유사(三國遺事)≫에 나타난 고전시가 수용 방식과 현대적 의의」, 『국어교육』 138, 한국어교육학회, 223-257면에서는 일연의 고전시가 수용 방식에 기반하여 크게 3가지로 분류하였는데, 위의 표는 한시와 국어시가가 모두 나오는 부분을 찾은 것으로, 이 논문의 238면의 <표3>은 이보다 범위가 넓어서 일부 겹치는 부분이 있다. 최재남·최유진·김재현(1999), 앞의 글, 20면에서는 향가를 위주로 하여 다섯 부분을 제시하였는데, 본서 앞절에서 찬시가 이야기 전체를 마무리한다고 한 것처럼 찬시의 범위가 향가보다 넓다고 보고 있다.

된 게송은 '偈'라고 하고, 또 한시로 된 노래도 '詞'라고 기록하고 있기 때문이다.[20] 순서대로 자세히 살펴보면 다음과 같다.

(1) '芬皇寺千手大悲 盲兒得眼'(권3 塔像 제4)의 향가와 찬시[21]

맹아득안가(盲兒得眼歌)
膝肹古召旀　　　　　무릎을 낮추며
二尸掌音毛乎支內良　두 손바닥 모아
千手觀音叱前良中　　천수관음 앞에
祈以支白屋尸置內乎多　기도의 말씀 두노라.
千隱手□叱千隱目肹　천 개의 손에 천 개의 눈을
一等下叱放一等肹除惡支　하나를 놓아 하나를 덜어
二于萬隱吾羅　　　　두 눈 감은 나니
一等沙隱賜以古只內乎叱等邪阿邪也
　　　　　　　　　하나를 숨겨 주소서 하고 매달리누나, 아아.
吾良遺知支賜尸等焉　나라고 알아 주실진댄
放冬矣用屋尸慈悲也根古　어디에 쓸 자비라고 큰고

일연의 찬시
竹馬蔥笙戲陌塵　　　대나무말 타고 파잎 피리 불며 놀았는데

---

[19] 이에 대해서는 전술했듯이 최귀묵(2002), 앞의 글 ; 심경호(2016), 앞의 글 등 참고.
[20] '남백월 이성 노힐부득과 달달박박(3권 탑상 제4)' 조항에서 이를 볼 수 있다.
[21] 이하 원문과 번역은 일연 저, 권상로 역해(2007), ≪삼국유사≫, 동서문화사 ; 일연 저, 고전연구실(리상호) 역(2004), ≪新編 三國遺事≫, 신서원 ; 일연, 김원중 역(2007), ≪삼국유사≫, 민음사 ; 한국학중앙연구원의 디지털장서각(http://jsg.aks.ac.kr)과 한국사데이터베이스(http://db.history.go.kr)을 비교해 가져오고, 특히 향가 번역과 관련해서는 김완진(1980), 『향가해독법연구』, 서울대학교출판부의 것을 가져오되, 일부 표기는 수정하였다.

一朝雙碧失瞳人	하루 아침에 두 눈 잃은 아이가 되었네
不因大士迴慈眼	보살의 자비하신 눈이 아니었다면
虛度楊花幾社春	버들꽃 피는 봄을 얼마나 헛되이 보냈을까

노래는 소원을 아뢴 내용이자, 사건이 진행되는 중의 산물이라서 노래 내용을 보아서는 눈을 떴는지가 불확실하다. 이에 비해 찬시는 전체의 사건을 요약해서 보이므로 눈을 떴다는 점이 명확하다. 편명인 '분황사 천수대비 맹아득안'이 찬시의 주제이자 전체 내용이기도 하다. 이렇게 한시는 산문에서 설명하는 사건 전체를 함축, 요약하는 역할을 하고 있고, 노래는 그 순간의 심정을 담아 표현하고 있다는 점에서 다르다.

(2) '良志使錫'(권4 義解 제5)의 향가와 찬시

풍요(風謠)
來如來如來如	온다 온다 온다
來如哀反多羅	온다 서러운 일 많아라
哀反多矣徒良	서러운 중생의 무리여
功德修叱如良來如	공덕 닦으러 온다

일연의 찬시
齋罷堂前錫杖閑	재 끝난 불당 앞에 지팡이 한가한데
靜裝爐鴨自焚檀	향로 꾸미고 향불 피운다
殘經讀了無餘事	남은 경전 읽기 마치니 더 일이 없어
聊塑圓容合掌看	부처님 빚어 합장하고 보노라

노래는 양지 스님을 포함하여 성중 남녀들이 함께 부르는 것인 만큼 누구나가 화자가 될 수 있고, 실제 '우리'라고 표현하고 있는 대목이 있다면, 찬시는 양지의 마음을 대변하는 1인칭 화자의 시로, 해당 편명의 제목

이 제1구에 나타난다. 또 찬시의 내용에는 온갖 재주를 부리는 상징 제재인 '지팡이'가 한가하게 있고, 다른 일이 더 없어 부처님을 뵙겠다고 하는데, 보통의 사람들은 노동으로 늘 힘들어 이런 양지의 놀라운 재능을 본받아 힘든 삶을 이겨보고자 이 노래를 부르고자 한다. 그렇다면 이 노래는 양지가 '합장하고 부처님을 뵙는(찬시 제4구)' 그 선정의 경지를 사모하는 모든 이들의 희구를 담은 것이다. 양지에게는 지팡이가 있지만, 지팡이가 없는 성중의 사람들은 노래로 이를 추구하였으니 노랫말 마지막 구처럼 '공덕을 닦는' 방편이 되는 것이다. 따라서 노래는 모두에게 적용가능한 공덕을 닦는 쉬운 '방식', '수단'이라면, 찬시는 이 선정에 들어간 자의 안식을 담은 '결과물', 지향하는 바이다.

(3) '元曉不羈'(권4 義解 제5)의 노래와 찬시

원효, <무애가(無碍歌)>
一切無㝵人   전혀 거리낌이 없는 사람은
一道出生死   생사의 도에서 벗어난다

일연의 찬시
角乘初開三昧軸   각승은 삼매경의 처음을 열고
舞壺終掛萬街風   춤추는 호로병은 온 거리를 쏘다니네
月明瑤石春眠去   달밤에 요석궁에 가 봄잠 자니
門掩芬皇顧影空   분황사 문닫고 생각하니 헛되네

<무애가>는 원효가 ≪화엄경≫에서 가져와 만들었다고 하고, 노래를 지어 세상에 퍼트렸다고 하였다.[22] 노래를 지어 세상에 퍼트렸다고 하니

---

[22] ≪삼국유사≫, 권4 義解 제5, <元曉不羈> 중, "仍作歌流于世"

한시로 되기보다 우리말노래였을 가능성이 높다. ≪삼국유사≫에서는 향가와 같이 우리말노래인 경우에 '歌'라는 말을 사용하므로 이러한 점에서도 우리말로 된 노래라고 할 수 있다.

심경호(2016)[23]에서는 경전 속의 내용을 가져와 요약하면 응송(應頌)이라 하고, 경전 내용과 상관없이 교리를 시가화하면 게송(偈頌)이라 하였으나 원효의 이 <무애가>는 ≪화엄경≫에서 가져와 시가화했으니 게송에 가깝다. 본서의 앞에서 혜심을 다루면서 승려의 시가에 대한 용어를 정리한 바 있다. 최행귀는 찬송의 대상에 따라 게송과 가시(歌詩)로 나누면서도 <보현십원가>의 한역시는 송(頌)이라 칭한 점을 들어 송(頌)은 한시와 긴밀하고, 가(歌)는 우리말노래와 더 긴밀한 점을 언급하였다.

그런데 여기서 <무애가>는 기록은 한시처럼 되었어도 이는 한역이고, 노래로 지어 세상에 퍼트렸다고 했으니 국어시가인 게송이라는 점에서 주목된다. 해당 편명이 '원효의 대담성(元曉不羈)'이니 이에 맞는 내용은 찬시이다. 원효의 국어시가인 게송 <무애가>는 원효의 대담성을 보여주는 하나의 사례이자 '일체 거리낄 것이 없는 사람'이라는 제1구는 역시 이 조항의 제목과도 일치한다.

따라서 여기서 국어시가와 한시는 부분과 전체의 구도가 아니라 모두 이 조항의 제목을 잘 드러내주고, 오히려 국어시가가 더 포괄적이다. 찬시는 구체적이고 세밀하게 원효의 생애사를 언급하고 있어서 오히려 부분을 보여주는 측면이 있다. 또 찬시는 요석궁 등 고유명사가 등장하므로 원효에게 한정된다면 국어시가는 모두에게 해당되는 노래라는 점에서 앞에서 본 양지 스님의 '風謠'처럼 보편성을 띠고 있다. '풍요'를 노래 제목인 것처럼 <풍요>라고도 부르지만, 사실 속된 노래, 백성들의 노래라는 의미가

---

[23] 심경호(2016), 앞의 글 참조.

더 강하고, 국어시가가 소수의 특정한 귀족을 위한 것이 아니라 일반 백성에게 해당되는 보편성을 띤다는 것을 보여주기도 한다는 점에서 노래의 성격으로서의 '風謠'라는 말에 더 주목할 필요가 있다. 이와 같이 원효의 <무애가>도 보편성을 띤 내용을 노래, 곧 국어시가로 한 의도가 있다고 보인다.

(4) '心地繼祖'(권4 義解 제5)의 노래와 찬시

산신(山神)의 노래
礙嵓遠退砥平兮   막힌 산은 물러나 평평하고
落葉飛散生明兮   낙엽은 흩어져 선명해지네
貢得佛骨簡子兮   부처님의 뼈 패자를 얻었으니
邀於淨處投誠兮   깨끗한 곳에서 정성을 바치리

일연의 찬시
生長金閨早脫籠   궁에서 났으나 이를 벗어났고
儉懃聰惠自天鍾   근면과 슬기는 타고 났다
滿庭積雪偸神簡   눈 가득 쌓인 뜰에서 패를 얻어
来放桐華最上峯   동화사 가장 높은 곳에 던졌네

본문을 보면 좋은 터를 고르기 위해 패쪽을 던져 점을 치는데, 바람에 패쪽이 날려 서쪽으로 날았고, 이때 산신이 노래를 지어서 불렀다고 하였다. 산신의 노래가 7언 4구라서 한시처럼 보이는 것같지만, '作歌'나 '旣唱'과 같은 표현을 통해 실제 노래를 불렀다고 한 점에서 한시라고 보기는 어렵다. 또 ≪삼국유사≫의 또 다른 국어시가인 <제망매가>처럼 제사를 지내고 종이돈이 바람에 날려가는 상황과 유사한 배경을 가지고 있기도 하다는 것도 고려함직하다. 다음 작품에서 자세히 다루겠지만, 월명사가 <도솔가>를 불러 해의 변괴라는 문제 상황을 해결하기 위해 액막이를 하는 데에도 굳이 범패와 향가를 구분한 것을 보면 역시 한시와 우리말노래라는 구별이 요구되고, 이러한 상황에서는 우리말노래를 부르는 경향이 있다고 생각해볼 수 있다.

산신의 노래는 순간의 감흥을 나타내고 있다. 제1, 2구에서는 터를 정하고자 하는데 방해하는 상황은 없어지기를 기원하고, 제3, 4구는 현재 패쪽이 바람에 날려갔으니 이를 찾으면 그 자리를 터로 삼겠다는 내용이다. 패쪽을 날리며 점을 치는 그 순간의 상황에 꼭 들어맞는 내용이다.

찬시의 내용을 보면, 제1, 2구는 심지의 출신과 생애를 말하고 있다. 왕의 아들로서의 출신 성분을 가지고 있으면서도 부지런하고 슬기로운 사람이다. 심지의 생애에서 일연이 가장 주목하고 있는 사건은 바로 패쪽을 전해받는 법회에서 이 유업을 계승하는 자가 되었다는 점인데, 편명과 같고, 이 글 전체의 핵심 내용이다. 이러한 사건이 찬시 제3, 4구에 나타난다.

두 시가의 내용을 비교해보면, 앞에서 본 여러 사례와 같은 특성을 보여준다. 첫째, 노래로는 그 순간의 감흥, 그 순간의 상황을 잘 보여주고, 찬시로는 편명 전체를 아우르고 있다. 둘째, 노래는 부처님을 공양하기 위한 염원과 정성을 담아 어려운 어떤 상황에서도 이 노래를 부를 수 있는 포괄성을 갖고 있다면, 찬시는 심지라는 개인의 생애, 동화사라는 절의 이름 등 구체적 사건과 상황에 한정되어 보편성은 그만큼 약화된다.

앞에서 본 원효의 <무애가>와 이 산신의 노래는 짧은 시형이기는 하지만 이후 14세기 <서왕가>나 <승원가>와 같이 국어시가로 된 게송으로서의 새로운 시가 갈래의 출현이 가능한 토대가 될 수 있다. 시형은 전혀 다르지만 국어시가로 불교적 교리나 깨달음을 전하고자 하는 시도가 이미 원효나 심지와 같이 삼국시대에 있었다는 점, 그리고 시가 갈래에 대한 구분 의식이 있었던 일연이 노래라는 점을 명확하게 하고 이를 기록한 점은 주목할 만하다. 이 두 노래는 향가와 같은 짧은 시형에 포함되지만,

그래서 갈래상 시형이 너무 다르기는 하지만, 이후 국어시가로 불교의 교리나 경전의 내용을 나타내는 변화도 이러한 오랜 연원에 기반하지 않고서는 어려울 것이기 때문이다.

(5) '月明師兜率歌'(권5 感通 제7)의 향가, 한역시와 찬시

월명사, <도솔가(兜率歌)>
今日此矣散花唱良	오늘 이에 산화 불러
巴寶白乎隱花良汝隱	솟아나게 한 꽃아 너는
直等隱心音矣命叱使以惡只	곧은 마음의 명(命)에 부리워져
弥勒座主陪立羅良	미륵좌주 뫼셔 나립(羅立)하라

월명사, <제망매가(祭亡妹歌)>
生死路隱	생사(生死) 길은
此矣有阿米次肹伊遣	예 있으매 머뭇거리고
吾隱去內如辞叱都	나는 간다는 말도
毛如云遣去內尼叱古	몯다 이르고 어찌 갑니까.
於內秋察早隱風未	어느 가을 이른 바람에
此矣彼矣浮良落尸葉如	이에 저에 떨어질 잎처럼
一等隱枝良出古	한 가지에 나고
去奴隱處毛冬乎丁	가는 곳 모르온저.
阿也 彌陁刹良逢乎吾	아아, 미타찰에서 만날 나
道修良待是古如	도(道) 닦아 기다리겠노라

일연의 한역시
龍樓此日散花歌	오늘 용루에서 산화가 부르며
挑送靑雲一片花	흰 구름에 꽃 한 송이 띄워 보낸다.
殷重直心之所使	정중하고 곧은 마음에서 하는 일이니
遠邀兜率大僊家	저 멀리 도솔천의 미륵보살 뫼셔라.

일연의 찬시
風送飛錢資逝妹　바람이 종이돈 날려 누이의 노자 되고
笛搖明月住姮娥　피리소리 밝은 달까지 울려 항아를 멈추게 했네
莫言兜率連天遠　도솔이 하늘과 멀다고 하지 마라
萬德花迎一曲歌　큰 스님은 노래 하나로 맞이한다

본문을 보면 해가 두 개가 되어 열흘이 되도록 그대로 있자 산화공덕 의식을 통해 액막이를 하고자 할 때에 월명사는 범패는 모르지만 향가를 이해하고 있다고 하였다.[24] 자신은 향가를 더 잘 하는데 괜찮냐는 이면적 의미로 받아들일 수 있는데, 이는 곧 월명사 스스로는 향가로도 이러한 의식을 치를 수 있다고 여겼다는 것을 말해준다. 정작 승려인 자신은 괜찮다고 여겨도, 왕이나 국가 대신들은 다르게 생각할 수 있는 상황을 보여준다. 승려는 우리말노래로도 불교적 의식을 얼마든지 거행할 수 있다고 여기는데, 군신(君臣)은 한시로 된 범패를 더 합당하게 여겼다는 의미로 이해된다. 한시가 국가행사나 공식적 의식에 더 합당하고, 국어시가는 상대적으로 그렇지 못하다고 여기는 월명사 당시의 분위기를 읽을 수 있다.

앞에서 '(2) 양지' 관련 일화에서 백성들은 '풍요(風謠)'로 공덕을 닦았고, 원효도 백성들에 대한 포교로 국어시가인 <무애가>를 지어불렀다고 했다. 진정한 공덕가는 한시보다는 자신의 마음을 더 솔직하게 잘 드러내는 국어시가가 더 알맞다고 한 것으로 보인다. 실제로도 본문에서 "월명의 지극한 덕과 정성이 부처님을 감동시킬 수 있음을 알았다"고 하였다. 지극한 덕과 정성을 나타낸 통로는 바로 <도솔가>를 짓고, 이것을 읊은 것

---

[24] "범패는 익숙하지 않고 향가를 이해한다(只解鄕歌 不閑聲梵)"고 하였다. 이에 경덕왕은 "비록 향가를 사용해도 가하다(雖用鄕歌可也)"고 하였다. 그리고 "월명사가 도솔가를 지었다(明乃作兜率歌賦之)"고 하였다.

('賦')이다. 국어시가가 가진 특징으로서 진심어린 마음을 전하는 통로로서의 장점을 인식하고 있다고 할 수 있다.

이 편명이 '월명사 도솔가'이고, 마지막 찬시에서 또한 이 점을 잘 드러내고 있다. 곧 찬시에서는 종이돈을 날려 죽은 누이를 공양한 사건, 젓대소리에 달도 멈춘 사건, 그리고 제3, 4구에서 <도솔가>를 불러 멀리 있는 도솔을 맞이한 사건을 다루고 있다. 제1구와 제3, 4구는 <제망매가>와 <도솔가>와 관련되어 있고, 제2구는 노래는 아니고 젓대를 분 음악과 관련되어 있다. 편명처럼 이 조항에서는 향가를 말하는 대표적 문구인 '감동천지귀신'도 언급하며 향가 자체에 대해 소개도 한다. 이 역시 국어시가가 가진 중요한 특징을 인식하고 있는 부분이다.

또한 <도솔가>와 <제망매가>는 산화공덕 의식과 누이의 제사라는 특정 사건과 관련된 상황 속에 있지만, 상황에 제한된 구체화된 시어가 드러나지는 않는다. 이로 인해 누구든 부처님을 보시고자 하는 마음, 또 죽은 이와의 사별이라는 상황 속에서 적용가능한 보편성을 띤다. 찬시는 이야기의 마지막에 나오면서 월명사의 생애, 특히 편명과 같이 노래와 음악에 관련된 사건들 전체를 통해 도솔에 가닿았다고 정리하고 있다. 찬시는 월명사의 생애 전체에서 여러 사건을 조망하여 하늘에 닿은 마음을 총괄적으로 나타내고 있다. 이렇게 찬시를 통해서는 해당 편명 전체의 내용을 정리하고 있고, 국어시가인 <도솔가>, <제망매가>는 모두에게 해당하는 내용을 통해 보편적 성격을 가진다는 점에서 앞에서 본 두 갈래의 특징을 여기서에서도 볼 수 있다.

(6) '信忠掛冠'(권5 避隱 제8)의 향가와 찬시

신충, 원가(怨歌)

物叱好支栢史	질 좋은 잣이
秋察尸不冬爾屋支墮米	가을에 말라 떨어지지 아니하매
汝於多支行齊教因隱	너를 중히 여겨 가겠다 하신 것과는 달리
仰頓隱面矣改衣賜乎隱冬矣也	낯이 변해 버리신 겨울에여.
月羅理影支古理因淵之叱	달이 그림자 내린 연못가
行尸浪 阿叱沙矣以支如支	지나가는 물결에 대한 모래로다.
兒史沙叱望阿乃	모습이야 바라보지만
世理都	세상 모든 것
之叱逸烏隱第也	여희여 버린 처지여.
後句亡	(뒷구는 없어짐)

일연의 찬시

功名未已鬢先霜	공명 다 하기 전에 머리가 희어지고
君寵雖多百歲忙	임금 은총 많아도 백년이라
隔岸有山頻入夢	세속을 떠남이 꿈에도 그리우니
逝將香火祝吾皇	거기서 향 피우고 내 임금을 위해 빌리

　신충의 노래는 과거 약속을 지키지 않는 이에 대한 원망의 마음을 표현한 것이다. 특정 상황 속에서의 화자의 마음을 담은 것이다. 찬시는 이 조항의 편명과도 같이 신충의 생애 전체를 조명하면서 잠깐에 해당되는 공명인 벼슬을 그만두고 절에서 임금의 복을 빈 신충의 삶을 나타내고 있다. 국어시가가 특정 상황 속에서의 감흥을 나타내고, 찬시가 편명과 같이 이야기 전체를 아우르는 점은 이전에 본 한시와 국어시가의 관계와 같다.

　노래만 보면 벼슬에 집착하는 것 같으나, 신충의 생애 전체를 다룬 이야기 내용과 찬시를 보면 오히려 그 벼슬을 '그만두고' 절을 짓고 명복을 비는 신충의 충성됨, 변함없는 마음의 그 순수함을 더 주목하고 있다. 벼슬 자체를 추구했던 것이 아니라 진심으로 왕의 복을 빌고자 약속을 이행하고 의를 행할 수 있도록 기회를 가진 것에 가깝다. 잣나무에 이 노래를 붙여 생명을 잃을 정도라면 약속의 불이행은 왕 자신에게도 생명을 앗아갈 정도의 죄가 된다. 이런 죄를 짓지 않도록, 그래서 신충 자신에게 드는 원망의 마음도 들지 않도록 하는 것이 서로를 위하는 것이다. 이런 진정한 복을 비는 마음이 그 이름처럼 믿을 만한 충성된 자의 마음인 것이다. 이런 점에서 노래는 인간이면 누구나 겪는 억울함의 하소연의 감정을 담아 보편성을 띠고, 찬시는 더 근원적인 신충이라는 인물의 마음을 조명할 수 있도록 생애 전체를 담았다.

(7) '永才遇賊'(권5 避隱 제8)의 향가와 찬시

영재, <우적가(遇賊歌)>

自矣心米	제 마음의
兒史毛達只將來吞隱日遠	모습이 볼 수 없는 것인데 (日遠)
鳥逸□□過出知遣	(鳥逸) 달이 난 것을 알고
今吞藪未去遣省如	지금은 수풀을 가고 있습니다.

但非乎隱焉破□主次弗□史内於都還於尸朗也
    다만 잘못된 것은 강호(強豪)님 머물게 하신들 놀라겠습니까.
此兵物叱沙過乎好尸日沙也内乎吞尼
    즐길 법을랑 듣고 있는데
阿耶 唯只伊吾音之叱恨隱濟陵隱安支尚宅都乎隱以多
    아아 조만한 선업은 아직 턱도 없습니다.

일연의 찬시
策杖歸山意轉深　지팡이 잡고 산으로 들어가는 뜻은 깊도다
綺紈珠玉豈治心　비단 구슬이 어찌 마음을 움직이랴
綠林君子休相贈　숲속 군자는 주려고 마오
地獄無根只寸金　약간의 금도 지옥을 뿌리뽑을 수 없으니

이 대목 역시 앞에서와 같이 노래가 먼저 나오고, 마지막에 찬시가 나온다. 영재가 산 속에서 60여 명의 도둑들을 만났는데, 칼을 들이대도 태연하자 노래를 지으라고 해서 위의 먼저 나오는 노래를 지었다고 한다. 지금 산으로 들어가려는 뜻, 자신을 돌아보는 참회의 마음을 담았는데, 도둑들은 이 노래에 감동되었다고 한다. 영재가 당시 은거하고자 하는 자신의 마음을 그대로 표현한 것이고, 또한 도둑들을 만난 그 심정도 함께 잘 드러내고 있다. 도둑들의 두려움이 선을 지향하는 자신의 중심을 바꾸지 못한다고 하였다.

찬시는 앞에서 본 경우와 다르지 않게, '영재우적'이라는 이 편명을 그대로 담고 있다. 산으로 가는 길에 밤이슬 맞은 이, 곧 도적을 만나 재물을 받았으나 이는 지옥에 갈 밑천이니 사양한다는 것으로 영재와 도적들 간의 일화를 잘 담고 있다. 도둑들이 제자가 되어 함께 은거했다는 것은 나오지 않는데, 이 편명의 제목도 영재가 도적을 만났으나 흔들리거나 두려움이 없었다는 점이 강조점이라서 이를 고려하면 그에 충실한 찬시라고 할 수 있다.

7.3. 일연의 한시와 국어시가에 대한 인식

지금까지 ≪삼국유사≫에서 국어시가와 한시가 함께 있는 조항들을 살펴보았다. 국어시가는 일연 이전의 사건의 산물이고, 그 사건과 노래에 대해 일연은 이를 마무리하며 정리하는 한시를 찬시로 짓고 있다. 이런

점에서 국어시가는 당시 사건과 경험에 대한 생생한 감흥을 가지고 있으면서도 여럿이 함께 부르는 경우가 많아 특정 고유명사가 잘 드러나지 않는 포괄성과 보편성을 특징으로 하고 있다.[25] 찬시는 현재의 관점에서 쓴 것이라서 앞의 내용을 마무리하는 기능이 클 수밖에 없고, 해당 사건을 중심으로 주제화한 편명을 그대로 담아 한 편의 글쓰기에서 제목인 편명과 마무리 찬시가 수미 상응하게 완결된 구조를 취하는 데에도 기여하고 있다.

이 속에 나타난 한시와 국어시가는 화답적 관계라고 할 수 있다. 국어시가와 그에 해당하는 사건에 대해 화답하는 것이 찬시의 내용이기도 하기 때문이다. 이러저러한 구체적 사건을 말해주는 것이 국어시가라면, 그러한 사건들에 대한 일연의 반응이 찬시로 나타난다. 물론 하나의 조항을 구성하는 모든 이야기 요소들이 다 일연의 말하고자 하는 바겠지만, 구체적으로 한시는 그 모든 것을 아우르며 정리하면서 그에 대해 화응(和應)하는 마무리 발언이기 때문이다.[26]

화답문화는 한시에서는 일반적이다. ≪삼국유사≫에서도 한시 화답문

---

[25] 이러한 특성을 앞 절에서 살펴본 바, 여러 문인들의 공동작인 <한림별곡>과 잠시 비교해보자. 박일용(1987), 「경기체가의 장르적 성격과 그 변화」, 『한국학보』 13(1), 일지사(한국학보), 51면에서도 사대부들에게 노래부르기 위해 <한림별곡>을 만들었고, 이는 감정을 직접적으로 표현하고 있는 점과 밀접하다고 하였다. 이러한 특성이 일연이 한시와 국어시가를 병기한 조항에서 대비적인 특성으로 국어시가에서도 나타난다는 점을 볼 수 있었다. 또한 <한림별곡>은 전술한 바, 한시와 밀착되어 그 거리가 매우 가까운 국어시가인데, 그만큼 한시가 가진 구체화된 시어들, 특히 고유명사들이 많이 나타나는 점을 볼 수 있었다. <한림별곡>에 나타나는 이 두 가지의 특성은 <한림별곡>이 국어시가와 한시가 밀착된 작품이라는 것을 잘 보여준다.

[26] 고운기(2001), 『일연과 삼국유사의 시대』, 월인, 255-258면에서는 일연의 찬시는 경험과 역사가 일연 자신의 심성에 어떻게 와닿았는지의 주관적 표현이라고 보고 있는 것도 화답시로서의 모습이라고 생각한다.

화는 여러 곳에서 보인다. '김현감호(5권 감통 제7)' 조항에서 도징이 아내에게 5언 4구의 시를 주자, 도징의 아내가 같은 시형으로 화답을 하는 것을 볼 수 있다. 또 '남백월 이성 노힐부득과 달달박박(3권 탑상 제4)' 조항에서도 관음보살 낭자가 노힐부득과 달달박박 각각에게 사(詞)와 게송(偈頌)을 지어보였는데, 찬자는 일연 역시 두 사람에 대해 찬시를 2수 짓고, 마무리 찬시 1수를 더해 총 3수의 찬시를 보이기도 한다. 후자의 사례는 찬자 일연이 본문에 나오는 시가에 대해 화답의 모습을 보이고 있다는 점을 더 명확히 보여준다. 이렇게 한시에서 일반적인 화답문화를 국어시가라고 해서 예외가 되지 않는다는 것을 일연은 보여준다. 다만 국어시가에 대한 화답이 같은 국어시가는 아니다. 조항마다 나오는 시가가 국어시가이든 한시든 상관없이 한시로 화답한다.

일연이 국어시가는 짓지 않으면서 국어시가를 적극 기록한 점에 대해서 더 생각해볼 필요가 있다. 일연의 시대에는 개인의 작품으로 국어시가를 직접 창작하는 경우가 드물었던 시대이다. 일연 이전에 12세기 초의 예종이나 중기의 정서만 해도 자신의 심정을 국어시가를 통해서도 나타내어 개인작의 국어시가가 남아있다. 그러나 13세기에는 찾아보기가 드물다.

새로운 국어시가 갈래로 등장한 경기체가 <한림별곡>은 여러 선비가 함께 지은 공동작이다. 13세기 이후에는 시조나 개인작의 경기체가가 등장하기 전까지 국어시가는 공동체가 함께 향유하는 갈래로 여겨졌던 것이다. 속악가사로 불린 고려속요도 대부분 개인 저작성이 뚜렷하지 않은 공동 향유작이다. 앞서 충지나 혜심의 경우에도 국어시가는 한역시의 형태, 곧 한시화되어 남아있고 그것도 한두 작품에 불과한 것을 보았다.

또한 전술한 것처럼 <한림별곡>은 서정시로서의 정체성에 대한 논란도 있는 작품이다. 이는 13세기에 개인 서정시의 영역은 한시로 옮겨간 것을 말해준다. 앞서 향가가 유행하는 시기만 해도 한시가 개인 서정시로의 중심 갈래의 자리를 차지하지는 못했다는 것을 살펴본 바 있다. 12세기에 이르면 이런 상황이 역전되어 초중반까지 정도에나 개인 서정시로서 국어시가를 짓는 경우가 예종이나 정서에게 나타난다. 그러나 이후 13세기까지 개인 서정시는 이제 국어시가에서 한시로 그 중심이 옮겨간 것을 일연의 경우에서도 볼 수 있는 것이다.

게다가 찬시가 집중적으로 등장하고 있는 대목이 ≪삼국유사≫ 3권 이하라는 점도 주목을 요한다. 3권 이하는 고승전(高僧傳)에 해당되는 성인(聖人)에 대한 열전에 해당된다. 이런 인물에 대한 찬(讚)은 일연의 시대에는 한시가 주로 맡았다고 할 수 있다. 앞에서 융천사의 <혜성가> 등의 향가가 찬시와 같이 해당 조항을 마무리하는 역할을 하는 경우가 있었던 것처럼, 신라의 향가는 부처님이나 신령한 존재, 성인에 대해 노래하는 내력이 있었던 것을 보았다. 그러나 13세기에 국어시가는 개인 서정시의 기능을 담당하지도 않았고, 따라서 성인과 같은 숭고한 존재에 대한 찬시의 기능도 하지 않은 것으로 보인다. ≪악장가사≫ 소재 노래의 경우에 한문과 국문에 따라 상하(上下)와 성속(聖俗)이라는 대비적 측면이 강한 것을 보면[27] 13세기에도 이러한 차이가 있었을 수 있으리라는 추론이 가능하다. 성호경(2006)에 의하면 13세기의 경기체가인 <한림별곡>은 14세기 이후 23편의 다른 경기체가와 그 내용을 비교했을 때 가장 풍류적 삶을 많이 다루고 있는 작품이다.[28] 다루는 대상이 무엇인가에 따라 한시와 국어시가가 어느 정도 구분되어 있었다고 보인다.

그렇다고 해서 한시와 국어시가를 차별하거나 상하 관계로 여긴 것은 아니다. 대상이 되는 시가의 언어가 한문인지, 국어(혹은 향찰문자)인지를

---

[27] 이에 대해서는 정소연(2019), 「≪악장가사≫의 한문가요·현토가요·국문가요의 상관성」, 『조선시대 한시와 국문시가의 상관성』, 한국문화사, 186-236면 참조.
[28] 성호경(2006), 『고려시대 시가 연구』, 태학사, 205-207면 참조.

고려하지 않고 기록한 것은 둘을 대등하게 여긴 것을 의미한다. 원효나 산신의 노래를 한시 게송과 다를 바 없이 여기고 기록하고 있는 것도 같은 인식을 보여준다. 일연은 갈래에 대한 구분 의식이 있다고 해도 한시와 국어시가를 차별적으로 인식한 것은 아니다. '감통편' <월명사 도솔가>조에서 신라인이 숭상하는 향가(鄕歌)는 시송지류(詩頌之類)여서 감동천지귀신(感動天地鬼神)이라고 하였다.[29] 향가도 시(詩)와 송(頌)으로 보았다. 원효의 <무애가>만 국어시가로서의 게송으로 지어진 것이 아니라, 이를 수용한 일연도 같은 인식을 가지고 있었던 것이다.

한시와 국어시가가 함께 나오는 7개의 조항에 나타난 특징은 그렇지 않은 조항에도 적용이 가능하다. 펼쳐놓은 이야기를 마무리하면서 나타내고자 하는 주제를 집약해서 표출한 것이 찬시인 점은 선행연구에서도 지적한 것처럼 ≪삼국유사≫ 전반에서 자주 보이는 특성이다. 이에 비해 국어시가는 인간의 희로애락이라는 정감에 기초한다. 찬시와 같이 지향해야 할 내용의 국어시가도 있지만 지양해야 할 마음에 속하는 국어시가도 있다. '피은편'에 있는 신충의 <원가>는 사실 결국 피은의 길을 간 신충이 젊은 날에 공명에 대한 지향을 가졌을 때의 심정을 표현한 것이다. <물계자가>라 부르는 노래 역시 본인이 임금에게 충성을 하여도 알아주지 않을 때, 오히려 자신의 대나무같이 곧은 성품에 대해 한탄하는 마음을 표현한 것이다.

또한 한시와 국어시가를 대등하게 여겼듯이, 찬시와 같이 마무리하는 역할이 국어시가에 없는 것은 아니다. 권5 감통 제7의 '광덕엄장(廣德嚴莊)'은 광덕의 아내였다가 광덕이 죽은 후 엄장과 같이 산 여성은 부처님

---

[29] "羅人尙鄕歌者尙矣. 蓋詩頌之類歟. 故往往能感動天地鬼神者非一" 일연, 고전연구실(리상호) 역(2004), ≪新編 三國遺事≫, 신서원의 원문을 가져온다.

의 응신의 한 분이라고 하면서 그녀의 노래로 이야기를 마무리하고 있다. 먼저 간 광덕에 대한 엄장의 원왕생의 마음을 담은 노래로 편명인 광덕과 엄장의 사건을 적용해보면 딱 들어맞는 내용이다. 그간 찬시는 이야기의 핵심을 잘 보여주는 제목인 편명을 드러내면서도 이야기 전체를 마무리한 다고 하였는데, 이러한 기능을 이 향가는 그대로 보여준다. 또 역시 같은 곳에 '융천사 혜성가(融天師 彗星歌)'조도 융천사가 지은 <혜성가>로 이야기를 마무리하고 있는데, 제목과도 같이 이 노래 자체가 바로 융천사의 <혜성가>이고, 다른 곳에서의 찬시의 역할처럼 해당 사건 전체도 잘 요약해 보여주고 있다.

곧 한시와 국어시가가 함께 나오는 조항에서 한시와 국어시가 각각의 기능이 있지만, 이러한 특성이 고정되기보다 둘을 대등하게 여겼기 때문에 서로의 기능을 바꾸어 할 때도 있는 것이다. 이를 보면, 두 갈래에 대한 차별의식은 보이지 않는다. 국어시가는 일연 이전의 과거의 사건에 대한 노래이고, 찬시는 일연의 시대에 속한 자신의 것이니 두 갈래가 선후관계상 화답적 관계에 있을 수밖에 없고, 대체로 찬시는 찬자가 이 사건과 이야기를 마무리하면서 직접 지었으니 해당 기능을 더 자주 할 수밖에 없는 것이다.

향가가 더 불리지는 않고 있는 상황에서 일연이 할 수 있는 일은 그 향가를 소개하고 관련 사건을 기술하는 것이다. 현대적 기준에서 갈래명인 향가 외에도 ≪삼국유사≫에는 노래가 더 많이 나온다. 권4 원효와 관련하여 길에서 지어불렀다는 <작지천주가(斫支天柱歌)>(요석공주와 설총 관련)와 <완산아요>(후백제의 참담함을 나타냄), 권46, 열전 제6, 최치원조에서 <계림요>가 등장하는데 모두 2구로 된 반게(半偈) 형식이다.[30]

---

[30] 조평환(2011), 『한국 고전시가의 불교문화 수용 양상』, 조율, 21면.

또 권5 '혜통강용'에서 <절원가(折怨歌)>는 절을 세우자 하늘에서 들린 노래라고 하는데 3구로 되어 있다. 이런 부분도 노래를 시 못지 않게 대등하게 여긴 일연의 인식을 잘 보여준다.

향가 중에는 찬시의 기능을 할 수 있는 경우가 위와 같이 있어서 그 경우에 향가를 활용하기도 하지만 역시 일연 당시에 향가가 더 불리지 않는 상황에서 향가는 시(詩)로 해(解)하는 대상일 수밖에 없다. 그래서 앞에서 보았듯이 8세기의 월명사가 지은 <도솔가>를 일연은 '해(解)'한다고 하면서 한시로 바꾸어 설명했다. 일연의 시대인 13세기에는 향가를 잘 부르지 않고 해석이 별도로 필요한 사정을 이로써 알 수 있다.

지금까지 본 7개의 일화와 시가는 일연이라는 찬자에 의해 취사선택을 거친 결과물이다. ≪삼국유사≫에는 100여 종 이상의 우리 문헌과 30여 종 이상의 중국 문헌 등이 참고가 되었다고 하는데[31], 그만큼 취사선택의 결과물은 이미 있는 그대로는 아니고 기록자의 시각을 보여주는 것이다. 이런 점에서 당대의 사건이라 할지라도, 분명 각 편명마다 해당 내용을 구성하여 한 편의 조항을 기술한 것은 일연이 가진 세계관을 보여주는 글쓰기 결과물인 것이다. 이 속에는 13세기를 살았던 일연의 시각이 포함되어 있고, 더 나아가 이는 일연이 바라본 한시와 국어시가의 관계라고 해도 과언이 아닐 것이다. 이런 이유로 본서에서는 13세기 한시와 국어시가에 대한 인식을 보기 위해서 일연의 ≪삼국유사≫를 살펴본 것이다.

---

[31] 지준모(2005), 「삼국유사 인용문헌고」, 『삼국유사의 어문학적 연구』, 이회, 565-620면에서는 ≪삼국유사≫에 인용된 문헌이 130여 종 이상이라고 하였는데, 정환국(2006), 「『삼국유사』의 인용자료와 이야기의 중층성 - 초기 서사의 구축형태에 주목하여」, 『동양한문학연구』 23, 동양한문학회, 121-148면에서 본 자료(양기백(1967), 『삼국유사소재서명색인』, 국회도서관보, 제4호, 국회도서관)에서는 190여 종이라고도 한다.

IV. 14세기

  14세기는 한시 창작이 지속되는 가운데 이색과 같이 한시에 노래의 특성을 적극 도입하는 경우도 있고, 더 적극적으로는 한시에서 국어시가를 수용하는 '小樂府'도 주목된다. 국어시가에서는 이미 등장한 경기체가가 이제 특정 개인이 짓는 갈래로서 향유되고, 개인 서정시로서의 국어시가로 시조의 창작도 이루어진다. 이에 14세기에 한시와 국어시가의 상관성은 다음의 몇 가지 측면을 집중 고찰하고자 한다.
  첫째, 이제현과 민사평의 소악부는 고려속요와 한시의 직접적인 상관성을 매우 잘 보여준다. 우리 시가사에서 전에 없던 새로운 한시의 창작 방식이면서, 그 토대는 이미 <한림별곡>을 통해 마련되었다. 국어시가의 한시화는 국어시가의 위상에 대한 가치 부여가 없으면 이루어지기 어렵다. 민가 채집이라는 악부가 이미 중국에 있었다고 해도 실제 우리 시가사의 토양 위에서 소악부가 나타나 실현된 것은 다른 문제이기 때문이다. <한림별곡>은 앞장에서 본 것처럼 한시체를 활용해 국어시가에 대한 인식을 제고하는 변곡점이 되었고, 이후 국어시가에 대한 인식은 사대부 시인들에게 적극적으로 이루어졌다고 할 수 있다. 이러한 토대 위에서야 고려속요의 향유도 가능하고, 소악부도 나타날 수 있었던 것이다.
  둘째, 이중언어시인이 아니라도 한시를 통해 국어시가를 접목하고 추구하는 방식은 13세기에 이어 14세기에도 지속되었다. 대표적으로 이색을 비롯하여 고려후기 시인들의 한시를 통해 국어시가는 어떻게 그 속에서 자리하며 인식되었는지 살펴보게 될 것이다.
  셋째, 14세기에는 이중언어시인이라 할 수 있을 만큼 한시와 국어시가를 모두 짓는 시기가 형성된 점이 주목된다. 사대부이든 승려이든 상층

시인들은 한시를 지속적으로 짓는 가운데, 문인은 경기체가와 시조를 개인작으로 짓고, 승려는 가사를 새롭게 마련하였다. 구체적인 시인과 작품 양상은 해당 장에서 상론하겠지만, 안축은 한시와 더불어 경기체가 <관동별곡>과 <죽계별곡>을 지었고, 우탁을 비롯한 여러 문인들은 1~2수 정도이지만 시조와 더불어 한시를 지었다. 승려의 경우 나옹 혜근은 한시와 더불어 가사 <승원가>와 <서왕가>를 남겼다.[1]

---

[1] 나옹 혜근의 작품인가에 대한 논란이 있으나 본서에서는 14세기의 산물로서 나옹 작의 가능성에 더 무게를 두었다. 이에 대해서는 해당 장에서 상론하게 될 것이다.

8. '소악부(小樂府)'를 통해 본 한시와 국어시가의 상관성

8.1. 서론

'小樂府'라는 말은 이것을 지은 이제현과 민사평이 직접 부른 용어이다. 민사평의 글에서 이 단어를 볼 수 있다. "(이제현이) 다시 소악부 두 장을 보여주었다(再以小樂府二章示)"[2]고 한 것을 보아 이제현과 민사평은 7언 절구로 된 이 시들을 소악부로 부르고 인식한 것을 알 수 있다.

소악부의 존재 자체는 고려시대 한시와 국어시가의 가까운 거리를 잘 보여준다. 비록 도착어가 한문인 한시화가 목표지점이라고 해도 국어시가를 한시화하겠다는 것은 국어시가와 한시의 상관성을 의식하지 않고서는 불가능하다. 물론 전에 없는 소악부의 양식을 새로이 할 수 있는 문화적 배경이 있었기 때문에 이제현과 민사평의 소악부 창작이 가능했다. 이러한 토양이 없었다면 국어시가를 한시화하겠다는 것은 문학사의 표면에 드

---

[2] ≪급암시집≫ 권3. 이하 본장에서 다루는 원문은 한국고전종합DB(http://db.itkc.or.kr)에서 가져오고, 번역을 가져올 때는 번역자를 밝힌다.

러나기가 쉽지 않았을 것이다.

소악부라는 양식은 아니지만 이미 10세기에 향가를 한역하여 한시화한 것은 존재했다. 고려 초기부터 나타난 이러한 현상 역시 한시와 국어시가의 긴밀함이 높게 인식된 고려의 문화적 토양을 보여주는 것이다. 또 소악부의 등장은 13세기에 한시와 국어시가가 밀착된 토대의 형성 위에서 나타났다고 할 수 있다. 13세기에는 처음 등장하게 된 경기체가 <한림별곡>도 한시와 밀착된 방식이고, 혜심이나 충지 등 국어시가의 한시화가 한두 작품 정도 보이거나, 혹은 이들의 한시에서 국어시가의 운율이나 작시 방식이 일부 활용되는 정도였다. 이제 14세기에 나타난 소악부는 직접적으로 국어시가를 한시화했다는 점에서 한시의 국어시가 수용 방식의 가장 적극적인 형태를 보여준다.

그간 소악부는 이제현이 지은 11수와 민사평이 지은 6수에 한해서 논의가 대부분 이루어져왔다. 본장에서는 소악부를 7언 4구 형태에 한하되, 이를 둘러싼 이제현과 민사평의 화답 한시까지 넓혀볼 이러한 현상을 살펴볼 필요가 있다고 보는데, 이에 대해서는 후술하기로 하고, 여기서는 우선 선행연구에서 주로 논의된 지점을 중심으로 살펴보고자 한다.

<한림별곡>이 국어시가 연구자들에 의해 적극 논의가 되었다면, 이제현과 민사평의 '小樂府'는 한시 연구자들에 의해서도 연구가 많이 이루어졌다. 악부시의 한 부분으로서 민간의 노래를 채록해 한시화했다고 보기 때문이다.[3] 그러나 단순한 번역이 아니라 '역해(譯解)'이고[4] '번해(飜解)'[5]

---

[3] 박혜숙(1991), 『형성기의 한국악부시 연구』, 한길사 ; 안대회(2000), 「한국 악부시의 장르적 성격」, 『한국 한시의 분석과 시각』, 연세대학교 출판부, 85-107면 ; 여운필(2008), 「고려시대 한시와 국문시가」, 『한국한시연구』 16, 한국한시학회, 5-36면 등을 들 수 있다.

[4] 최미정(1983), 「고려가요와 역해 악부」, 우전신호열선생고희기념논총간행위원회, 『우전 신호열선생 고희기념논총』, 창작과 비평사, 588-596면.

이며 나아가 새 노래를 지은 것이다.[6] 이런 이유로 소악부는 그 존재 자체가 이미 한시와 국어시가의 상관성을 긴밀히 보여준다.

　소악부에 대한 선행연구는 특히 세 가지 측면에서 논의가 많이 이루어졌다.

　첫째, 소악부의 의미에 대해서는 중국을 고려하는 가운데서도 우리 시가사에서 가지는 주체적 행위로서의 의미를 더 많이 부여하고 있다. 박현규(1995)[7]에서는 '小樂府'라는 명칭이 중국에서도 1366년에야 발견된다는 점을 고증하여 이제현과 민사평이 독자적으로 붙인 용어라고 하였다. 김명순(2002)에서는 7언절구 형태는 중국 성률에 맞는 장단구가 아니라 우리 노래의 가창과 음송에 유리한 리듬을 가졌다고 보았다.[8] 여운필(2008)[9]에서는 고려시대 한시와 국문시가라는 거시적 관점에서 소악부를 바라보았는데, 중국의 경우 소악부가 반드시 7언절구만을 지칭하는 것이 아니라 5언시도 있고 소시(小詩)의 전통 가운데 일부라는 점에서 7언절구의 우리 소악부는 한국적 특수성을 고려한 협의의 개념으로 이해할 필요가 있다고 보았다. 어강석(2010)[10]에서는 동국시(東國詩)의 관점에서 이제현의 동국시 창작 경향이 민사평과 이색 등으로 이어졌다는 시가사적 의미를 부여

---

[5] 박혜숙(1991), 앞의 책.
[6] 김유경(2016), 「고려 소악부와 속요의 관계」, 고가연구회, 『고려가요 연구사의 쟁점』, 보고사, 124-159면 중 149면.
[7] 박현규(1995), 「이제현·민사평의 소악부에 관한 연구」, 『한국한문학연구』 18, 한국한문학회, 157-180면.
[8] 김명순(2002), 「신위 소악부의 독법과 그 의미」, 『대동한문학』 17집, 대동한문학회, 201-231면 중 9면.
[9] 여운필(2008), 앞의 글.
[10] 어강석(2010), 「익재 이제현의 동국 관련 시 창작과 의도」, 『어문연구』 38, 한국어문교육연구회, 415-440면.

하였다. 김유경(2016)과 윤덕진(2016)에서는 외래 사곡에 대한 대응으로서 우리 백성의 노래에 대한 관심이라고 보았다.[11]

소악부의 존재는 분명 우리 시가사에서 한국적 한시 모색의 구체적 한 모습이자 자국어시가에 대한 인식의 제고로 인한 결과물임에는 틀림없다. 소악부를 처음 지은 이제현 스스로도 '신사(新詞)'라고 하였다.[12] 번역도 창작의 성격이 있지만 이제현은 한역(漢譯)한다고 하지 않고 번(翻)하여 새로운 시(詞), 새로운 노랫말, 새로운 시가로서의 의미를 부여한 것이다. 고려사에서도 '作詩解之'라고[13] 시(詩)를 지었다고 하여 창작시로서의 의미를 부여하고 있다고 할 수 있다.

소악부의 등장은 갑작스럽거나 중국의 영향만으로 다 설명할 수는 없다. 왜 이때에 이런 형태의 한시를 짓게 되었는가는 오랫동안 작용한 시가사의 전개와 토양 가운데 가능하기 때문이다. 김은정(2014)[14]에서는 <구지가>, <해가>, <인삼찬> 등 고대가요에서부터 우리 민요의 기록은 4구라는 등식이 있었다고 보았다. 중국 시경체는 자수가 다양하나 우리는 4언 4구를 고수한다는 점에서 꼭 시경체라고 보기도 어려우므로 4구의 구수(句數)를 고려할 때에 우리 민요의 특성을 살리는 측면이 더 강하다고 하였다.

이러한 관점에서 보면 소악부 역시 4구로서 고대가요의 4구, 향가의 4

---

[11] 김유경(2016), 앞의 글 ; 윤덕진(2016), 「소악부 제작 동기에 보이는 국문시가관」, 앞의 책, 160-184면.

[12] 이제현, ≪익재난고≫ 권 4. "及菴取別曲之感於意者 翻爲新詞可也" 이하 이제현의 소악부와 관련 대목은 한국고전종합DB(http://db.itkc.or.kr)에서 가져온다.

[13] ≪고려사≫ 악지, 속악, '사리화', '장암', '제위보' 등에서 이제현의 소악부를 인용할 때마다 "李齊賢作詩解之"라고 소개하고 있다.

[14] 김은정(2014), 「한국한시 형성 과정 고찰」, 『국문학연구』 30, 국문학회, 7-38면, 13-15면.

구체의 4구를 이어가고 있어서 역시 민요에 기반한 시가의 기록이라는 점에서 상통한다. 본서에서는 13세기를 살펴보면서 <한림별곡>이 국어시가의 위상을 제고하는 데에 기여하면서 한시와 밀착된 형태를 제시하는 시가사적 전변을 보인다고 보았는데, 이러한 배경이 토대로 작용할 수 있었다. 또한 여운필(2008)에서도 거시적으로 바라보고 있듯이, <寒松亭>도, <한림별곡> 제8연의 한시화인 이색의 <鞦韆> 제3수 등도 국어시가의 한시화도 공존하고 있었다.[15] 따라서 중국 송대의 소악부의 유입과 영향의 측면만이 아니라 민요의 한시화라는 4구 방식의 오랜 내력과 한시와 국어시가의 밀착을 보이는 여러 시가 작품들, 또 국어시가의 위상 제고 등이 소악부의 토양으로 작용할 수 있는 시가사적 토대가 되었다고 할 것이다.

둘째, 소악부의 창작 시기와 관련해서는 크게 두 가지로 나뉜다. 이르게는 1318~1320년 사이, 곧 이제현(1287-1367)이 32~34세, 민사평(1295-1359)이 24~26세 사이인 때로 보는 견해가 있다.[16] 더 늦게는 이제현이 ≪역옹패설≫을 지은 시기인 1342년으로 보거나[17], 1357년에서 1358년 사이에 이루어진 것으로 보는 견해가 있다. 더 구체적으로 이제현이 1357년 말경에 먼저 11수를 짓고, 이후 1358년에 민사평이 6수를 지었다고 보는 견해[18]와 이제현이 1358년 여름에 지었다는 견해가 있다.[19] 또 아무리 늦어도 1359년을 넘지 않으리라고 보는 견해도 있어서[20] 14세기 중반

---

[15] 여운필(2008), 앞의 글 참조.
[16] 성호경(1990), 「익재 소악부와 급암 소악부의 제작시기에 대하여」, 『한국학보』 61, 일지사, 2-21면, 성호경(2006), 「익재 소악부와 급암 소악부의 제작시기」, 『고려시대 시가 연구』, 태학사, 97-119면에 재수록.
[17] 서수생(1962), 「고려가요의 연구-익재 소악부에 한하여」, 『경대논문집』 5, 경북대학교, 277-326면.
[18] 여운필(2008), 앞의 글.
[19] 어강석(2010), 앞의 글.

이전에는 지어졌다고 할 수 있다. 이르게는 14세기 초반에, 늦어도 14세기 중반 이전에 이제현과 민사평의 소악부가 지어졌다고 하는 견해와 더불어, 14세기에 이미 이러한 토대가 충분히 마련된 점에 대해서는 이견이 없어 보인다.

그런데 14세기 초와 14세기 중반은 경우에 따라서는 큰 차이일 수 있다. 뒤에서 상론하겠지만 민사평은 이제현의 소악부에 남녀상열의 내용이 있어서 화답하기를 꺼렸는데, 이를 보면 남녀상열의 내용이 범주를 넓게 잡는다고 해도 사대부 문인이 한시에서 다루는 것을 주저했던 분위기라고 할 수 있다. 님을 그리워하고 기다리는 화자가 등장하는 한시를 찾아보면 이숭인(1347-1392)의 <渡遼曲>은 전쟁에 나간 남편을 기다리는 아내의 기다리는 마음을 다루었고, 이달충(1309-1384)의 <閨情>은 적극적으로 님에 대한 사랑을 토로하고 기다리는 내용을 다루고 있다. 정포(1309-1345)의 <怨別離>도 15세 소녀의 이별에 대한 원망을 토로하는 시이다.[21] 많지는 않지만 고려 한시에서 남녀상열이라 할 만한 작품이 없지는 않고, 대체로 14세기 중반이나 후반에 등장한 것을 보면 이제현의 소악부는 좀 더 이른 시기에 지어졌을 가능성도 있어보인다.

셋째, 작품의 해석과 관련해서도 여러 방면에서 논의가 이루어졌다. 앞에서 남녀상열의 내용에 대해서 언급하였는데, 특히 이와 관련해 논의가 많이 이루어졌다. 대체로 유교적 덕목에 맞는 노래를 우선시했다고 보지만[22] 이제현의 제3수나(≪고려사≫ 악지의 <제위보>)나 민사평의 제6수(≪고려사≫ 악지의 <안동자청>)은 남녀상열지사인가를 두고서 여러 논

---

[20] 박현규(1995), 앞의 글.
[21] 이런 한시들은 5장에서 따로 자리를 마련해서 다루겠지만, 몇 편을 예로 든 것이다.
[22] 김유경(2016), 앞의 글.

의가 있었다. <제위보>를 ≪고려사≫ 악지의 설명과 반대로 부적절한 관계를 맺었던 남성을 그리워하는 시구로 읽기도 한다.[23] 그러나 임주탁(1996)[24]에서는 민사평의 소악부 <안동자청>이 남녀상열지사일 수는 있으나 고려가요 <안동자청>까지 그렇게 보기는 어렵고, 이런 점에서 민사평의 <안동자청>은 아녀자의 정절을 권장하는 의미로 보았다. 여운필(2008)[25]에서도 이제현의 <제위보>와 민사평의 <안동자청>은 유학자들이 남녀상열을 다룬 노래를 선정했을 리가 없으므로 남녀상열을 다룬 노래가 아니라고 하였다. 이외에도 이제현의 소악부를 두고 백성의 원성을 들을 줄 아는 목민관을 지향한다고도 본다.[26]

사실 선행연구는 위 두 작품에 대해 주로 논의가 이루어졌는데, 이는 ≪고려사≫ 악지와의 해석이 충돌되는 부분의 탓도 크다. 그러나 현대적 관점에서 보면 오히려 민사평의 <쌍화점>의 한역부분이 그 자체의 해석은 간명하다고 해도 더 크게 문제가 될 수 있고, 그런 점에서 소악부 창작 전체의 의도나 구성 등의 근본적인 해석상의 문제를 야기한다. 이에 대해서는 본문에서 상론하고자 한다.

또 이제현은 세태를 비판하는 의식 또한 소악부 창작 의도에 가지고 있었다.[27] 이 점이 11수의 소악부 중에서 마지막 두 수에 잘 드러난다.

---

[23] 허경진(1987), 『익재 이제현 시선』, 평민사, 101면 ; 김혜은(2011), 「번역시가로서의 소악부 형성 과정과 번역 방식 고찰」, 『한국시가연구』 31, 한국시가학회, 247-270면 중 266면.

[24] 임주탁(1996), 「고려가요 <安東紫靑>의 문학적 성격」, 『관악어문연구』 21, 서울대학교 국어국문학과, 297-337면 중 315-316면.

[25] 여운필(2008), 앞의 글.

[26] 윤덕진(2016), 앞의 글.

[27] 이와 관련하여 이달충은 자신의 종부(從父)인 이제현에 대하여 <次益齋韻 三首> 제1수에서 "行歌滄浪水 恥憩惡木陰 擧世不知故 何人能刺今"(≪霽亭集≫ 권1)으로 시작하고 있다. 곧 '창랑가'의 내용처럼 물이 탁하면 발을 씻듯이 세상에서 지조를

특히 제10수 뒤에는 승려와 사대부 남성이 모두 기녀나 상인의 딸, 혹은 하층민 여성 등을 취하는 타락한 세태를 풍자하고 있다.[28] 중국의 <西湖曲>을 굳이 들어 여성들이 정조를 지키려는 다짐을 다룬 노래 '행로(行露)'를 부르고자 한다는 부분을 인용한 것을 보면 <제위보>도 뉘우치지 못하고 그리워하는 모습을 풍자하고 있다고도 볼 수 있다. 그러나 이러한 각 작품의 의미도 두 시인의 전체 소악부를 검토할 때에 그 맥락을 고려하여 해석이 제대로 이루어질 수 있을 것이다. 이에 대해서는 1.3.에서 상론하고자 한다.

이제 이러한 선행연구를 기반으로 다음 절에서는 이제현과 민사평의 소악부에 나타난 한시와 국어시가의 상관성을 구체적으로 살펴보고자 한다.

8.2. 소악부 창작 배경에 나타난 한시와 국어시가의 관계

이제현과 민사평은 화답 가운데 왜 이들 소악부를 지었는지 기록을 해두고 있어서 이를 우선 살펴볼 필요가 있다. 이를 보면 이제현은 9수의 소악부를 먼저 지어 민사평에게 주었으나, 민사평은 화답을 주저하고 있었고, 이에 다시 2수를 더 지어 이를 도발한다고 하였는데, 이러한 글에 소악부의 창작 동기가 나타나 있어서 주목된다. 이를 자세히 보면 아래와 같다.

---

[28] 지키며 풍자할 일이 있으면 하는 이라고 하였다.
≪익재난고≫ 권4, "(前略) 近者有達官戱老妓鳳池蓮者曰, 爾曹惟富沙門是從, 士大夫召之, 何來之遲也. 答曰, 今之士大夫, 取富商之女爲二家, 否則妾其婢子. 我輩苟擇緇素, 何以度朝夕. 座者有愧色. 鮮于樞西湖曲云, '西湖畫舫誰家女 貪得纏頭强歌舞' 又曰, '安得壯士擲千金, 坐令桑濮歌行露' 宋亡, 士族有以此自養者. 故傷之也. 耽羅此曲, 極爲鄙陋, 然可以觀民風知時變也. (後略)"

어제 곽충룡을 만났는데, 급암이 소악부에 화답하려고 한다고 말하였다. 그런데 그 일에 말이 겹쳐서 아직 안했다고 한다. 내가 말하기를, 유빈객이 '竹枝' 노래를 지었는데, 모두 기주, 삼협 사이의 남녀상열의 가사이다. 동파도 이비, 굴원, 회왕, 항우의 일을 써서 장가(長歌)를 엮었다. 무릇 어찌 옛사람을 답습한 것이겠는가? 급암이 별곡(別曲)에서 느끼는 뜻을 취하여 바꾸어 새 노랫말[新詞]가 되게 할 수 있다. 두 편을 지어 그것을 돋운다.[29]

위의 글은 이제현이 제10, 11수의 소악부를 추가로 지으면서 쓴 글이다. 이 글을 통해 민사평이 주저하는 이유를 여러 가지로 알 수 있다. 한 가지로 통칭하면 말이 중복된다는 것이지만, 그것의 더 세밀한 이유들이 있어서 더 자세히 나눌 수 있다. 첫째, 말의 중복, 둘째, 남녀상열의 내용, 셋째, 이미 있는 고사(故事)의 인물을 활용해 장가(長歌)로 엮음, 이 세 가지가 이유가 되고 있다. 이에 대해 이제현은 '별곡에서 느끼는 뜻을 취해[取別曲之感於意] 바꾸면 된다[翻爲]'고 하였는데, 구체적으로 어떻게 설득하고 있는지를 살펴보기로 하자.

첫째, 이제현은 민사평이 답습, 곧 같은 말을 중복해서 쓰는 행위로 여긴 것에 대해 기존 노래인 별곡(別曲)을 듣고 느낀 뜻을 더하는 것이므로 중복이 아님을 강조하고 있다. 민사평은 이미 있는 노래, 곧 이제현의 용어를 빌면 '별곡(別曲)'을 그저 한문으로만 바꾸는 것은 말이 중복된다고 여긴 것같다. 국어시가나 한시나 내용이 같다면 중복이라고 본 것이다. 이에 대해 이제현은 번(飜)하는 것은 새 노랫말이 되게 하는 것으로 생각하였다. 무엇보다 별곡에서 느끼는 뜻을 취한 것이므로 이는 수용자가 어떻게 느끼는지가 새롭고, 그러므로 새 노랫말이라 여긴 것이다. 내용이 같으면

---

[29] ≪익재난고≫ 권4, "昨見郭翀龍 言及菴欲和小樂府 以其事一而語重 故未也 僕謂劉賓客作竹枝歌 皆夔峽間男女相悅之辭 東坡則用二妃 屈子 懷王 項羽事 綴爲長歌 夫豈襲前人乎 及菴取別曲之感於意者 翻爲新詞可也 作二篇挑之"

언어가 달라도 같다고 보는 것과, 내용이 같아도 수용자가 자신이 느낀 뜻을 더해 다시 번(飜)하는 것은 다르다는 두 입장이 나타나 있다. 민사평의 고민은 한시나 국어시가나 언어의 차이보다는 같은 내용인 점에 주목한 것이고, 이제현의 입장은 언어가 달라지면 노랫말도 새롭지만, 그 사이에는 수용자의 느낀 뜻이 들어가기 때문이라는 것에 더 방점을 두고 있는 것이다.

여기서 새 노랫말이라고 풀이한 '新詞'는 이제현이 중국의 사(詞)를 염두한 점도 없지 않았으리라고 본다. 송대 이후 사문학이 민간가요와 만나며 유행하였고, 이러한 점을 고려해 우리의 민간의 가요를 한시화한 것으로 '새로운 사'라는 의미도 있을 것으로 보인다. '노랫말이 새로워진다', '새 노랫말'이라는 평이한 의미도 있지만, 중국의 사에 대응하는 우리의 사라는 의미도 이면적으로 가졌을 것이다. 권근도 <자하동신곡>을 지은 채홍철에 대해 신사(新詞)를 지었다고 하였다.[30] 채홍철은 <이상곡>의 저자라는 병와 이형상의 기록[31]도 있는 것을 보면 국어시가에 관심을 둔 시인들이 이를 활용한 한시를 지을 때 신사(新詞)라는 시각으로 보는 분위기도 있었던 듯하다.

둘째, 민사평의 반응을 보면 남녀상열(男女相悅)의 노랫말을 한시로 다루는 것은 사대부 문인으로서 꺼려지는 분위기였음을 짐작할 수 있다.[32]

---

[30] 권근, ≪陽村先生文集≫ 권35, <蔡贊成諱洪哲> "(前略) 製新詞 新詞世稱紫霞洞別曲 以被管絃 至今傳于樂府" 한국고전종합DB(http://db.itkc.or.kr)에서 원문을 가져온다.

[31] 이에 대해서는 박노준(2018), 앞의 책, 194-196면 참조.

[32] 본서에서 말하는 남녀상열은 단시 남녀 간의 유희적 사랑을 의미하는 것은 아니다. 서로 간에 그리워하든, 님이 떠나 외로워서 님을 기다리며 생각하든 사랑하는 사람들 간에 생기는 감정을 위주로 한 것을 의미한다. 실제로 이하에서 유우석의 <죽지사>를 살펴보아도 남녀상열의 내용이 이러한 범주 안에 있는 것을 볼 수

국어시가로는 남녀상열을 다루어도 한시로는 사대부 남성으로서 거리낀다는 것이라면 한시와 국어시가가 다루는 내용 영역에 있어서 당시 어느 정도 구분을 하고 있었다고 보인다. 조선시대만 해도 여성 화자를 내세워 님을 그리는 내용을 다루는 한시를 더 많이 볼 수 있지만 이 시기에는 많지 않다. 꼭 여성 화자가 아니더라도 12세기까지 님을 그리거나 마음의 정을 토로하는 애정 한시는 찾기 어렵다. 정지상(?-1135)의 <送人>을 들 수도 있으나, 13세기 시화집인 이인로의 ≪破閑集≫에서는 "성이 정씨인 사람인데 이름은 잊어버렸다"고 할 정도여서 적극적으로 의식하기는 힘든 상황이라 할 수 있고,[33] <송인>도 당시 우리말노래를 일부 수용함으로써[34] 이러한 내용을 담은 것이라고도 볼 수 있을 것이다. 이외에는 이규보(1168-1241)의 <閨情>(동국이상국집 권16)을 찾을 수 있는 정도이다.[35] 이러한 배경이 있다고 해도, 소악부로서 이미 있는 노래를 가져온 것이라고 해도 그만임에도 불구하고 이를 꺼려할 만큼의 분위기였음을 짐작해보게 된다.

그런데 이에 대해 이제현은 유우석의 <죽지사>를 들어 이미 이러한 방식은 한시에 있는 일이라고 하였다. 순수 창작시가 아니라 유우석 역시 있다.

[33] 이인로, ≪파한집≫, 권下, "有俊才姓鄭者 忘其名". 이외에도 ≪海東遺謠≫ 등 정지상의 <송인>이 작자 미상이라고 된 문헌을 가끔 볼 수 있는데, 이인로, 박성규 역주(2012), ≪역주 파한집≫, 보고사, 267면에서는 정지상이 김부식에 의해 사형을 당한 죄인으로 고려 당시 언급이 꺼려진 탓으로 보고 있다. 이러한 기록이 이후 문헌에서도 별다른 검토없이 그대로 수용된 것이 아닌가 한다.

[34] 이종묵(2003),「한시 속에 삽입된 옛 노래」, 박노준 편,『고전시가 엮어 읽기』상, 태학사, 399-416면.

[35] 2수로 이루어졌는데, 밑줄 친 부분을 보면 화자를 여성으로 볼 수 있다. "寂寂空閨裏 錦衾披向誰 相思深夜恨 唯有一燈知/ 淚從心底出 豈與眼相謀 不似寒泉水 無情亦自流"

기존의 민요를 한시화한 것이 <죽지사>이므로 이런 창작 방식을 들어 남녀상열을 다루는 것은 가하다는 입장을 보인 것이다. 또한 이는 이제현이 이미 지은 9수의 소악부도 같은 경향이 있음을 의미한다. 이 말을 한 당시 이제현은 9수의 소악부를 지은 상태였다. 유우석의 <죽지사>가 보여주는 남녀상열의 정도가 어느 만큼인지는 후술하겠지만, 우선 '외형'상으로만 보았을 때에는 제2, 3, 7, 8, 9수가 남녀 사이의 관계를 다룬 작품에 해당된다.[36] 이 중에서 제7수는 ≪고려사≫ 악지에 <오관산>이라는 이름으로

---

[36] 순서대로 들면 다음과 같다. (이제현, ≪익재난고≫ 권4) 이하 이제현의 소악부는 한국고전종합DB(http://db.itkc.or.kr)에서 원문과 번역(장재한 역(1979), 한국고전번역원)을 가져오되 번역은 일부 수정하였다.
(2)
鵲兒籬際噪花枝　까치는 울 옆 꽃 가지에 지저귀고
喜子床頭引網絲　거미는 상 머리에 그물을 치네
余美歸來應未遠　우리님 오실 날 멀지 않겠지
精神早已報人知　그 정신 미리 사람에게 알려주네
(3)
浣沙溪上傍垂楊　완사계 언덕 위에 버들이 늘어지고
執手論心白馬郞　백마랑 손잡고 심중을 터놓았네
縱有連簷三月雨　처마에 쏟아지는 삼월 비라도
指頭何忍洗余香　차마 어이 내손의 향기야 씻어낼까
(7)
木頭雕作小唐鷄　나무 끝에 조그마한 닭을 조각하여
筋子拈來壁上棲　젓갈로 집어다 벽 위에 놓는다
此鳥膠膠報時節　이 새가 울면서 시간을 알려오니
慈顔始似日平西　자애로운 얼굴이 비로소 지는 해 같으리
(8)
縱然巖石落珠璣　바윗돌에 구슬이 떨어져 깨져도
纓縷固應無斷時　꿰맨 실은 끊어지지 않으리
與郞千載相離別　님과 천추의 이별을 해도
一點丹心何改移　한 점 단심을 어찌 고쳐 옮기리
(9)
憶君無日不霑衣　매일같이 님 생각에 옷깃이 젖어

기록되어 있고, <열전>에서도 효자 문충의 이야기라고 하였으니[37] 이 부분을 제외한다면 이제현의 소악부에서 남녀상열의 노랫말은 네 수가 된다. 또 정서의 <정과정>을 한시화한 것으로 보이는 제9수도 외형상 남녀관계를 다루고 있으나 군신관계를 배경으로 한 작품임이 명확하니 이를 제외하면 세 수가 이에 해당된다. 이후 이제현이 다시 2수의 소악부를 더 지었고, 그 중 첫 수가 역시 남녀상열의 내용에 해당된다.[38] 민사평의 소악부 중에서는 정인(情人)을 보러 황룡사로 간다는 제1수와 <쌍화점> 중 삼장사에서 주지가 가녀린 손목을 잡았다는 내용을 다룬 제4수[39], 이렇게 두

政似春山蜀子規　봄산에 자규 같네
爲是爲非人莫問　옳다 그르다 묻지를 마오
只應殘月曉星知　응당 새벽달과 별은 알리니

[37] ≪고려사≫ 권34, 열전, '문충', "文忠 未詳世系 事母至孝 居五冠山靈通寺之洞 去京都三十里 爲養祿仕 朝出夕返 告面定省 不少衰 嘆其母老 <u>作木鷄歌 名曰五冠山曲 傳于樂譜</u>" (이하 ≪고려사≫ 원문은 국사편찬위원회(http://db.history.go.kr/)에서 가져온다. 밑줄은 필자.)
≪고려사≫ 권71, 악지, '오관산', "五冠山 孝子文忠所作也 忠居五冠山下 事母至孝 其居 距京都三十里 爲養祿仕 朝出暮歸 定省不少衰 嘆其母老 作是歌 李齊賢作詩解之曰 "木頭雕作小唐鷄 筋子拈來壁上棲 此鳥膠膠報時節 慈顔始似日平西""

[38] 이제현, ≪익재난고≫ 권4, '소악부'
(10)
都近川頹制水坊　도시 부근 하천에 제방이 터져
水精寺裏亦滄浪　수정사 마당까지 물이 넘치네
上房此夜藏仙子　상방엔 이 밤에 선녀를 숨겨두고
社主還爲黃帽郞　절 주인은 도리어 배사공이 되었네

[39] 순서대로 들면 다음과 같다. 민사평, ≪급암시집≫ 권3, <伏蒙宗伯益齋公錄示近所爲詩數篇 其折輩行 誘掖後進之意 深且切矣 雖以庸愚 寧不知感 然自惟拙澁必不能攀和 因循至今 惶悚間 公恕其逋慢之罪 再以小樂府二章示之 愈感愈悚 謹和成若干首 薰沐繕寫 拜呈左右>
(1)
情人相見意如存　정인을 보려는 뜻이 있다면
須到黃龍佛寺門　황룡사 문 앞으로 가야 한다네

수가 해당된다.

이 정도 범위를 모두 남녀상열에 해당하는 것으로 볼 수 있는지를 더 구체화하기 위해서는 이제현이 언급한 유우석(772-842)의 '죽지 노래'를 살펴볼 필요가 있다. 유우석의 <竹枝詞>에서 남녀상열이라고 할 만한 대목은 다음과 같다. 제2수 제3, 4구인 "花紅易衰似郞意 水流無限似儂愁(꽃의 붉음이 쉽게 쇠하는 것은 낭군의 뜻과 같고, 물이 무한히 흐르는 것은 내 근심과 같네)"⁴⁰와 같은 대목은 이 점이 직접 드러나 있다. 또 이러한 시상의 흐름이 작품 전반에 있어서 님을 그리워하고 편지를 전하고 슬퍼하는 분위기는 지속적으로 나타나 있다. 이 정도의 남녀상열을 두고 이제현이 사례로 든 것이라면 이제현의 소악부 제3, 8, 9수가 다 해당될 수는 있을 것이다.

그런데 유우석의 <죽지사>에서 또 다른 중요한 시상을 이루는 한 축은 고향에 대한 그리움이다. 제1수의 제3, 4구인 "南人上來歌一曲 北人莫上動鄕情(남쪽 사람은 올라 와 한 노래를 부르는데, 북쪽 사람은 다 못 올라와 고향의 정이 동하네)"와 같은 대목에서 남쪽으로 온 나그네의 향수(鄕愁)가 남녀의 정과 오버랩되면서 작품 전반을 끌어가고 있다. 이 두 가지

氷雪容顔雖未覩　빙설 같은 얼굴은 비록 보지 못하더라도
聲音仿佛尙能聞　목소리는 어렴풋이 들을 수 있을 테니
(4)
三藏精廬去點燈　삼장사에 등불 켜러 가니
執吾纖手作頭僧　주지가 내 가녀린 손을 잡네
此言老出三門外　이 말이 만약 절문 밖에 나감은
上座閑談是必應　응당 상좌의 수다 때문이리
(이하 민사평 관련 번역은 유호진 역(2013), 한국고전번역원의 것을 가져오고 일부 수정한다.)

⁴⁰ ≪劉賓客文集≫, 권27, 4-5면. 이하 유우석 작품은 劉禹錫(1966), ≪劉賓客文集≫, 中華書局에서 원문을 가져온다.

의 테마는 마지막 '同前 2수'에서도 함께 나타나는데, 다음과 같다.

<竹枝> 同前二首

一
楊柳靑靑江水平　　버들 푸르고 강물 평온한데
聞郞江上唱歌聲　　낭군이 강 위에서 노래하는 소리 듣네
東邊日出西邊雨　　동쪽에 해 뜨고 서쪽에 비오고
道是無晴還有晴　　이것은 개이지 않는지, 다시 개이는지를 말하네.

二
楚水巴山江雨多　　초나라 물과 파나라 산에는 강우가 많고
巴人能唱本鄕歌　　파나라 사람은 능히 본향의 노래를 부르네
今朝北客思歸去　　오늘 아침 북에서 온 나그네는 돌아갈 것을 생각하고
廻入紇那披綠羅　　돌이켜 들어가 푸른 비단을 헤치네.

위 작품에는 남녀 간의 이야기를 하고 있고, 그 아래 작품에서는 북쪽에서 온 나그네의 향수를 이야기하고 있어서 두 테마가 그 앞에서도 지속된 것을 마지막 두 수가 잘 보여준다. 시작은 향수(제1수)와 남녀의 정(제2수)의 순서로 열었다면 마무리는 그 반대로 남녀의 정(제10수)과 향수(제11수)의 순서로 끝내고 있다. 이런 점에서 이 두 수는 전체를 마무리하는 역할을 하고 있어서 앞의 9수와는 성격이 조금 다르다.

위 제10수의 제4구에 2회 나오는 '晴'에 대해 여러 문헌에서는 '情'으로도 되어있다고 한다.[41] 제4구의 강우의 개는 여부는 제11수의 제1구로 물의 심상이 이어지기 때문에 '晴'도 어색하지 않다. 오히려 남녀의 정과 나

---

[41] 劉禹錫, 梁守中 譯注(1991), 倪其心 審閱, ≪劉禹錫詩文選譯≫, 巴蜀書社, 42면 ; 김현주·서진영(2009), 「중당(中唐) 유우석(劉禹錫) 사(詞)의 내용 분석」, 『세계문학비교연구』 29, 세계문학비교학회, 83-113면 중 91면.

그네의 향수를 이어가기 좋은 수사적 장치라고 할 수 있다. 날이 갤 수도 있고, 아닐 수도 있는 것은 님이 다시 사랑해줄지 아닐지를 의미하는 것으로 화자가 이해할 수 있기도 하고, 제11수와 같이 강우가 많은 고향을 생각하며 어떨지를 나그네가 생각하며 고향을 그리워하는 노래를 부르는 것으로도 이어질 수 있기 때문이다. 그런데 '情'이라고 하면 남녀의 정을 다룬다는 점이 더 명확하게 드러나서 이 시에서 남녀상열의 테마가 더 강화된다. 어떤 글자로든 이 작품 전체가 남녀상열을 다루고 있다는 것은 분명하다.

그런데 나그네의 향수와 관련해서는 유우석의 생애와도 만나는 지점이 많다. 유우석의 고향은 북쪽이고, 당시 남쪽에 파견되어 이런 노래도 듣고 지었으니, 유우석이 죽지라는 민요를 들었을 때에 마음에 느껴지는 뜻을 이 작품을 지으면서 더한 것이라 할 수 있다. 여기서 우리는 이제현이 민사평이 주저하는 첫째 이유에 대해 응수한 바, 민사평에게 별곡을 듣고 느끼는 뜻을 더하라고 한 점을 상기해볼 필요가 있다. 유우석이 '죽지'라는 지방민요를 들으면서 자신이 느낀 나그네의 심정을 더하여 이 '죽지사'를 지은 것처럼 이제현이 민사평에게 말하고자 하는 바도 이와 같다는 것이다. 남녀상열의 내용을 다루어도, 그에 대해 얼마든지 자신의 느낀 바를 가미해서 새로운 노래로 번(飜)할 수 있다는 것이 유우석의 경우에는 나그네의 향수를 더해 두 가지 테마가 공존하도록 새롭게 한 것이라는 점을 의미한다고 하겠다. 그렇다면 이제현과 민사평은 어느 정도로 민요에 대한 본인의 느끼는 뜻을 포함시켰는지 볼 필요가 있는데, 이에 대해서는 다음 절에서 다루도록 하겠다.

또한 여기에서 남녀상열을 다룬 시구의 화자에 주목해볼 필요가 있다. 유우석의 <죽지>에서 님은 남성이다. 위에서 보듯이, 제2수 제3구와 제11수 제2구에서 님은 '郎'으로 남성이다. 결국 화자는 여성이고, 여성이 남성을 향한 그리움과 기다림을 말하고 있는 것이다. 시인은 남성이지만 님에 대한 마음을 표현하는 주체는 남성이 아니라 여성 화자를 서정적 자아로 내세운 것이다.

이제현이 쓴 소악부 중에서 남녀상열을 다룬 작품에서도 서정적 자아는 여성으로 보이는 경우가 대부분이다. 제3수의 제2구(執手論心白馬郞)에서 상대가 백마를 탄 낭'郞'이니 이 말을 하는 화자가 여성임이 명확하고, 이 외에도 제2수의 제2구(喜子床頭引網絲)에서 상(床)이나 제8수에서 구슬 목걸이라는 소재는 모두 여성이 생활 속에서 느낄 법한 상황에 등장하므로 여성 화자일 가능성이 있다. 민사평의 소악부에서도 자세히 후술하겠지만 제4수 제2구(執吾纖手作頭僧)에서 남성인 주지에게 손목을 잡힌 여성 화자가 등장하고, 제5수 제1, 2구(紅絲祿線與靑絲 安用諸般雜色爲)에서도 실을 가지고 사용처를 고려하는 존재는 여성 화자일 가능성이 높다.[42] 이를 통해 국어시가에서만이 아니라 한시에서도 남녀상열의 내용을 다루면서, 서정적 자아를 여성으로 내세우는 방식을 이제현과 민사평이 보여주었다고 하겠다.

셋째, 이제현은 이비, 굴원, 회왕, 항우 등 이미 있는 인물로 장가(長歌)를 엮었다는 소동파(1036-1101)를 언급하였으니 이미 있는 고사의 인물에 대해 노래를 길게 엮는 것에 대해서도 민사평은 주저했던 것으로 보인다. 고사의 인물을 한 자리에 엮는다는 것을 통해 두 가지를 알 수 있다. 하나는 중국 고사의 인물이 아니라 한국 고사의 인물을 이제현이 다루었다는 것이고, 또 하나는 이제현의 소악부 9수가 한 편으로 엮인 구성을 가졌을 가능성이다. 여기서 말한 소동파의 장가는 소동파의 <竹枝歌>인

---

[42] 하일식 편(2007), 『고려시대 사람들의 삶과 생각』, 혜안, 115-120면에 의하면 고려 여성에게 바느질과 길쌈[女工]은 왕후에게까지도 중요한 자질로 여겨졌다고 하니 쓰임새를 고려하는 상황은 여성 화자에게 더 알맞아보인다.

데, 우선 소동파에 대해 이 시대와 관련하여 잠시 살펴보고 작품을 검토하기로 하자.

　소동파는 350수 이상의 사(詞)를 지었으면서도 기존의 사(詞)의 형식에서 노래의 특성을 탈피하여 중국 성률에 익숙하지 않는 고려 시인들에게도 사(詞)를 적극 수용하게 하는 계기를 마련해준 시인이다. 또 이인로는 소동파가 고사(故事)를 정밀하게 사용했다고 한 바 있으니[43] 고사 사용과 관련해서도 고려 시인들에게 소동파는 주목되는 시인이었던 것으로 보인다. 소동파의 사는 본서의 앞장에서도 잠시 소개한 것처럼 기존의 사와 달리 제재를 다방면으로 확대하였는데, 이제현이 말한 인물들로 장가, 곧 사(詞)를 지은 것을 <죽지가>외에도 여럿 볼 수 있다. 예를 들어, <送鄭戶曹>와 같은 사(詞)에는 항우같은 대단한 인재들도 모두 이 세상을 떠났듯이 우리는 언젠가는 이별하는 존재라는 것을 말하고 있다. 유우석이 시인의 느낀 바를 더하여 쓴 것처럼 소식도 옛 인물을 통해 느낀 바, 이별과 죽음이라는 점에 대해 작품을 길게 엮은 것이다. 항우를 '인간은 누구나 죽고 이별한다'를 말하고자 하는 제재로 가져온다는 것은 소동파가 보여준 창의성에 해당되는 것이다.

　소동파는 <죽지가>와 관련하여 다음과 같은 부기를 해두고 있다.

<죽지가>는 본래 초지방의 노래인데 은근히 원망스럽고 애달파서 몹시 슬퍼하는 바가 있는 것 같다. 어찌 이 또한 지난날 본 것 가운데 원망할 만한 것이 있기 때문이랴? 두 왕비의 투신자살을 마음 아파하고, 굴원의 죽음을 애도하며, 초나라 회왕을 그리고 항우를 불쌍히 여기는 것, 이것 역시 초나라 사람들의 마음이 전해져 내려와서 그런 것이다. 또 그곳의 산천풍속과 투박하고 근

---

[43] 이인로, ≪파한집≫ 卷下, "詩家作詩多使事 (中略) 近者蘇黃掘起 雖追尙其法 (下略)"

면한 자태는 본래 이전 사람들의 작품과 지금 사람인 자유(소철)의 시에 이미 보였다. 그러므로 특별히 초나라 사람들의 옛날 마음을 좇아 1편 9장을 지어 그들이 말하지 못한 것을 보충하고자 한다.[44]

유우석도 <죽지>를 지으면서 굴원의 <구가>를 언급하였는데, 소동파는 굴원을 비롯해 여러 고사의 인물을 추가하고 있다. 이들을 마음 아파하기도 하고 불쌍히 여기는 것, 그 마음을 좇아서 그들이 말하지 못한 것을 소동파가 보충했다고 하였다. 유우석과 달리 남녀상열과 관련한 내용은 없지만, 서로 다른 고사를 가진 여러 인물을 하나의 작품으로 한 자리에 두고 엮는 방식에 대해 소동파를 언급한 것이라 할 수 있다.

이러한 방식을 염두하고 이제현의 소악부를 보면 개별 작품이 모두 서로 다른 배경의 다양한 노래들이라는 점은 주지의 사실이다. 굳이 인물이 분명한 고사를 배경으로 한 시가를 찾자면 '처용(處容)'에 대해 쓴 제6수와 효자 문충(文忠)[45]에 대해 쓴 제7수, 그리고 정서와 관련한 제9수 등을 들 수 있지만, 구체적 인물이 잘 밝혀지지 않았더라도 이제현의 소악부 9수는 모두 다른 일화를 배경으로 한 다른 작품들이다. 그런데 소동파가 '엮었다'고 앞서 이제현이 말한 바를 상기한다면 이제현의 소악부 9수도 엮은 것이라는 점을 추측하게 된다. 9수가 어떻게 소동파처럼 한 편의 긴 작품으로 엮여 구성되었는지에 대해서는 8.3.에서 다루고자 한다.

---

[44] 本楚聲 幽怨惻怛 若有所深悲者 豈亦往者之所見有足怨者與 夫傷二妃而哀屈原 思懷王而憐項羽 此亦楚人之意相傳而然者 且其山川風俗鄙野勤苦之態 固已見於前人之作 與今子由之詩 故特緣楚人疇昔之意 爲一篇九章 以補其所未道者 이하 소동파와 관련한 원문과 번역은 소동파, 류종목 역주(2012), ≪소동파시집≫ 1, 서울대학교출판문화원, 42-45면에서 가져온다.

[45] 여운필(2011), ≪역주 고려사 악지≫, 월인, 229면에 의하면 문충은 '고려 초기'의 효자라고 한다.

이제현이 민사평에게 마음에 느낀 뜻을 바꾸면 새로운 노랫말이 된다고 하였는데, 문제는 어떻게 이러한 고사 배경의 각 작품을 가지고 와서 이제현만의 창의적 방식으로 느낀 뜻을 더했는가이다. 예를 들어, 처용은 이미 ≪삼국유사≫에도 나오고, 고려 속요로도 수용된 작품이다. 제6수를 보면[46], 작품의 초점이 '달밤에 노래하고, 봄바람에 춤춘' 부분에 있다. 처용은 신라 때는 말 그대로 역신을 물리친 얼굴인 문신(門神)으로서, 고려가요에서도 신으로 높임을 받았는데, 이제현은 달밤에 노래하고 봄바람에 춤추는 존재로 수용하고 있다. 처용을 유희적 존재로 재창작한 것이다. 또 제7수를 보면[47] ≪고려사≫ 악지에 대한 문충의 실제 정보를 고려하지 않고 텍스트만 본다면 남녀상열로도 읽힐 수 있다. 제4구의 '慈顔'이 님에 대한 묘사일 수도 있기 때문이다. 게다가 고려속요 중에 <정석가>와 같이 불가능한 상황을 통해 님과 이별하지 않겠다는 의지를 나타낸 수사적 관습을 생각해본다면 이 시 역시 나무 닭이 운다는 불가능한 상황을 설정한 것이라서 남녀상열의 맥락 속에서도 해석이 가능하다. 또 바로 다음 작품인 제8수도 <서경별곡>의 일부로 볼 수도 있겠지만 <정석가>의 일부이기도 하므로 둘의 연관성 또한 적지 않다.

한편, 민사평의 소악부 6수 중에서는 이러한 방식을 찾을 수 없다. 그런데 민사평이 소악부에 대해 이제현과의 일화를 소개한 부분에는 먼저 또 다른 8제 9수의 시가 더 있고, 그 다음에 소악부 6수가 이어 나온다. 물론 다루고 있는 인물들이 소동파의 경우처럼 아주 오래전의 인물이 아니라 대개가 고려시대 인물이라는 점에서는 다르다. 그래도 자기 이전 시대의 인물과 일화를 포함하여 쓴 시를 한 자리에 모았다는 점에서는 연관지어

---

[46] "新羅昔日處容翁, 見說來從碧海中, 貝齒赬脣歌夜月, 鳶肩紫袖舞春風."
[47] "木頭雕作小唐鷄, 筯子拈來壁上棲, 此鳥膠膠報時節, 慈顔始似日平西."

볼 수는 있다. 참고로 이 8편의 작품이 어떤 인물과 관련된 것이고, 시형은 어떠한지를 정리하면 다음과 같다.

[표1] 민사평의 소악부 6수와 묶인 한시 9수의 부기(附記)와 시형

	시에 부기된 내용(관련 인물)	시 형식
제1수	右金, 李兩學士, 山人卓然師. 謁李侍中山齋詩. (낙헌 이장용)	7언 4구
제2수	右許文景公, 李樞相. 同訪宜春郡同年朴秀才詩. (수재 박녹지)	
제3수	右洪南陽自袖中等. 謁無畏國統. 國統爲之數弄詩. (무외국사)	
제4수	右興王云具僧統. 請宋樞相弄毬詩. (송화)	
제5수	右地藏寺詩老杜韻. (무극옹)	5언 8구
제6, 7수	右金二相青嵓莊詩 仁衍. (김인연)	5언 4구 2수
제8수	右雪後寄林掾詩 傑. (임걸)	7언 4구
제9수	右儒仙歌 崔拙翁. (최해)	7언 23구

[표1]을 보면 형식은 다양하지만 7언 4구가 많은 편이다. 9수 중 제1~4수와 제9수는 나머지 소악부와 함께 이제현이 민사평에게 준 시에 대한 화답시임이 분명한 작품들이다. 나머지 세 편은 불분명하지만, 이 9수가 모두 중국이 아니라 우리의 고사와 관련한 인물에 대해 쓴 작품이다. 아주 오래 전의 이야기는 아니고, 최해(1287-1340)가 가장 뒷 시기의 사람으로 민사평과 동시대 인물이고, 다른 이들은 고려 초·중기 인물이다.

그러나 이렇게 여러 인물과 그 일화를 다룬 시들을 한 자리에 모아 두었으니 이 9수는 하나로 엮인 유사 성격의 시라 할 수 있다. 게다가 매 수마다 위와 같이 누구와 관련된 시인가를 부기(附記)했다는 점은 의도적이라 할 수 있다. 또한 이제현이 앞서 2수를 더 지으면서 화답을 하라고 한 맥락 속에서 이루어진 것이라는 점에서 아주 별개의 성격이라고 보기는 어렵기 때문에 함께 살펴볼 필요가 있다.

민사평의 이 연속된 9수의 한시는 고려시대의 일화를 활용한 시이다. 본서에서는 12세기 이규보의 <동명왕편>이나 13세기에 일연의 ≪삼국유사≫ 찬시 등은 우리의 고사를 다룸으로써 중국 한시와 구별되는 우리

나름의 한시를 추구한 측면에서 이를 살펴본 바 있다. 그런데 이규보나 일연이 활용한 고사는 유명인의 역사이다. 주몽과 같은 왕이거나 역대 유명한 고승들 등 국사(國史)로 기록될 만한 사건들을 배경으로 한 인물들이다. 이에 비해 이제현이 다룬 문충이나, 민사평이 다룬 일화의 주인공은 유명인이 아니라고까지는 할 수 없으나 역사적 인물이라고 보기는 또 어렵다. 특히 다루고 있는 배경이 특기(特記)할 만한 역사적 사건인가도 의문이다. 게다가 본인과 직결된 일상사를 본인의 한시로 지을 수는 있겠으나 타인의 일화를 한시의 제재로 삼는 것을 민사평은 꺼려한 것으로 보인다.

이에 대해 이제현은 항우나 굴원의 일화를 한시화하는 것과 다르지 않다고 한 점이 중요하다. 역사적 사건도 아니고, 자신이 직접 겪은 일상사도 아닌, 누군가의 일화를 한시화하는 것이 중국 고사의 한시화와 다르지 않다는 시각이 한국적 한시에 대한 새로운 지평 확장이라고 할 수 있다. 변종현(1993)[48]에서 고려만의 한시를 추구한 이 시기의 경향을 주목한 논이나 어강석(2010)[49]에서 이제현의 한시와 소악부를 동국시(東國詩)로서 평가한 점을 상기해본다면 이러한 해석이 뒷받침된다.

민사평이 이러한 방식으로 이제현에게 화답한 것은 위의 시들만이 아니다. <東國四詠益齋韻>의 4수도 제목에서부터 우리나라의 네 가지 일을 읊는다고 하여 동국사영(東國四詠)이라고 하였는데, 이제현이 먼저 쓴 동국사영시에 대한 화운시이다. 이 네 가지는 김부식(金富軾, 1075-1151)이 노새를 타고 혜소 상인을 찾아간 일, 최당(崔讜, 1135-1211)이 눈[雪]을 무릅쓰고 추암에서 논 일, 12세기 정서(鄭敍)가 <정과정>을 짓고 거문고를 탄 일, 그리고 곽예(1232-1286)가 빗 속에서 연꽃을 감상한 일을 말한다. 매

---

[48] 변종현(1993),『고려조 한시 연구-당송시 수용 양상과 한국적 변용』, 태학사.
[49] 어강석(2010), 앞의 글 참조.

수마다 이 점을 다루었다고 부기(附記)를 해두고 있다.⁵⁰

사실 이 네 가지 일화는 대단한 역사적 사건이라 할 수는 없다. 풍류를 취하기도 하는 일화 정도인데다가 모두 고려시대 12세기의 일이다. 이런 점에서 앞에서 본 시들과 다를 바 없는 배경과 일화를 가지고 지은 한시로서 '東國'이라고 한 것을 보면 중국의 고사가 아니라 우리의 인물과 일화로 이를 한시화했다는 점을 의식한 것으로 보인다. 이 시는 ≪동문선≫ 권21에도 실렸고, 이제현과 민사평 외에도 정추, 한수, 권근, 김시습에 이르기까지 지속적으로 창작된다.⁵¹ 우리의 인물과 고사로서 김부식과 최당, 정서와 곽예를 지속적으로 이어가고 있는 하나의 관습적 시군을 이루는 전통을 마련하고 있어서 이제현이 의도한 바가 이루어지고 있는 것을 볼 수 있다.

끝으로 좀 더 넓은 관점에서 소악부가 아닌 이제현의 한시에 대해 잠시 살펴보고자 한다. 이제현은 고려의 자주성을 중시하는 토풍의 입장에서 소악부를 지었다고 보기도 하므로⁵² 우리말노래에 대한 관심이 지극한 점은 당연할 것이다. 이러한 배경으로서 이제현의 한시는 국어시가와 긴밀

---

50 ≪급암시집≫ 권2, "右金侍中乘驛訪江西惠素上人", "右崔大尉冒雪游城北皺岩", "右鄭中丞月下撫琴", "右郭翰林雨中賞蓮"
51 이에 대한 자세한 논의는 성범중(2006), 『東國四詠 研究』, 월인 참조.
52 이러한 관점에 대해서는 윤덕진(2016), 「소악부 제작 동기에 보이는 국문시가관」, 고가연구회, 『고려가요 연구사의 쟁점』, 보고사, 161-162면 ; 황병익(2000), 「익재·급암 소악부의 제작과 그 배경에 관한 고찰」, 『한국민속학보』 11, 한국민속학회, 137-160면 참고. 임주탁(2004), 『고려시대 국어시가의 창작·전승 기반 연구』, 부산대학교출판부, 289-291면에서는 충렬왕대의 토풍의 경향과 더불어 관련 집력 세력과 소악부의 위상이 긴밀함을 논의하고 있다. 박노준(2018), 『향가 여요의 역사』, 지식산업사, 159면에서도 지방문화에 기반하고 있는 속요를 최승로가 말한 '토풍(土風)'으로 보고 있는데, 이제현과 민사평의 소악부도 지방의 민요에 기반했다는 점에서 토풍의 경향을 취했다고 할 수 있다.

한 부분들이 있다. 이제현은 악부(樂府)를 잘 지었다고 하는데, 고려 시인은 말이 중국과 달라서 중국의 음률을 맞추는 것이 매우 어렵다. 그런데 이제현은 이를 잘 했다고 서거정이 높이 산 바 있다.[53] 소악부를 지었던 이제현은 악부에 대한 관심도 남달랐던 것을 알 수 있다.[54] 이와 같이 이제현은 근체시만이 아니라 다양한 한시 시형에 대한 시도를 보여주었다는 점을 알 수 있다.

일례로, 이제현의 한시 중 장단구(長短句) 13제(익재난고 권10)는 사(詞)이다. 제목에는 시마다 중국의 어느 지역을 지나거나 어떤 때에 지었다는 부기가 보인다. 13수 중 특히 <浣溪紗>는 6구로 된 2수의 작품으로 이루어져 있는데 작품은 다음과 같다.

<浣溪紗> (익재난고 권10, 송지영 역, 1980, 한국고전번역원)
'早行'
旅枕生寒夜慘悽   객지의 베개에 찬 기운 생겨나 밤은 처량한데
半庭明月露凄迷   뜨락의 밝은 달 찬 이슬 어리고
疲僮夢語馬頻嘶   지친 하인은 잠꼬대하고 말은 자주 울어댄다
人世幾時能小壯   인간 세상 그 얼마나 젊음을 간직하리
宦遊何處計東西   벼슬살이에 어찌 동쪽 서쪽을 따지랴
起來聊欲舞荒鷄   일어나 잠시 때아닌 밤 닭 소리에 춤추려 한다

---

[53] 서거정, ≪東人詩話≫ 上, "樂府句句字字皆協音律, 古之能詩者尙難之 (中略) 吾東方語音與中國不同, 李相國李大諫猊山牧隱, 皆以雄文大手, 未嘗措手, 唯益齋備述衆體, 法度森嚴."

[54] 성호경(2006),「고려시가에 끼친 원 산곡의 영향」,『고려시대 시가 연구』, 태학사, 123-166면, 133면에 따르면 원대의 曲을 악부, 악부신성, 사, 궁사 등으로도 불렸다고 하니 서거정이 말한 이제현의 악부가 사(詞)일 수도 있고, 소동파의 사가 유입되어 고려 시인들도 중국의 성률을 잘 몰라도 짓게 되는 계기가 마련되었다고도 하니 사를 의미할 수도 있을 것이다.

'黃帝鑄鼎原'
見說軒皇此鍊舟　말하기로는 황제 헌원씨가 이곳에서 선단(仙丹)을 연조(鍊造)하여
乘龍一去杳難攀　용 타고 가버리니 아득하여 따라 오르기 어려웠는데
鼎湖流水自淸閑　정호의 흐르는 물은 그대로 맑고 한가하구나
空把遺弓號地上　부질없이 남기고 간 활을 가지고 지상에서 외치고
不蒙留藥在人間　선약을 인간 세상에 남겨두는 혜택 받지 못해서
古今無計駐朱顔　고금에 걸쳐 붉은 얼굴 머물러 있게 할 길 없어졌다

6구는 2구씩 세 부분으로 내적 구분이 되는데, 한시에서는 드문 형식이다. 게다가 노래와 긴밀한 사(詞) 형식의 한시에서 이러한 6구 형식을 취하고 있다는 점도 주목된다. 물론 이제현의 한시 속에서 이러한 형식이 장단구에서 유일하게 등장하는 것이지만 시조가 등장하는 전후의 시기라는 점에서는 간과할 수는 없을 것이다. 게다가 시조를 6구 형식으로 보기도 한다는 점에서[55] 더욱 그러하다.

또 제1수 마지막 구를 닭소리로 마무리하고 있는 점도 주목된다. 마치 시조가 종장에서 감탄구가 있어서 노래로서 소리의 특성을 직접 드러내며 마무리하는 방식과 유사하다. 물론 탄사를 사용한 것은 아니지만 이 한시에서는 닭소리를 상기하며 작품을 마무리하고 있는 것이다.

이제현의 또 다른 한시 중 7언 12구로 된 <過祁縣感祁奚事>(익재난고 권1)의 마지막 4구를 보면 다음과 같다. "嗟哉此道日已微 對面九疑多是非 臨岐吊古一長嘆 吾非斯人誰與歸"[56] 총 12구에서 마지막 삼분의 일 부분을 감탄구로 시작하고 있다. 해당 지점이 10구체 향가의 내적 구조상 삼분의

---

[55] 정병욱(1999),『한국 고전문학의 이론과 방법』, 신구문화사, 25면.
[56] 이 시의 앞부분은 다음과 같다. "吾愛晉朝祁大夫 爲君能擧午與狐 乾坤自有公道在 肯以恩怨爲賢愚 不敎遺直困陸沈 拂袖一去雲無心 當時囁呫來相謝 叔后豈是眞知音"

일이 되는 지점이라 할 수 있는 제9구 부분에 나오는 경우와 위치가 유사하다. 이 한시의 형식이 근체율시가 아닌 점도 고려해봄직하다. 다음 절에서 볼 이색의 경우에도 10구로 된 한시에서 제9구가 탄사로 시작되는 경우가 있는데, 고려후기 시인의 한시에서 흔한 일은 아니지만 그래도 가끔 보이는 한 현상이다.

이외에도 이제현은 한국적 한시의 추구로 우리 산하를 제재로 한 한시를 지어 주목된다. 장단구로 지은 <巫山一段雲>(익재난고 권10)은 '소상팔경'을 다루지만, 같은 형식으로 <松都八景>을 나란히 지어서 중국만이 아니라 우리의 경치를 제재로 한 사(詞)를 지었다. 또 7언율시로 된 <憶松都八詠>(익재난고 권3)도 지었다. 이러한 경향이 이색에게도 전해져 이색은 <讀益齋先生松都八詠>(목은시고 권7)을 통해 두 나라의 경관을 대등함을 말하였고, 이외에도 여주를 배경으로 지은 <金沙八詠>(목은시고 권16)을 유배의 쓸쓸함이 담겨있고, 자신의 고향인 한산을 중국에 알리기 위해 '韓山八詠'(목은시고 권3) 등을 지었다. 이는 이색의 시조와 한시를 비교하면서 자세히 보게 될 것이다.

지금까지 살펴본 바, 한시와 국어시가의 관계에 대해 이제현과 민사평의 소악부를 둘러싼 현상이 말해주는 바를 정리하면 다음과 같다.

첫째, 한시와 국어시가의 개별성과 유사성에 대한 민사평과 이제현의 입장 차이를 볼 수 있다. 앞서 민사평이 꺼린 것은 국어시가의 한시화는 이미 있는 작품을 옮기는 것이므로 번(飜)이 가진 창작성이 약하다고 여긴 반면 이제현은 언어가 다르면 새로운 작품일 뿐만 아니라 수용자의 느끼는 바가 더 들어가기 때문에 더욱 새롭다고 하는 번역관을 볼 수 있었다. 여기서 이제현의 시각은 한시와 국어시가는 애초에 별개의 것이라는 인식이 강하다. 언어가 다른 한시와 국어시가가 어떻게 번(飜)한다고 같겠는가 하는 것이 이제현의 입장이다. 국어시가의 한시화는 단순한 번역이 아님은 기존 연구자들도 다룬 바이지만, 실제 창작자이자 소악부를 먼저 시작한 이제현의 시가관이기도 하다. 이제현은 국어시가는 국어시가이고, 한시는 한시라고 각각의 개별성을 더 중시했던 것으로 보인다.

이에 대해 굳이 문학의 내용과 표현이라는 관점에서 이를 이해해볼 수도 있다. 민사평은 내용을 중시하여 새로운 내용이 없으면 중복으로 여겼고, 이제현은 표현에 더 예민하게 주목하여 표현이 다르면 새롭다고 여겼다고 할 것이다. 문학의 창작성에 대한 두 입장을 민사평과 이제현에게서 볼 수 있다. 이제현은 표현을 중시하여서 언어 자체가 달라지면 표현이 이미 다른 것이라는 입장을 보여준다.

둘째, 국어시가로 다루는 남녀상열의 내용을 한시로도 다룰 수 있다고 이제현은 여겼고, 이를 시도한 결과 여성 화자의 한시 창작이 이루어졌다는 점에서 주목된다. 남녀상열의 한시를 민사평이 꺼린 것을 보면 그간 한시에서 여성 화자를 서정적 자아로 내세워 연모의 정을 그리는 한시 창작 경향은 드물었다고 할 수 있다. 그런데 이제현은 국어시가에서 다루는 주제적 영역을 한시로도 가능하다고 여겨 확장시켰다. 민사평을 설득하고자 중국의 사례를 언급하기는 했어도, 우리 국어시가의 내용을 우리 한시에서도 다루고자 시도하고자 한 것이다.

이와 관련하여 20세기에 나타난 현상과 잠시 비교해보기로 하자. 20세기 전반기에 한문이 더 이상 기록매체로 사용되지 않고 국문전용시대가 되었을 때 여러 시인들은 한시를 국어시가화하는 작업을 집중적으로 보여주었다. 고려시대에는 국어시가를 한시화했다면 20세기에는 한시를 국어시가화하는 반대 작업이 이루어졌다. 20세기 시인들은 한시의 국어시가화를 창작 작업이라고 여겼다.[57] 또한 이때도 여성 화자의 한시, 그리고 여성

---

57   이에 대한 자세한 내용은 정소연(2019b), 『20세기 시인의 한시 번역과 수용』, 한

이 지은 한시를 적극 번역한 점이 중요한 특징 중 하나였다. 이런 두 가지 방식, 곧 번역관과 번역시의 내용의 특징에 있어서 이제현이 보여준 모습은 20세기 시인들의 지향과 유사하다. 여성 화자를 내세워 남녀상열의 내용을 다루는 시가 전통이 국어시가사에서만이 아니라 한시사에서도 나타나도록, 그리하여 한시와 국어시가가 다루는 영역의 거리를 좁히고자 시도한 것이라 할 수 있다.

한시의 국어시가화는 한시의 자양분을 국어시가에 접목하는 것이라면 국어시가의 한시화는 그 반대의 작업이다. 한시의 지평이 넓어지고 확장되는 것을 의미한다. 이는 바로 도착어인 한문으로 된 시가 더 중심인 시대를 말해준다. 20세기 한시의 국어시가화가 국문전용시대에 나타나 한국적 자유시를 모색하는 일환의 한 부분이듯이, 고려후기 소악부라는 국어시가의 한시화는 한문이 중요한 기록매체인 시대에 한국적 한시를 모색하는 한 모습이다. 어떤 방향이든 둘은 모두 서로를 가까이하며 거리감을 없애는 시도인 점은 공통적이다. 기록매체가 한문인 시대에는 국어시가를 한시화하여 둘을 밀착시키고 거리감을 없애 대등하게 하려고 한 것이다. 그렇지만 한문이 중심이므로 한시가 국어시가에서 다루는 영역마저도 한시에서 고루 갖추어 더 완전하게 그 지평을 확보하려는 것이다.

이렇게 민사평은 민사평 나름대로 한시와 국어시가를 내용면에서 이미 같게 인식하고 있었고, 이제현은 이제현대로 주제적 영역이 일치되도록 한시와 국어시가를 같게 인식하고 있었던 것이라 할 수 있다. 이제 마지막으로 한시와 국어시가를 대등하게 여기면서 실제 보인 성취는 어느 정도인가, 그 점이 당시 고려시대의 국어시가와 비교했을 때 또 어떤 관계인가에 대해서이다. 이에 대해서는 절을 달리해서 살펴보고자 한다.

국문화사 참조.

8.3. 이제현과 민사평의 소악부의 구성과 시가사적 의의

여기서는 구체적으로 이제현과 민사평의 소악부를 검토하고자 한다. 앞서 남녀상열에 대한 내용과 고려시대의 일화에 기반한 한시화, 그리고 '별곡(別曲)'이라 지칭한 민요를 듣고 느낀 뜻은 얼마나 나타나고 있어서 '신사(新詞)'라고 할 수 있는가 등에 대해 주목할 지점임을 살펴보았다. 특히 이와 관련하여 두 시인의 각 소악부는 낱낱의 독립된 작품을 연속적으로 엮은 것으로 볼 여지가 있다. 소동파가 장가(長歌)로 엮었다는 이제현의 말도 고려해서이다. ≪고려사≫ 악지는 순서를 재배열하였고, 그 중에서도 일부만 소개하고 있지만, 개인문집에 수록된 순서는 시인 자신이든, 문헌 편찬자이든 의도적 배열이 있다고 본다.

이런 점에서 앞서 민사평에게 소악부를 두 편 더 지어 보내면서 유우석과 소동파를 언급한 부분을 상기해볼 필요가 있다. 실제로 유우석은 민요 <죽지>를 부르는 것을 듣고 지었다고 하면서 이와 관련하여 굴원이 지은 <九歌>도 지역민들이 부르는 노래를 가지고 지은 것이라고 하였다.[58] 11수로 된 굴원의 <구가>는 마지막 두 수의 성격이 '國殤'과 '禮魂'으로 조금 다른데, 유우석의 <죽지> 또한 9수를 기본으로 하여 마지막 두 수는 '同前 2수'로 묶여있어서 성격이 조금 다르다. 이렇게 지방 민요에 기반한 것이라는 작시 동기나 상황이 이제현이 지은 소악부와 유사하고, 유우석의 <죽지>가 7언 4구의 9수에 2수가 더해져 있다는 점이 이제현이 7언 4구로 9수를 짓고, 이어서 다시 2수를 더 지은 점과 유사하다.

앞에서 본 것처럼 유우석의 <竹枝>가 9수에 시 전체의 전반적 마무리의 성격을 가지는 2수를 더한 구조로 11수를 구성하는 것처럼 이제현은 9수

---

[58] "(前略) 昔屈原居沅湘間, 其民迎神, 詞多鄙陋, 乃爲作 九歌(後略)" 劉禹錫(1966), 앞의 책.

를 쓴 뒤에 2수를 더했다. 유우석이 선례로 제시한 굴원의 <九歌> 역시 9수는 여러 신들에 대한 내용을 다루고 마지막 2수는 추가적인 내용으로 제사에 대한 전반적 내용을 담고 있는 것처럼 말이다. 민사평도 고려시대 일화를 다룬 9수의 시에 소악부 6수를 더해 한 자리에 모아 이제현에게 화답했다. 이런 점에서 이제현과 민사평의 소악부가 그저 개별작의 모음이 아니라 일련의 연속적 의미를 가지는 작품으로 묶어서 볼 수는 없을까. 이런 점에서 전체를 한 자리에 두고 살펴볼 필요가 있다. 다음은 이제현의 소악부 11수(익재난고 권4)이다.

(1)
拘拘有雀爾奚爲　움츠린 참새야 너는 어이하여
觸着網羅黃口兒　그물에 걸리는 새끼참새가 되었느냐
眼孔元來在何許　눈은 어디에 두고서
可憐觸網雀兒癡　가련하게 그물에 걸리는 새가 되었나

(2)
鵲兒籬際噪花枝　까치는 울 옆 꽃 가지에 지저귀고
喜子床頭引網絲　거미는 상 머리에 그물을 치네
余美歸來應未遠　우리님 오실 날 멀지 않겠지
精神早已報人知　그 정신 미리 사람에게 알려주네

(3)
浣沙溪上傍垂楊　완사계 언덕 위에 버들이 늘어지고
執手論心白馬郎　백마랑 손잡고 심중을 터놓았네
縱有連簷三月雨　처마에 쏟아지는 삼월 비라도
指頭何忍洗餘香　차마 어이 내손의 향기야 씻어낼까

(4)
黃雀何方來去飛　　참새야 어디서 오가며 나느냐
一年農事不曾知　　일 년의 농사는 아랑곳 않고
鰥翁獨自耕耘了　　늙은 홀아비 애써 지은 농사인데
耗盡田中禾黍爲　　그 벼와 기장을 다 먹어치우네

(5)
脫却春衣掛一肩　　봄 옷을 벗어서 어깨에 걸치고
呼朋去入菜花田　　친구 불러 채마밭에 들어갔다네
東馳西走追蝴蝶　　동서로 쫓아가며 나비잡던 일들이
昨日嬉遊尙宛然　　어제 놀이같이 완연하네

(6)
新羅昔日處容翁　　옛날 신라의 처용 늙은이
見說來從碧海中　　푸른 바다에서 왔다고 하네
貝齒頳脣歌夜月　　자개 이빨 붉은 입술로 달밤에 노래하고
鳶肩紫袖舞春風　　솔개 어깨 자주 소매로 봄바람에 춤추네

(7)
木頭雕作小唐鷄　　나무 끝에 조그마한 닭을 조각하여
筋子拈來壁上棲　　젓갈로 집어다 벽 위에 놓는다
此鳥膠膠報時節　　이 새가 울면서 시간을 알려오니
慈顔始似日平西　　자애로운 얼굴이 비로소 지는 해 같으리

(8)
縱然巖石落珠璣　　바윗돌에 구슬이 떨어져 깨져도
纓縷固應無斷時　　꿰맨 실은 끊어지지 않으리
與郞千載相離別　　님과 천추의 이별을 해도
一點丹心何改移　　한 점 단심을 어찌 고쳐 옮기리

(9)
憶君無日不霑衣　　매일같이 님 생각에 옷깃이 젖어
政似春山蜀子規　　봄산에 자규 같네
爲是爲非人莫問　　옳다 그르다 묻지를 마오
只應殘月曉星知　　응당 새벽달과 별은 알리니

(10)
都近川頹制水坊　　도시 부근 하천에 제방이 터져
水精寺裏亦滄浪　　수정사 마당까지 물이 넘치네
上房此夜藏仙子　　상방엔 오늘밤 선녀를 숨겨두고
社主還爲黃帽郞　　절 주인은 도리어 배사공이 되었네

(11)
從敎壟麥倒離披　　거꾸러진 보리 이삭 그대로 두고
亦任丘麻生兩歧　　가지 생긴 삼도 내버려 두었네
滿載靑瓷兼白米　　청자와 백미를 가득 싣고서
北風船子望來時　　북풍에 오는 배만 기다리고 있네

　이제현의 이 11수가 9수+2수라는 시간적 차이가 있고, 결과적으로 11수를 하나로 묶지는 않았다고 해도 9수 속에는 일련의 연속적 의미가 없다고는 할 수 없다. 우선 제1수와 제9수는 관원에게 처한 상황이라는 점에서 공통적이다. 제1수에 대해서는 ≪고려사≫ 악지에서 이러한 근거를 찾을 수 있고,[59] 제11수는 정서의 <정과정>의 반영이라는 점에서 그러하다. 제

---

[59] 제1수가 관원에 대한 권세라는 근거는 다음과 같다. ≪고려사≫ 악지, 속악, <長巖>, "平章事杜英哲, 嘗流長巖, 與一老人相善. 及召還, 老人戒其苟進, 英哲諾之. 後位至平章事, 果又陷罪, 貶過之. 老人送之, 作是歌以譏之. 李齊賢作詩解之曰, "拘拘有雀爾奚爲.　觸着網羅黃口兒.　眼孔元來在何許,　可憐觸網雀兒癡.""(국사편찬위원회 (http://db.history.go.kr/))

1수의 화자1은 참새에 빗대어 제9수의 화자2에게 그물에 걸려 가련하다고 하였는데, 제9수의 화자2는 이에 화답을 하듯이 님을 생각하며 시비(是非)에 대해 새벽달과 별은 알고 있다고 답을 하는 큰 구조를 가지고 있다.

제9수에서 화자2가 님을 생각한다고 한 구체적 모습은 제2수에서 기다림으로 나타나 있다. 제3수는 님과의 좋았던 시간을 추억하는 것이고, 제4수는 이런 자신(참새)에게 벼와 기장을 다 먹어치운다는 누명이 씌어졌고, 이에 대해 제5수와 같이 그저 친구들과 채마밭에 들어갔을 뿐이라고 해명하고 있다. 제6수도 이와 연결되어 처용도 밤마다 노래하고 춤추며 즐거운 시간을 보냈듯이 자신도 그랬을 뿐이라는 말이다. 제7수는 다시 님을 생각하며 나무닭이 울 때까지 인자한 님의 모습은 변하지 않기를 바라고, 제8수에서 자신 또한 현재는 님과 이별해 있으나 붉은 마음은 변치 않겠다고 다짐하며 제9수에서 본인의 진심은 새벽의 달과 별만 안다고 마무리하는 흐름의 이야기로 정리해볼 수 있다.

사실 각 작품은 원래의 배경에서 불린 상황과 주제가 다 다르다. 그런데 이제현은 이것들을 엮어서 큰 흐름은 님을 기다리며 그리워하는 화자의 이야기로 만들었다. 앞서 유우석의 <죽지>가 전체가 랑(郎)을 그리워하는 화자의 기다림이 전체 큰 테마였던 것처럼 말이다. 유우석은 거기에 고향에 대한 그리움이라는 본인의 느끼는 바를 더했는데, 이제현은 전혀 다른 배경의 각 시편들을 엮어서 억울한 누명을 쓴 화자가 님을 기다리며 자신의 처지를 호소하고 님을 그리워하는 바로 바꾸었다는 점에서 수용자만의 느끼는 바를 드러냈고, 여기에서 이제현의 창작성이 돋보인다. 원래의 노래에 대해 설명한 ≪고려사≫ 악지와 선행연구의 논의를 따라서 본다면 귀양 온 관원을 나무라는 노인의 노래인 제1수, 행역자의 아내의 노래라는 제2수, 도역살이를 한 부인의 치욕스러운 노래라고 하는 제3수, 탐관오리를 비판하는 노래라는 제4수, <소년행>이라고도 보는 제5수[60], <처용가>

인 제6수, 효자의 이야기라고 하는 제7수, <서경별곡>, 혹은 <정석가>라고 보는 제8수, <정과정>이라고 보는 제9수, 이렇게 다양한 배경의 다양한 노래들을 하나로 엮은 것이다. 소동파가 여러 인물을 엮어서 장가(長歌)로 만든 것처럼, 이제현은 여러 인물에 대해 다룬 다양한 상황의 별곡(別曲)을 듣고 이렇게 하나로 엮어서 만들었다고 할 것이다.

이렇게 외형상 전체 9수가 남녀상열에 대한 노래인 것을 보면 민사평이 우려할 정도라고도 할 수 있다. 그만큼 이제현은 관원의 이야기라는 점이 외형적으로는 드러나지 않게 하였다. 각각의 노래는 구체적인 인물이나 상황이 있고, 모두 다양한 내용을 담고 있지만 이제현은 하나의 흐름을 가진 연속적 시편으로 엮은 것이다. 사실 고려후기 속악가사라고 하는 속요들은 여러 노래를 수용해 재편집했다고 보는데, 이러한 방식을 비단 국어시가만이 아니라 소악부에도 적용하고자 할 수 있을 것이다. 곧, 다양한 고사를 가져와 하나의 노래로 만든 소동파의 경우처럼 국어시가의 편집 방식을 한시에도 적용해본 것이라 할 것이다.

그렇다면 민사평의 경우는 어떠할까. 다음은 민사평의 소악부 6수이다.

(1)
情人相見意如存 정인을 보려는 뜻이 있다면
須到黃龍佛寺門 황룡사 문 앞으로 가야 한다네
氷雪容顏雖未覩 빙설 같은 얼굴은 비록 보지 못하더라도
聲音仿佛尙能聞 목소리는 어렴풋이 들을 수 있을 테니

(2)
浮漚收拾水中央 물거품을 물 가운데서 거두어

---

[60] 허경진(1987), 앞의 글, 103면에서 이렇게 제목을 붙여 해석하였다.

瀉入麤疏經布囊	거칠고 성긴 베자루에 쏟아붓는다
擔荷肩來其樣範	어깨에 메고 오는 그 모습
恰如人世事荒唐	인간세상 황당한 것과 꼭 같네

(3)
黑雲橋亦斷還危	먹구름에 다리도 끊어져 더욱 위태로운
銀漢潮生浪靜時	물결이 고요한 때 은하수에 밀물이 일어나네
如此昏昏深夜裏	이처럼 깜깜하고 깊은 밤중에
街頭泥滑欲何之	진창길 미끄러운데 어디로 가나

(4)
三藏精廬去點燈	삼장사에 등불 켜러 가니
執吾纖手作頭僧	주지가 내 가녀린 손을 잡네
此言老出三門外	이 말이 만약 절문 밖에 나감은
上座閑談是必應	응당 상좌의 수다 때문이리

(5)
紅絲祿線與靑絲	청실 홍실 초록실
安用諸般雜色爲	갖가지 잡색 실을 어떻게 쓰나
我欲染時隨意染	내가 물들이고 싶을 때 마음대로 물들이는
素絲於我最相宜	하얀 실이 나는 가장 좋네

(6)
再三珍重請蜘蛛	재삼 정중히 거미에게 부탁하니
須越前街結網圍	앞길을 가로질러 거미줄을 둘러 쳐 주오
得意背飛花上蝶	꽃 위의 나비가 자만하여 날 버리고 날아가거든
願令粘住省愆違	원컨대 거미줄에 붙여 놓고 잘못을 반성하도록

제1수는 남녀상열의 내용으로 시작되고 있다. 민사평이 주저했지만 여

는 작품으로 이러한 상황을 택하였고 작품 6수 전체의 흐름도 정인(情人)에 대한 화자의 마음과 처지를 그리고 있다. 황룡사는 신라 당시 대단한 절이었는데, 원나라 침입 때(1238년) 불타서 터만 있는 절이다.[61] 이런 대단한 절에 공덕을 닦으러 가는 것이 아니라 연인의 얼굴이라도 보기 위해 간다니 매우 모순적 상황이다. 그러니 제2수에서 물거품을 베자루에 쏟아붓는 것같은 허황된 모습이라고 비웃을 수 있는 것이다. 대단한 절이 불타 물거품이 된 상황을 중의적으로 의미할 수도 있겠다. 불심을 태워야 하는 곳이 님을 보러가는 곳으로 변질되었으니 불에 타버리는 황당한 일도 생길 수 있는 것이다. 이렇게 제2수에서 언급한 인간 세상[人世事]은 제3수에서 먹구름에 다리도 끊어진 위태로운 진흙길과 같은데 어디로 가려는지 묻는다.

 이 질문에 대한 답을 제4수부터는 새로운 화자가 말한다. 제1~3수의 화자1은 정인(情人)을 보러가는 제4수 이후의 화자2의 상황에 대해 말을 건네며 물었고, 제4수부터는 자신에게 말을 걸은 화자1에게 화자2가 화답하는 것이다. 화자2는 화자1의 말처럼 위태로운 진흙길 같은 인간세상에서 다시 삼장사라는 절을 찾는다. 이번에는 제1수와 같이 정인(情人)을 보기 위해서가 아니다. 그런데 공교롭게도 주지가 손목을 잡는 일이 생긴다. 이러한 자신의 처지에 대해 화자2는 제5수에서 잡색이 된 것처럼 느끼고, 흰색 실의 모습이 자신에게는 가장 마땅한 것을 깨닫는다. 이에 제6수에서 거미에게 부탁하여 님이 가려고 할 때 거미줄로 묶어달라고 부탁한다. 님이 가지 않았다면 자신이 이런 잡색실과 같은 처지가 되지 않았다고 여긴 탓에 이런 상황이 된 것은 님의 탓이니 반성하기를 원한다는 내용으로 마무리하고 있다.

---

61 한국민족문화대백과사전(http://encykorea.aks.ac.kr/)

민사평의 이 소악부들도 모두 제 각각의 다른 노래였을 것이다. 제1수는 황룡사가 나오는 것으로 보아 신라의 노래가 전해져 왔을 가능성이 있다. 이제현이 <처용가>를 활용한 것처럼, 민사평도 그에 맞게 신라의 가요를 택했을 수 있을 것이다. 제1수는 <후전진작>[62], 제3수는 잘 알려진 것처럼 <정읍>일 가능성이 높고, 제4수는 <쌍화점>의 일부이다. 제5수는 ≪고려사≫ 악지의 <안동자청>이라고도 보고[63], 백원항의 <白絲吟>와 관련된다고 보기도 한다.[64] 이렇게 각 작품들은 나름의 다양한 배경을 가진 다른 노래들인데, 이를 하나의 흐름을 가진 대화로 재구성하여 연속적 작품으로 만들었다고 할 수 있다. 이 역시 소동파가 엮어 장가로 만들었다고 한 방식에 해당된다. 또한 속악가사의 노래들이 여러 노래를 재편집하여 하나의 작품으로 엮는 국어시가의 방식을 한시에서 적용한 점에서 이제현의 경우와 같다. 이제현과 마찬가지로 전혀 다른 배경과 내용의 노래를 하나의 흐름으로 엮어냈는데, 노래를 들으며 민사평이 느낀 뜻이 더해져 신사(新詞)로 엮인 창의적 작품이 된 것이다.

특히 두 시인 모두 화자1과 화자2를 내세워 대화의 방식으로 전체를 구성하고 있다. 이제현도 제1수의 화자1에 대해 제2수~제9수의 화자2가 화답하는 방식으로 작품을 구성했다면, 민사평도 제1~3수의 화자1에 대해 제4~6수의 화자2가 답을 하는 같은 방식을 취하고 있다. 화자2는 모두 님을 그리워하고 떠난 님에 대해 자신의 처지를 하소연하는 것이나 두 시인의 화자2는 다른 형상이다. 이제현의 소악부에서 화자2는 제3자의 중상모략에 의해 님이 자신을 떠났다고 여기나 민사평의 소악부에서 화자2

---

[62] 이우성(1976), 「고려 말기의 소악부」, 『한국한문학연구』 1, 한국한문학연구회, 5-18면에서 이렇게 보았으나, 여운필(2008), 앞의 글에서는 의문을 제기하였다.
[63] 임주탁(1996), 앞의 글.
[64] 변종현(1993), 앞의 책 ; 임주탁(1996), 앞의 글, 297-337면.

는 떠난 님의 탓이라고 한 점이 다르다.

　여기서 앞서 살펴보지 않은 이제현의 마지막 두 수를 연관지어 보자. 제10수와 제11수는 공통적으로 주지 스님과 백성 모두 본래의 역할을 제쳐두고 잘못 하고 있는 상황을 보여준다. 이현제의 소악부에서 화자2가 님과 이별하게 된 처지는 제3자들이 남의 벼를 먹어버렸다고 누명을 씌워서였는데, 실제로 그 일을 하는 이들은 화자2 자신이 아니라 따로 있다는 것을 보여준다. 제3자를 이별의 탓으로 돌리고 있는 입장이 지속되고 있다. 이 11수를 다 받고서 민사평이 소악부를 지었으니 민사평의 제1수에서 황룡사의 타락한 모습은 이제현의 제10수의 시상을 이어서 화답한 것으로 보인다. 덧붙여 이제현이 제주도를 포함한 다양한 지역의 민요를 활용한 것처럼 민사평도 신라(황룡사, 안동), 백제(정읍) 등 경상도와 전라도의 다양한 지역의 민요를 활용한 것이라 할 수 있다.

　한편, 이제현과 민사평이 사대부 문인이라는 점을 생각해 이 작품을 다시 볼 필요가 있다. 고려가요에서 남녀상열의 내용은 궁중에서 사대부들에게는 충신연주의 노래로 향유된 것처럼[65], 민요를 재편집해 소악부로 쓴 이 한시들도 사대부에게는 충신연주의 관점에서 이해될 수 있다.[66] 이제현의 소악부에서 님과 충신이 멀어진 상황의 탓이 제3자, 곧 부패한 관리에 있다고 한다면, 민사평의 응수는 책임을 님, 곧 임금에게 돌리고 있는 것이 된다. 이런 말을 직접 할 수는 없지만 남녀상열의 방식을 취하고 있어서 이러한 해석도 가능하다.

---

[65] 김명호(1983), 「고려가요의 전반적 성격」, 백영정병욱선생환갑기념논총위원회 편, 『한국시가문학연구』, 신구문화사 ; 윤성현(2016), 「속요의 장르적 특질과 서정성」, 고가연구회 편, 『고려가요 연구사의 쟁점』, 보고사, 75면 참조.

[66] 임주탁(1996), 앞의 글, 301면에서도 소악부가 이미 궁중에서 향유하고 있는 노랫말을 소재로 한 것이라고 보고 있다.

사실 민사평은 앞서 살펴본 9수의 고려 일화에 기반한 일련의 한시에서도 이제현과 초점이 달랐다. 화답이 명확한 4수만 비교하더라도 다음과 같은 차이를 보인다.

[표2] 이제현의 소악부를 받고 민사평이 화답한 한시 일부 비교

	이제현의 강조점	민사평의 강조점
화답1[67]	대단한 문인 모임	모임의 중심인물(이낙헌)에 대한 주목
화답2[68]	上同	上同(박수재의 검소, 겸손)
화답3[69]	무외국사의 연주와 지음(知音)	지음(知音)과 우울함의 위로
화답4[70]	대단한 인물의 곤봉놀이	左同

[표2]를 보면 이제현은 등장하는 인물들의 모임 자체를 주목한 반면 민사평은 이러한 모임이 가능하게 된 중심이 되는 특정 인물의 성품에 주목

---

[67] 이제현, <樂軒李侍中在通津山齋 金百鎰 李松縉兩學士 借卓然師往謁 路人見者曰 江都地勢 一日東傾 然師自號雲游子 筆法爲當時之冠> "兩點文星會德星 三韓望重泰山輕 座中更着雲遊子 莫怪江都地勢傾"
민사평, <右金 李兩學士 山人卓然師 謁李侍中山齋詩> "控驢背錦有奴星 交轡行行野服輕 爲問樂軒何事業 一時名勝盡心傾"

[68] 이제현, <許文敬 珙李判樞 尊庇 俱以東征事出慶尙道 共訪其同年朴秀才祿之宜春田舍 各留詩一篇> "黃茅苦竹海村邊 數畝田園屋兩椽 何事古今聲價重 二公同訪一同年"
민사평, <右許文景公 李樞相 同訪宜春同年朴秀才詩> "使星兩簡出巡邊 同訪幽居碧玉椽 野老忽驚車騎盛 摠忘同榜與忘年"

[69] 이제현, <洪南陽 奎 聞妙蓮無畏國師善吹笛 自袖中等 入方丈請之 國師爲作數弄> "天台再世顒禪師 也爲洪崖捻竹吹 更說靑溪舟上客 踞床三弄得桓伊"
민사평, <右洪南陽自袖中等 謁無畏國統 國統爲之數弄詩> "不有知音一國師 睡仙也合自家吹 一聲弄罷誰歌曲 能使高人破鬱伊"

[70] 이제현, <宋樞相和過華嚴六具僧統於興王寺 其公欲觀其弄杖 宋幅巾躍馬 爲之移日> "羽林飛將少稱奇 百戰年來兩鬢絲 不是支郎有眞賞 一場毬馬只兒嬉"
민사평, <右興王具僧統 請宋樞相弄毬詩> "太度寬弘狀貌奇 弄球槃馬鞚靑絲 老來只喜知音在 不是難忘技癢嬉"

하여, 그것이 원인이 되어 이러한 모임 등의 일화가 일어날 수 있다고 보고 있다. 화자와 님이 이별하게 된 상황 속에서 그 원인이 당사자 자신들이 아니라 제3자로 돌리는 이제현의 소악부와, 당사자, 특히 님의 탓으로 돌리는 민사평의 소악부의 차이가 위의 한시 화답 속에서도 나타나는 것이다.

　남녀상열지사의 작품이 두 화자의 문답으로 이루어지는 대화체 방식은 이후 조선시대 국어시가사에서 정철의 <속미인곡>에게서 다시 나타난다. <쌍화점>에서도 화자는 여럿 등장하지만 결정적으로 님과 이별한 처지의 화자라는 상황도 아니고, 새끼상좌나 후렴구에 등장하는 화자들은 이제현과 민사평의 소악부에서만큼 문답의 역할을 하지 못한다. 반면 정철의 <속미인곡>은 이제현과 소악부와 시적 상황도 유사하고 화자가 처한 처지도 유사하다. 게다가 님의 탓으로 돌리는 민사평의 시각과, 그렇지 않다고 보는 이제현의 시각, 이 두 가지의 입장을 모두 반영하고 있다. 국어시가의 세계를 한시에서도 실현하고자 한 이제현과 민사평의 소악부는 그 의도처럼 이후 국어시가사에서 수용되는 중요한 전통을 마련하게 되었다. 이런 점에서 고려 소악부는 국어시가를 활용해 사대부 시가 중 한시에서 충신연주를 남녀상열을 통해 나타내되 두 화자의 문답으로 하소연하는 장가(長歌)를 마련함으로써 이후 다시 사대부 정철에 의해 국어시가로, 장가(長歌)인 가사로 재수용되는 문학사적 기반을 마련한 의의가 있다.

　끝으로, 이제현과 민사평의 소악부에 수용된 국어시가에 대해 살펴보자. ≪악장가사≫나 ≪고려사≫ 악지 등 관찬서에서는 백성의 고단한 삶이나 현실 세태를 비판하는 국어시가는 찾아보기 어렵다. 유교적 관점에 맞는 온화한 국어시가의 수용은 오히려 이런 관찬서에서 볼 수 있다. 반면 이제현과 민사평의 소악부는 비록 전체 맥락은 남녀상열로 재구성되었다고 해도 장가(長歌)로 엮어지기 전의 원래의 작품 속에는 다양한 목소리가 담겨 있다. 이제현의 소악부 제1수는 벼슬아치가 마치 눈은 아직 뜨지 못해 보이지 않아도 먹을 것은 맹렬히 추구하는 노란 입을 가진 새끼새처럼 탐하다가 그물에 걸리게 되었으니 백성보다도 더 어리석어 보인다는 시각이 반영되어 있다. 제4수는 늙은 홀아비가 힘들게 농사지은 곡식을 참새가 먹어치우듯 하는 벼슬아치에 대한 비판의 목소리가 담겨 있다. 제10수에는 정신적 지주 역할을 하지 못하는 절의 스님에 대해, 제11수에는 농사를 버려둔 주변 농민들에게 대한 불평지심이 담겨 있다. 민사평의 소악부에서도 제4수는 절에서 유린당하는 약자로서의 여성이 당하는 실상이 폭로된다.

이렇게 각각의 원가(原歌)는 현실 비판적인 목소리, 백성들이 정말 하고 싶은 목소리가 담긴 노래들도 있는데, 이를 활용해 신사(新詞)가 되게 했다. 원가(原歌)가 가진 비판의식을 무디게 곡해했다기보다 실상을 외면하지 않았다고 보인다. 관찰서와 같이 원천적으로 배제하는 방법도 있지만 이를 그대로 활용했다는 자체가 백성들의 목소리까지 안고서 제3자인 부패한 문인을 비판하거나, 님인 군주의 무능함을 비판하거나 하는 더 큰 목소리를 내는 방향으로 재구성했기 때문이다. 원 간섭기를 보내야 했던 사대부 문인으로서 자주성을 추구한 시인으로 평가되는 이들이므로 가능한 해석이라고 생각한다.

이제현과 민사평은 앞서 문학의 창작성이 어디까지인가의 입장도 보여준다고 살펴보았다. 두 시인은 사실 문학이란 무엇인가에 대한 물음과 더불어 시란 무엇인가에 대한 물음도 가지고 있었기 때문에 소악부의 창작이 가능했다고 본다. 시(詩)란 현실의 진실을 담아낼 수 있어야 한다. 이러한 진정한 시 정신을 한시를 통해 추구하되, 국어시가가 가진 백성들의 생생한 현장의 목소리를 외면하지 않았다는 점에서 두 시인의 소악부는 진정한 시 정신이 살아있는 한시가 되었다. 그래서 백성과 유리된 특권층만을 위한 고급 한시가 아니라 시대를 담아내는 모두의 문학으로서의 보편성을 띤 시(詩)가 될 수 있었다.

한시 속에 수용된 국어시가를 검토하는 장에서 전반적 경향을 다루겠지만, 이제현과 민사평은 모두 소악부 외에도 노래의 특성을 추구한 한시의 경향을 보여준다. 민사평의 한시는 허사가 많고, 쌍성, 첩운이 빈번하다.[71] 이는 조선 후기에 시조와 한시를 모두 지은 이중언어시인들의 한시에서 나타나는 특징이기도 하다. 허사나 쌍성, 첩운이 엄격한 근체시의 형식에서 벗어나 우리말 구어의 특성과 긴밀한 표현이라는 점에서 우리말노래에 대해 관심을 둔 민사평의 한시도 이러한 양상이 보인다는 점은 흥미롭다.

---

[71] 이에 대한 자세한 내용은 이구의(2001), 『고려 한시 연구』, 아세아문화사, 398면. "급암 민사평", 395-424면.

9. 14세기 사대부의 한시와 국어시가 비교

 앞장에서는 이제현과 민사평의 소악부를 통해서 한시와 국어시가의 상관성을 살펴보았다. 소악부의 각 한시는 7언절구이지만 전체 구조는 국어시가가 가진 연장체의 특징을 구현하면서, 내용적으로는 님에 대한 그리움, 외로움 등의 연정(戀情)을 한시에서도 나타내는 전통을 마련한 의의를 주목해서 보았다. 이제 살펴볼 사대부 시인들은 이제현, 민사평과 동시대 시인들과 더불어 여말선초를 살았던 시인들도 있다. 모두 한시와 더불어 국어시가를 함께 지은 이중언어시인들이다. 안축은 경기체가와 한시를 지었고, 우탁, 이조년, 이색, 원천석, 정몽주, 이존오, 길재, 정도전은 시조와 한시를 지었다. 갈래가 달라서 두 절로 나누어 논의를 진행하고자 한다.

9.1. 안축의 경기체가와 한시 비교

 안축(1282-1348)은 한시와 국어시가를 모두 지은 이중언어시인이지만 대부분의 사대부 시인들이 시조를 짓는 이중언어시인인데 비해 안축은 경기체가 두 곡을 남겼다. 경기체가는 시조에 비하면 정보량이 월등히 많은 데다 작품수도 2개라서 안축이 지은 한시와 비교해봄직하다. 앞장에서 다룬 소악부의 사례와 여러모로 비교하며 논의를 진행하고자 한다.

안축의 한시는 ≪謹齋集≫에 120여 제 이상이 있고, 경기체가인 <竹溪別曲>과 <關東別曲>도 '補遺'에 '歌辭'로 실려 있다. <관동별곡>의 창작시기는 1329~1330년경으로 보고[1], <죽계별곡>은 1330년경 이후에서 노후 사이에 지어진 것으로 본다.[2] 한시 대부분도 <관동별곡>과 비슷한 시기에 지어졌다. 116수 정도의 한시가 강릉 존무사로 근무한 1330~1331년의 약 1년 4개월간 지은 '關東瓦注'에 속해 있는 것들이다. 특정 시기에 집중된 한시 위주로 남아있기 때문에 안축의 한시는 위정자로서의 민풍관찰이 주된 목적이라고 하거나[3] 목민관으로서 애민의식이 많이 나타난다고 볼 수밖에 없을 것이다.[4]

안축의 한시와 경기체가에 대한 비교 역시 이러한 한시의 성격에 기반해 위정자로서 강릉을 치리해야 하는 입장에서는 발산적 문학인 '가창'시가보다는 구체적 실상을 파헤치고 음미, '음영'하는 문학인 한시가 적합하다고 보고, 이런 면에서 가창문학인 경기체가보다 음영문학으로 자리를 굳힌 한시를 더 많이 지은 것으로 보았다.[5] 안병태(2006)에서도 안축의 한시와 경기체가를 각각 음영문학과 가창문학으로 대비하면서 후자는 사대부계급에 한정하지 않고 광범위하게 대중화하려는 태도라고 하고, 이와 관련하여 <죽계별곡>을 순흥 사람들이 즐겨 부르는 노래고 짐작하였다.[6]

---

[1] 정우영(2007), 「景幾體歌 <關東別曲>의 國語史的 檢討」, 『구결연구』 18, 구결학회, 251-288면.
[2] 임기중 외(1997), 『경기체가 연구』, 태학사, 87-88면.
[3] 김동욱(2004), 「근재 안축」, 『고려 사대부 작가론』, 박이정, 29-75면.
[4] 하정승(2011), 『한국 한시의 분석과 해석』, 역락, 147-170면.
[5] 김동욱(2004), 앞의 책, 73면.
[6] 안병태(2006), 『근재 안축의 생애와 문학』, 가람문화사, 4-5면, 279-288면.

안축은 노래로 부르는 경기체가를 훈민정음이 생기기 전에 직접 기록했다.[7] 첫 경기체가인 <한림별곡>에 비하면 우리말 부분이 조금 더 적은 편이고, 고려시대 경기체가 자체가 한문구 위주로 되어있기 때문에 불가능한 일도 아니다. 한문구 부분은 그대로 기록하고, 우리말 어미에 해당되는 부분은 일부는 한역(漢譯)에 가깝고, 일부는 한자의 음을 빌리는 차자표기로 기록하여 국어사적으로도 논의되었다.[8] 주로 전반부보다 후반부의 후렴구 부분에 우리말 어미가 등장하는 경우가 많아서 해당 부분에 차자표기가 주로 나오는 편이다. 예를 들어, <관동별곡>에서 제1, 2장의 후렴구에 나오는 '王化中興景幾何如'나 '歷訪景幾何如'는 한역이라면 제3장의 경우 '四海天下無豆舍叱多'과 '又來悉何奴日是古'에서 밑줄 친 부분은 음차한 부분이다.[9] <죽계별곡>에서도 예를 들어 제5장의 마지막 구절인 '爲 四節遊是沙伊多'의 '노시사이다'와 같은 음차표기를 볼 수 있다.

그렇다고 어미만 차자표기를 한 것은 아니다. <관동별곡>의 제4장에서 '爲 <u>古溫</u>貌我隱伊西爲乎伊多'의 밑줄 친 부분을 보면 '<u>고온</u> 모습 나는 <u>의슷하오이다</u>'로 조사나 어간까지 모두 우리말 부분을 음차하고 있다. 같은 곳 마지막 구절인 제5장의 마지막 구절인 '爲 羊酪 <u>豈勿參爲里古</u>'의 밑줄 친 부분에서도 '<u>그 무슴 하리고</u>'와 같이 지시어나 의문사도 음차하고 있다.

14세기 시인들의 시조가 문집에 실리지 않는 경우가 대부분인데 비해 안축의 경기체가가 기록된 것은 여러 의미를 가진다. 우선 시조에 비해

---

[7] 이에 대해서는 정우영(2007), 앞의 글, 256-259면 참조.
[8] 정우영(2007), 앞의 글이 대표적이다. <관동별곡> 위주로 논의하였으나 <죽계별곡>도 차자 표기 방식으로 기록되었다.
[9] 이하 안축의 한시와 경기체가 작품 원문과 번역은 한국고전종합DB(http://db.itkc.or.kr)(서정화·안득용·안세현 역(2013), 한국고전번역원)에서 가져온다. 경기체가 번역은 임기중 외(1997), 앞의 책, 71-93면도 참고하였다.

경기체가는 외형상 한시체에 가깝다. 본서의 앞장에서도 살펴보았듯이 국어시가의 위상을 높이려는 시도가 경기체가의 시형에 작용하고 있었다고 보아, 격조높은 시가인 경기체가를 한시와 함께 기록하는 것은 그렇게 꺼려지는 일이 아니었을 것이다.

그렇다고 시조가 격이 낮아서 문집에 싣지 않았다고 보기는 어렵다. 한역하는 방법도 있지만 그러면 시조가 가진 형식은 무너져 시조가 아니게 된다. 13세기 소악부와 관련해서도 보았듯이, 한역을 해도 이미 시어가 다르기 때문에 다른 작품이 돼버린다. 경기체가를 기록하기가 더 용이한 것은 시형이 무너지지 않을 수 있는 한시체 부분이 많기 때문이다. 실제로 <관동별곡>과 <죽계별곡>은 '爲'와 같은 반복되는 후렴구를 살리고, 국어시가의 운율을 전하기 위해 음차된 것으로 보인다. 내용 위주라면 전체가 한역이 되었을 가능성도 높은데, 내용만이 아니라 국어시가가 가진 형식에 대한 의식이 있다고 보아야 할 것이다.

<한림별곡> 이후로 경기체가는 모두 장가(長歌)이다. 안축과 동시대를 산 이제현이 소동파의 9장으로 된 <竹枝歌>를 들어 민요를 한시화한 소악부 중 9수를 하나로 엮었는데, 안축도 <관동별곡>은 9장으로, <죽계별곡>은 5장으로 지었다. <한림별곡>은 8장이지만 이를 따르지는 않았고, 다양한 길이를 추구하였다. 한시 근체율시도 여러 수로 엮는 경우가 있지만 팔영(八詠)이나 사영(四詠), 십영(十詠) 등 특별한 기획의도가 있지 않고서는 대체로 단편이 일반적이다. 안축의 한시에서도 여러 장을 엮은 경우는 모두 7언절구로 이루어진 <三陟西樓八詠>(권1), <白文寶按部上謠 八首 幷序引>(권2), <同使上妓謠 十首 幷引>(권2)로 손에 꼽을 정도이다. 게다가 뒤의 두 편은 모두 '謠'라고 되어있어서 노래와 여러 장으로 길게 엮는 것의 긴밀함도 생각해보게 한다.

고려시대에 국어시가의 특징은 길이나 장의 수(혹은 연의 수)를 고정하

지 않는 자유로움이 특징이고, 향가든 속요이든 연장체라는 점이 공통적이다. 고려후기 등장한 시조는 아직 연시조라 하기는 어렵지만 우탁은 같은 주제로 3수를 지었다. 맹사성(1360-1438)의 4수로 이루어진 연시조 <江湖四時歌>도 창작 시기가 조선 건국 직후이니[10] 시간적으로는 고려후기와 멀지 않은 때에 등장하였다. 위 한시들이 8수, 10수 등 짝수로 구성된 반면, 국어시가는 짝수든 홀수든 구애됨이 없다. <한림별곡>은 8장이었으나 안축은 <관동별곡>은 9장, <죽계별곡>은 5장으로 홀수로 되어있다.[11]

이번에는 내용과 관련해서 살펴보자. 앞서 이제현과 민사평의 수악부가 이면적으로는 연군지정이라 할 수 있으나 표면적으로는 남녀상열에 해당되는 내용, 곧 님을 그리워하는 마음을 한시로도 나타내는 전통을 마련했다고 보았다. 그런데 안축은 경기체가에서 일부 남녀상열의 내용이 나오기는 하지만 한시에서 이 점이 더 적극 드러난다. 경기체가에서는 <관동별곡>에서는 보이지 않고, <죽계별곡> 제4장에서 이를 볼 수 있다.

<죽계별곡> 제4장 (근재집 권2)
楚山曉 小雲英 山苑佳節
    초산의 새벽 조각구름 아름다운 동산의 좋은 계절
花爛熳 爲君開 柳陰谷
    꽃 흐드러지게 피었는데 그대 위해 열린 버들 그늘진 골짜기로
忙待重來 獨倚欄干 新鶯聲裏
    다시 오기를 바삐 기다리며 홀로 난간에 기대니, 꾀꼬리소리 새롭다

---

[10] 김명준(2005), 「<강호사시가(江湖四時歌)>의 창작 시기와 세계상」, 『한국시가문화연구』 15, 한국고시가문학회, 75-98면. 그러나 ≪진본 청구영언≫과 ≪육당본 해동가요≫에는 고려의 시가로 분류해두고 있다.

[11] 소악부라 할지라도 이제현은 9수로 엮고, 민사평은 6수로 엮어 고정되지 않은 것을 볼 수 있다.

爲 一朶綠雲垂未絶
　　아, 한 떨기 짙은 구름처럼 끊임없이 늘어지는구나
天生絶艶 小桃紅時
　　천하의 절색 복사꽃 붉어질 때
爲 <u>千里相思 又奈何</u>
　　아, 천리 먼 곳에서 서로 그리워하니 또 어이하나

위 밑줄 친 부분을 보면 화자는 현재 혼자 있다. 봄이 되면 다시 오게 될 님을 기다리며 외로이 있는데, 붉은 꽃은 더욱 멀리서 서로 그리워하는 마음을 짙어지게 한다고 하였다. 화사한 꽃을 배경으로 그리움이 더 증복될 수도 있고, 붉은 꽃은 서로에 대해 변함없이 좋아하는 단심(丹心)도 중의적으로 나타낸다고 할 수 있다. 이와 관련하여 마지막 대목인 제5장[12]에서도 "黃菊丹楓 錦繡春山 鴻飛後良"이라고 한 곳에서도 국화와 붉은 단풍은 단심(丹心)으로 연결될 수 있는 절의(節義)를 상기시킨다. 또 그 다음 구절에서 "中興聖代 長樂太平"라고 한 것으로 보아 절의를 지키는 충신이 가득하면 중흥의 성대라고 보는 것이 무리가 되지 않기 때문이다.

　고려시대 국어시가에 남녀상열의 노래들이 많은 반면에, 안축의 경기체가는 <죽계별곡>에서 이 정도를 볼 수 있다. 물론 전술한 것처럼 남녀상열로 보이지만 연군지정으로 연결될 수 있는 지점들 또한 볼 수 있었다. 동시대 소악부가 전체적으로 남녀상열을 보여주는 것에 비하면 국어시가인 경

---

[12] <죽계별곡>(≪근재집≫ 권2) 제5장은 다음과 같다.
　　紅杏紛紛　芳草萋萋　樽前永日
　　綠樹陰陰　畫閣沈沈　琴上薰風
　　黃菊丹楓　錦繡春山　鴻飛後良
　　爲　雪月交光　景幾何如
　　中興聖代　長樂太平
　　爲　四節遊是沙伊多

기체가에서 오히려 이런 내용이 적다는 점에서는 의외일 수 있다. 그러나 경기체가라는 갈래 자체가 추구하는 세계관적 지향이 여타 국어시가의 갈래와 다른 점은 더욱 분명하게 알 수 있다.

소악부에서 본 바, 남녀상열의 내용은 오히려 안축의 한시에서 조금 더 많이 보인다. 이와 관련하여 가장 주목할 한시는 앞에서 잠시 언급하였던 <白文寶按部上謠 八首 幷序引>과 <同使上妓謠 十首 幷引>이다. 두 한시에는 모두 병인(幷引)을 붙여 작시 동기를 밝히고 있는데 그 내용이 매우 주목된다. 해당 부분을 들면 다음과 같다.

(1) 안부(按部)의 행차를 우리나라에서 중시하여, 경내로 들어올 때 지방의 글 선생들이 생도들을 이끌고 와서 시를 지어 바친 일은 유래가 오래되었다. 그런데 이전의 작품을 살펴보니 모두 진부한 말을 도습(蹈襲)하여 새로운 뜻을 드러내지 못하였기 때문에 모두 볼 만하지 않았다. 근래에 기거주(起居注) 이인복(李仁復) 공이 중국의 과거에 급제하고 돌아온 이래로 사대부들이 시를 지어 전송할 때 각각 우리나라의 훌륭한 사적으로 제목을 삼았는데, 어의(語意)가 참신하였으니 참으로 훌륭한 작품이었다. 우리들이 삼가 그 체제를 본떠 각자 동남(東南 경상도) 지역의 팔경(八景)을 노래하고 짧은 인(引)을 덧붙여서 엎드려 안부께 올린다. (중략) 노래를 다 하지 못한다. 시는 (다음과 같다.)[13]

(2) 수레를 타고 죽령을 넘어오니 붉고 푸른 깃발들이 다투어 맞이하고 옷자락을 밟으며 문을 나오느라 옥팔찌와 금비녀가 단정하지 않구나. 비록 학사의 매화시를 외지는 못하나 아쉬운 대로 아녀자의 <죽지가(竹枝歌)>를 올린다. 시는 (다음과 같다.)[14]

---

13 ≪謹齋集≫ 권2, <白文寶按部上謠 八首 幷序引> 중 "按部之行東韓重臨境也 鄕先生率生徒 述獻詩啓者尙矣 然閱前代之作 皆蹈襲陳言 而不能表出新意 故皆不足觀也 近者 起居注李公 自中朝登第而還 士夫賦詩贈行 各占三韓異迹爲題 語意不類 眞奇作也 僕等謹效其體 各賦東南八景一絶幷短引 拜呈行軒 (中略) 歌詠不足 詩曰"

이 두 작품은 안렴사로 부임하는 백문보(1303-1374)를 맞이하며 지은 것이라고 하였다. (1)을 보면 일반적으로는 이러한 중요한 때에 사대부들이 시를 지어 전송하는데, 우리나라의 훌륭한 사적으로 지은 것이 참신하여 안축을 비롯한 문인들도 이를 본떠서 경상도 팔경을 노래한다고 하였다. 앞장에서 민사평이 우리의 고사로 소악부를 짓는 것을 꺼려하여 이제현이 이를 설득하는 대목을 살펴보았는데, (1)에서도 이러한 움직임이 막 나타나 참신하고 훌륭하다고 보는 안축과 문인들의 시각을 읽을 수 있다.

그런데 이때 노래를 다 하지 못했다고 하면서 (2)로 시작하는 작품을 다시 지었다고 하였다. 그리고 이 작품은 학사의 매화시는 아니지만 아녀자의 죽지가라는 표현을 사용하고 있다. 남성과 여성을 대비하면서 매화시와 죽지가를 들고 있어서 주목된다. 원문의 '儂家'는 꼭 여성을 지칭하는 것은 아니라도 여성들이 당시 이런 표현을 많이 썼다고 한다.[15] 둘을 대비한 데에는 아녀자의 죽지가를 통해서도 매화시의 내용을 말할 수 있다는 의미이다. 이에 대해서는 아래 내용 분석을 통해 살펴보게 될 것이다.

실제로 이 한시는 기녀들을 제재로 하고, 여성 화자를 통해 연정(戀情)을 그리고 있다. 본서에서는 앞장에서 한시에서 여성 화자의 노래, 혹은 님을 그리는 상열(相悅)의 내용을 드러내는 것은 이제현과 민사평의 소악부 이전에도 잘 나타나지 않았으나 이제현과 민사평이 소악부를 통해 이를 시도한 점을 살펴본 바 있다. 유우석의 <죽지>에서 보인 남녀상열의 내용이 지나친 유희적 사랑이나 육체적 사랑이 아니라 님을 그리워하고 기다리는 정도인 것처럼 남녀상열을 지나치게 확대하거나 치우쳐 바라볼 것도 아님을 확인한 바 있다. 또한 이제현과 민사평의 소악부가 남녀상열

---

[14] ≪謹齋集≫ 권2, <同使上妓謠 十首 幷引> 중 "乘軺度嶺 紅旗翠旆之爭迎 踏襪出門 玉釧金釵之未整 雖未誦學士之梅花畦 聊自呈儂家之竹枝歌 詩曰"
[15] 해당 번역 부분에 서정화·안득용·안세현 역(2013)의 주석이 있다.

을 통해 연군지정을 그리고 있다는 점도 살펴본 바 있다. 그렇다면 여기서 사대부 남성의 매화시가 아니라 아녀자의 죽지가라는 것은 이러한 범주의 내용을 이 한시가 담고 있다는 의미도 포함되어 있다고 할 수 있다.

이 한시의 창작 계기가 된 백문보는 민사평의 문집인 ≪급암집≫에도 서문을 써주었고, 서로 매우 가까워 시도 많이 주고 받았다고 했다. 또한 민사평의 시가 읊조리는 것으로는 부족하고 마음에 흥이 생기고 보게 하는 것이 많다고 하였다.[16] 백문보는 가사의 효시가 된 <승원가>와 <서왕가>를 지었다고 알려진 나옹 혜근의 문집에도 서문을 쓴 바 있어서[17] 국어시가에 대한 관심과 조예가 깊다고 하지 않을 수 없다. 이런 지향을 가지고 있는 백문보를 위해 지은 위의 두 한시는 이제현과 민사평이 쓴 소악부와 같은 계열의 한시라고 해도 과언이 아닐 것이다. 듣는 이인 백문보 또한 이런 계열의 한시를 즐기지 않았다면 안렴사로 오는 백문보에게 이러한 시편들을 지어 올리지도 못했을 것이다.

실제로 (2)는 제목에서도 '妓謠'라고 되어있어서 당시 기녀들이 부르던 우리말노래를 한시화했다고 짐작된다. 또 (1)에서 '新意'를 중시한 점을 보면, 이제현과 민사평의 소악부이 단순한 한역시가 아닌 것과 같이 (2)에도 시인의 새로운 뜻이 담겨있으리라고 기대하게 된다. 10수의 소제목은 대부분 기녀의 이름으로, 전반 5수에서는 잘 알려진 중국의 기녀를 다루고, 후반 5수에서는 우리에게는 잘 알려지지 않은 고려 당시의 기녀를 다룬 것으로 보인다. 매화시를 올리는 것이 일반적인 안렴사의 환영자리에

---

[16] 백문보, <급암집서>, ≪淡庵逸集≫ 권2. "(前略) 余與及庵善 往往集杯杓 未嘗不附以詩句之贈 而不爲不多 (中略) 余於及庵之詩 讀之不覺吟詠之不足 所謂可以興可以觀者皆得其義矣 (下略)"

[17] 백문보, <懶翁語錄序>, 같은 곳. <승원가>와 <서왕가>가 나옹 작인가에 대한 의심이 없지 않으나 이에 대해서는 나옹의 가사와 한시를 다루는 장에서 상론한다.

서 기녀를 다룬 노래를 사대부 남성들이 지어 올렸다는 것은 이 자체가 새로운 일이다.[18] 사대부와 기녀의 관계는 긴밀하고, 조선시대에 기녀 시조가 등장하는 계기가 되기도 했다는 점에서 이러한 작품은 시가사적 중요성을 가진다.

무엇보다 이 두 한시가 새로 부임하는 안렴사의 환영자리에서 지어졌다는 점은 고려시대 남녀상열의 국어시가가 충신연주지사로 해석되는 문화적 맥락의 자장 속에 있기 때문에 가능했을 것이다. 이제현과 민사평의 소악부도 앞장에서 이렇게 해석한 바 있는데, (2)의 작품 역시 이러한 범주 안에 놓여있다고 할 수 있다. 이 점이 제1, 2수에서 시작하여 중간에 여러 세부 내용이 등장해 전개되다가 제10수에서 다시 확인이 된다.

이 점을 살펴보기 위해서 우선 (2)의 첫 작품을 보자.

<同使上妓謠 十首 幷引>중 제1수 '西施'(근재집 권2)
范蠡乘舟問幾春　범려가 배를 타고 떠난 지 몇 해인가
五湖煙月正愁人　오호의 어스름한 달빛이 근심케 하네
洛濱坐待神仙客　낙수가에 앉아 신선을 기다리는 나그네는
<u>自笑西施誤一身</u>　서시가 신세 망친 것을 비웃노라

두 가지가 주목된다. 첫째, 이 시에서 화자는 서시가 월나라를 이기게 한 점을 보는 것이 아니라 서시의 개인의 삶에서 님에게 버림받은 신세에 초점을 맞추고 있다. 서시는 범려에 의해 오나라로 보내져 월나라를 이기게 하였으나 이 시의 결구에서는 "自笑西施誤一身"이라고 하였다. 이는 기존에 이 고사를 다루는 한시들과 달리, 서시의 처지에서 보는 시선이다. 범려는 정치적 목적을 달성하자 오호(五湖)에서 배를 타고 떠나버렸고, 그

---

[18] 안병태(2006), 앞의 책, 291-308면에서는 새로운 한시 작시 방법으로 보고 있다.

뒤 서시는 몇 년을 기다려도 님을 만나지 못하였다. 서시의 입장에서는 정치적 이유로 님을 떠나 이용당하고 배신당하게 된 것이나 다름없다. 일설에서는 범려가 다시 데려갔다고 하지만 이미 부차의 연인이 되어 몸을 버린 후이니 잘못되고 난 다음이다. 이유가 어찌되었든 결과적으로 두 님을 섬긴 것이 되었고, 둘 다에게 버림받은 처지가 된 것이다.

둘째, 화자가 서시의 입장에 주목하고 있다는 점으로, 사대부 남성작이 여성의 입장에서 고사를 재해석한 점에 주목할 필요가 있다. 서시 덕분에 월나라가 이겼다고 보는 것은 일반적으로 징사(政事)를 돌보는 사대부 남성의 시각이다. 그런데 이러한 사대부의 시각에서 서시의 입장이 되어 이렇게 읽어낼 수 있다는 것은 이 자체가 새롭다. 기녀 이야기로만 10수를 오롯이 채우는 한시 창작도 새롭지만 여성의 입장에 주목하는 시각도 새로운 것이라는 점에서 신의(新意)를 얻었다고 할 것이다.

첫 수에서 시작된 이러한 내용은 제2수 '綠珠'[19]로 계속 이어진다. 석숭의 첩인 녹주는 다른 이가 자신을 요구하자 자신을 지키다 석숭이 벌을 받자 결국 죽음을 택하여 절(節)을 지킨다. 이 시의 전구와 결구는 이 점에 주목하고 있다.("此是分明千載鑑 欲將淸節待詞臣") 제3수 이후는 선정을 베풀기를 기원하는 내용이 나오고, 제4수 '燕尋玉京'도 마찬가지이다.

그런데 제4수는 이제현의 문집에도 <菊齋橫坡十二詠>(익재난고 권3) 중 제9수에 같은 소제목으로 같은 작품이 실려 있어서 잠시 더 살펴보고자 한다. 서정화·안득용·안세현 역(2013)에서는 이제현의 작품이 ≪근재집≫에 잘못 실렸다고 하였으나, (2)가 여러 사람이 함께 썼다고 하였으니 이 대목은 실제 이제현이 써서 해당 자리를 채웠을 가능성도 배제하지는 못

---

[19] 해당시는 다음과 같다. ≪근재집≫ 권2, <同使上妓謠 十首 幷引> 중 제2수, '綠珠', "石家豪富不如貧 畢竟難全一美人 此是分明千載鑑 欲將淸節待詞臣"

할 것이다. 민사평과 백문보의 관계나, 이런 계열의 한시를 함께 향유하는 취향을 고려하면 이제현과의 관련성도 배제할 수 없기 때문이다.

게다가 시의 내용은 더욱 주목된다. 제4수[20]의 기구와 승구에서 "펄펄 나는 한 마리 제비가 빈 규방에 온 것은 응당 미인이 이별한 것을 애석히 여김이라(翩翩雙燕訪空閨 應感佳人惜別離)[21]"라고 하여 남녀상열의 내용이 여기에도 나온다. 그런데 기구의 '翩翩雙燕'은 고대가요 <황조가>의 제1구인 '翩翩黃鳥'를 떠올리게 한다. 비단 시구만 유사한 것이 아니라 새와 이별의 상황을 연관짓는 발상도 유사하다. 국어시가를 소악부로 지은 이제현이니 국어시가에 대한 관심이 높을 것이고, 둘 간의 상관성을 고려했을 가능성도 높을 것이다.

끝으로, 제10수 '洛中仙'에서도 여성 화자가 님을 변함없이 기다리는 내용으로 끝맺고 있다. 작품은 다음과 같다.

<同使上妓謠 十首 幷引>중 제10수 '洛中仙'(근재집 권2)
洛中江水接銀河　　낙중의 강물이 은하수에 닿은 곳
上有珠樓是妾家　　위에 있는 구슬누각은 제 집이지요
爲是風流天上客　　이는 풍류천상객 때문이라
秋來幾待一乘槎　　가을에 건너오길 얼마나 기다렸는지

화자는 승구로 보아 여성이다. 자기 집이 강물 위에 있는 것은 님이 언제 배를 타고 올지 몰라서 기다리기 때문이라고 하였다. 강물과 하늘의 은하수의 이미지가 만나면서 천상객과 같은 님 때문에 강가에 집을 두고

---

[20] 해당시는 다음과 같다. ≪근재집≫ 권2, <同使上妓謠 十首 幷引> 중 제4수, '燕尋玉京', "翩翩雙燕傍空閨 應感佳人惜別離 相對知心不知語 一庭風月落花時"
[21] 이제현의 문집에는 '雙' 대신에 한 마리를 의미하는 '隻'을 쓰고 있다.

있다고 한 데에서 이 작품의 묘미가 드러난다. 강가에는 오가는 배도 많을 터인데, 가을마다 그 님을 얼마나 기다렸는지, 변함없는 절(節)을 간직하는 여성 화자를 이 전체 한시의 끝에 둠으로써 앞서 본 제1, 2수로 시작하여 이렇게 마무리되는 전체 작품의 초점을 읽을 수 있다.

물론 작품 내적으로는 님을 기다리는 여성 화자의 간절하고 변함없는 마음을 나타내고 있고 이러한 남녀상열을 한시로 나타낸 점 자체로도 이미 이 작품은 주목할 만하다. 그런데 이에 더 나아가 충신연주로 해석될 수 있는 당시의 문화적 분위기 속에서 충신의 단심(丹心)으로도 해석될 수 있는 여지가 있다. 사대부 남성의 매화시는 아니라고 하였지만 여성 화자의 남녀상열의 내용을 통해 매화와 같은 절(節)을 지향하고 있으니 나타내는 바는 다르지 않다. 물론 이 시 전체가 백문보를 환영하고 맞는 자리에서 지어진 것이니 안렴사인 백문보를 높이고 기다려왔다는 구체적 상황에 적용해볼 수도 있을 것이다. 이에 더 나아가 백문보까지도 함께 공감할 수 있는 매화시로서의 역할은 바로 표면적으로는 남녀상열을 통해 이면적인 충신연주를 나타내고자 했다고 할 것이다.

이렇게 안축을 비롯해 사대부 남성들이 함께 지었다고 하는 이 한시는 여성 화자를 내세우면서 남녀상열을 표면에 나타냈다는 것 자체를 주목할 필요가 있다. 국어시가에서만이 아니라 한시로도 얼마든지 이러한 방식이 가능하다는 것을 보여 한시와 국어시가의 거리감이 크게 느껴지지 않는다. 위 두 편의 한시가 안축 개인만의 작품이 아니라 해도 안축의 다른 한시에서 유사한 성향을 찾는 것은 어렵지 않다.

예를 들어, <三陟西樓八詠> 제6수인 '壟頭饁婦'[22]에서는 남편을 먹이느

---

[22] 해당 시는 다음과 같다. 안축, ≪근재집≫ 권1, <三陟西樓八詠> 중 제6수, '壟頭饁婦', "婦具農飱自廢飱 曉來心在夏畦間 壟頭日午催行邁 餉了田夫信步還"

라 끼니도 거르며 바쁘게 재촉하는 아내를 그리고 있다. 화자는 객관적 관찰자로서의 제3자로 아내도, 남편도 아니다. 그러나 아내에게 초점을 두고 아내의 심정을 알아주고 있다. 같은 작품의 제3수 '依山村舍'에서는 전부(田夫)가 시간을 아껴 일하는 것을 담았으니[23] 여성과 남성의 형편을 모두 균형있게 조명하고 있다. 그러나 사대부 남성 시인으로서 아내의 일을 알아주고 주목하여 한시화하는 경우는 흔하지 않으므로 높이 평가할 만하다.

이후에 살펴보게 될 정몽주도 님을 그리는 마음을 시조와 한시 모두에서 나타내면서 특히 한시에서 남편을 기다리는 아내의 입장에 주목하였는데, 안축에게서도 이를 볼 수 있다. 이중언어시인인 만큼 국어시가에서 잘 다루는 제재를 한시로도 나타내고 있다. 서민에게 관심을 두는 위정자로서의 시각도 있겠지만, 결과론적으로는 한시에 여성, 그 중에서도 아내의 처지를 핍진히 다루는 전통을 마련하는 시가사적 위상을 갖게 되었다.

끝으로, 개인작의 서정시로서의 면모에 대해 살펴볼 필요가 있다. 13세기 첫 경기체가인 <한림별곡>은 공동작이었다. 이에 비해 안축은 첫 개인작의 경기체가를 지은 작가라는 점에서 주목된다. 개인작은 것은 맞지만 한시와 같은 개인 서정시로서의 역할도 안축의 국어시가에는 나타나는가를 생각해볼 필요가 있다.

경기체가의 특성상 서정성이 적다고는 하지만 그렇다고 해서 개인 서정시가 아니라고 할 수도 없다. 앞에서 본 바, <죽계별곡> 제4, 5장에서 단심(丹心)이 연상되는 부분들은 개인적 서정시로서의 성격이 두드러지는 대목들이다. <관동별곡>의 경우, 관동의 다양한 경관이 자아내는 바, 시인의

---

[23] 해당 시는 다음과 같다. ≪근재집≫ 권1, <三陟西樓八詠> 중 제3수, '依山村舍', "傍山煙火占孤村 竹下紅桃臥守門 力穡田夫皆惜日 戴星服役返乘昏"

주관적 정서에 와닿는 감성적 자극이 아니고서는 이러한 시구나 다양한 제재들에게서 느껴지는 감흥을 전할 수는 없을 것이다. 이 점이 개인 서정시로서의 한시와 다르지 않다는 점은 제5장과 유사한 한시를 비교해도 알 수 있다. 이를 보면 다음과 같다.

<관동별곡> 제5장 (근재집 권2)
仙遊潭 永郞湖 神淸洞裏
    선유담, 영랑호, 신비하게 맑은 골짜기 속
綠荷洲 靑瑤嶂 風煙十里
    녹색 연잎 덮인 섬, 푸른 구슬 두른 산, 십 리의 바람과 안개
香冉冉 翠霏霏 琉璃水面
    향기 은은하고 푸른빛 짙은데 유리 같은 수면에
爲 泛舟景幾何如
    아, 배 띄운 광경 어떠한가
蓴羹鱸膾 銀絲雪縷
    순챗국과 농어회 희디흰 실과 같은데
爲 羊酪 豈勿參爲里古
    아, 양젖은 그 무삼 하릿고

<八月始四日 北行泛永郞湖> (근재집 권1)
暮雲半卷山如畫   저녁 구름 반쯤 걷혀 산은 그림 같고
秋雨新晴水自波   가을비 막 개니 물결 절로 일렁이네
此地重來難可必   이곳에 다시 올 날 기약하기 어려워
更聞船上一聲歌   배 위의 노래 한 가락 다시 듣노라

이 두 작품은 이곡(1298-1351)이 함께 언급하며 "그 시를 읊고 그 노래를 불러보았다"고 한 바 있는데[24], 유사성이 많아서 그럴 만하다는 생각이 든다. 두 시 모두 영랑호를 배경으로 하고 있다. 한시의 기구에서 구름이

반쯤 가린 산의 모습은 경기체가의 제1, 2구에서 안개에 쌓인 푸른 산과 유사하고, 한시의 승구에서 비가 막 개여 맑은 호수의 모습은 경기체가의 제3구와 유사하다. 경기체가의 제4구에서는 바로 이 곳에 배를 띄우고 있다고 하니 한시의 결구에서 배 위에 있는 장면과 연결된다. 한시에서는 아름다운 이 곳에 다시 오기 어려워서 노래를 듣는다고 하였는데, 두 작품의 창작시기가 1330년경으로 유사하니 이 아름다운 경치를 오래 기억하는 노래로서 경기체가의 바로 이 부분이 지어졌을 수도 있을 것이다.

더 없이 아름다운 곳에 다시 올 수 없다고 여기는 한시에서의 화자는 경기체가에 비하면 슬픈 어조를 보인다. 이곡이 이 둘을 함께 낭송하고 부르니 처연하다고 한 것도[25] 이러한 대비가 느껴져서 그런 것일 수 있다. <관동별곡>이 처연한 노래는 아니기 때문이다. 오히려 <관동별곡>과 <죽계별곡>은 들뜬 분위기로 고양된 어조를 보인다. 형식적으로 '爲'라는 탄사가 반복되면서 이러한 어조를 강화하는데 일조하고 있다. 또 명사구의 나열도 무겁고 가라앉는 분위기가 아니라 들떠서 나열하는 분위기를 만들어낸다. 어미 역시 이러한 분위기를 만드는 데에 기여하고 있는데, 매장마다 평서형 문장이 아닌 의문형으로 끝나는 문장은 청자를 잠잠히 있지 못하게 하고 반응을 일으키며 참여를 촉구한다. 이를 통해 경기체가 작품은 전체가 흥(興)겨운 분위기를 이루어가고 있는 것이다.

이는 비단 한시는 낭송하고, 경기체가는 노래로 가창하는 갈래라는 특성 때문은 아닐 것이다. 노래 중에도 슬픈 어조가 왜 없겠는가. 안축의 경우에, 특히 경기체가라는 갈래의 특성상 화자는 밝고 긍정적이며, 외부

---

[24] 이곡, ≪가정집≫ 권19, <永郞湖 次安謹齋詩韻> "(前略) 謹齋先生存撫之日遊此湖作一絶云 '暮雲半卷山如畫 秋雨初晴水自波 此地重遊難可必 更聞船上一聲歌' 又作關東別曲 今聞其歌誦其詩 悽然有感故云"

[25] 이곡, ≪가정집≫ 권19, <永郞湖 次安謹齋詩韻>, 같은 곳.

에 내놓고 자랑하고 싶은 경관을 계속 나열하고 있다. 원 간섭기에 이런 분위기의 노래라는 점은 역사적 관점에서는 애석하지만 한시와 달리 흥겹고 격양된 어조를 드러내는 통로로서 국어시가인 경기체가가 한시에 비해 가진 특성으로 당시 향유되었을 가능성을 보여준다.

  이외에도 <관동별곡> 제4장에서는 삼일포 주변 경관과 사선정(四仙亭) 관련 일화를 언급하면서 이들의 모습이 자신의 고은 모습과 비슷하다고 하였다.("爲 古溫貌我隱 伊西爲乎伊多") 자긍심이 너무 넘쳐 겸양과 반대되는 이런 모습이 상식적으로는 낯설지만 이것이 화자 사신의 주관적 정서의 표출이자 밝은 어조를 만들어내는 부분인 것만은 분명하다. 이황이 <도산십이곡발>에서 한림별곡류가 '긍호방탕(矜豪放蕩)'[26]하다고 한 점이 안축의 경기체가에서도 발견되지만 고려후기 국어시가가 가진 호방하고 밝은 정서와 어조가 이렇게 나타난 점 또한 놓치지 말아야 될 부분이다.

  이후 살펴보겠지만, 우탁만 해도 시조의 어조는 유쾌하고 긍정적이다. 물론 이황이 말한 정도까지는 아니지만 국어시가를 통해 화자의 긍정적인 어조가 안축에게만 보이는 것은 아니라는 의미이다. 물론 안축의 경기체가에서도 <죽계별곡>의 제4장과 같은 부분은 님을 기다리며 외롭고 쓸쓸한 측면도 보인다. 전체적으로는 밝은 어조 가운데 격양된 분위기가 많지만 그 가운데 느껴지는 일부 쓸쓸한 화자의 모습, 이 또한 안축의 경기체가는 보여주고 있다. 이조년의 시조 이후 고려후기 시인들의 시조에서는 화자의 정서가 불안해하고 슬퍼하는 등 부정적인 분위기도 나타나는데, 이 점은 시기적으로도 여말을 살아가는 고려 유신으로서의 분위기와 더불어 성리학자로서의 면모와도 무관하지 않을 것이다.

---

[26] 이황, ≪퇴계집≫ 권43, <陶山十二曲跋> 중 "如翰林別曲之類 出於文人之口 而矜豪放蕩"

9.2. 사대부 이중언어시인의 시조와 한시 비교

9.2.1. 서론

고려후기 시조 작가들의 시조 작품수는 많지 않다. 대부분 1수씩 지었고, 드물게 2~3수인 경우가 있다. 그러나 13세기에는 개인이 지은 국어시가가 남아있지 않고, 14세기에 들어 시조라는 갈래가 처음 등장한 점을 고려한다면 작품수가 적은 것은 이상하지 않다. 개인별로 지은 국어시가의 작품수보다는 오히려 서로 교류가 많거나 처지가 유사한 문인들 간에 개인 서정시로서 한시 외에도 시조를 짓는 경향이 있었다는 점에 주목할 필요가 있다. 한시에서 노래의 특성을 접목하는 데에서 머물지 않고 국어시가도 개인 서정시로서 직접 지었다는 점, 그리고 이러한 경향이 문인들 간에 동시에 나타나기 시작한 점, 나아가 이 시기에 국어시가가 다시 개인 서정시로서 그 역할을 하게 되었다는 점이 중요하다.

이 시기 시조를 지은 문인을 생년 순서로 들면 다음과 같다. 우탁(1263-1343) 2수, 이조년(1269-1343) 1수, 이색(1328-1396) 1수, 원천석(1330-1394?) 1수, 정몽주(1337-1392) 1수, 이존오(1341-1371) 3수, 정도전(1342-1398) 1수, 길재(1347-1392) 1수 등을 볼 수 있다. 이 중에서 생년(生年)이 13세기인 우탁, 이조년과 생년(生年)이 14세기인 이색 이후로는 몇 십 년의 차이가 있다. 이색을 기준으로 그 전과 그 후로 나눌 수 있다.

이는 비단 생년의 차이만이 아니라 시조 내용과도 연관된다. 시조 창작이야 14세기에 모두 이루어진 것이라 하겠지만 적어도 이색을 기준으로 그 전인 우탁과 이조년의 시조의 세계와 이색 이후의 시조의 세계는 다르다. 우탁과 이조년은 좀 더 개인적 고백에 주목하고 있다면, 이색 이후 시조는 고려말의 혼란한 상황과 여말선초의 국가 변혁기에 대한 정치적 분위기, 그리하여 문인으로서의 처지가 더 명확하게 드러나는 편이다.

물론 이 모든 시조들이 공통적으로 가진 특성은 특수한 개인의 처지보다는 비슷한 처지의 사대부에게 해당되는 모습을 담고 있다는 점이다. 게다가 우탁이 다룬 탄로(歎老)나 이조년이 다룬 잠 못 드는 밤의 근심은 누구에게나 해당되는 내용이다. 이색 이후 여말선초의 상황 역시 외국인이 아닌 이상 모두에게 해당된다. 이렇게 개인의 서정시이면서도 보편적 자아를 통해 누구나 공감할 수 있는 내용을 담고 있는 것은 공통적이다.

  이 시인들을 이중언어시인이라고 함은 한시 작가이면서도 국어시가인 시조를 함께 지었기 때문이다. 이 시기 문인이라면 모두 한시 작가이지만 시조나 경기체가를 함께 지은 이중언어시인은 위와 같이 손에 꼽을 정도이다. 그러나 이중언어시인과, 그렇지 않은 한시 작가들 모두 한시를 통해서도 노래를 수용하고 다루고자 한 점은 같다. 이제현과 민사평처럼 직접 번(飜)을 통한 소악부 창작을 하지 않았을 뿐이지 다양한 시형과 방식을 통해 넓게는 노래를, 좁게는 국어시가를 한시에 담고 둘 간의 거리가 가까운 창작 경향을 보여주었다. 이제 시인별로 구체적으로 살펴보면 다음과 같다.

9.2.2. 우탁의 시조와 한시 비교

  우탁(禹倬)은 시조의 첫 모습을 보여주기도 하지만 고려말의 성리학 전개에도 첫 주자로 꼽힌다.[27] 그런데 이태극(1981)에서는 우탁의 시조를 들어 고려속요의 3음보 형식에 기반한 것으로 초기 시조 모습을 해석하고 있다.[28] ≪尙賢錄≫에는 우탁의 시조로 4수를 수록하고 있어서 고려후기

---

[27] ≪고려사≫ 열전의 우탁에 대한 평가를 기반으로 우쾌제(1992), 「역동 우탁의 사상과 문학」, 안동문화연구소 편, 『우탁선생의 사상과 역동선생의 역사』, 안동대학교, 81-107면 ; 이병혁(1989), 『고려말 성리학 수용기의 한시연구』, 태학사 등에서도 이러한 평가를 하고 있다.
[28] 이태극(1974), 『시조의 사적 연구』, 이우출판사, 270면(?).

시조 시인 중에서 작품수가 가장 많다. 우선 2수를 보면 다음과 같다.[29]

[시조1]
春山(춘산)에 눈 노기는 브람 건듯 불고 간 듸 업다
져근듯 비러다가 불리고쟈 모리 우희[30]
귀 밋틔 히 무근 셔리를 노겨볼가 ᄒ노라[31]

[시조2]
혼 손에 막디 잡고 또 혼 손에 가싀 쥐고
늙는 길 가싀로 막고 오는 白髮(백발) 막디로 치려터니
白髮(백발)이 제 몬져 알고 즈럼길노 오더라

모두 '늙는다는 것'을 제재로 삼고 있다. [시조1]은 젊어지고자 하는 노력을 보여주고, 뒤의 [시조2]는 늙지 않으려는 노력을 보여준다. 모두 인생이 나이 들어가는 것에 대한 고심을 보여주고 있고, 사람이라면 여기에서 예외일 수 없는 보편적 문제를 다루고 있다.

[시조1]에서 봄바람이 잠시 불고 흔적조차 없다고 한 것은 젊은 시절이 너무 짧게 여겨진 것을 말한다. 귀밑머리 센 것은 해묵은 것처럼 오래 계속된 것처럼 여겨져 해마다 자연이 선사하는 봄바람으로 인생도 시절을 되

---

[29] 이하 우탁의 시조와 한시는 상현록편찬위원회(1990), ≪國譯尙賢錄≫ ; 안동문화연구소 편(1992), 『우탁선생의 사상과 역동선생의 역사』, 안동대학교의 영인본의 원문을 가져오고, 해석을 참고하였다.

[30] 최남선 소장본 ≪靑丘永言≫이나 ≪甁窩歌曲集≫에는 각각 '마리 우희 불니고져'와 '모리 우희 붙이고져'로, 도치가 되어있지 않다.

[31] 심재완(1972), ≪교본역대시조전서≫, 세종문화사에 의하면 이 시조는 25종 문헌에 나온다. 박을수 편저(1992), ≪한국시조대사전≫ 下, 1153면에서도 우탁을 작자로 보고 있고, ≪樂學拾零≫과 ≪靑丘永言≫을 출처로 밝히고 있다.

돌릴 수 있을까하는 희망을 보여준다. 자연은 짧은 봄이 해마다 오지만 인간은 시간이 지나면 돌아오지 않고 늙음이 누적되어 대조적이지만 어조가 절망적이지 않고 기대감을 보여준다.

[시조2]은 앞의 시조와 연결되며 시작되고 있다. [시조1]에서 귀밑의 흰 머리를 없애려고 한다고 하였는데, [시조2]에서는 아예 이 흰 머리, 곧 백발을 못오게 한다고 하였다. 흰머리를 의인화하여 오지 못하게 애를 쓰지만 그럴수록 더 빨리 온다고 하였다. 애를 쓸수록 더 빨리 늙는 것같다는 것을 희화화시켜 보여주어서 [시조1]처럼 유쾌한 어조 가운데 늙는 상황을 다루고 있다.

위의 2수 외에 나머지 2수를 보면, 비슷한 제재가 한 수 더 보인다. 남은 두 시조는 ≪상현록≫ 외에 ≪병와가곡집≫에도 보인다. 작품을 보면 다음과 같다.

[시조3]
늙지 말려이고 다시 져머 보려듸
청춘이 날 소기니 백발이 거의로다
잇다감 곳밧츨 지날 졔면 죄지은 듯 ᄒ여라[32]

[시조4]
임고대(臨高坮) 임고대(臨高坮)ᄒ여 장안(長安)을 구버보니
운리제성(雲裡帝城)은 쌍봉궐(雙鳳闕)이오 우즁츈슈(雨中春樹) 만인가(萬人家) ㅣ라
아마도 번화민물(繁華民物)이 태평인가 ᄒ노라

---

[32] 상현록편찬위원회(1990), 앞의 책 외에도 박을수 편저(1992), 위의 책, 上, 288면에서도 우탁을 작자로 보고 있고, ≪樂學拾零≫과 ≪樂府≫ 서울대본을 출처로 밝히고 있다.

위 두 시조에 대하여 김종렬(1992)[33]에서는 [시조3]은 우탁의 것으로 보나 [시조4]는 21종 문헌에 실렸더라도 4종에 이정보로 작가 표기가 되기도 했다는 점에서 우탁의 것이 아니라고 보고 있다. [시조3]의 초장은 [시조1]에서처럼 다시 젊어지고자 한다는 유사한 지향을 보여주고, 중장은 [시조2]에서 지름길로 먼저 온 백발처럼, 잠시의 청춘이 속은 느낌이 들 정도로 백발이 되었다고 하고 있다. 그러나 [시조1·2]에서 백발에 대해 '속았다'는 어조까지는 보여주지 않은데 비해, [시조3]의 종장에서는 꽃밭 앞에서 늙은 것을 죄지은 것같이 여길 정도라는 데에까지 나아갔다. [시조1·2]의 유쾌함과 긍정적인 어조에 비하면 [시조3]은 늙는다는 것을 죄스럽게까지 여긴다는 부정적 어조가 다르다.

[시조4]는 중국 장안의 태평한 모습을 그리고 있어서 제재는 기존 시조들과 전혀 다르다. 한문구가 너무 많아서 문체 역시 앞의 시조들과 다르다. 중국에 사신으로 가서도 시조를 짓는 경우는 19세기 이세보에게서나 볼 수 있지, 그 전까지 이렇게 중국의 모습을 시조로 나타내는 방식은 조선시대에도 드물다. 만약 우탁의 작품이 맞다면 초기 시조에서는 특별한 구분 없이 시조를 통해 이런 내용도 드러낼 수 있었다고 볼 수 있다. 이는 반대로 한시를 통해서도 국어시가에서 다룰만한 내용을 나타낸다는 것이기도 하다. 소악부와 관련해서 남녀상열을 한시로 나타내는 것을 민사평은 꺼려했으나 결국 이제현처럼 소악부화한 것처럼, 한시의 영역이 국어시가와 넘나들면서 구분이 없다는 것이 14세기의 특징이라고도 할 수 있을 것이다.

결론을 내리기 전에 우탁의 한시가 몇 수 남지 않은 중에서 마침 우리나

---

[33] 김종렬(1992), 「영남시조문학의 형성배경과 사상에 관한 연구」, 안동문화연구소 편, 『우탁선생의 사상과 역동선생의 역사』, 안동대학교, 109-149면.

라의 태평한 모습을 그리고 있는 한시 <暎湖樓>가 있어서 비교해볼 수 있다.

<영호루(暎湖樓)>[34]

嶺南游蕩閱年多	영남에 노닌 지 여러 해
最愛湖山景氣加	이 호산 경치를 가장 사랑하네
芳草渡頭分客路	방초 우거진 나루터에 나그네 길 나뉘고
綠楊堤畔有農家	푸른 버들 언덕에는 농가가 있네
風恬鏡面橫煙黛	바람 잔잔한 수면에 노을이 비껴 있고
歲久墻頭長土花	오랜 세월 담 머리에 흙꽃이 자라네
雨歇四郊歌擊壤	비 갠 들판에는 격양가 부르는 소리
坐看林杪漲寒槎	앉아서 숲 끝의 차가운 배 보노라

[시조4]에서는 비가 내리는 중에 만인의 집의 모습이 태평하다고 하였는데, 위 한시에서는 마지막 두 구에서 비가 갠 들판에서 태평의 노래인 '격양가' 소리가 난다고 하였다. '비'라는 이미지, 백성, 태평함의 세 가지 제재가 모두 마지막 부분에 등장한다는 점에서는 유사하다. 참고로 <暎湖樓>는 고려후기 정자후도 같은 운자를 사용해 7언율시를 지었고[35], 채홍철도 <福州暎湖樓>라는 제목으로 역시 같은 운자를 사용해 지었지만[36] 이

---

[34] 우탁의 <영호루>는 ≪尙賢錄≫ 외에 ≪동문선≫ 권15에도 수록되어 있다. 한국고전종합DB(http://db.itkc.or.kr)의 양주동(1968), 한국고전번역원의 번역도 참고하였다.

[35] 정자후(鄭子厚), <暎湖樓>, ≪동문선≫ 권15, "起樓詩眼費功多 月斧雲斤亦未加 自詡登臨橫翠閣 誰敎飛上大淸家 春江綠漲蒲萄酒 夕照紅酣躑躅花 待過已知軒盖近 樹頭時有鵲楂楂"

[36] 채홍철(蔡洪哲), <福州暎湖樓>, ≪동문선≫ 권14, "海山當日往來多 物外精神到此加 初謂夢遊雲雨峽 漸疑身入畫圖家 南江秋夜千峯月 北里春風萬樹花 雖是無情閑道者 登臨不得似枯槎"

세 가지가 함께 나오지도 않고, 태평을 주제로 하지도 않았다. 한시는 7언 율시이고, 그래서 시조에 비해 정보량이 더 많지만 마지막 부분에 태평한 모습을 그리고 있는 점은 우탁의 <영호루>와 [시조4]가 유사하다.

또 [시조4]와 위 한시 모두 높은 곳에 올라가 전체 전경을 그리고 있다는 점도 유사하다. 그러나 [시조4]에서는 황제의 궁궐과 백성의 집, 이 모두의 번화함 속에 태평을 얘기했다면 한시에서는 영남이라는 지방이 무대이면서 농가, 흙꽃 등 백성의 일상적 모습에 더 초점이 가있다는 차이가 보인다. 또 시조에서는 '태평'을 직접 언급한다면 한시에서는 '격양가' 노래를 통해 간접적으로 나타내고 있는 차이가 보인다. [시조4]가 우탁의 작품이라면 중국의 모습은 황제와 민가의 번화함과 태평함을 오히려 우리 국어시가로 나타내고, 우리 지방 민가의 태평한 모습은 한시로 나타낸 교차적 시도가 유의미하다고 할 것이다. 다만 중국과 달리 원 간섭기를 보내야 했던 우탁의 입장에서는 한시의 제8구에 '坐看林杪漲寒槎'가 예사롭지 않다. 차가운 뗏목을 바라본다는 것은 태평하기만 하지는 않다는 당시의 모습도 언급하고 있는 것으로 보이기 때문이다.

≪尙賢錄≫에는 한시는 위에서 본 <暎湖樓> 외에도 <殘月>(5언 16구), <江行>(7언절구)이 더 전한다. 문집이 전하지 않아서 더 많은 한시를 지었을텐데 볼 수는 없다. [시조4]가 한시와 주제가 유사하다면 백발이나 탄로에 대한 한시가 없을 수는 없다고 예상이 되나 현재로서는 알 수 없다.

9.2.3. 이조년의 시조와 한시 비교

이조년(李兆年, 1269-1343) 역시 문집이 남아 있지 않고 시조집에서 시조 1수와 ≪동문선≫에서 한시 1수를 볼 수 있다. 시조와 한시는 다음과 같다.

梨花에 月白ᄒ고 銀漢이 三更인지
一枝 春心을 子規야 알냐마ᄂᆞᆫ
多情도 病인 양ᄒ여 ᄌᆞᆷ 못 드러 ᄒ노라[37]

<次百花軒>[38]
爲報栽花更莫加　말을 부치노니 꽃을 더 보태어 심지 말고
數盈於百不須過　그 수가 백에 차거든 부디 거기서 지나치지 말라
雪梅霜菊淸標外　눈 속 매화와 서리 속 국화의 맑은 운치 밖에는
浪紫浮紅也謾多　흔한 자줏빛과 경박한 붉은 빛은 실없음이 많으니라

　이조년은 충혜왕의 잘못을 간하다가 듣지 않자 벼슬에서 물러나 평생 은거하였다고 기록된 인물이다.[39] 위 시조에서 말하는 근심이 무엇인지 알 수 없으나 이조년의 생애의 궤적에 비추어 나라 걱정을 했으리라고 보기도 한다. 개인적 근심인지, 정치적 근심인지 시조에서는 은근하여 잘 드러나지 않는다. 한시에서는 매화와 국화의 맑음을 강조하고, 지나치게 꽃을 더 심지 말고, 지나친 붉은 색은 실없다고 보는 관점이 시조의 초장에 나타난 백색 이미지와도 만난다. 두 작품 모두 색감에 대한 두드러진 인식이 보이는 점은 공통적이다.

　우탁과 이조년은 모두 13세기에 태어나 1343년 동년에 타계하였다. 작품이 많이 남지 않아서 일반화하기는 조심스럽지만 원 간섭기를 보내야

---

[37] 이하 다루는 시인들의 시조는 박을수 편저(1992), 앞의 책의 것을 인용한다. 박을수 편저(1992), 앞의 책, 上, 917면에서 이조년을 작자로 보고 있고, 《樂學拾零》과 《靑丘永言》을 출처로 밝히고 있다.
[38] 《東文選》 권20. 한국고전종합DB(http://db.itkc.or.kr)의 김달진(1968), 한국고전번역원의 번역을 가져온다.
[39] 《조선왕조실록》 <성종실록> 성종6년 2월 8일 "兆年切諫 王不聽 兆年退隱星山終身不仕"(원문은 국사편찬위원회(http://sillok.history.go.kr)에서 가져온다.)

했던 두 시인의 시조와 한시에서는 누구나 느끼는 보편적 감정을 담으면서도 나라의 어려움을 담고 있다. 이색 이후 고려 시조에서 여말선초의 정치적 상황을 주로 담은 것에 비하면 두 시인의 시조는 좀 더 보편적인 내용을 다루고자 했다고 할 수 있다.

9.2.4. 이색의 시조와 한시 비교

이색(李穡, 1328-1396)의 시조는 1수가 남아있는데 비해, 한시는 문집이 전하고 있어서 6천여 수에 이른다.[40] ≪동문선≫에는 한시 80여 수가 실려 있어서 후대에까지 미치는 영향력을 볼 수 있다.[41] 시조에 비해 한시가 압도적으로 많아서 대등한 비교는 어렵지만, 국어시가가 적고 한시가 상대적으로 많은 것은 그만큼 노래에 대한 욕구가 한시로도 어느 정도 충족되는 측면이 있다는 것을 의미하기도 한다. 그만큼 노래를 지향하는 한시도 적지 않다. 이색은 이곡의 아들이자, 이제현의 문생이기도 하였고, 이제현의 문집에 서문도 쓰는 등 관계가 깊다. 이런 점에서도 이미 소악부를 통해 보인 정신이나 이제현과의 차운시 등을 통해서 국어시가에 대한 관심과 지향을 볼 수 있는 것은 당연한 일일 것이다.

선행연구에서도 이색은 국어시가에 대한 관심을 한시에서도 나타냈다고 평가되었다. 여운필(2004)와 여운필(2008)[42]에서는 이색의 <鞦韆>[43]

---

[40] 이색 저, 여운필·성범중·최재남 역(2000), ≪역주 목은시고≫ 1, 월인에서 12권으로 완역되었다. 이후 원시와 번역은 여기에서 가져오고 한국고전종합DB를 함께 참고한다. 번역은 일부 수정하여 사용한다.

[41] 이색 저, 여운필·성범중·최재남 역(2000), 앞의 책, 44면에는 이인로 다음으로 많은 수가 ≪동문선≫에 실린 것이라고 하였다.

[42] 여운필(1993),「목은시의 민풍과 그 의미」,『한국한시연구』1집, 한국한시학회, 183-210면 ; 여운필(2004),『고려후기 한시의 연구』, 월인, 499-532면에 재수록 ; 여운필(2008),「고려시대 한시와 국문시가」,『한국한시연구』16, 한국한시학회,

이 <한림별곡> 제8연과 유사하여 <한림별곡>을 한시화한 소악부라는 범주에서 살펴보았고, 속악에 대한 이색의 관심이 높다고 보고 있다. 또 이색은 이어(俚語)나 속어(俗語)를 사용하여 풍속 관련 한시를 쓰기도 했다.[44] 속담을 한시화하기도 하여 우리말을 한시에도 담는 노력을 보여주었다.[45]

이색은 한시가 많은 만큼 다양한 성격의 한시를 볼 수 있다. 총 35권에 이르는 ≪목은시고≫에서 권1은 '辭'와 '操'로 된 작품으로만 구성될 만큼 자리를 차지한다. <山中辭>를 비롯해서 <関志辭>, <永慨辭>, <流水辭>, <東方辭>, <自訟辭> 외에도 <雪梅軒小賦>와 <觀魚臺小賦>, 이외에도 <巢父操>, <伯益操>, <伊尹操>, <太公操>, <周公操>, <宣尼操>, <崧高操> 등 권1에서는 대부분 노래와 밀접한 작품들을 볼 수 있다. 사(辭)에는 구마다 '兮'가 들어가는 경우가 많고, 조(操) 역시 그러하다. 차이점은 사(辭)는 길이가 긴 반면 조(操)는 4구로 된 작품이 대부분이고, <崧高操>만 20구이다.

여기서 '辭'는 '歌辭'를 떠올리게 된다. 국어시가에서 가사는 '歌詞'와 '歌辭', 두 가지를 모두 사용하고 있다. 가사(歌詞)가 음악과 관련이 있을

5-36면.
[43] ≪牧隱詩藁≫ 권8, <鞦韆> "堂堂楸樹逈臨風 紅綠鞦韆欲蹴空 挽去推來少年在 鐵膓搖蕩眼波中"
[44] 곽진(1990), 「목은 이색의 풍속시 소고」, 『민족문화』 13, 한국고전번역원, 39-66면 ; 성범중(2013), 「牧隱 李穡의 풍속 관련 한시 一考」, 『한국한시연구』 21, 한국한시학회, 79-112면.
[45] 속담을 담은 이색의 한시를 예로 들면 다음과 같다. ≪목은시고≫ 권19, <偶記俚語> "雀晝傳言鼠夜傳 耳垣相屬古猶然 誰知一念纔萌處 粲爛光明已照天"에서는 '낮말은 새가 듣고 밤말은 쥐가 듣는다'에 대해, "添不曾知減却知 由來人事畏分離 兒孫團聚終身樂 天地中間果是誰"에서는 '든 자리는 몰라도 난 자리는 안다'를, "前若貧居後富居 人言此語定非虛 莫嫌借屋頻移徙 幸有承宣上直廬"에서는 '가난한 사람이 부자가 된다'라는 것에 대해 쓴 것인데, 제3수는 지금은 익숙하지 않은 속담이다.

때 사용한다면 가사(歌辭)는 음악과 관계 없이 낭송하는 경우를 지칭하는 경우로 나눠 용어를 사용하기도 한다.[46] 이러한 관점에서 보면 이색의 사(辭) 작품들은 한시체로 되었다는 점에서 가사(歌詞)보다는 가사(歌辭)와의 유사성이 더 높다고 할 수 있다. 그러나 길이도 국어시가의 가사처럼 장편이면서도 우리말 노래의 특성을 떠올리는 지점도 보인다.

우선 ≪목은시고≫ 권1의 첫 작품인 <山中辭>를 보면 각 구가 5언에서 10언 사이로 이루어진 54개의 구로 된 작품인데, 마지막 두 구는 "欸初心之弗竟兮, 終歲月以聊淹"(아 초심을 다하지 못했으니 세월 다하도록 여기 머물리)라고 끝나고 있다. 여기서 제53구의 첫 글자인 '欸'는 '한숨 쉬고 개탄한다'는 의미이면서도 실제로 '애'라는 우리말 구음의 한숨 소리와도 유사하다. 이를 반영하듯이 이 부분에 대한 세 종류의 번역을 보면 모두 '아'나 '어허'로 해석하고 있다.[47] 향가의 낙구 부분의 탄사가 시조의 종장 첫 음보로 이어지고, 조선 전기 가사까지만 해도 마지막 종구를 시조 종장과 같이 지킨 것을 상기한다면 이 작품에서의 마지막 부분도 국어시가의 마무리와 유사점을 발견할 수 있다. 이러한 취지의 종구와 유사한 조(操)도 보인다.

<伯益操>[48]
我心兮秋波之如   내 마음은 가을 물결과 같도다

---

[46] 정병욱(2008), 『증보판 한국고전시가론』, 신구문화사, 268면.
[47] 이색 저, 여운필·성범중·최재남 역(2000), 앞의 책, 156면 ; 한국고전종합DB(http://db.itkc.or.kr)의 ≪목은시고≫ 권1(임정기 역(2000), 한국고전번역원) ; 양주동 역(1968), ≪동문선≫ 권1 참조.
[48] ≪목은시고≫ 권1. 여운필·성범중·최재남 역(2000), ≪역주 목은시고≫ 2, 월인, 278-279면의 번역과 한국고전종합DB(http://db.itkc.or.kr)(임정기 역(2000), 한국고전번역원)의 번역을 가져와 일부 수정하였다.

我迹兮匪步玄虛	내 걸음은 허무한 것을 밟지 않으리
謳歌有歸兮歸歟歸歟	노래하는 이 돌아갔으니 돌아가자 돌아가자
聊永保兮吾初	내 처음을 길이 즐기며 보전하리라

 백익(伯益)이라는 신하가 우임금을 도왔으나 왕위를 물려받지 않고, 우임금의 아들을 피해 있다가 그 아들을 노래하는 이들이 돌아갔다는 고사에 기대고 있는 작품이다. 임금 자리에 욕심두지 않고 순임금과 우임금을 도와 나라를 잘 보살핀 것에 의미를 두면 욕심을 두지 않고 숨을 수 있다. 이렇게 숨은 백익처럼, 첫 마음을 지켜 가을 물결 같이, 자신의 위치를 그대로 즐기고 그것에 의미를 두자는 다짐을 하고 있다.
 가을은 열매를 얻는 풍성함과 더불어 추수로 텅 빈 들판과 찬 바람을 함께 느끼는 계절이다. 물결의 자취는 곧 사라지는 것이다. 그런데도 화자가 자신의 마음이 가을 물결과 같다면서도 그 자취가 허무하지 않다는 것은 풍성함의 만족과 텅 빈 사라짐의 두 의미를 모두 받아들이고 만족하는 것이다. 이와 유사한 부분은 <山中辭>의 마지막 두 구만이 아니라 제49, 50구에서도 보인다. "將忘勢而內樂兮, 日嘯倚於南欄"(권세를 잊고 마음으로 즐기며, 날마다 남쪽 난간에서 읊조리리)라고 된 부분도 권세는 잊어버리고 마음으로 즐기는 것을 추구하며 노래한다고 하였으니 <伯益操>에서 지향하는 바와 같다.
 ≪목은시고≫ 권11에는 13행으로 된 <歸歟行>이라는 작품도 있다. 위의 <伯益操> 제3구에서 '歸歟歸歟'라고 했는데, 이러한 시구를 아예 제목으로 삼은 노래체 한시이다. 이 작품에서도 절개의 마음을 굳게 지켜 탐락에 빠지지 않기 어려움을 표현하고 있다. 이렇게 굳은 결심과 첫 마음을 잃지 않으려고 다짐하고 애쓰는 비슷한 내용들을 노래 형식의 한시에 담아 반복적으로 표현하고 있다.
 이색의 한시 중에는 아예 노래 자체를 제목으로 삼은 것도 있다. 이와 관련하여 다음 작품을 보자.

<歌行>(≪목은시고≫ 권10)
長歌行短歌行	장가행과 단가행
金聲玉振宮商鳴	노래와 반주가 음률의 조화를 이루네
<u>幽沈入海魚龍愁</u>	깊이 가라앉아 바다에 들면 어룡이 시름하고
<u>晃朗薄日神鬼驚</u>	밝게 드러나 해에 닿으면 귀신이 놀란다
<u>疾雷暴雨瞥眼過</u>	급한 천둥 소낙비가 별안간 지나가고 나면
<u>浮雲飛絮隨風輕</u>	뜬구름 나는 솜이 바람 따라 흩날리네
大娘劍舞却宛轉	대랑의 검무는 오히려 천천히 돌고
右軍筆陣徒縱橫	왕희지의 필진은 종횡무진할 뿐이네
時當天子巡海西	천자가 해서로 순시할 때를 당해
帝眷南土開文明	황제는 남쪽을 돌보아 문명을 펼치는데
東方一區山海深	동방의 한 구역 산과 바다의 깊은 곳에
風人雜沓絃歌聲	시인들 많고 악기와 노래 울려 퍼지니
<u>他年採詩及外國</u>	후일 나라 바깥에서까지 시를 채록한다면
<u>當憐老牧難爲情</u>	늙은 목은이 정을 나타내기 어려움을 가련하게 여기리

많은 시인들이 짧은 노래, 긴 노래를 지어서 이것이 노래로 불리고 춤으로도 추며 악기 연주도 풍성한 현장의 생생한 모습이 묘사되고 있는데, 특히 제3구~6구 부분은 노래가 불리고 해당 음악에 대한 느낌을 묘사한 것이다. 제4구의 경우는 ≪삼국유사≫에서 향가(鄕歌)가 감동천지귀신(感動天地鬼神)하는 적이 한두 번이 아니라고 하는 대목[49]을 연상하게 한다. 노래를 통해 천지귀신이 감동하는 듯한 느낌을 일연만이 아니라 이색도

---

[49] ≪삼국유사≫ '감통편' <월명사 도솔가>조, "羅人尙鄕歌者尙矣. 蓋詩頌之類歟. 故往往能感動天地鬼神者非一" 일연, 고전연구실(리상호) 역(2004), ≪新編三國遺事≫, 신서원의 원문을 가져온다.

이렇게 느끼고 시로 기록하고 있다. 마지막 두 구는 이러한 노래들이 외국에서 채록된다면 그 가운데 자신이 지은 노래가 정(情)을 잘 드러내지 못했다는 평가를 받을 것을 말한다.

여기서 주목되는 것은 끝에서 두 번째 구의 '나라 밖에서의 채시' 부분이다. 우선 '채시(采詩)'의 방식은 노래를 취해 모으는 것을 두고 말하는 경우가 많다. '歌行'이라는 작품 제목도 노래에 대한 것이라는 점에서 이색이 노래를 지었다고 할 수 있다. 이색의 한시에서 노래인데 한역했으리라 추정되는 절구도 더러 보이므로[50] 소악부이든 혹은 ≪목은시고≫에 많이 보이는 가행체의 한시이든 간에 노래의 성격을 가진 작품을 지었다고 볼 수 있다.[51] 이 노래는 <歌行>이라는 이 작품 자체를 의미할 수도 있지만, '風人雜沓絃歌聲'의 구절에서 보건대 이색을 포함한 여러 시인들이 지은 노래를 의미한다고 할 수 있다.

다음으로, 나라 바깥에서 우리의 노래를 채록하면 분명 언어가 다르게 번역될 것인데, 적어도 고려의 구어는 전해질 수 없으니 한시화된 형태를 의식했을 것으로 보인다. 게다가 조정에서 부른 노래이니 이색이 지은 노래가 처음부터 한문가요였을 수도 있을 것이다. 그렇다면 한시체라서 자신의 정을 다 표현하기 어려웠다고까지 추측하면 너무 나아간 해석일까.

---

[50] 여운필(2008), 「고려시대 한시와 국문시가」, 『한국한시연구』 16, 한국한시학회, 5-36면에서는 이색의 7언절구 <鞦韆>(≪목은시고≫ 권3)은 <한림별곡> 제8연의 소악부, <告風伯一章>(≪목은시고≫ 권25)도 원래의 노래는 모르지만 풍년을 기원하는 민요의 소악부일 것이라고 보고 있다.

[51] 이제현과 민사평의 소악부 부분에서도 밝혔지만 소악부의 개념이 번역이나 번안이라는 소극적 수준이 아니라 창작으로서의 '新詞'로 여기는 적극적 수준의 창작 활동이라고 볼 필요가 있다. 번역에 대한 현대적 개념에서 바라보기보다는 번안에 대해 적극적 창작으로 여긴 관점을 볼 수 있었다. 민요 그대로의 한역(漢譯)이 아니라 새로운 형식인 7언절구로 지었다는 점은 형식이 내용 못지 않게 중요한 비중을 차지하는 시가 장르이기 때문에 더욱 그 창작성에 무게를 둘 필요가 있다.

그러나 원나라 전역에서 300인을 대상으로 한 시험에서도 100인에 선발될 정도로 한시에 능한 이색이라도[52] 분명 나라 밖, 곧 한문의 종주국의 관점에서 볼 때는 부족했을 수 있을 것이다.

그리고, 마지막 구 '當憐老牧難爲情'에서 정(情)이라고 해서 감정적인 부분만을 의미하는 것은 물론 아닐 것이다. 그럼에도 '志'나 '意'로 표현하지 않고 '爲情'이라고 한 것을 보면 마음의 감정까지도 포함한 뜻을 의미한다고 볼 수 있고, 나아가 감정적 부분이 차지하는 비중도 상당하리라 생각된다. 따라서 우리나라를 떠나 한시화된 방식으로 재시한다면 이러한 정(情)까지는 다 담아내지 못하니 한시를 잘 지어 원나라에서까지도 인정받은 이색이라도 정을 다 펴지 못하는 자신이 가련하다고 여길 것이다.

또 다른 의미로도 생각해볼 수 있다. 제3~6구의 묘사를 보면 노래가 주는 감격과 감동은 어마어마하다. 가행(歌行)이 갖는 효과와 감동이 큰데 이 작품에서 자신이 드러내려고 하긴 했어도 노래는 한시로 잘 옮겨지지 않는다는 의미로도 이해될 수 있다. 그마저도 자신의 부족함 때문이라고 할 수 있겠지만, 그만큼 노래로 실현되는 세계와 그것의 텍스트만 옮겨놓는 것은 거리가 크다고 여겨질 수 있다. 이런 점에서도 이 작품은 결국 한자로 구현되는 세계와 노래에 담으려는 정(情)의 거리감이 있을 수밖에 없는 안타까움이 담겨진 것으로 해석될 수 있다.

이색이 한시를 통해서 국어시가를 수용하고 있는 것은 <驅儺行>에서도 볼 수 있다. 36구로 된 되어 있는데, 그 중 일부분은 이제현의 소악부 제6수에서와 같이 처용을 신(神)적 존재보다는 술에 취해 춤추는 유희적 존재로 그리고 있는 점을 수용하고 있다.[53] <처용가>를 듣고서 지은 이숭인의

---

[52] 이색 저, 여운필·성범중·최재남 역(2000), ≪역주 목은시고≫ 1, 월인, 25-26면.
[53] ≪목은시고≫ 권21, <驅儺行> "(前略) 新羅處容帶七寶 花枝壓頭香露零 低回長袖舞太平 醉臉爛赤猶未醒 (後略)"

한시를 보면 또 다른 분위기라서 그 차이점이 더 두드러진다. <十一月十七日夜 聽功益新羅處容歌 聲調悲壯 令人有感>을 보면 "夜久新羅曲 停盃共聽之 聲音傳舊譜 氣像想當時 落月城頭近 悲風樹抄嘶 無端懷抱惡 功益爾何爲"에서와 같이 예전 악보대로 부르는데 비장하고 당시 기상을 상상할 수 있다고 한 것을 보면, 이색이 유희적 처용에도 주목하는 반면 이숭인은 문신(門神)이나 호국신(護國神)으로까지 추앙된 처용에 대해 더 주목한다는 점에서 대조적이다.

또 이색은 이제현의 장단구 16수로 이루어진 <松都八景>을 읽고 <讀益齋先生松都八詠>[54]을 지었다. 이제현의 문장도 훌륭하지만 우리 경관도 빼어나다고 하여 둘을 모두 높였다. 또 이색 역시 자신의 고향 한산을 중국에 알리고자 '韓山八詠'을 노래로 썼다고 하였다.[55] 이제현이 소악부를 짓고, 우리나라의 경관도 한시로 남기고자 하는 등 중국과 다른 한국적 한시를 추구한 것처럼 이색도 <구나행>이나 이러한 한시를 통해 이제현을 수용하면서 우리만의 한시를 추구하고 그 가운데 노래, 그리고 국어시가를 수용하고자 하는 노력을 기울인 점을 알 수 있다.

이외에도 이색의 한시에는 ~歌, ~行, ~吟, ~曲, ~謠 등으로 끝나는 제목의 한시가 많이 보인다. 이러한 시들은 근체율시인 경우도 있지만 장단구로 자유롭게 쓴 경우가 더 많다. <梁洲謠 寄梁洲任使君> (목은시고 권4)에서는 손님이 들려주었다는 '양주요'를 통해 해당 지역 백성의 어려움을 잘 드러내기도 하였다. 형식면에서는 노래의 특성 중 하나이기도 한 반복되는 표현이 두드러진다. <責蟲吟>(권2)에서는 제1구 "<u>有蟲有蟲小如蠶</u>"와

---

[54] ≪목은시고≫ 권7, <讀益齋先生松都八詠> "益老文章迥出群 馳煙走海勢氾氾 松都八景牢籠盡 只是巫山一段雲"

[55] ≪목은시고≫ 권3, <吾家韓山雖小邑 以予父子登科中國 天下皆知東國之有韓山也 則其勝覽不可不播之歌章 故作八詠云>

같이 앞서 <백익조>에서도 보던 반복체가 나온다. <牧牛吟>(권2)과 같은 시에서는 가난한 살림 가운데 소먹이는 모습을 묘사하면서 "牛行芳草坡 牛飮垂楊渡"와 같이 '소는~, 소는~'이라고 반복적으로 표현하고 있다. 또 <織布吟 二篇>(권17)에서도 시작을 "織布莫太密 太密如氈毹 織布莫太疏 太疏露肌膚"로 하고 있어서 반복구의 리듬을 살리고 있다. 이런 작품은 서민의 삶과 밀착되어 있어서 민요의 일부를 차용하여 한시화한 것으로도 보인다. 이외에도 이런 반복적 표현은 16구로 된 7언고시 <詩酒歌>의 첫 구절인 "酒不可一日無 詩不可一日輟"에서도 볼 수 있어서 근체시에서 피하는 중복되는 표현을 곧잘 사용해 노래의 특성을 구현하고자 한 것이라 할 수 있다.

또 다음의 한시는 노래에 대한 이색의 관점을 보여주고 있어서 살펴볼 필요가 있다.

<夜詠>(목은시고 권19)
제2수
消磨豪氣入醇眞　헛되이 호기를 부리다 순진함에 들어서니
漸悔高歌動鬼神　높이 노래 불러 귀신 놀래던 것 차차 뉘우쳐지네
少日賦傳希有鳥　젊어선 세상에 드문 희유조 부를 지어 유명했고
老年說着不祥麟　늘그막엔 상서롭지 못한 기린을 말하네
楚囚吟苦猶思越　초나라 포로는 신음해도 월나라를 생각하고
孔聖名垂尙在陳　공자는 이름을 남겨도 오히려 진에 있었네
自念秋風吹又急　생각하니 가을바람이 또 급히 부는데
白頭難避庾公塵　백발로 유공의 먼지를 못 피하고 있구나

2수로 지었는데, 위의 시는 두 번째 작품으로 ≪동문선≫에도 이 부분만 실려 있다. 위 시는 수련을 제외하면 모두 이백, 한유 등 여러 시인들과 고사를 배경으로 하고 있어서 이러한 관련성이 없이 순수하게 지었다고

할 수 있는 부분은 수련 뿐이다. 수련에서 높이 노래 불러 귀신을 움직이던 것을 참회한다고 하였다. 이어 함련에 나오는 '희유조부'는 이백이 어릴 적에 지었다는 작품으로 커서는 이 작품을 후회했으나 이미 알려져 어쩔 수 없었다고 한다. 그 다음에 나오는 기린은 한유가 제재로 삼은 작품에서 자신의 불우함을 공자의 불우함에 빗댄 내용으로 나오는 것이다. 연이서 경련에서도 공자의 이런 생애를 말하고 있다. 이렇게 이백과 한유, 공자 등의 이야기를 언급하는 것은 뭔가 이룬 것같아도 이성계라는 막중한 권세 아래에서 유배객이 될 수밖에 없었던 처지를 고백하는 것이다.

이러한 분위기 속에서 다시 수련에서의 '高歌動鬼神'을 보자. '高歌'라고 한 것은 이색이 마음껏 시작(詩作) 활동을 했던 지난 삶의 모습을 의미하지만, 이런 이색의 작품들이 귀신을 움직이게 할 정도였다고 하니 이 말은 ≪삼국유사≫에서 비슷한 어구를 가진 향가를 떠오르게 한다. 향가는 노래이지만 하늘과 땅, 귀신을 움직이고 감동시킨다고 하였으니 함련과 경련에서와 같이 사람들이 칭찬하고 놀랄만한 유명한 시를 지은 것을 말한다고 할 수 있다. 이색이 향가를 염두한 표현이라고는 할 수 없겠지만 본인의 대단했던 시작(詩作)을 향가라고 한 점은 두 갈래를 다르지 않게 여겼다는 것을 의미한다.

이와 관련하여 고려시대까지 시가를 담은 문헌인 ≪靑丘詩鈔≫를 잠시 살펴보자.[56] ≪청구시초≫는 작자와 창작 년대를 알 수 없지만 기씨조선, 위씨조선, 고구려, 신라, 고려 등으로 나누어 <공후인>, <황조가> 등과 같은 고대가요와 향가 <도솔가>, 그리고 최치원 이후 고려시대까지의 한시를 싣고 있는 문헌이다. 고려시대까지만 다룬 시가집이 흔하지는 않은데 별도의 후속 성격의 문헌이 없는 한 여말선초의 산물일 가능성도 없지

---

[56] 이하의 내용은 일본 동경대 오구라문고본을 대상으로 한다.

않을 것이다. 고대가요나 향가를 포함시키고 있어서 시가집이라고 할 수 있지만, 한시체만 있으니 한시집이라고도 할 수 있다. 향가는 월명사의 <도솔가>만 있고 일연의 한역시와 동일하다. ≪삼국유사≫에서 향가를 한역시로 바꾼 것은 <도솔가>뿐이다. 이런 점에서 ≪청구시초≫의 편찬자는 스스로 한역하지는 않았고 기존의 것을 수집하는 방식을 취한 것이라 할 수 있다. 따로 다른 향가들을 추가로 한역하지도 않았고, 조선시대 한시도 없는 이러한 한시집에 향가를 포함한 것을 보면 향가도 고려 한시와 다르지 않은 동격의 것으로 여긴 것이라 할 수 있다.

이제, 시조와 유사한 내용의 한시를 함께 살펴보면서 둘을 비교해보고자 한다. 이색은 우리 역사를 다룬 한시도 여러 편 썼는데, 특히 이를 '악부체'로 쓴 것은 중국과 다른 우리 고려만의 한시를 쓴 것으로 이해된다. 예를 들어, <貞觀吟楡林關作>(≪목은시고≫ 권2)은 5언 20구의 고시로, 중국에서 옛 고구려 땅 안시성 터를 지나며 당시의 역사를 회고해 다루고 있다.[57] 당나라가 고구려에 패한 역사를 굳이 중국 땅에서 지으면서 우리의 한시를 쓰고 있다. 이색의 한시 중에서 유명한 5언율시 <浮碧樓>도 우리나라의 역사를 다룬 점에서 주목된다. 특히 이 한시는 시조와도 연관되는 부분이 있어서 작품을 다 든다.

<浮碧樓> (≪목은시고≫ 권2)
昨過永明寺　　어제 영명사를 지나다가
暫登浮碧樓　　잠깐 부벽루에 오르니
城空月一片　　빈 성에 한 조각 달이 있고
石老雲千秋　　오래된 돌에 구름도 천추라

---

[57] "那知玄花落白羽"와 같은 구절은 고구려 안시성의 성주 양만춘의 화살에 당나라 황제의 눈이 눈을 다친 것을 보여준다.

麟馬去不返	기린마는 가서 돌아오지 않으니
天孫何處遊	천손은 어느 곳에 노닐까
長嘯倚風磴	긴 휘파람 불며 부람부는 언덕에 서니
山青江自流	산은 푸르고 강은 저대로 흐른다

경련(頸聯)을 보면 '기린마[麟馬]'나 '천손(天孫)' 등의 표현으로 우리의 역사를 회고하고 있다. 미련(尾聯)을 보면 천손을 찾지 못하는 상황에서 화자는 길게 탄식하듯 읊조리며 부람부는 언덕에 서 있다. 그런데 이러한 정취가 시조와도 유사하여 주목된다. 이와 관련하여 이색의 시조를 보도록 하자.

白雪이 ᄌᆞ자진 골에 구루미 머흐레라
반가온 梅花는 어늬 곳이 픠엿는고
夕陽에 홀로 셔 이셔 갈 곳 몰나 ᄒᆞ노라[58]

한시의 기구와 승구에서 성 위에 구름이 나온 것처럼 시조에서도 첫 부분인 초장에서 백설이 쌓인 산골에 구름이 머물러 있는 점이 배경면에서 유사하다. 한시의 경련에서 기린마를 탄 천손에 해당되는 존재는 시조의 중장에 나오는 반가운 매화이다. 천손이 어디 있는지 알지 못하듯, 매화도 어디에 있는지 알지 못한다. 한시에서도 달이 뜬 저녁이듯이, 시조에서도 석양이라는 시간적 배경을 가지고 있다. 한시의 미련에서 화자가 바람 부는 언덕에 서 있듯이, 시조의 종장에서도 화자는 홀로 서서 갈 곳을 몰라 하고 있다. 차이라고 한다면 한시의 미련 제8구에서는 푸른 산과 흐르는

---

[58] 박을수 편저(1992), 앞의 책, 上, 478면에서 이색을 작자로 보고 있고, ≪樂學拾零≫과 ≪青丘永言≫을 출처로 밝히고 있다.

강을 시각적 배경으로 여운을 남기며 보여주고 있고, 시조 종장에서는 "갈 곳 몰라 한다"는 화자의 목소리를 직접 드러내어 말하고 있다.

시조와 유사한 한시는 또 보인다.

<驪江> (≪목은시고≫ 권28)
問外東風日日吹　문 밖에 동풍이 날마다 부니
驪江已近雪消時　여강은 이미 눈이 녹는 때가 가까웠네
泝流直上非難事　물을 거슬러 올라가는 것은 어렵지 않은 일이라고
善爲我辭知是誰　내 말을 잘 알아주는 이는 누구일지
賞月郡樓仍醉甚　누각의 달을 감상하며 실컷 취하고
尋梅野寺得歸遲　절에서 매화를 찾다가 늦게 돌아오네
今年又恐成虛語　올해도 또 빈 말이 될까 두려워
描出心聲賴有詩　마음의 소리가 나와 시가 되네

위 한시는 시조와 내용이 더 유사하다. 한시의 수련(首聯)이 시조의 종장과 유사하고, 경련(頸聯)이 중장과 유사하다. 시조의 종장에서 갈 곳 몰라한다는 말을 한시의 미련에서는 시로 나타내었다고 하였다. 그런데 정보량이 더 짧은 시조에서는 초장과 중장 사이에 다른 정보가 없어서 눈 가운데 매화를 찾는 행위 자체가 상징적 의미를 더 부여받게 된다. 한시와 시조의 특징은 아니다. 한시라 하더라도 앞에서 이조년의 한시 <차백화헌> 제3구에서 '雪梅'라고 하여, 눈과 매화가 함께 나오기 때문에 매화가 가진 상징적 의미가 명확해지듯이, 이색의 시조에서도 초장과 중장이 연이어 나오므로 눈을 뚫고 나오는 매화에 대한 반가운 의미가 더 명확하게 나타난다. 이에 비해 위 이색의 한시에서는 수련과의 거리도 있을 뿐만 아니라 경련의 누각에서 달을 감상하거나 절에서 매화를 찾는 행위가 함께 나오고 있어서 상대적으로 매화와 같은 인재를 찾는다는 의미는 약화되었다. 절구가 아니라 율시를 택함으로써 유사한 배경과 소재가 나오지

만 더 정보량이 적은 시조에서 매화를 찾지 못해 방황하는 화자의 심정이 더 강조되어 나타나는 차이가 보인다.

다음의 한시도 위 한시 및 시조와 유사한 제재로 되어 있다.

<金沙八詠> 8수 중 제8수 '注邑尋梅'
賦詠逼眞少　매화 읊은 시는 핍진한 게 적으나
栽培離俗多　심은 곳은 세속 초월한 데가 많네
最憐荒僻處　가장 어여쁜 것은 궁벽한 곳에서
寂寞伴姮娥　적막하게 달빛과 서로 짝함이로세[59]

위 시의 제3, 4구에서 달빛과 매화가 함께 있는 것이 가장 사랑스럽다고 한 것을 보면 <驪江> 경련의 내용과 연결된다. 이 시가 염동정(廉東亭)이 여주(驪州)에 귀양가서 슬픔을 달래며 지었고, 돌아온 뒤에 이색에게 함께 짓자고 하여 짓게 되었다는 배경이 부기되어 있는데[60], 공간적 배경이 <驪江>도 크게 보면 다르지 않다. 세속에서 시달리다 유배를 가게 된 심정을 이색 또한 경험하였으니 모르는 바는 아닐 것이다. 정서의 <정과정>처럼 달빛만 알아주는 심정, 차가운 세상에서 홀로 먼저 피어난 매화가 그런 달빛 아래 있는 모습은 유배라는 공간 속에서 그 의미가 증폭된다. 이렇게 여러 한시를 엮으면서 매화의 의미가 분명해지는 것은 분명 시조가 직접적 말하기라는 방식을 통해 짧은 시형 안에 간명하게 드러내는 점과는 대조적이다.

이외에도 이색의 한시 중에 국어시가와 만나는 작품이 더 있다. 이색은

---

[59] 원문과 번역은 한국고전종합DB(http://db.itkc.or.kr)의 임정기 역(2000), 한국고전번역원에서 가져온다.
[60] "廉東亭謫居川寧縣金沙莊 隨事立名 題其目凡八 因以舒憂娛悲 旣還不能忘也 請予同賦云"

한시에 탄사를 보이기도 하는데, 5언 10구의 2수로 이루어진 <淸風詩>에서 이를 볼 수 있다. 작품은 다음과 같다.

<淸風詩> 2수 (목은시고 권30)

淸風來有時	청풍이 와서 있다가
去也誰能追	갔구나, 누가 좇으리
無心忽相觸	무심코 갑자기 서로 접하면
愛之如我私	내 님처럼 사랑하고
久闊勞我心	오래 헤어지면 내 마음 괴롭네
<u>寫之以歌詩</u>	시를 노래하며 쓴다
<u>歌詩如淸風</u>	노래시는 청풍 같아서
自然無邪思	자연히 어긋난 생각이 없네
何人被琴瑟	누가 금슬로
賡我淸風詩	내 청풍시를 이을까
淸風在何處	청풍아, 어디 있느냐
我今思共之	나는 지금 함께 있고 싶으니
吉甫頌已久	길보의 노래도 이미 오래고
大雅何其衰	대아는 어찌 쇠하였나
子陵釣臺高	자릉이 조대에 높이 숨어
漢鼎終亦移	한정이 결국 또 옮겨졌네
房杜敞黃閣	황각을 열어젖힌 방두의 풍도를
繼者知爲誰	이을자 누구일까
<u>悲哉後來者</u>	슬프다, 뒤에 오는 이여
<u>讀我淸風詩</u>	나의 청풍시를 읽기를

제1수의 제6, 7구에서는 이 시를 '歌詩'라고 연거푸 지칭하고 있다. 시를 노래한다는 의미로 시와 노래가 다르지 않다는 의미도 있다. 맑은 바람이 눈에 보이지 않듯이 이 가시(歌詩), 혹은 시를 노래하는 것은 청풍과 같다

고 하고 있다. 두 수에서 모두 마지막 제9, 10구는 이 시 자체를 '청풍시'로 지칭하며 이 시작(詩作) 행위 자체를 언급하고 마무리하고 있다. 이러한 방식은 앞서 이규보에게서도 볼 수 있었고, 이후 원천석 등의 한시에서도 보인다. 어찌보면 8구로 마칠 수 있는데, 2수를 마지막에 더 추가한 것처럼 보인다. 특히 제1수에서 제9, 10구는 화답을 기다린다고 하였는데, 자답을 제2수로 하고 있는 격이다.

무엇보다 주목되는 부분은 제2수 마지막 부분이다. 이 한시는 10구로 되어 있어서 일반 근체시가 아니라는 점과, 마지막 2구에서 감탄사로 정감을 집약해 드러내며 마무리한다는 점에서 10구체 향가와 낙구를 떠올리게 한다. 이러한 특징은 다음 절에서 다루게 될 원천석의 한시에서도 보게 될 것이다.

게다가 이 한시의 제1수에서는 이 한시가 노래와 같다고 하였다. 제목이 '청풍시'인데, '詩'라고 해두고 노래임을 이렇게 강조하니 의미심장하다. 또 이 노래가 '思無邪'라고 하니 ≪詩經≫과도 연결이 되면서 시가(詩歌)의 본질적 성격에 주목하게 된다. 시(詩)이든 노래이든 어긋남이 없다면 ≪시경≫에서 강조한 정신을 가지고 있는 것이 된다. 이런 점에서 시와 노래를 대등하게 인식했다고 할 수 있다. 사실 ≪시경≫은 사대부라면 고려나 조선에서 한시나 책문, 강론 등에서 자주 인용되는 문헌 중 하나이다. 그러나 대개는 상층문학의 한 부분으로서 국사(國事)를 논하기 위해 인용되는 경우가 많다.[61]

---

[61] 이에 대해서는 최윤정(2001),「高麗 前期 文學의 詩經詩 수용 양상 고찰 : 『東文選』 소재 冊文을 중심으로」,『이화어문논집』 19, 이화여자대학교 이화어문학회, 107-134면 참조. 이 시 외에도 이색은 ≪시경≫의 내용이나 '思無邪'를 언급한 작품이 적지 않은데, 노재준(2015),「고려 문인의『시경』에 대한 태도」,『태동고전연구』 35, 한림대학교 태동고전연구소, 7-34면에서는 주자의 성정론과 같은 의미로 이색이 언급하고 있다고 논의하였다. 정일남·이려(2019),「牧隱 李穡의 詩

이색이 유난히 노래를 지향하는 한시를 많이 짓기도 하였거니와, 국어시가를 많이 짓지는 않았어도 한시를 통해서도 노래를 지향하며 '思無邪'의 관점에서 노래와 시를 대등하게 인식했다는 것은 나름의 시가사적 의의를 가진다. 이색이 국어시가를 아예 짓지 않은 것도 아니고 시조를 지었고, 이 시기 여느 시인과 비슷한 수의 시조를 지었다는 것은 이 시대의 평균적인 국어시가에 대한 인식을 보여주는 것이다. 따라서 노래를 시와 대등하게 인식하는 것은 국어시가가 한시와 나란히 자리할 수 있는 기반을 마련해주는 의미가 있다. 또한 어긋난 생각이 없다는 '사무사'의 관점은 성정론적 교화론에서 시와 노래를 대등하게 보는 것이기도 한데, 이러한 시각은 이후 살펴보게 될 정도전의 시조에서 '아희야'로 발현되는 교화적 시조 창작으로 이어질 수 있는 기반이 된다.

별도의 자리에서 이렇게 시(詩)와 가(歌)의 관계를 논하지는 않았지만 이 시를 통해, 그리고 이색의 시조와 다른 한시들을 통해 시와 노래를 가까이 여기고 교화적 관점에서 대등하게 인식하고 있는 것을 볼 수 있다. 최미정(2004)[62]에서도 고려시대 한시와 국어시가가 시경체 헌가요(獻歌謠)와 궁중 유희요로서의 국문시가는 서로 배타적이기보다 상생의 관계라고 본 바, 이러한 당시 인식을 이색이 잘 보여주고 있다고 할 것이다.

9.2.5. 원천석의 시조와 한시 비교

원천석(元天錫, 1330-1394?)의 한시는 ≪耘谷行錄≫에 737제 1144수가 남아있다. 원천석 역시 시조가 1수인 것에 비하면 한시가 너무 많아서 둘

와 『詩經』」,『민족문화』 54, 한국고전번역원, 105-140면에서는 ≪시경≫의 시지(詩旨)와 시구(詩句)를 인용한 여러 방식을 자세히 살펴보고 있다.

[62] 최미정(2004), 「고려 궁중악의 국어가요와 한자시가 – 고려의 향악・아악에 대한 연구의 고찰 –」,『대동한문학』 20, 대동한문학회, 123-167면.

을 비교한다는 것이 무색할 수 있을지도 모른다. 그러나 시조가 적으면서도 한시를 많이 쓴 것은 이 시대의 특징이기도 하고, 또한 한시를 통해서도 충분히 해소되는 측면이 있으므로 국어시가의 창작이 그만큼 적었다고 할 수 있다. 이는 앞에서도 보았고 이후에도 보겠지만 한시와 국어시가의 거리가 멀지 않다는 것을 의미한다.

원천석은 이후 보게 될 길재, 정몽주 등과 함께 조선 건국시까지 생존하였으나 조선 건국에는 참여하지 않은 팔은(八隱) 중 한 사람에 해당된다. 이색, 정도전 등과도 교유했다고 알려져 있는데, 이들 모두 여말선초를 보내며 시조를 지은 이들이기도 하다. 우선 원천석의 시조를 먼저 보고 이후 한시를 살펴보면서 국어시가와의 상관성에 대해 생각해보고자 한다.

興亡이 有數ᄒ니 滿月臺도 秋草로다
五百年 王業이 牧笛에 부쳐시니
夕陽에 지나ᄂᆞᆫ 客이 눈물 계워 ᄒ노라[63]

초장의 '滿月臺'나 중장의 '五百年 王業' 등의 표현은 이 시조의 내용은 분명하게 하는데 일조한다. 목동의 피리소리같이 나라가 허망하게 사라진 것에 나그네는 눈물겨워 한다. 이색의 시조에서 화자가 자신의 심정을 직접 말하기 방식으로 표현한 것처럼, 원천석의 시조에서도 화자가 눈물겹다고 직접 말하고 있다. 화자는 자신을 나그네로 표현하여 흥망 중에 흥(興)에 함께 할 수는 없는 입장임을 드러내고 있다. 종장에서 석양이라는 시간적 배경 역시 이색의 시조의 종장과 같다.

이런 점에서 같은 시기를 보내며 시조와 한시를 함께 지은 경우에는

---

[63] 박을수 편저(1992), 앞의 책, 下, 1301면에서 원천석을 작자로 보고 있고, ≪樂學拾零≫과 ≪靑丘永言≫을 출처로 밝히고 있다.

시조 간에 유사성, 함께 연결지어 이해해야 될 부분이 있다. 동시대에 나타난 현상으로서 여말선초에 비슷한 상황에 처해진 시인들 간에 형성된 분위기가 시조 창작의 동기일 수 있기 때문이다. 특히 전에 없던 새로운 갈래가 등장한 데에는 이러한 배경이 작용했을 가능성이 더욱 높다. 경기체가가 처음 등장할 때에도 공동작으로 나타난 점을 고려한다면, 짧은 시형인 시조는 공동작일 필요가 없으니 각각 1수 정도씩 지으면서 동시에 비슷한 상황에서 이루어진 현상으로서 새롭게 등장한 것으로 파악된다.

앞서 이색 이후의 시조의 세계가 우탁이나 이조년과는 다르다고 한 점도 이와 연관된다. 우탁이나 이조년은 서로 간의 교유 속에서 시조 창작이 이루어진 것이 아니고, 다루는 주제 역시 특정 시대나 정치적 상황을 염두하지 않았다. 생몰년을 고려해 원 간섭기의 상황 속에서 해석은 될 수 있겠으나 이색 이후의 시조 창작에서의 상황이나 내용과는 차이를 보인다. 이색 이후 다루게 될 시조는 여기 원천석의 경우와 같이 여말선초의 정치적 상황을 배경으로 이루어지며, 또한 서로 교유하는 문인들이라는 공통점도 있어서 다루는 내용 또한 유사한 특성이 나타난다. 우탁이나 이조년에 의해 등장하게 된 사대부 문인의 개인 서정시로서의 시조 창작이 이색 이후 여말선초의 상황 속에서 이렇게 이어지면서 적극 향유될 수 있는 갈래로 자리잡을 수 있게 되었다.

원천석의 많은 한시 속에서 위 시조와 유사한 작품을 찾을 수 있다. 이색의 시조도 유사한 제재나 분위기, 내용을 여러 한시에서 볼 수 있었던 것처럼 원천석의 경우에도 여러 한시가 보인다. 먼저 다음 작품을 보도록 하자.

<感懷>(운곡행록 권5)[64]
興亡正在性情中   흥망(興亡)은 진정 성정(性情) 속에 있으니
往古來今恨不窮   예전부터 지금까지 한(恨)이 끝없네.

沙漠乾坤何杳杳	사막(沙漠)의 하늘과 땅은 어찌나 아득한지
金陵日月自曈曈	금릉(金陵)의 해와 달은 저절로 환해지네.
海東已革高麗號	해동(海東)은 이미 고려(高麗)를 혁파하고
漢北新開創制功	한북(漢北)에선 새로 창제(創制)의 공을 여니.
世事悠悠誰共說	아득한 세상일을 누구와 함께 이야기하랴.
白雲行影轉晴空	흰 구름 떠가는 그림자는 맑은 하늘로 돌아가네.

시조에서는 종장에서 나오는 나그네의 눈물이 한시에서는 수련에 이미 나와 흥망으로 인해 고금 이래로 한(恨)스러움이 끝이 없다고 하였다. 그러나 시조에서는 화자의 심정이지만 한시에서는 흥망을 겪는 누구나가 느끼는 한스러움이다. 오히려 한시의 미련은 화자의 심정을 말하는 대신에 시상을 시각적 이미지로 마무리하는 한시 특유의 방식을 보여주고 있다. 또 시조에서는 '고려'라는 나라명을 대신하여 만월대와 오백년 왕업이라는 말로 대신했는데, 한시에서는 경련에서 고려의 얘기임을 직접 드러내고 있다. 이러한 점을 비교해보면 시조는 화자의 심정을 직접 말하지만 한시는 다 말하는 것같아도 전체의 이야기인 것처럼 숨어있어서 화자의 직접적인 심정 토로는 보이지 않는다. 물론 시인이 시를 썼다는 점에서는 고려의 국망(國亡)에 대한 한스러움을 나타내려고 했다고 추정할 수 있겠지만, 텍스트 자체만을 놓고 본다면 한시의 화자보다 시조의 화자가 더 직접 심정을 표출하고 있다.

무엇보다 시조와 한시는 나타낸 바가 다르다. 시조에서는 머물 수 없는 나그네가 국망에 대한 슬픔을 드러낸다면 위 한시의 경련을 보면 고려는 망하였지만 "漢北新開創制功"에서와 같이 새 왕조가 일어났다고 하여 조

---

[64] 이하 원문은 강원도 원주시(2016), ≪운곡시사(耘谷詩史)≫ 1·2·3, 휴먼컬쳐아리랑에서 가져오고 번역은 이를 참고하여 일부 수정하였다.

선에 대한 인식도 보여준다. 시조가 고려의 유신으로서의 나그네라는 화자를 내세워 슬픔을 표현했다면, 한시에서는 역사의 흥망 그 자체를 다룬 작품이 되었다.

이러한 특성은 또 다른 한시 <改新國號爲朝鮮> 2수에서도 볼 수 있다. 작품은 다음과 같다.

<改新國號爲朝鮮> 2수(운곡행록 권5)
王家事業便成塵   왕씨의 업은 티끌이 되고
依舊山河國號新   산하는 의구한데 국호는 새롭다
雲物不隨人事變   구름같은 자연은 사람따라 변하지는 않아도
尙令閑客暗傷神   오히려 한가한 나그네를 마음 상하게 하네

恭惟天子重東方   삼가 천자께서 동방을 중히 여기시어
命號朝鮮理適當   국호를 조선이라 함은 합당하다
箕子遺風將復振   기자의 유풍이 다시 회복되어
必應諸夏競觀光   반드시 중국 사방과 다투리라

제1수는 시조와 거의 비슷한 내용이다. 그러나 한시는 여기서 끝나지 않고 제2수로 이어진다. 제2수에서는 중국이 내린 국명과 새 왕조에 대한 기대감을 보여준다. 비록 국명을 받은 처지이지만 오히려 중국과 대등하게 되리라는 희망을 안고 있다. 시조에서는 고려에 대한 안타깝고 애석한 감정 위주로 나타냈지만 한시에서는 이와 더불어 조선에 대한 긍정적 기대감을 함께 나타내고 있는 것이다. 조선에 대한 기대감을 함께 표명함으로써 현실에 대해 균형감있게 인식하는 것은 한시로 표현하고 있다.

한시에서는 조선 건국과 관련하여 지은 작품이 이외에도 여럿 보인다. 정도전이 지은 악장 <문덕곡>에 대해서 칭찬하는 한시[65]에서는 조선 개국을 찬양하는 정도전의 노래를 칭송할 뿐만 아니라 시조에서와 달리 조선

을 긍정하고 있는 모습을 보여준다. 물론 정도전이 지은 네 곡의 노래 자체에 대한 감상과 비평의 측면이 많고, <문덕곡>이 어떤 노래인지, 노래의 효용은 무엇인지 등을 한시로 담았다고도 할 수 있다. 또 정도전과는 교유 관계이므로 조선 건국의 문제만이 아니라 정도전과의 관계 속에서도 이러한 입장을 한시로 나타낼 수 있다.

이러한 구분을 보면 한시에서는 시인으로서의 실제 현실적 처지에서의 목소리가 나타나고, 시조에서는 마음의 정감을 더 우선시하고 있다. 한시는 여말선초를 살아가야 했던 사대부 문인으로서의 실제 삶과 밀착되어 있다. 감정적으로만 흐를 수 없는 현실적 자아가 더 강하다. 이에 비해 시조는 나그네라는 화자를 내세워 실제 작가는 숨을 수 있고, 그래서 고려 유신으로서의 슬픔을 마음껏 꺼내는 장이 되었다. 한문이라는 문자는 사대부 작가로서의 실제 삶을 더 의식하게 한다면, 우리말로 된 노래는 고정된 기록물로 남지 않으면서도 사대부로서의 삶 이전에 한 사람으로서의 감정을 담을 수 있는 통로로 인식되고 있는 것을 볼 수 있다. 이는 조선시대 전·중기 이중언어시인에게서 볼 수 있는 특징이기도 한데 고려말에 이러한 특성이 원천석의 경우에 이미 나타나고 있는 것을 볼 수 있다.

한편, 원천석의 한시 중에는 한시의 마지막 구에 메타시의 특성을 갖는 구절이 보이는데, 작품을 마무리하면서 해당 작품 그 자체, 혹은 시작(詩作) 상황 그 자체에 대해서 언급하며 마무리하는 경우가 적지 않다. <春感> 3수 (운곡행록 권4)는 5언율시로 된 작품인데, 매수마다 마지막 제8구

---

[65] 원천석, ≪운곡행록≫ 권5, <贊鄭二相所製四歌　二相製　開言路　保相功臣　正經界　定禮樂　四曲付于樂府　被于管絃>　"大開言路保功臣　經界均平禮樂新　四曲淸歌稱盛化　千年景業啓昌辰　調高雅頌移風俗　聲協宮商感鬼神　以此庶民咸鼓舞　太平煙火入陶鈞　海東天地更淸寧　民變時雍樂太平　箕子淳風將益振　朝鮮雅號復頒行　山河氣壯扶王氣　日月明重合聖明　頌德幾人歌此曲　巍乎蕩也固難名"

는 "空詠四愁詩", "徒歌罔極詩", "狂歌或似詩"로 지금 시를 짓고 있다는 행위 자체로 마무리하고 있다. 특히 제3수의 미련은 "吟得白頭詠 狂歌或似詩"라고 하여 지금 읊는 이 시를 노래라고도 하고 있다. 이 세 수의 운자는 時, 思, 期, 詩로 모두 동일한데, 같은 이 네 개의 운자로 쓴 한시에 <次詩字韻> 3수(운곡행록 권5)도 있다. 7언절구 3수로 역시 매수 결구는 "萬恨聊題七字詩", "誤道溪山覓好詩", "得見中和樂職詩"로 현재 이 시를 짓고 있는 상황을 마지막 구에 쓰고 있다. 이외에도 5언율시인 <題元伊川所示詩卷後> 2수(운곡행록 권4)와 <再用韻擬古> 3수(운곡행록 권4)도 모두 운자를 憂, 裘, 舟, 丘로 동일한데, <再用韻擬古> 제3수 미련은 "數篇纔寫出 遺藁堆成丘"로 이 시를 짓기까지 많은 원고뭉치를 버리게 되었다고 역시 시작(詩作) 그 자체로 작품을 마무리하고 있다.[66]

이러한 방식은 앞에서 이규보의 경우에서도 본 바 있는데, 이중언어 시인 중에는 원천석의 한시에서 본인의 시작(詩作)에 대해 마지막 구에서 마무리며 상위의 관점에서 조망하는 방식이 특히 두드러진다. 국어시가인 시조에서는 메타시적 내용을 종장에서 드러내지는 않는다. 작품의 시종이 그 자체로 작품 내적 세계라서 작품 외적 자아가 들어갈 틈이 없다. 이에 비해 원천석의 한시의 위와 같은 방식은 작품 외적 자아가 개입하여 작품을 마무리하는 방식이라서 작품 속의 서정적 자아와 또 다른 작품 외적 자아가 존재하는 방식이 된다. 작품 외적 자아는 곧 시인을 떠올리게 되어

---

[66] 이외에도 이러한 방식은 자주 보인다. <謝趙先生瑋見訪>(≪운곡행록≫ 권1)에서도 마지막 제7, 8구에서 "厚意誠難忽 吟成一曲歌"로 마무리하고 있다. 이와 같이 8행시에서 한 구가 아니라 마지막 두 구가 시작(詩作) 행위 자체로 마무리하는 역할을 하면서 그 앞의 6구까지가 텍스트 내적인 세계가 되는 경우도 주목된다. 이러한 경우로 한 가지만 더 예를 든다. 5언 8구로 된 <晝夜吟>(≪운곡행록≫ 권5)의 마지막 두 구에서는 "聊寫三行字 微吟細有聲"과 같이 세 줄 시를 쓰고 읊는다고 한 것으로 보아 세 줄은 <晝夜吟>의 제6구까지를 말한다.

작품 안팎의 구분이 그만큼 약화된다. 실제 작가가 개입할 자리가 위 한시와 같이 마지막 구에 마련되기 때문이다.

이러한 특징은 앞서 시조와 한시에서의 화자의 모습이 대비적인 점과 연관된다. 앞에서 원천석의 시조와 한시를 비교하면서 시조에서는 망국의 고려에 대한 슬픔만 드러내지만, 한시는 조선 개국에 대한 기대감까지 포함한 현실적 작가의 모습을 볼 수 있다고 하였다. 시조는 실제 작가와 다른 나그네이기만 한 서정적 자아를 내세운 만큼 가면적 자아(페르소나)가 확실한 반면, 한시는 작가와 화자의 거리가 가깝고 그만큼 페르소나의 성격이 약하다. 한시의 서정적 자아의 강도가 약하여 현실의 작가와의 거리가 가까운 만큼 위와 같은 한시 작시 방식도 나타날 수 있는 것이다.

끝으로, 원천석의 한시에서 국어시가와 관련하여 살펴볼 또 한 특성은 작품 마지막 구에서 음성적 특성을 구현하는 경우이다. <冬至豆粥>(운곡행록 권5)의 마지막 구는 "咄嗟成辨要須知"로 여기서 '咄'은 '아아'와 같은 탄식하는 소리이다. 바로 다음 글자인 '嗟' 역시 탄식하는 말을 나타낸다. '咄'은 13세기 혜심이나 충지의 한시에서 가끔 볼 수 있는데, 사대부 한시에서는 드문 편이다. 원천석은 승려와의 교유가 많았고, 14세기에 한시와 국어시가를 모두 지은 나옹 혜근에 대한 찬사도 한시 <送竹溪軒信廻禪者遊江浙詞幷序>(운곡행록 권5)의 서문에서 나타내기도 하였다.

이러한 원천석이기에 승려의 한시에서 곧잘 볼 수 있는 '咄'과 같은 탄사를 사용하기도 하는 것은 아닐까 싶다. 여기서 중요한 것은 마지막 구의 탄사는 '차사'가 있는 향가 10구체에서, 혹은 시조 종장에서 보이는 특징이기도 하다는 점이다. 아직 본장에서는 이러한 탄사가 나오는 시조를 보지는 않았지만 이후 살펴볼 정도전의 시조에서 '아희야'나 길재의 시조에서는 '어즈버'와 같은 탄사가 나타난다.

이와 관련하여 박경주(1998)[67]에서는 14세기 승려 경한(景閑, 1298-?)

의 장단구 <무심가>를 국어시가의 한역으로 보고 이러한 특징에 주목한 바 있다. 그 마지막 구에 나오는 '夫是~'가 13세기 충지의 <비단가>의 21행 중에서 제20행의 '嗚呼'와 같은 역할로서, 이는 고려속요 '아소님하'와 같이 감탄의 역할을 한다고 보았다. 한시에서는 드물다고 하였으나 이규보 외에 앞에서 본 이색의 한시, 그리고 원천석의 한시에서도 볼 수 있어서 이중언어시대의 시인으로서 승려나 사대부가 모두 한시에서도 국어시가의 노래로서의 특징과 관련 형식을 취한 일면을 볼 수 있다.

9.2.6. 정몽주의 시조와 한시 비교

정몽주(1337-1392)의 한시는 ≪포은선생집≫에 300여 수가 있고, 시조는 1수가 남아있다.[68] 정몽주에서 길재 등으로 이어지는 성리학적 흐름 속에서 성리학적 세계관을 염낙풍의 한시로 나타내었다고 평가되듯이[69] 시조 역시 이방원과의 화답시조와 관련된 일화를 기록한 심광세의 ≪해동악부≫ 부분이 ≪포은선생집속록≫에 있어서 충(忠)을 드러낸다고 해석되어 왔다. 목은 이색, 도은 이숭인과 더불어 삼은(三隱)으로도 평가되어 고려 유신으로서의 연군(戀君)시조라는 해석이 더욱 뒷받침될 수 있다. 그렇다고 이러한 구체적 상황이 표면화된 것은 아니다. 우선 시조를 보면 다음과 같다.

---

[67] 박경주(1989),「고려시대 향가 전승과 소멸 양상에 관한 고찰」,『한국시가연구』4, 한국시가학회, 207-208면.

[68] 이하 본서에서 인용하는 정몽주의 한시는 포은학회 편(2007), ≪포은선생집≫, 한국문화사 ; 포은학회 편(2007), ≪포은선생집속록≫, 한국문화사의 영인본에서 가져오고, 번역을 참고하였다. 포은학회 편(2007), 앞의 책에는 264편의 한시가 있는데, 이병혁(1989),『고려말 성리학 수용기의 한시 연구』, 태학사, 119면에서는 옥산본(1903년판)을 들어 319수가 실려 있다고 하였다.

[69] 변종현(2004),『고려조 명가 한시 연구』, 경남대학교출판부, 201-215면 참조.

이 몸이 주거주거 一百 番 고쳐 주거
白骨이 塵土되여 넉시라도 잇고 업고
님 向흔 一片丹心이야 가싈 줄이 이시랴[70]

작품만 보면 화자는 님에 대한 사랑의 마음이 변함없음을 강렬하게 나타내고 있다. 죽고 또 죽더라도 생명을 걸고 님을 뜨겁게 사랑하겠다는 것이다. 목숨은 누구나 하나라서 또 죽을 수는 없는데, 최고의 가치인 생명을 걸만큼 님을 사랑한다는 것을 반복법을 통해 강조한 것이라 할 것이다. 고려가요와 같이 후렴구가 있는 것도 아니고, 이후 시인들과 같이 '어즈버', '아희야' 같은 구음의 특성이 강조된 탄사가 있는 것도 아니지만 이러한 반복법을 통해 리듬감, 노래로서의 특성을 살렸다. 한시에서는 같은 글자를 반복해서 쓰는 것을 피하지만 노래에서는 그렇지 않다. 죽음이라는 비장함을 거듭 반복하여 주제를 강조하는 것은 노래이므로 허용되는 것이자 역설의 미학을 이룬다.

사대부 남성 정몽주의 시조이니 충신연주를 담았다고 할 수 있다. 물론 작품 자체만 본다면 표면적으로 직접 연군지정을 말한 것은 아니다. 화자의 성별을 잘 알 수는 없지만 남녀상열을 드러냈을 뿐이다. 그러나 이미 소악부와 고려속요에서 남녀상열을 통해 연군을 드러내는 방식을 보았다. 이를 고려한다면 시가사적 맥락 속에서 이 시조를 연군에 대한 마음으로

---

[70] 박을수 편저(1992), 앞의 책, 上, 899면에서 정몽주를 작자로 보고 있고, ≪樂學拾零≫과 ≪靑丘永言≫을 출처로 밝히고 있다.
포은학회 편(2007), ≪포은선생집속록≫ 권2에 심광세의 ≪해동악부≫의 기록이 있는데, 여기에는 이방원과 주고 받은 일화와 더불어 다음의 한역시로 두 작품이 남아있다.
이방원: "此水何如彼何如 城隍堂後垣頹落亦何如 我輩若此爲不死亦何如"
정몽주: "此身死了死了一百番更死了 百骨爲塵土魂魄有也無 向主一片丹心寧有改理也歟"

해석할 수 있다. 따라서 이 시조는 한시와 국어시가의 앞선 전통을 이어간 다는 점에서 시가사적 의미를 띤다고 할 수 있다.

정몽주는 시조에서만이 아니라 한시에서도 연모의 정을 보여준다. 정몽주의 의고악부시 중 <江南曲>[71], <征婦怨>[72] 등을 보면 님에 대한 마음이 역시 나타난다. <강남곡>은 결구에서 원앙새 한 쌍과 대비되는 시름을 나타낸 것으로 보아 님의 부재로 인한 외로움을 보여준다. <정부원>에서는 남편을 전쟁터에 대한 아내의 외로움과 한(恨)을 나타내고 있다. 두 한시 모두 화자가 여성이라는 점도 주목된다.[73]

이 시들은 결과적으로는 모두 남성 시인이 여성 화자를 내세워 님을 그리고 외로움을 하소연하는 한시이다. 그런데 이러한 방식은 이제현과 민사평의 소악부를 거치면서 한시사에서도 그 전통이 이미 마련되었다. 정몽주도 한시를 통해 이를 이어가고 있다는 점에서 시가사적 의미를 가진다.

---

[71] <江南曲>(≪포은집≫ 권1), "江南女兒花插頭 笑呼伴侶游芳洲 蕩槳歸來日欲暮 鴛鴦雙飛無限愁"

[72] <征婦怨>(≪포은집≫ 권1), "一別年多消息稀 塞垣存歿有誰知 今朝始寄寒衣去 泣送歸時在腹兒 織罷回文錦字新 題封寄遠恨無因 衆中恐有遼東客 每向津頭問路人"

[73] 이외에도 ≪포은선생집≫에는 보이지 않지만 송도의 선비들에게 전해 내려오는 것이라는 기록과 함께 정몽주의 다음의 한시가 더 있다. (이화여자대학교 한국여성연구소 편(1977), ≪한국여성관계자료집≫ 중세편 권下, 이화여자대학교 출판부, 201면)
<江南曲>
"구름은 모였다 흩어지고, 달은 찼다 이지러지나.
저의 마음은 변하지 않습니다.
마음을 열어 한 마디 말을 더하노니,
세상에서 괴로움이 큰 것이 바로 상사(相思)입니다."
정몽주가 9세 때 한 여종이 남편에게 주는 편지를 대신 써주기를 청해 지었는데, 이 시를 지어 여종에게 읽어주었더니 일부 구절을 싫어해서 다시 고쳤다는 기록이 함께 남아있다.

물론 이런 작품들이 많은 것은 아니다. 그러나 문학사의 흐름 속에서 이러한 변화들이 포착된다는 점에서 이를 놓치지 않는 것이 필요하다. 정몽주가 사대부 신하로서의 충심에서 단심을 드러내는 시조를 지을 수 있었겠지만, 이와 별개로 일반적인 남녀관계에서 님에 대한 그리움과 외로움을 한시로 나타냈다는 것은 시가(詩歌) 일반을 통해 이러한 정감들을 드러내는 시인으로서의 면모가 뚜렷하기 때문일 것이다. 이후 갈래는 다르지만 정철의 <사미인곡>과 <속미인곡>을 통해서도 사대부 남성 시인이 님을 그리는 국어시가의 전통이 이어지는데, 그 다리로서 정몽주의 시조가 놓여있다. 12세기 정서 이후로 14세기 정몽주가 이를 이어가고 있는 것이다. 고려가요도 이런 방식을 취하지만 개인 서정시로서 작가를 알 수 있는 경우가 아니라는 점에서는 다르다.

또한 시조와 한시 모두에서 님에 대한 사랑을 다룬다는 점도 중요하다. 시조에서는 여성 화자인 점이 나타나지 않았으나 님에 대한 단심(丹心)을 그린다. 앞서 시인들이 시조를 통해 연모의 정을 드러내지 않은 반면, 정몽주는 시조와 한시 모두에서 이러한 정감들을 드러내고 있다는 점이 특징이다. 다만 시조는 화자의 성별이나 상황이 구체적이지는 않아서 어떤 상황의 화자이든 님을 뜨겁게 사랑한다는 의미로 적용할 수 있는 보편성이 있는데 비해 한시에서는 강남의 미녀, 남편을 전쟁터에 보낸 아내 등 화자의 처지나 상황이 더 분명하게 드러나고 구체화되어 있다. 이렇게 정몽주는 사대부 문인으로서 한시와 시조 모두에서 연모의 마음을 나타낸다는 점에서 이중언어시인으로서의 시가사적 위상을 가진다.

한편, 정몽주의 한시에서는 시와 노래를 다르지 않게 보는 시각을 볼 수 있다. <蓬萊驛 示韓書狀>(포은집 권1)의 미련(尾聯)에서는 "... 同來幸有 韓生在 每作新詩和我歌"라고 하였다. 한생(韓生)이란 사람이 매번 정몽주 자신의 시에 화답한다고도 볼 수 있고, 한생이 매번 새로 시를 지어 정몽주의 노래에 화답한다고 해석할 수도 있다. 전자로 보아도 자신이 지은 새 시를 노래[歌]라고 표현하는 것이 되고, 후자로 보아도 역시 자신의 한시는 노래라고 말하는 것이 된다. 전자에 의하면 상대방의 시는 매번 새롭다는 창작성으로 높이고자 하고, 그에 비해 자신의 작품은 노래처럼 반복되고 익숙한 것이라는 의미도 가질 수 있을 것이다. 동일한 글자를 피하기 위해 썼다고 하더라도 굳이 시(詩)를 가(歌)라고 한 것은 한시를 곧 노래라고도 여기는 시각이 이면에 있었기 때문이라고 할 수 있다.

5언 36구로 된 <王坊驛贈遼東程鎭撫載>(포은집 권1)에서도 "... 靑靑門前柳 起予作離歌..."라고 하여 헤어지면서 주는 이 한시를 이별노래라고 지칭하고 있다. <僮陽驛壁畫鷹熊 歌用陳敎諭韻>은 37구의 장단구로 지은 만큼 제목에서부터 노래임을 표방하고 있다. 12수로 지은 <洪武丁巳 奉使日本作>에서도 제2수에서 "地下天高醉裏歌"라고 하여 이 긴 작품을 노래라고 칭하고 있다.

<登州過海>(포은집 권1)[74]의 미련에서는 "何日長歌賦歸去 蓬窓終夜寸心傷"라고 하였다. 귀거래의 마음을 이 한시로 나타내면서 언젠가 귀거래의 긴 노래를 제대로 불러보고 싶다고 하였다. 이는 귀거래의 마음을 비유적으로 표현했다고도 할 수 있지만 이 작품 역시 나름의 귀거래시가 되었다. 자신이 지은 이 시가 귀거래시이자 노래이니 여기서도 한시를 통해 노래를 지향한 것이라 할 수 있다. 또 상한 마음을 긴 노래에 얹어 부르고 싶다고 한 것처럼 노래와 정감의 표출이 연관된 것도 볼 수 있다.

지금까지 정몽주의 시조와 한시의 내용적 유사점과, 한시에서도 노래

---

[74] 시 전체는 다음과 같다. "之罘城下片帆張 便覺須臾入杳茫 雲接蓬萊仙闕遠 月明遼海客衣涼 百年天地身如粟 兩字功名鬢欲霜 何日長歌賦歸去 蓬窓終夜寸心傷 ≪동문선≫ 권16에서는 <渡渤海>라는 제목으로 되어 있고, 시구도 밑줄 친 부분들이 다르게 되어 있다.

지향적 특성을 보이는 측면들을 살펴보았다. 국어시가가 적은 만큼 한시를 통해서도 노래 취향을 충족시키고 있고, 그러한 점이 위에서 본 다양한 방식으로 나타났다고 할 것이다. 정몽주도 이중언어시인이기 때문에 노래에 대해, 또 국어시가에 대해 긍정적인 시각을 가지고 있고, 한시와 대등하게 보려고 한 것은 어찌보면 당연할 것이다.

9.2.7. 길재의 시조와 한시 비교

길재(吉再, 1353-1419)는 정몽주, 이색, 권근의 문하로서의 관계를 가진다. ≪冶隱集≫[75]이 남아있어서 '冶隱先生言行拾遺'에 한시 8수가 있고, 산문의 비율이 압도적이다. 초야에 묻혀 단심(丹心)을 지키는 근거 중 하나로도 ≪시경≫에서 공강(共姜)이 남편 공백(共伯)이 죽은 후 재가하지 않겠다고 맹세한 것을 들었는데,[76] 한시에서는 이 점을 직접 나타냈지만 시조에서 이런 마음을 표면화한 것은 아니다. 한시와 시조를 보면 다음과 같다.

<伴宮偶吟>
龍首正東傾短墻　　용수 동쪽으로 낮은 담은 기울어지고
水芹田畔有垂楊　　미나리밭 언덕엔 수양버들이 드리웠네
身雖從衆無奇特　　몸은 비록 무리를 따르고 기특할게 없지만
<u>志則夷齊餓首陽</u>　　뜻은 백이와 숙제가 수양에서 굶은 것과 같네

五百年 都邑地를 匹馬로 도라 드니

---

[75] 이하 원문 인용은 길재, 고전연구실(장순범 해제), ≪國譯 冶隱先生 言行拾遺 : 竝 續集≫, 한국정신문화연구원, 1980의 영인본에서 가져오고, 해석을 참고하였다.
[76] 길재, <上宰相啓> 중 "身之死失靡也 斑斑三百一之風雅"

山川은 依舊ᄒ되 人傑은 간 듸 업다
어즈버 太平烟月이 쑴이런가 ᄒ노라[77]

한시를 보면 왕에게 바친다는 미나리, 그리고 한자는 다르지만 발음이 같은 수양버들이라는 제재가 결구(結句)의 백이와 숙제가 수양산에서 절개를 지켰다는 것과 연결되어 절(節)에의 의지가 고조되고 있다. 이후 조선시대 성삼문(1417-1456)은 시조를 통해 이런 백이와 숙제를 나무라기까지 하였는데,[78] 이에 비해 길재는 한시로는 절개를 다루기도 하였으나, 시조에서는 지난 고려의 역사를 회고하는 것을 더 주로 다루고 있다. 이 한시 외에도 길재는 7언 4구로 된 <偶吟> 제1구에서 "竹色春秋堅節義"라고 직접 절개를 얘기하고, 연이어 지은 <又>에서도 마지막 구에 "隱居慈味與誰評"으로 숨어 절개를 지키는 재미를 말하고 있다.

그러나 시조와 유사한 내용의 일부가 한시에서도 보인다. 역시 절구로 지은 <足夢中聯句>에서 이를 볼 수 있는데, 다음과 같다.

<足夢中聯句>
古今僚友身新變   고금의 벗들 새롭게 변하니
天地江山是故人   천지 강산 이것이 친구라
太極眞君應許我   태극 진군이 나에게 허락하리
仁心不老自青春   어진 마음이 늙지 않아 나는 청춘이라고

---

[77] 박을수 편저(1992), 앞의 책, 上, 809면에서 길재를 작자로 보고, ≪樂學拾零≫과 ≪青丘永言≫을 출처로 밝히고 있다.

[78] "首陽山 ᄇᆞ라보며 夷齊를 恨ᄒᆞ노라 주려 주글진들 採薇도 ᄒᆞᄂᆞᆫ 것가 비록애 푸새엣 거신들 긔 뉘 ᄯᅡ헤 낫ᄃᆞ니" (김천택 편, 권순회·이상원·신경숙 주해(2017), ≪진본 청구영언≫, 국립한글박물관, 21면)

위 한시의 기구(起句)에서 벗들이 변하는 것과 승구에서 자연은 변함이 없다는 이 대조적 시각은 길재의 시조 중장에서도 보이는 발상이다. 한시에서 벗의 마음이 변하는 것은 어짊을 잃었다는 것이고, 본인은 실제 늙었어도 자연과 같이 어진 마음을 간직하니 청춘과 같다고 하였다. 유교적 관점에서 인(仁)을 강조하고 있다는 점에서 시조의 주제와는 물론 전혀 다르다. 시조는 초장의 전제로 인해 고려 왕조에 대한 회고로 인한 것임이 분명하기 때문이다. 그러나 사람과 자연을 대비하는 시상은 동일하다.

나머지 한시도 <述志>, <閑居>, <無題>와 같이 대부분 은거하면서 책을 보며 느낀 단상을 읊은 것이고, 이외에 보내준 술에 사례하며 가난한 살림을 비추기도 한 <謝監司南龜菴送酒>가 더 있다. 이렇게 한시는 시인인 길재 자신의 실제 삶을 더 핍진하게 나타내면서 유교적 가치를 드러낸다면, 시조는 비록 1수이긴 하지만 그리움이라는 정서를 담을 수 있는 회고에 가까운 시라는 점에서 차이가 있다고 할 수 있다. 한시는 시조에 비하면 8수나 되지만 회고를 드러내거나 시대를 말하지는 않았다. 옛 역사의 지나감에 대한 애석함이나 애잔함은 한시에서 보이지 않고 자신의 상황 자체에 더 한정하고 있다.

9.2.8. 이존오의 시조와 한시 비교

이존오(李存吾, 1341-1371)는 문집 ≪石灘集≫[79]에 한시 12수가 보이고, ≪악부≫ 등에 시조 3수가 남아있다. 짧은 생애만큼 한시도 작품수가 적게 남아있다. 한시는 10세에 지었다고 알려진 5언 2구의 <江漲> 외에는 모두 7언시로, 대부분 7언절구이고, <石灘行>이 7언 22구로 되어 있다.

---

[79] 이하 이존오의 한시와 시조는 이존오 저, 이창우·이종락·정광순 역주(2008), ≪增補譯註 石灘集≫, 기창 ; 한국고전종합DB(http://db.itkc.or.kr)에서 가져오고 번역도 참고하였다.

앞서 본 정몽주도 300여 수가 되지만 5언시는 극히 일부이고 대부분이 7언시인 점이 같다.

정몽주가 시조에서 다룬 단심(丹心)을 이존오는 한시에서 보여준다. 작품은 다음과 같다.

<放還從便後寄弟存斯>(석탄집 上)
狂妄自甘棄海邊　미치고 망령되어 바닷가에 버려져도 감지덕지인데
聖恩天大許歸田　성은이 하늘같아 귀거래를 허하셨다
草廬隨意生涯是　초려에서 뜻을 따라 사는 것이 옳으니
一片丹心倍昔年　일편단심은 예전의 두 배이네

앞에서 본 정몽주의 시조에 비하면 이존오의 이 한시는 더 구체적인 정보가 많다. 바닷가에 버려진 이가 '聖恩', 곧 임금의 은혜를 입어서 고향에 돌아와 살아갈 수 있으니 충심이 더해진다고 하였다. 이러한 상황은 곧 사대부 문인이 유배에서 돌아와 고향에 지내며 군은(君恩)을 생각하고 쓴 시라는 점을 분명하게 드러내준다.

무엇보다 한시의 제목은 해배되어 동생에게 이러한 마음을 편지로 붙인 것이라는 정보까지 제공한다. 시조는 제목이 없고, 명확하고 구체적인 정보가 적지만 이로 인해 더 많은 이들이 시조의 상황에 해당될 수 있다는 점에서 더 보편성을 띤다. 그래서 앞에서 정몽주의 시조도 좁게는 정몽주의 생애에 맞게 연군지정, 특히 고려에 대한 충심으로 해석할 수 있겠지만 넓게는 님에 대한 변함없는 마음으로서 남녀 일반으로 확장되어 이해될 여지를 제공하고 있다. 반면 한시는 제목과 작품 모두에서 구체화된 상황을 제시하니 실제 작가를 떠올리게 되고, 실제 작가의 생애와 더 밀착되어 해석된다. 이존오의 이 한시도 신하로서 임금에 대한 충심이라는 점 외에 다른 해석의 여지는 없다.

≪증보역주 석탄집≫(2008)에는 이존오의 시조를 3수나 기록하고 있어서 고려후기 시인으로서는 가장 많은데, 세 작품을 보면 다음과 같다.

(1)
구름이 無心(무심)튼 말이 아므도 虛浪(허랑)ᄒ다
中天(중천)에 써 이셔 任意(임의)로 ᄃ이면셔
구타야 光明(광명)ᄒ 날빗츨 ᄯ라 가며 덥ᄂ니[80]

(2)
인풍(仁風)이 부는 날에 봉황(鳳凰)이 내려와 춤을 추니
온성에 가득 핀 복숭아꽃과 오얏나무 떨어지는 곳이로다
산림(山林)에 굵은 솔이야 꽃이 있어 져보랴 <한국시조대사전>[81]

(3)
ᄇ람에 우는 머귀 버혀 ᄂ여 줄 메오면
解慍南風에 舜琴이 되련마ᄂ
世上에 알 이 업스니 그를 슬허 ᄒ노라[82]

시조(1)은 서울대본 ≪악부≫에만 유일하게 이존오를 작가로 표기하였다고 하지만[83] ≪증보역주 석탄집≫(2008)에서는 ≪해동가요≫, ≪청구

---

[80] 박을수 편저(1992), 앞의 책, 上, 127면에서도 이존오 작으로 되어 있다. ≪청구영언≫에서는 마지막 2음보가 '덥퍼무삼 하리오.'로 되어 있다.
[81] 이창우·이종락·정광순 역주(2008), 앞의 책, 27면에서는 두 군데의 출처에 이존오가 작가로 명기되어 실린다고 하고, ≪樂全≫에는 종장 제2음보가 '우뚝한'으로 되어 있다고 한다. 박을수 편저(1992), 앞의 책, 上, 933면에서는 작자 표기 없이 ≪樂學拾零≫과 ≪靑丘永言≫을 출처로 밝히고 있다.
[82] 박을수 편저(1992), 앞의 책, 上, 450면에서는 ≪樂學拾零≫과 ≪海東歌謠≫ 일석본을 출처로 하고 이존오를 작자라고 표기하지는 않았다.

영언》, 《樂全》을 출처로 제시하고 있다.[84] 광명한 해는 공민왕을, 해를 덮어버리는 구름은 신돈을 가리킨다고 해석되어 왔다. 그런데 시조 자체에서는 이 점이 드러나 있지는 않다. 해는 임금이고, 구름은 간신이거나, 혹은 해는 긍정적 상황이나 존재이고, 구름은 이를 방해하는 부정적 상황이나 존재라고 해석하는 것이 한시와 달리 시조가 가진 보편성을 보여주는 방식이다. 적어도 고려후기에 지금까지 살펴본 시조의 특징은 한시에 비해 이러한 특징을 가지고 있다는 점이 시조 (1)에서도 나타난다.

(2)와 (3)은 (1)보다는 조금 더 구체화된 상황이 제시되고 있다. (2)에서 봉황은 임금을, 복숭아꽃과 오얏꽃은 간신을, 소나무는 충신을 의미한다고 해석될 수 있다. 이에 비해 (3)은 순(舜) 임금이라는 인명이 등장하고 있어서 더 구체적이다. 바람에 우는 머귀는 훌륭한 신하, 인재를 의미한다고 할 수 있겠는데, 이러한 인재를 알아주지 않는 세상을 슬퍼한다고 하였다.

(1)은 군신 관계만이 아니라 긍정적이거나 부정적인 상황이나 인물로 더 확장해서 해석될 수 있는 여지가 있는데 비해 (2)와 (3)은 군신관계에 조금 더 한정되는 점이 특징이다. 또한 (1)은 세태에 대한 비판적 시각이 돋보이고, 이러한 어조가 (2)와 (3)에도 간접적으로 나타난다. 모두 화자의 심정이 나타나긴 하지만 화자 자신의 이야기가 아니라 세태에 대한 내용이 더 많은 부분을 차지한다. 그래서 김동욱(2004)[85]에서는 이존오가 한시에서와 달리 시조에서 정사에 더 적극 참여하려고 한다고 보기도 하였다. 시조가 가진 상징적 해석은 우탁이나 이조년에 비해 이색에서 보여준 특징으로서 이색 이후 시조는 이러한 알레고리적 해석이 더 이루어질 수

---

[83] 김동욱(2004), 앞의 책, 304면.
[84] 이창우·이종락·정광순 역주(2008), 앞의 책, 25-26면.
[85] 김동욱(2004), 『고려 사대부 작가론』, 박이정.

있는 여지를 가지고 있음을 이존오의 시조에서도 볼 수 있다.

9.2.9. 정도전의 시조와 한시 비교

정도전(鄭道傳, 1342-1398)은 ≪三峰集≫에서 한시를 볼 수 있고, 시조는 1수가 전한다. 노래와 긴밀한 다양한 시형의 한시도 적지 않게 남겨서 시조가 적지만 한시를 통해서도 국어시가와의 관련성을 생각해볼 수 있다. 문집 권1과 권2에는 다양한 시형의 작품들이 보인다. 악장의 노랫말인 <문덕곡(文德曲)>, <몽금척(夢金尺)>, <수보록(受寶籙)>, <납씨곡(納氏曲)>, <정동방곡(靖東方曲)>, <궁수분(窮獸奔)>과, 구호(口號)도 여러 편 지었다. 한문가요인 악장의 노랫말은 국어시가는 아니지만 한시를 통해서도 노래하고자 한 당시의 분위기를 짐작할 수 있다. 악장에 실린 노래들이 모두에게 해당되는 내용은 국어시가로 부른 반면 왕의 이야기는 한문가요로 부른 당시의 경향을 정도전의 악장도 잘 보여준다.[86]

정도전은 '兮'가 1~2회씩 등장하는 <江之水詞>와 같은 사(詞)도 짓고, 사(詞)가 아니라도 한시에 제목이 '歌'가 들어가거나 노래에 대해 언급한 한시도 적지 않게 지었다. <遠遊歌>(삼봉집 권1)에서는 공민왕이 노국공주를 위해 무리한 토목공사를 하는 것을 풍자한다고 창작동기를 밝히기도 하였고, "高歌未終曲 雙涕爲君流"로 본인이 짓는 이 한시를 노래라고 지칭하는 대목도 마지막에 보인다.[87] 권7에는 진법(陳法)과 관련해서도 <五行出陣歌>, <旗麾歌>, <角警歌> 등 노래라고 칭한 작품들도 보인다. 순

---

[86] 여말선초의 악장에 언어에 따른 화자나 내용의 차이에 대해서는 정소연(2019), 「≪악장가사≫의 한문가요·현토가요·국문가요의 상관성」, 『조선시대 한시와 국문시가의 상관성』, 한국문화사, 186-236면 참조.

[87] 이하 정도전의 한시는 ≪삼봉집≫, 한국고전종합DB(http://db.itkc.or.kr)에서 가져온다.

수한 국어시가는 아니지만 한시체를 활용하여 노래화했다는 점에서 한시와 노래의 긴밀함을 볼 수 있다.

7언 22구로 된 <中秋歌>(삼봉집 권1)는 '한가위 노래'라는 제목을 가지고 있는데, 유배지에서 한가위의 달을 보며 원망의 시를 짓는다고 하였다.(…今年遠謫會津縣 … 是時對月倍怊悵 … 明月無言夜將半 獨立蒼茫歌怨詩) 유배지에서의 슬픈 마음이 한시 마지막 구에 "獨立蒼茫歌怨詩"로 나타나고 있다. 앞서 원천석의 한시에서 마지막 구를 활용해 시작(詩作) 자체를 말하는 메타시적 경향에 대해 살펴본 바 있는데, 이 시에서도 이러한 방식을 볼 수 있다. 한시이지만 '歌'라고 제목을 지은 만큼 원망의 시를 노래한다고 하였다. 이 대목을 통해 한시로 지었지만 이를 노래라고 부르고, 노래한다고 하였으니 시와 노래의 차이를 크게 두고 있지 않은 것을 볼 수 있다. 한문가요를 많이 지은 정도전이니 한시로도 노래할 수 있다는 의식, 그리고 근본적으로 한시와 노래가 다르지 않다는 의식이 있었을 것이다.

원가(怨歌)는 국어시가사에서도 여럿 지어졌는데, 신충이 지었다는 신라 향가에서도, 정서가 지은 고려가요에서도 볼 수 있다. 특히 정서의 <정과정>은 같은 고려시대이면서 유배지라는 상황과 달을 보면서 지은 점 등이 이 한시와 같다. 시조도 함께 지었던 정도전은 이면적으로 이러한 국어시가의 특성을 드러내면서 이러한 원망하는 노래를 한시로 나타냈다고 보인다.

이 <中秋歌>(삼봉집 권1)에는 '錦南雜詠'이라는 부기(附記)가 적혀 있다. 권2에도 '錦南雜詠'이라고 적혀 있는 일련의 4수가 더 있는데, 그 중 하나는 역시 제목이 같은 5언율시 <中秋歌>(삼봉집 권2)이다. 또 5언절구로 된 <錦南雜詠> 8수가 더 있고, 제목도 그 중 하나는 <中秋>이다. 한가위를 제재로 하여 여러 번 한시를 지었고, 노래라는 점을 제목에도 여러 번 나타내었다. 모두 유배시의 작품이라서 고향에 대한 그리움, 그리고 자신의 처지에 대한 생각이 많을 때 지어진 것이다.

이렇게 지방 유배시에 노래라는 제목을 달고, 노래 취향의 한시를 지은 것은 긴밀하다. 온 백성이 맞이하는 세시풍속이므로 사대부만의 한시보다는 우리말노래의 경향이 드러나는 것이 더 어울리는 절기이기 때문도 있을 것이다. 게다가 중앙관직에 있는 때가 아니라 지역민과 함께 있는 유배의 때이니 한시를 짓더라도 노래와 긴밀한 작품을 지향하게 되었을 것이다. 사실 고려후기 시조 시인은 대부분은 유배의 경험을 하거나 은거를 한 문인들이 대부분이다. 이점은 조선시대에도 그러하다. 정도전은 고려 후기에 시조와 한시를 지은 시인 중에는 그래도 조선 건국에까지 참여한 이력을 가지고 있지만, 유배의 경험이 있고 특히 이 한시와 같이 유배시에 노래와 긴밀한 한시를 지었다. 궁궐이나 지방이나 우리말노래는 어디에나 있지만, 개인 창작시로서 국어시가를 짓는 경우는 이러한 지방 은거나 유배의 경험과 밀접하다.

정도전의 시조는 다음과 같다.

仙人橋 나린 물이 紫霞洞에 흘너 드러
半千年 王業이 물 소리 뿐이로다
아희야 故國興亡을 무러 무슴 ᄒᆞ리오 (≪청구영언≫)

선인교나 자하동은 고려의 지명이면서도 조선에서도 지속되는 공간이다. 동일한 공간에 물은 자꾸 바뀌어 흐른다. 공간도 지속하고 있고, 물도 계속 흐르고, 사라지는 것은 소리뿐이다. 소리는 보이지 않지만 존재하고 있는 것은 분명하다. 조선이 되었어도 고려의 공간도 그대로이고, 물도 계속 흐른다. 소리는 사라지는 일회적인 것이긴 해도 물은 계속 흐르고 있다는 두 가지 상반된 속성을 '물 소리'는 가르쳐주고 있다. 그래서 고국

흥망을 묻기보다 그 본질적 특성을 말해주고자 하는 것으로 보인다.

이 시조는 원천석의 시조와 여러모로 연관되는 지점이 있다. 원천석의 시조 초장에서 '흥망'을 언급하며 '만월대'라는 지명을 얘기한 점이 같고, 두 시조 모두 중장에서 국망(國亡)을 피리소리와 물소리로 사라지는 것에 비유한 점도 같다. 그러나 화자의 입장은 다르다. 원천석의 시조에서 화자는 망(亡)에 주목하며 슬퍼하는 지나가는 나그네였으나, 정도전의 시조에서 화자는 이를 슬퍼하는 마음을 아이와 같다고 여긴다. 그래서 "아이야, 그런 것을 물어 무엇하리오"라고 화답하고 있는 것과도 같다.

'아희야'는 이후 시조에서 상투적으로 등장하는 시조의 특징 중 하나가 되지만, 여기서는 실질적 의미도 없지 않아 보인다. 이런 교훈적인 가르침을 직접 얘기하는 것은 실례가 되니 아이에게 말을 대신 건넴으로써 실제 의도한 청자가 듣도록 하는 수사적 장치이기도 하다. 그러나 결국 이런 가르침을 제시할 만큼 고국흥망을 묻는 것은 아이같은 어리석고 순진한 질문이라는 의미도 된다. 공자가 물이 흐르는 것을 보고 깨달음을 얻은 것처럼 물소리는 가르침의 소리이다. 주자의 시에도, 이황의 시조에도 흐르는 물은 깨달음을 준다. 정도전이 이 점을 의식하고 물소리에 비유한 것인지는 모르지만 목동의 인위적 피리소리에 비해 흐르는 물이 내는 소리는 자연에 속한 소리이니 인생은 이를 받아들여야 하는 암묵적 메시지를 가지고 있는 제재이다.

앞에서 이색이 ≪시경≫의 '思無邪'론에 기반한 시각으로 시와 노래를 대등하게 인식한 교화적 관점을 보았는데, 정도전은 이에 더 나아가 조선의 유교적 질서의 기틀을 세우기까지 한 인물이다. 악장을 통해서도 국가적 차원에서의 교화적 내용을 전한 정도전임을 생각한다면[88] 시조를 통해

---

[88] 굳이 유교 경서의 내용을 전하지 않아도 새 왕조나 태조의 공적 등 역사적 사실을

서도 '아희'에게 가르치는 교훈적 방식을 취한 의도를 생각해보게 된다. 또한 '아희야'가 들어가는 교화적 성격의 시조가 이후 이어지게 된다는 점에서 정도전은 이러한 방식을 시조로 시도한 시가사적 의의를 가진다.

지금까지 한시와 국어시가를 모두 지은 고려후기 시인들을 살펴보았다. 고려 후기에 나타난 시조는 한시를 주로 짓는 사대부 문인들에게 개인 서정시로서의 기능이 국어시가로도 이루어지고 있음을 보여주는 것이다. 우탁과 이조년이 보여준 개인 서정시로의 시조의 세계는 이색 이후에 비해 차이를 보여준다. 이색 이후에는 고려말기의 정치적 상황에 기반하여 해석되는 정도가 더 강화되었다. 또한 매화, 해, 구름 등 한시에서 보이는 사대부 일반의 비유적 의미가 시조에서도 나타난 것을 볼 수 있었다. 특히 늙음에 대한 탄식이나 잠못 드는 밤의 사색은 이색 이후의 시조 내용과도 다르다. 이색 이후는 성리학적으로도 사상적 변화가 나타나 한시에서도 이를 볼 수 있다고 평가되는데[89] 시조에서도 정치적 반영이 더 나타나는 내용으로의 변화와 연결된다. 시대적 변화와 사상적 변화가 시조사의 변화와도 맞물려있다고 할 수 있다.

화자와 시인의 관계에 주목해보면 한시에 비해서 시조는 제목도 없고, 구체적 정보를 주는 시어가 적어서 작가를 떠나서 더 다양하게 해석할 수 있는 여지가 있다. 그래서 시인이 누구인지를 떠나서 더 자유롭게 받아들일 수 있는 보편성이 더 크다. 이에 비해 한시는 구체적 정보를 주는 시어가 더 많은 편이고, 시인의 시작(詩作)을 보여주는 메타시적 내용도 마무리 시구에서 자주 사용되어 작품 외적 세계의 시인의 존재가 더 상기

전하고 알리는 것, 그래서 백성이 편안하게 되었다는 것을 내용으로 하는 악장들은 역사적 지식과 더불어 모든 것이 바르게 잘 진행되고 있다는 암묵적 가르침을 국가 차원에서 공유하게 만든다는 점에서 교화적이라고 할 수 있다.

[89] 이에 대해서는 이병혁(2003), 『고려말 성리학 수용과 한시』, 태학사에 자세하다.

되는 등 시인과 밀착된 특성을 보인다. 상층과 하층이 모두 사용하는 우리말로 되었다는 점에서 사대부만 사용하는 한문으로 된 시가에 비해 보편성이 더 큰 특성을 가졌다.

지금까지 살펴본 바, 작품수가 적은 시조의 내용이 작품수가 더 많은 한시 속에서도 나타나는 것을 통해 시조에서 다루는 내용이 한시에서도 다루어진다는 것을 볼 수 있었다. 시조 종장의 첫 음보가 가지는 구술적 특성이 한시 마무리 구에서 나타나는 사례도 볼 수 있었다. 조선시대에 시조와 한시를 함께 지은 이중언어시인에 비해 고려 후기의 이중언어시인들은 두 갈래의 구분보다는 유사성이 상대적으로 더 높았다.

그러나 한시에서는 사대부 남성 작가의 현실적 처지가 더 직접 드러나는 반면, 시조는 더 많은 이들에게 확장하여 적용가능한 보편성을 더 가지고 있는 편이다. 또 시조에서는 정감을 더 직접 토로하는 점이 한시보다 강하게 나타나는 편이었다. 우탁의 시조에서 보이던 유쾌하고 긍정적인 어조가 이조년을 거쳐 이색 이후의 시조에서는 불안감, 외로움, 슬픔 등의 부정적 정서가 드러나는 어조로 바뀌었다. 이외에도 시조를 통해 님에 대한 마음과 외로움을 토로하는 통로로서의 시조, 교화적 성격의 시조, 세태 비판 등 조선 이후 시조에서 나타나는 성격도 이미 고려후기 시조에서 볼 수 있었다.

10. 14세기 승려 혜근의 한시와 가사 비교

10.1. 서론

　나옹 혜근(1320-1376)은 한시와 국어시가를 모두 지은 이중언어시인이다. 한시는 삼가(三歌)라는 명칭으로 기록된 <玩珠歌>, <百衲歌>, <枯髏歌>를 비롯하여 고시와 율시, 5언절구가 있으나 대부분은 7언절구인 360여 수의 한시를 남겼다.[1] 국어시가는 가사를 지어 가사 갈래의 발생 및 영향과 관련하여 논의가 많이 이루어졌다.[2] 1371년(공민왕 20년) 왕사(王師)가 된 이후부터 입적 직전 사이인 5년여 간 중에 가사 <懶翁和尙僧元歌(이하 '승원가'로 지칭)>와 <나옹화샹셔왕가(이하 '서왕가'로 지칭)>를 지

---

[1] 이하 나옹 혜근의 한시와 번역은 혜근 저, 무방 혜오 편역강해(2006), ≪나옹선사어록≫, 명상의 것을 사용한다. 번역은 일부 수정하였다.

[2] 김기탁(1976), 「나옹화상의 작품과 가사발생연원 고찰」, 『영남어문학』 3, 한민족어문학회, 45-59면 ; 박경주(1998), 『한문가요연구』, 태학사, 215면 ; 조동일(2005), 『(제4판)한국문학통사』 2, 지식산업사, 195-203면 ; 이병철(2006), 「가사 발생과 관련한 <서왕가>의 논의」, 『인문학연구』 10, 경희대학교 인문학연구소, 29-52면 ; 김학성(2009), 「가사 양식의 전통 유형과 계승 방향」, 『고시가연구』 23, 한국고시가문학회, 155면 ; 류연석(2014), 「새로 쓰는 가사문학사2-발생기(고려말~성종)의 가사문학」, 『오늘의 가사문학』 2, 가사문학관, 16-49면.

었다고 한다. <서왕가>는 판각과 필사가 거듭되어 이본은 총 13편으로, 2음보를 1구로 하였을 때 95구가 10편이고[3], 그 축약본인 74구가 2편, 그리고 장형화된 148구가 1편이 있다.[4] 남아있는 문헌에서 <서왕가>는 한글이나 국한문 혼용으로, <승원가>는 이두로 기록되어 있다.

    <서왕가>와 <승원가>는 나옹 작인가에 대한 논란이 있다. 나옹 혜근의 저작이 맞다고 보는 입장과[5] 그렇지 않다고 보는 입장이 팽팽하다.[6] 본서에서는 김태준(1934)[7]에서 나옹작인지 의심스럽지만 참고로 싣는다고 하면서도 작가 표기는 모두 나옹으로 목차에 적은 점을 비롯해 나옹작으로 보는 입장에서 논의를 진행하거나 논증한 일련의 학계의 입장을 수용하고자 한다.[8] 또한 윤영옥(1998)[9]에서는 구송된 모본 <승원가> 자체가 나옹

---

[3] <서왕가>는 일부 89구가 있으니(≪역대가사문학전집≫본) 95구 계열에 더 가깝다.

[4] <승원가>와 <서왕가>의 전체 이본 현황은 임기중(2000), 『불교가사 원전연구 : 한국 발원노래 모두 모음』, 동국대학교 출판부를 참고하고, 이하 원문도 여기에서 가져온다. 이외에 <서왕가>의 전체 이본과 소장 현황은 명연 저, 정우영·김종진 역(2012), ≪염불보권문≫, 동국대학교출판부, 9-13면 참고.

[5] 김태준(1934), ≪조선가요집성≫, 조선어문학회 ; 이동영(1996), 「나옹화상의 <승원가>와 <서왕가> 탐구」, 『사대논문집』 32, 부산대학교 사범대학, 1-28면. 이외에 조동일(2005), 『(제4판)한국문학통사』 2, 지식산업사, 84면에서는 나옹 혜근을 다루는 부분에서 <승원가>를 가사의 시작으로 언급하였다.

[6] 강전섭(1984), 「나옹화상작 가사 4편에 대하여」, 『한국언어문학』 23, 한국언어문학회, 1-12면(강전섭(1986), 한국시가문학연구, 대왕사) ; 정재호(1985), 「서왕가와 승원가의 비교고」, 『김일근박사환갑논문집』, 401-422면 등에서 <서왕가>는 나옹작이 아니라고 하였으나 인권환(1990), 「나옹 왕사 혜근의 사상과 문학」, 『한국불교인물사상사』, 민족사 ; 인권환(1999), 『한국불교문학연구』, 고려대학교출판부에서 이를 반박하여 나옹작임을 밝히고, 다시 정재호(2003), 「나옹작 가사의 작자 시비」, 『한국학연구』 19, 고려대학교 한국학연구소, 137-181면에서 재반박하고 있다.

[7] 김태준(1934), 앞의 책, 목차 부분.

[8] 곧, 이병기·백철(1957), 『국문학전사』, 신구문화사 ; 이상보(1975), 『한국고시가의 연구』, 형설출판사 ; 이동영(1996), 앞의 글 ; 정병욱(1999), 『한국시가의 탐구』, 신

작이 아니라고 할 수 없다고 하였고, 김종진(2013)[10]에서도 남은 <서왕가>의 일부가 원형이라고 보는 입장이 있어서 이러한 일련의 학계의 입장을 종합할 때에 나옹작임이 의심이 되더라도 나옹작임을 아예 배제할 수는 없는 이유가 더 많다고 판단된다. ≪균여전≫이 향찰로 되어 있는 것도 제자들이 강론을 듣고 기록했을 가능성이 높은 것처럼[11], <승원가>의 이 두 기록도 논자들의 견해처럼 현재의 모습 그대로라고 할 수 없겠으나 구두로 전하던 것의 기록이라는 점에서는 이 시기 한문이 아닌 기록물의 모습을 온전히 원저자의 것이라고 보기는 어려울 것이기 때문이다

특히, 나옹작임을 의심하는 정재호(1985), 앞의 글의 입장에도 불구하고 해당 논문에서 고증하는 전승과정에 있어 한시문 기반의 율문 → 구비문학 → <승원가>와 <서왕가>가 되었다고 보는 견해가 한시와 국어시가의 관계를 살펴보는 본고의 논지 방향과 다르지 않다는 점에서 나옹작의 진위 여부가 본고의 논의 방향에 걸림돌이 될 만큼 초점에 두어야 하는 부분

구문화사, 99면 ; 정병욱(2008), 『(증보판)한국고전시가론』, 신구문화사, 270-271면 ; 김종진(2005),「<서왕가> 전승의 계보학과 구술성의 층위」,『한국시가연구』18, 한국시가학회, 77-111면 ; 이임수(2009),「<역대전리가>와 형성기의 가사문학고」,『우리말글』47, 우리말글학회, 305-340면 ; 전재강(2012),「나옹 문학의 담화 방식과 갈래 성격」,『한국 불교 가사의 구조적 성격』, 보고사, 15-43면 ; 윤덕진(2012),「가사의 운율은 어떻게 형성되었는가」,『번역시의 운율』, 소명출판, 228면 ; 윤덕진(2014),「전통지속론으로 본 한국 근대시의 운율 형성 과정」, 소명출판, 41-45면 ; 최형우(2016),「<서왕가> 사설의 전승과 향유의식 연구」,『열상고전연구』54, 열상고전연구회, 287-321면 ; 최형우(2017),「18세기 경상지역의 ≪보권염불문≫(1741) 간행과 수록 가사 향유의 문화적 의미」,『열상고전연구』60, 열상고전연구회, 151-188면 등에 이르기까지 지속되고 있는 선행연구를 무시할 수는 없다고 본다.

9   윤영옥(1998),「교화가사연구(1)」,『한민족어문학』33, 한민족어문학회, 257-313면.
10 김종진(2013),「동아시아 禪歌와 자국어 시가의 관련성- 고려 말 가사 발생론을 포함하여」,『동악어문학』61, 동악어문학회, 213-239면.
11 이에 대해서는 혁련정, 최철·안대회 역(1986), ≪역주 균여전≫, 새문사, 10면.

은 아니라고 본다.

또한 14세기에는 승려의 가사 외에도 동시대라 할 수 있는 사대부 가사로서 <역대전리가(1371)> 역시 이두로 표기가 되고, 이 시기의 가사로 다루어지는 정황을 감안해[12] 이 시기의 가사 출현이 불가능하다고 보기는 어렵다. 특히 이 시기에는 문인과 사대부의 교류가 활발하여 두 담당층에서 모두 가사가 출현할 가능성 역시 배제하기 어렵다. 이색(1328-1396)은 100여 명의 승려와 교유하였고 시문을 남겼다.[13] 이숭인도 40여 명의 승려와 교유하여 시문을 남겼다.[14] 고려후기에는 승려와 속가 문인의 교유가 더 활발하여, 나옹화상의 경우 이제현과 시문을 주고 받았고, 백문보와 이제현이 나옹문집의 서문을 쓰기도 하였다. 문학을 활용하여 교유한 승려가 많은 것도 고려후기이다.

이 시기는 불교 교단의 위상이 약하였지만, 그 공간만큼 문학이 매개가 되어 사대부와 승려 간의 교유가 이루어질 수 있었다.[15] 교세가 위축된 고려 후기에 문학을 통해 감성적으로 불교적 이념을 전하려고 시도하여 혜근 등 승려들이 불교 교리와 수행 방법을 전하는데 충실한 점도 볼 수 있다.[16] 이렇게 14세기에 속가(俗家) 문인과 승려의 교유가 활발했던 만큼

---

[12] 물론 이 또한 진위 여부에 대한 양쪽 의견이 다 있는데, 이에 대해서는 정재호(1983), 「歷代轉理歌의 眞僞考」, 『동방학지』 36-37, 연세대학교 국학연구원, 477-508면 참고.

[13] 이색의 불교시에 대해서는 김재욱·송혁기(2014a), 「목은 이색 불교시의 일고찰」, *Journal of Korean Culture* 25, 한국어문학 국제학술포럼, 43-68면 참고.

[14] 여운필(2007), 「고려 말기 문인의 승려 교유」, 김건곤 외(2007), 『고려시대의 문인과 승려』, 파미르, 145-216면, 212면 ; 김재욱·송혁기(2014b), 「도은 이숭인의 불교시 연구-승려와의 교유시를 중심으로」, 『한문학논집』 38, 근역한문학회, 195-220면.

[15] 이진오(2007), 「고려시대 승려의 문인 교류」, 김건곤 외(2007), 위의 책, 260면.

[16] 이진오(2007), 위의 글, 217-263면.

속가에 대한 관심과 불교 전파에 대한 적극적 노력과 고민 또한 수반되었을 듯하다. <역대전리가>가 교화적이듯이, 불가에서도 세상에 교리를 전하려는 시도가 가사 갈래를 통해 이루어졌을 가능성을 짐작할 수 있다.

게다가 나옹 혜근은 왕사(王師)였기 때문에 이색, 백문보 등의 서문을 받을 정도의 위치에 있었다. 이런 점에서 승려에 의한 가사 갈래의 등장이 14세기 승려 혜근을 통해서라는 점 역시 나옹작 가사의 가능성을 뒷받침할 수 있다. 문인들과의 교유가 많고, 나라와 백성에게 영향력을 미치는 위치에 있는 만큼 교화에 대한 책임감 또한 컸을 것이다. 후술하겠지만 가사가 우리말로 이루어져 있어 한시보다는 쉽다고 해도 속가 문인을 배제할 만큼 하층 지향적이기만 한 것은 아니다. 일반 백성들도 포용할 수 있는 쉬운 표현과 내용을 담은 가사이지만 불교 교리에 밝지 않은 속가 문인들에게도 쉽게 전하려는 의도가 있었을 것이다. 그렇지만 더 많은 나옹작이라고 기록된 국어시가(예를 들어 <심우가>, <낙도가>, <토굴가>, <귀산곡>, <태평곡> 등)은 제외하고 <승원가>와 <서왕가>에 한해서 논의를 진행한다.

혜근이 두 가지 언어매체를 활용해 지은 한시와 가사를 모두 살펴본 비교 논의는 실상 많지 않다. 박경주(1997)[17]에서는 주로 기화의 한시와 경기체가에 대한 논의이긴 하지만 나옹도 기화와 같이 대자적(對自的) 영역은 한시, 대타적(對他的) 영역은 국문가요라 하고, 나옹의 한문가요는 다른 승려들과 달리 대타적이고 집단적 기능이라고 보았다. 전재강(2012)[18]에서는 한시는 특정인을 대상으로, 가사는 불특정 다수 대중을 위한

---

[17] 박경주(1997), 앞의 책, 24면 ; 250면.
[18] 전재강(2012), 「나옹 문학의 담화 방식과 갈래 성격」, 『한국 불교 가사의 구조적 성격』, 보고사, 15-43면 ; 전재강(2012), 「나옹 가사에 나타난 시적 대상 내용과 대상 인물의 성격」, 위의 책, 44-74면.

것을 보았는데, 박경주(1997)에서와 달리 한시도 대타적 기능이 상당함을 논의하였다. 이외에 작품과 갈래 비교를 한 것은 아니지만 조동일(2005)[19]에서는 '나옹삼가'라 불리는 <백납가>, <고루가>, <영주가>를 가사의 한역일 가능성을 언급하였다. 윤덕진(2013)에서는 혜근의 이두 표기의 가사는 한시의 규범에서 벗어나 국문시가로 옮겨가는 현토식 율독 방식으로 가사 갈래 형성의 의미를 논의하였다.[20]

이렇게 나옹의 다양한 시가 갈래를 비교한 선행연구는 작품의 이야기 대상이 누구이고 그 기능은 무엇인지에 대해 주목하면서 차이점 위주로 비교하였다. 그러나 나옹 혜근의 한시와 국어시가는 물론 작품 개별적으로, 또 갈래적 측면에서도 분명 차이점이 있지만, 보다 더 거시적 관점에서 볼 필요가 있다. 특히 한 개인의 특성의 차원이 아니라 고려시대에 한문과 국어라는 이중언어 사용이 시가사에서 어떻게 나타났는가라는 관점에서 한 사례로서 14세기 나옹 혜근이라는 승려에게 있어 한시와 국어시가는 어떠한가라는 관점에서 내용과 형식을 비교하고자 한다.

언어 매체의 차이에 주목하므로 이에 따라 영향을 받는다고 여겨지는 작품 속 이야기의 대상, 곧 화자가 말을 건네는 청자가 누구인가, 무슨 내용을 표현하고 있으며, 어떤 형식을 취하고 있는가를 중심으로 살펴보고자 한다. 조선시대에는 한문과 국어라는 문자 언어와 일상 구어가 상층과 하층 등으로 발화 대상이 다르고, 이에 따른 작품 내용과 형식의 차이를 가져온다는 점이 논의된 바 있는데,[21] 고려시대는 어떠한지 살펴볼 필요가 있다. 또 선행연구는 모두 사대부를 대상으로 한 것으로서 승려인 혜근의

---

[19] 조동일(2005), 앞의 책, 84면.
[20] 윤덕진(2012), 앞의 글 ; 윤덕진(2014), 앞의 글
[21] 정소연(2019), 『(개정판) 조선시대 한시와 국문시가의 상관성』, 한국문화사.

경우는 어떠한지 살펴볼 필요가 있다. 이러한 선행연구에 기반하여 논의를 진행하고자 한다.

10.2. 발화 대상 비교

혜근의 한시에서는 자화상을 보여주는 자기 고백적 성격의 한시부터[22] 불도(佛道)에 관심을 두었거나 수행하려는 다양한 인물에게 건네는 작품들이 많다. 월등히 많은 한시가 다른 이들에게 주는 것이고, 염불 등 선승으로서 종교적 격려를 전하는 내용이 주류를 차지한다.[23] 또 그 작품 속에서 이야기하고 있는 대상, 곧 발화 대상은 최상층인 왕에서 문인, 승려, 일반 중생에 이르기까지 청자가 다양하다.

우선 한시의 제목을 보면, '시(示)', '화(和)', '상(上)', '답(答)', '증(贈)'으로 시작하는 시는 물론이고, 참방하러 가는 여러 승려들이 '구(求)'해서 준다는 '~게(偈)'나 '~송(頌)'도 많다. 이렇게 누군가에게 한시를 주는 경우가 많다보니, 수신자가 누구인지, 곧 한시 속에서 이야기하는 대상은 누구인지 잘 드러난다. 가장 높은 지위로는 왕, 황태후, 영창대군과 같은 왕족이 있고,[24] 사대부 문인 중에는 지위가 상당한 상공(相公), 상국(相國)

---

[22] 문집에서 <山居>, <遊山>, <閑中有懷> 등 한시 부분 전반부의 상당한 한시가 해당될 뿐만 아니라 한시 부분 후반부인 7언절구 <住淸平山偶題>, 장단구 <自讚詩題> 5수, 7언시 <發願> 등에 이르기까지 상당하다.

[23] 구수영(1973),「나옹화상과 서왕가 연구」,『국어국문학』62·63, 서울대학교 국어국문학회, 33-56면 ; 신영심(1985),「나옹 혜근의 선시 연구」,『연구논총』13, 이화여자대학교 대학원, 45-66면에서도 100여 수 이상이 교화시라는 점을 지적하였고, 김경은(1986),「나옹 혜근의 시 연구」, 이화여자대학교 한국학대학원 석사학위논문 등에서도 시세계의 중요한 한 부분이 대중교화로, 나옹 한시의 이러한 경향이 사대부 한시와 다른 특징이라는 점을 지적하고 있다.

[24] <上王太后>, <答上問妙淨明心>, <上復請讚平山知尙>, <示永昌大君> 등의 한시가 연이어 수록되어 있으나 여기서 영창대군(1606-1614)은 나옹과 연대가 전혀

을 비롯하여 시중(侍中), 상서(尙書), 판서(判書), 목사(牧使), 안렴사, 그리고 찰방(察訪) 등 관인에게 주는 한시도 적지 않다.[25] 또 나옹이 승려의 신분이므로 구도자(求道者)들인 국사(國師), 수좌(首座), 선자(禪者), 선인(禪人), 상인(上人) 등에게 주는 한시도 그 이상으로 많다.[26] 이외에도 수신자가 개인이 아니라 여럿을 동시에 고려한 대중을 대상으로 주는 한시도 있다.[27]

맞지 않아 어떻게 이 작품이 포함되어 있는지, 잘못된 기록인지 의문이다. 위에 제시한 한시 중 한 작품만 예를 들면 아래와 같다.

(1) <上復請讚平山知向>	<임금이 다시 평산화상 찬탄하기를 청하다>
胸中極毒氣衝天	하늘이 찌를 듯한 가슴 속의 독한 기운
佛祖無能敢向前	부처님과 조사라도 감히 그 앞에 나아가지 못하네
臨濟狂風吹海外	임제臨濟의 미친 바람이 바다 밖으로 불어서
三韓御室萬年傳	삼한三韓의 임금님 방에서 만년을 전해가리

[25] 왕족에게 주는 한시에 곧 이어 <示廉侍中>, <示李侍中 嵓> 등의 '시중'에게 주는 한시들이 연속해서 나온다. 이외에 <示威福相公>, <示南窓相公>, <示朴成亮判書>, <贈交州道按部>, <和高城安向書韻>, <贈原州牧使金有華>, <贈河察訪> 등이 있다. 한 작품을 보면 아래와 같다.

(2) <贈廉侍中>	<염시중에게 주다>
至尊至貴一高賢	지극히 존귀하고 높으신 분
垂訪林間貧道人	숲 속으로 가난한 도인을 찾아 오셨네
今日降尊何所爲	오늘 존귀한 몸께서 어찌하신 일인가
生生與我共修眞	대대로 나와 함께 참됨을 닦기 위함이라

[26] <和圓定國師頌>, <贈智首座>, <霖禪人求頌>, <送明上人歸山> 등 외에 <澄禪者求頌>를 비롯한 선자(禪者)에게 준다는 한시가 많다. 일례를 들면 아래와 같다.

(3) <示演禪者>	<연선자에게 주다>
妙道堂堂何處在	묘한 도는 당당히 어느 곳에 있는가
莫從外去苦追尋	밖으로 애써 찾아다니지 말라
一朝兩眼能開豁	하루 아침에 두 눈이 제대로 활짝 열리면
水色山光是本心	물빛이나 산빛이 바로 본래 마음이리라

[27] 일례를 들면 다음과 같다. 이외에도 7언절구 8수로 된 <示諸念佛人>, 7언절구 5수로 된 <警世> 등을 더 들 수 있다.

이렇게 혜근의 한시는 화자 자신을 포함하여, 왕이나 왕비, 고관들과 승려들, 일반 구도자와 세속인까지 그 대상이 폭넓고 다양하다. 그렇지만 최상층이 많은 점이 특징이고 이 점에서 가사와는 차이가 있다. 비록 내용을 읽어보면 이러한 불교적 가르침이 상하남녀가 모두 해당된다고는 할 수 있겠지만 적어도 한시를 주는 대상에는 승려나 왕족, 사대부 등이 중심이 되고 있는 것은 사실이다.

이러한 점을 염두하며 가사를 보자. 가사에서 이야기를 전하고자 하는 청자는 다음과 같다. <승원가>에서는 '주인공 주인공아', '세상 호걸들아', '농부거든', '직녀거든', '이보세상 어르신네', '승속남녀', '남', '너'(3회) 등이 보인다. ≪염불보권문≫ 본 <서왕가>에서는 '즁싱드라(중생들아)', '이보시소 어로신네(여보시오 어르신네)', '우리도'가 보이고[28], 분량이 더 긴 ≪조선가요집성≫ 본 <서왕가>에는 '저 중생', '인생들아', '창생들아'가 보이고,[29] 또 작품 첫 시작 단어인 '나'를 포함하는 표현인 '우리'로 바꾼 것도 보인다.[30]

한시처럼 여러 사람들을 청자로 두고 있지만 그 면모를 보면 사회적

(4) <示衆>	<여러 사람에게 주다>
山河萬像烈星羅	산하 만상이 별처럼 흩어져 있으나
細細看來不較多	세세히 보면 다양한 것도 아니라
屈樹盤松皆是自	굽은 나무, 넓은 소나무는 모두 자신이고
奇岩怪石盡非他	기이한 바위, 괴상한 돌도 다 남이 아니다
碧峯總作高僧室	푸른 봉우리는 고승의 방이요
白嶽徒爲妙聖家	흰 묏부리는 한낫 묘성의 집이니
於此更求眞的處	이에 다시 참된 것을 구하면
灼然難脱苦娑婆	괴로운 사바세계에서 벗어나기 어려우리

[28] 해인사판 ≪염불보권문≫(1776), 홍문각, 1978.
[29] 김태준(1934), 앞의 책, 다운샘, 2002.
[30] 김태준(1934), ≪조선가요집성≫,

지위가 높은 것은 아니다. 사회적 지위를 떠나 '僧俗男女'와 같이 종교적 관점에서 모두를 지칭하거나, '인생들', '창생들', '중생' 등 지위 고하를 막론하고 예외없이 모두를 그 대상으로 삼고자 하는 것이 특징이다. 또 '어르신'이라는 높임이나 '호걸'이라는 두드러진 표현도 보이지만 대개는 '농부', '직녀', '너' 등 사회적 지위가 낮은 백성들에 속한다.

이런 점에서 한시와 가사 모두 여러 사람에게 전하고자 하는 의도가 많아도 사회적 지위만큼은 차이가 난다. 한시는 극상층의 사람들이 더 많다면, 가사는 평민층의 사람들이 더 많다는 차이가 보인다. 이러한 점은 조선시대 한시와 시조에서도 나타났던 바, 한문과 국어가 상하의 사회적 지위를 가진 언어인 점이 시가 갈래의 청자에서도 차이를 가져왔던 것을 상기하게 된다. 물론 조선시대 시조는 사대부가 더 주력이 되면서 일부에서 아이, 하인들이 포함되었다면[31] 혜근의 가사는 그 대상이 평범한 백성들을 더 많이 대상으로 삼고 있는데, 이는 포교적 목적으로 인한 것에 기반한다. 조선시대가 되면 가사는 사대부들의 갈래가 되지만 고려시대 나옹에게 가사는 종교적 목적이 강화되어 한시와 국어시가의 상하층의 대비가 더 크다고 할 것이다.

또한 한시에서는 화자의 자기 고백적 한시도 상당하였는데, 가사에서는 없다고는 할 수 없으나 부분적인 측면에 그치고 있다는 점에서는 차이가 있다. 화자 '나'에 대해 가장 뚜렷하게 처음부터 등장하는 이본으로는 해인사판 <승원가>를 들 수 있다. 여기서는 '우리'라는 용어는 보이지 않는

---

[31] 정소연(2019), 앞의 책에서 윤선도가 집안 하인 아이를 청자로 하는 시조들이 보이고, 이황은 하인은 아니지만 역시 교훈적 목적을 가지고 가르치는 이들에게 시조를 지어 부르게 했다는 점을 주목하고 있다. 교화적 기능면에서는 조선 사대부의 시조와 나옹 혜근의 가사가 동궤에 있다고 할지라도 구체적 청자에 있어서 조선 사대부의 시조에서는 상층이 더 치우쳐져 있고, 혜근의 가사는 더 많은 하층을 포괄하고 있다는 점에서 저변이 넓다.

데, 그만큼 '나'에 대한 집중이 보이고, 작품의 시작도 아래와 같이 '나'라는 화자의 이야기로 시작한다.

> (5-1) <서왕가>[32]
> 나도 이럴만졍 셰샹애 인졔러니
> 무샹을 싱각ᄒ니 다거즛 거시로쇠
> 부모의 기친얼골 주근후에 쇽졀업다
> 져근닷 싱각ᄒ야 셰스을 후리치고
> 부모의 하직ᄒ고 단표ᄌ 일납애
> 쳥녀쟝을 비기들고 명산을 츠자드러
> (중략)
> 념불즁싱 시러두고 삼승 딤째예
> 일승둣글 ᄃ라두고 츈풍은 슌히불고
> 븱운은 섣도ᄂᆞᄃᆡ 인간을 싱각ᄒ니
> 슬프고 셜운지라 념불마ᄂᆞᆫ <u>즁싱드라</u>
> (하략)

앞서 한시에서 자기 고백적 성격의 한시부터 누군가에게 주는 한시까지 다양하다고 하였는데, 가사에서는 하나의 작품 속에 이 두 가지 성격이 함께 있다. 위에서 밑줄 친 대목을 보면 나 자신의 고백적 내용과 청자인 중생들에게 염불을 강조하고자 하는 전언적 내용, 이 두 가지가 모두 들어 있는 것을 볼 수 있다. 첫 대목을 보면 화자인 '나'는 나의 이야기를 고백적으로 하면서도 청자에게 깨달음과 염불의 세계를 전하고 초청하고자 하는 목적이 크다. 입신양명의 뜻과 부모에 대한 효심도 죽은 뒤에는 속절없다는 논리적 해명을 통해 작품을 시작하고, 염불을 강조하는 내용으로 이

---

[32] 해인사판 ≪염불보권문≫.

어지고 있다.

그런데 혜근은 7언율시 <嘆世> 四首의 제4수 미련(尾聯)에서 "翻思業火 長燃虛 寧不敎人特地愁"라고 한 바 있다. 여기서 가르치고자 하는 사람들은 특정 지위의 사람만 해당되는 것이 아니라 세상 모든 사람들이다. 한시에서도 이런 대목이 나타나니 한시보다 더 많은 이들이 이해할 수 있는 국어시가의 창작을 통해 청자의 대상을 넓히고자 하는 마음은 당연할 것이다.

특히 혜근이 속한 선종의 특성상 대중 포교에 힘쓴 경향을 감안해보면 한시 창작으로만 머물 수는 없다. '삼가(三歌)'라고 이름하여 노래의 특성이 강화된 <완주가>, <백납가>, <고루가>만 하더라도 구송적 방식으로 모두가 외운다고 해도 한시체라는 점에서 그 한계는 여전하다.[33] 사실 동아시아 공동 종교인 불교는 경전에 기반하여 한문으로 인도에서 중국을 거쳐 들어왔다. 한문이라는 문어에 기반하였기 때문에 이를 대중 포교에 활용한다면 우리말로의 변화를 가질 수밖에 없다. 구두로 설법을 할 수는 있으나 구도자 스스로도 외우고 제대로 신앙생활을 하게 하려면 결국 대중 포교용으로 지어진 쉬운 우리말의 국어시가가 필요하다.

이러한 배경에 기반하여 국어시가, 특히 이전에 없던 갈래인 가사 형식을 통한 불교적 가르침의 전파는 사실 혁명적 변화에 해당된다. 10세기에 향가 <보현십원가>가 이러한 역할을 했지만[34] 향가 향유가 뜸해지면서

---

[33] 조동일(2005), 앞의 책에서도 언급한 것처럼 이 세 작품이 가사의 한역시일 가능성도 있다고 한다면 혜근의 가사 창작의 필요성과 기능에 대한 이러한 논지는 더 뒷받침된다.

[34] <보현십원가>가 경전의 시가화라는 것은 여러 논자들에 의해 밝혀졌다. 신재홍(2002), 「향가의 인용 구문과 시적 특성」, 『한국시가연구』 12, 한국시가학회, 5-26면, 9-10면에서는 <화엄경>의 인용이 '예경제불가', '참회업장가', '항순중생가'에 있음을 밝혔고, 박노준(2018), 『향가여요의 역사』, 지식산업사, 117면에서도 불경

국어시가로 불교의 가르침을 전하는 경향은 이후 보이지 않는다. 오히려 <보현십원가>는 다시 한역시가 되는 역행의 현상을 보여주었다.

게다가 향가의 정보량을 생각해볼 때 <승원가>나 <서왕가>와 같은 많은 정보량의 국어시가는 <보현십원가>에 비할 정도가 아니다. 이런 상황에서 <승원가>와 <서왕가>는 자국어로 된 장편 불교 시가의 창작이라는 점에서 중요한 시가사적 의미를 가진다. 이후 조선에 이르러 <월인천강지곡>과 같은 국어시가인 장편 불교 서사시가 등장할 수 있는 기반이 된다.

10.3. 제재 및 내용 비교

한시는 자연물과 불교의 가르침, 사건 등 다양한 제재를 다루고 있다. 자연물의 경우에는 구름, 바람, 달, 산, 봉우리, 골짜기, 바위, 굴, 꽃, 연못, 해안, 소 등이 보인다. 공간을 제재로 한 경우는 암자, 방, 탑, 누대 등이 중심이 되고, 이외에 상(像), 달마, 관음 등도 등장한다. 불교의 가르침은 주로 사람을 대상으로 주고받은 한시에 많다. 특히 '~게', '~송'으로 된 제목의 한시에서 특정인에게 특정한 가르침을 전하는 작품이 많다. 게송을 청해서 이에 응한 시이거나 전별시, 송(頌)에 화답한 시 등이 그것이다. 이외에도 동생인 비구니가 머리를 깎은 사건을 제재로 하거나 달마와 관음, 자기 자신 등을 찬한 찬시(讚詩)도 보인다. 이렇게 한시에서는 구체적 사물이나 깨달음, 주변의 사건 등 다양한 제재들을 볼 수 있다.

한편, 혜근의 가사에는 자연물이나 특정 사건을 다룬 경우는 없고, 대부분이 깨달음의 이야기라는 차이가 있다. 한시는 다양한 영역을 다루고 있으니 후자의 제재나 내용을 다룬 경우에는 한시와 가사가 유사한 경우가

의 향가화라서 ≪화엄경≫ 권40 〈보현행원품〉 의 요지를 간추렸다는 점에서 <보현십원가>는 균여의 '번안' 작품이라고 하였다.

없지 않다. 예를 들어, <승원가>와 7언율시 3수와 7언절구 2수로 구성된 <警世> 5수의 일부도 유사한 내용이 보인다. 비교를 위해 작품을 보면 다음과 같다.

(6) <승원가> 현대역[35]
주인공 주인공아 세사탐착 그만하고
참괴심을 이와다서 ①일층염불 어떠하뇨
②어젯날 소년으로 오늘백발 황공하다
아적나잔 무병타가 저녁나잘 못다가서
손발접고 죽난인생 목전에 파다하다
오늘이사 무사한달 명조를 정하손가
④곤곤이 주어모아 몇백년 살라하고
재물 부족심은 천자라도 없잔나니
탐욕심을 후리치고 정신을 떨쳐내여
기묘한 산수간에 물외인이 되려문다[36]
(중략)
③경각간애 왕생하리 극락세계 장엄보소
황금이 땅이되고 칠보택 넓은못이

---

[35] 임기중(2000), 『불교가사원전연구』, 동국대학교 출판부, 649-659면.
[36] <승원가>의 원문은 여기까지만 제시한다.
主人公 主人公我 世事貪着 其萬何古
慙愧心乙 而臥多西 ①一層念佛 何等何堯
②昨日 少年乙奴 今日白髮 惶恐何多
朝積那殘 無病陀可 夕力羅自乙 未多去西
手足接古 死難人生 目前厓 頗多何多
今日以土 無事早達 明朝乙 定爲孫可
④困困而 拾我會我 幾百年 生羅何古
財物 不足心隱 天子羅道 無殘難而
貪慾心乙 揮耳治古 精神乙 振體出余
奇妙早 山水間厓 物外人而 道汝文多 (후략)

처저애 생기시나 만택이 태와있고
물아래 피연모래 순색으로 황금이요
지중애 연화꽃은 청련화 황련화와
적련화 백련화와 수레바퀴 같은연화
사철없이 피여있고 칠보난 자자한데
청색이면 청광이요 황색이면 황광이요
청황적색 사색광명 서로서로 상잡하고
향취난 미묘한데 그위애 누각집이
허공중애 생기시나 칠보로 장엄하니
황금 백은이요 유리주와 마노주로
색색으로 바치시고 칠첩마루 지은우애
칠보망을 둘러치고 칠보향수 보배목이
칠보로 둘려서라 청학백학 앵무공작
가응가곤 공명등이 가지가지 새집생이
칠보지 향나무새애 이리날라 저리가고
저리날라 이리오니 가며오며 우는소래
소리마당 설법이요 청풍이 소소하며
칠보행수 요동하고 은경당경 나는소래
백천풍류 울리시고 들리는 소래마당
①염불설법 뿐이로다 ③그뿐인가 저극락은
농사를 아니하야도 의식을 생각하면
의식이 자래하고 잠잠하고 생각하소
(후략)

(7) <警世> 五首 중 第4수
②昨時新春今是秋　　지난 날 새 봄이 이제는 가을이라
年年日月似溪流　　해마다 매일이 시냇물 흐르듯 하네
④貪名愛利區區者　　이름과 이익을 탐해 허덕이는 사람들
未滿心懷空白頭　　욕심을 못 채운 채 헛되이 늙네

(6) <승원가>에서 위의 밑줄 친 ②의 첫 행에서 젊은 시절은 금방 지나간다고 하였는데, (7) 한시에서도 시간이 물흐르듯한다고 하였다. 또 <승원가>에서 ④에서는 재물에 대한 탐심을 경계하고 있는데, (7)에서도 ④에서 비슷한 내용이 나온다. 그런데 가사에서는 "탐욕심을 후리치고 정신을 떨쳐내여"라고 명령에 가까운 어법을 사용해 구체적으로 탐심과 욕심을 경계하고 있다면 한시에서는 탐하는 사람들은 욕심을 못채운다고 조금 더 객관화시켜 거리를 두고 이야기하지 이 시구가 말하는 이가 바로 이 시를 읽는 당사자라는 점은 약화되었다. 또 가사에서는 탐심의 대상이 재물이었다면 한시에서는 이름과 이익으로서 재물 외에도 명예가 추가되어 있다. 이는 가사의 수용자가 한시보다는 상대적으로 관리나 사대부보다는 일반인이 더 많이 포함되어있어서 명예와 관련한 해당사항이 있는 당사자가 적기 때문으로 보인다.

한시와 가사 모두 많이 다루고 있는 주제 중 하나는 '염불'이다. <서왕가>와 <승원가>는 염불을 강조한다는 점에서 7언절구 8수로 된 <示諸念佛人>과 내용적 측면에서 전체적으로 유사하다. 좀 길지만 전반적 흐름의 비교를 위해서 작품을 제시하면 다음과 같다.

(5-2)[37] <서왕가>
(전략)
①념불즁싱 시러두고 삼승 딤째에
일승둣글 드라두고 츈풍은 슌히불고
빅운은 섯도ᄂᆡ 인간을 싱각ᄒᆞ니
①슬프고 셜운지라 념불마ᄂᆞᆫ 즁ᄉᆞᆼ드라
몃ᄉᆡᆼ을 살ᄂᆞᄒᆞ고 셰ᄉᆞ만 탐챡ᄒᆞ야

---

[37] <서왕가>는 앞에서 (5-1)로 제시한 바 있어서 뒷부분은 (5-2)로 제시한다.

익욕의 줌겻는다 ᄒᆞᄅ도 열두시오
흔둘도 셜흔날애 어늬날애 한가ᄒᆞᆯ고
(중략)
금싱애 ᄒᆞ온공덕 후싱애 슈ᄒᆞᄂ니
ᄇᆡ년 탐믈은 ᄒᆞᄅ아젹 듯글이오
(중략)
화장바다 건네저어 ③극낙셰계 드러가니
칠보 금디예 칠보망을 둘너시니
구경ᄒᆞ기 더옥죠히 구품 년듸예
념불소ᄅᆡ 자자잇고 쳥학ᄇᆡ학과 잉무공쟉과
금봉 쳥봉은 ①ᄒᆞᄂ니 념불일쇠
쳥풍이 건듯부니 념불소ᄅᆡ 요요ᄒᆞ외
어와 슬프다 우리도 인간애 나왓다가
①념불말고 어이ᄒᆞᆯ고 나무아미타불

(7) <示諸念佛人> 八首

深沈無語意彌長	깊은 침묵 말없으니 뜻이 더욱 깊구나
妙理誰能敢度量	묘한 그 이치 누가 감히 헤아릴까
坐臥行來無別事	앉고 눕고 가고 옴에 별 다른 일 없고
①心中持念最堂堂	심중 염불이 가장 당당하네

自性彌陀何處在	自性 아미타불 어느 곳에 있는가
時時念念不湏忘	언제나 생각하고 부디 잊지 말지니
驀然一日如忘憶	별안간 하루 아침에 생각조차 잊으면
物物頭頭不覆藏	물건마다 덮어 감출 것 없어라

彌陀憶念不湏間	아미타불 생각할 때 사이를 떼지 말고
二六時中子細看	하루 종일 언제나 자세히 보라
④驀得一朝親憶着	별안간 하루 아침에 친함을 얻으면
東西不隔一毫端	동서 간격이 털끝만큼도 없으리

人人錯步不③還鄕	사람마다 걸음 어긋나 본향에 못가네
山野慇懃又發揚	이 산승은 간절히 또 격려하니
忽憶念頭俱熱處	본향 생각에 집중하는 곳에서
③飜天覆地覺花香	하늘 땅 바뀌어 꽃향기 맡으리
念念無忘憶自持	생각마다 잊지 말고 스스로 생각하되
切忌求見老阿彌	부디 늙은 아미타불 보려 말라
④一朝忽得情塵落	하루 아침에 문득 情의 티끌 떨어지면
倒用橫拈常不離	언제나 항상 떠나지 않으리
阿彌陀佛在何方	아미타불 어느 곳에 있는가
着得心頭切莫忘	마음에 붙들어 두고 부디 잊지 말지니
念到念窮無念處	생각이 다하여 생각 없는 곳에 이르면
④六門常放紫金光	여섯 문에서는 언제나 紫金光 뿜으리
幾刦勞勞六途廻	몇 겁이나 괴로이 六途를 돌았던가
今生人道最爲稀	금생에 인간으로 난 것 가장 희귀하여라
勸君早念彌陀佛	권하노니 어서 아미타불 생각하고
切莫閑遊失好時	부디 놀면서 좋은 기회 놓치지 말기를
六道輪廻何日休	육도에 윤회하기 언제나 그칠까
思量落處實爲愁	떨어질 곳 생각하면 실로 근심되네
①唯憑念佛勤精進	오직 염불에 부지런히 정진해
拶透塵勞③到頭	티끌번뇌 떨치고 본향에 돌아가자

위에서 ①이라고 된 밑줄 친 부분을 보면, 한시와 가사가 모두 염불을 강조한다는 점에서는 유사하다. 그러나 <승원가>는 염불을 하라고 한 뒤에 ②와 같이 누구나 유사하게 겪는 삶의 경험, 곧 태어나고 병들고 죽는 생애의 흐름을 이야기하고 있다. 이를 통해 왜 염불을 해야 하는지에 대한 자세한 설명, 그리고 누구나 공감한 생애의 흐름을 통해 좀 더 친근하고,

설득력을 더하고 있다.

'극락'에 대해 언급한 ③부분은 한시보다는 가사에서 분량이 압도적으로 많고, 내용도 자세하게 많이 나온다. 위 (6)에서 보듯이 <승원가>에서 극락의 묘사는 굉장히 세세하다. <서왕가>에서도 '극락세계'가 나온 이에 대해 자세히 묘사하고 있다. 이에 비해 한시 <示諸念佛人>에서는 제4수 기구에서 '本鄕'을 잠시 언급한 뒤에, 결구에서 '花香', 제8수에서 "티끌번뇌 떨치고 본향에 돌아가자[원문: 到頭]"로 해석할 수 있는 대목 정도로 그치고 있다. 극락 그 자체를 지칭할 뿐이고, 극락세계가 얼마나 좋은지, 어떤 곳인지에 대한 자세한 묘사는 보이지 않는다.

그러나 한시는 가사와 달리 ④라고 된 부분을 보면 현세에서 염불을 통한 유익함과 효과에 대해 여러 군데에서 제시하고 있는데, 모두 정신적인 측면이다. 한시 제4수의 ③ "飜天覆地覺花香"이라고 한 부분도 사실 실제 내세로 간다는 것이 아니라 현세에서 느끼는 염불의 결과에 가깝다. 이를 보면 가사에서는 염불을 통해 현세가 아니라 내세에서 극락에 간다는 점이 더 강조되고, 극락은 (6) <승원가>의 경우 마지막 부분인 ③에서 보듯이 농사를 짓지 않아도 되고, 이외에도 보물이 가득하여 가시적이고 실질적은 결과를 가져온다는 점에 더 강조점이 놓여있는 차이를 볼 수 있다.

이 역시 앞절에서 본 청자의 차이와 긴밀하다. 극락에서는 농사를 짓지 않고 생각만 하면 의식(衣食)이 절로 생기는 곳이라고 한 가사의 시구는 수용자에게 가장 매력적인 부분이라고 할 수 있다. 땀흘리지 않고도 풍족하다는 세계관은 상식적으로도, 또 유교적 가치관에도 배치됨에도 <승원가>에서는 적극적으로 표현된다. 이는 의식주 자체가 절대적으로 어려운 백성들에게 더 해당되는 사항이다.

사실 종교의 핵심은 현세만이 아니라 내세가 더 궁극적인 본질을 차지

한다. 현세 철학 중에서 가장 높은 가르침이 종교로서, 종교철학은 현세에의 통용으로 끝나지 않고 내세까지 하나로 이어준다는 점에서 최고의 가르침이라는 의미에서 '宗教'라고 부른다. 그렇다면 종교적 성격이 약한 유교와 달리 내세를 중시하는 불교에서 극락왕생을 강조하는 것은 당연하다. 그런데도 한시에서는 이러한 점이 약화되었다. 14세기 사대부의 경우, 대부분 과거시험을 치르고, 유학을 공부한 유자(儒者)들이다. 승려와 사대부 문인 간의 교류가 활발해서 이런 한시를 유자인 이들에게도 전할 수 있었지만 그럼에도 불구하고 극락 내세에 대한 믿음은 암묵적으로만 다루어지지 직접적이고 적극적으로 강조하는 것은 쉽지 않았을 것이다.

특히 한시를 주고받는 대상인 왕에서부터 고위 관리들, 사대부 문인들에게는 현세에서 이미 복락을 누리고 있기 때문에 내세를 위해 도리어 이를 반납하고 희생과 인내를 요구하는 것은 쉬운 일이 아니다. 극락에서 잘 먹고 잘 살자고 신앙을 믿는 것을 강조하는 것도 바른 신앙의 길이 아닌데다, 이미 누리고 있는 사람들에게 이러한 강조가 매력적이지도 않다. 또 한시를 주고받을 만큼의 식자층에게 비현실적인 환상적 세계를 강조하는 것 역시 받아들여지기 어려울 것이다.

게다가 고려후기는 불교 교단의 위상이 약하고 쇠퇴해가는 시기였던 만큼[38] 문학을 통해 감성적으로 불도를 전하려고 하였고, 그래서 문학을 매개로 교유가 더 활발하게 이루어질 수 있었다.[39] 불교의 교세가 약한 당시의 상황에서 극락을 강조하는 것은 허무맹랑하게 들릴 수 있었을 것이고, 따라서 왕사(王師)이자 문인들과의 교유가 많았던 나옹이 당시 주류 문학인 한문학으로 현실이 아닌 환상적 세계인 극락에 대해 강조하는 것

---

[38] 이병철(2008), 앞의 글.
[39] 이진오(2007), 앞의 글, 260-262면.

도 받아들여지기 어려웠을 것이다.

<서왕가>는 '西往'이라는 제목 자체가 극락왕생이라는 의미를 가지고 있어서 한시에서 충분히 나타내지 못한 내용을 강조하고자 하려는 의도가 더 강하게 드러난다. 무엇보다 나옹 화상의 출가 이유는 '죽으면 어디로 가는지 알고자'함이었다.[40] 또 수도에 임하는 이유도 중생 구제의 교화로, 중국에서 스승으로부터 이 질문을 받았을 때에도 '자신의 뒷사람을 위해서'라고 답한 그였다. 이러한 나옹이라면 죽으면 극락왕생한다는 깨달음을 그 누구보다도 적극적으로 강조하고 많은 이들에게 이 점을 전하고 싶었을 것이다. 이를 보아도 한시와 국어시가의 역할과 기능이 달라서 한시에서 강하게 드러낼 수 없었던 극락왕생 부분을 가사로 드러낸 것으로 보인다.

논자 중에는 극락에 대한 내용이 나온다는 이유로 혜근의 가사가 아니라는 주장도 보인다.[41] 그러나 전술한 바와 같이 갈래마다 청자가 다르므로 이 점을 고려할 수밖에 없다. 또 14세기 불교 교세의 약한 상황 속에서 왕사로서 왕이나 유학자인 사대부와의 교류가 많은 혜근이 처한 상황 등을 고려하면 한시에서 극락에 대한 언급이 적고 국어시가인 가사에서는 많을 수밖에 없을 것이다.

게다가 경전에서도 극락 부분은 등장하는 바, 승려인 혜근이 극락에 대한 믿음과 강조를 보여주는 것은 전혀 이상하지 않다. <서왕가>의 "바람은 슬슬 꽃은 밝디 밝고, 소나무와 대나무는 휘청 늘어졌는데, 화장 바다 건너 저어 극락세계 들어가니 칠보의 비단 연못에 칠보 그물을 둘렀으니"

---

[40] 이색이 쓴 탑명(塔銘), 그리고 제자 각굉이 쓴 행장(行狀)에 모두 이 사실을 적고 있다.
[41] 정재호(2003), 「나옹작 가사의 작자 시비」, 『한국학연구』 19, 고려대학교 한국학연구소, 137-181면.

는 ≪화엄경≫의 "광명과 부사의한 소리를 내는 마니보배로 그물이 되어 있어"[42]와 유사하다. 가사 작품이 한문산문인 경전이 가진 전체 정보량을 기준으로 할 때 더 장황하고 비중이 높을 뿐이다. 또 한시에서도 직접적 표현을 삼갔을 뿐이지 아예 드러나지 않았다고 하기도 어렵기 때문에 극락의 내용 여부가 위작임을 판가름하는 것은 어렵다.

이외에 앞에서 본 7언율시인 (4) <示衆>과 <서왕가>를 보면 말하는 대상이 다른 점에서도 차이가 난다. (5-1) <서왕가>의 밑줄 친 대목에서 보듯이 염불을 하지 않으려는 불특정 대중을 대상으로 하므로 '나'라는 화자를 내세워 자신의 생애를 고백하여 관심을 끌어내는 방식을 취하였으나 한시에서는 그렇지 않다. <示衆>에서는 구별과 경계의 무의미를 느끼고 자연 속에서도 듣지를 못하면 괴로운 세계를 벗어나지 못한다고 한 대목[43]을 통해 적어도 산 속의 절에까지 찾아온 구도자들을 대상으로 한 것이 명확하게 드러난다. 따라서 이들에게 굳이 화자가 자신의 생애 이야기를 꺼내면서까지 친근하게 접근하거나 관심을 유도해야 하는 구조를 취할 이유가 없을 것이다.

반면 가사는 구도에 적극적 관심을 가지지 않는 다수 대중에게 접근해야 하므로 자신의 이야기를 꺼내 관심을 끌고 친근함을 높이는 방식이 필요하다. 이는 사대부가 아닌 민중이어서만은 아니다. 가사 갈래가 아무리 우리말노래로서 쉽다고 해도 속가(俗家) 문인을 배제할 만큼 하층 지향적인 것은 아니다. 더욱이 나옹의 가사를 보면 백성들'만'을 위한 교리 전달이 목적이라고 하기는 어렵다. 일반 서민들도 포용할 수 있는 쉬운 내용도 있지만 불교 교리에 밝지 않은 속가 문인들에게도 쉽게 전하려는

---

[42] ≪화엄경≫ 권1, 세주묘엄품, 이운허 역(2006), 『대방광불화엄경』 1, 동국역경원.
[43] (4) <示衆>에서 해당 부분은 다음과 같다. "(전략) 碧峯總作高僧室 白嶽徒爲妙聖家 於此更求眞的處 灼然難脫苦婆婆"

의도가 있었을 것이다.

10.4. 한시와 가사의 형식과 언어 매체의 상관성 비교

한시의 형식과 가사의 형식, 그리고 한문과 국어라는 언어 매체의 비교는 상식적인 부분일 수 있다. 그러나 실제 향유자 입장에서 가사와 한시가 대비적 측면이 있는 것이 사실이므로 다루지 않을 수는 없는 부분이다.

혜근의 한시는 7언절구가 압도적으로 많다. 거의 대부분이 7언절구이고, 일부 7언율시나 고시가 약간 보인다. 삼가는 외형은 한시와 같이 4구가 1연으로서, <완주가>는 4구가 15연, <고루가>는 4구가 13연, <백납가>는 4구가 10연으로 되어 있고, 제2, 4구에서 압운을 맞추고 있다. 네 구의 구성이 6+7+7+7언[44]으로 반복되긴 하지만 역시 4구마다 제1구 자리를 6음절로 맞추어야 한다. 그래서 내용의 흐름이 연속적이지 않고 4구마다 분절이 있어서 가사보다는 연속성과 응집성, 결속성 측면이 약해질 수밖에 없다.[45]

이에 비해 가사는 2음보 연속체로 글자수의 제한이 근체시나 게송보다 고정되지 않아서 상대적인 자유로움이 월등히 크다. 이렇게 절구는 자수와 압운, 줄 수가 고정적이고, '삼가'는 자수와 압운은 고정적이나 전체

---

[44] 작품의 마지막 부분에서 등장하는 6언은 3+3언으로도 해석된다. 6+7+7+7언 형식은 통속적이고 구어에 가까운 표현으로 불경을 제재로 하는 경우가 많고, 노래와도 관련이 깊다고 한다. 이에 대해서는 정진원(1997), 「나옹화상의 <고루가> 텍스트 분석」, 『텍스트언어학』 4, 한국텍스트언어학회, 21-47면, 27면 ; 이종군(1996), 앞의 글 ; 정상홍(1996) 참조.

[45] 일례로 <고루가>의 텍스트 분석을 시도한 정진원(1997), 「나옹화상의 <고루가> 텍스트 분석」, 『텍스트언어학』 4, 한국텍스트언어학회, 21-47면에서도 <고루가>를 총 13수로 보고 각 수(기, 승, 전, 결구의 4구) 내에서의 응집성과 결속력을 독립적으로 파악하고 13수 전체의 응집성과 결속력을 보려는 시도 자체를 하지 않았다.

줄 수는 자유롭다. <서왕가>는 2음보씩 헤아리면 74구, 95구, 148구까지 다양하고, <승원가>는 405구에 이른다. 이렇게 세 갈래의 형식적 특성은 제약성이라는 관점에서 보면 가사가 가장 자유롭다.

가사는 4.4조라는 점이 기억하기 쉬운 율격이다. 구술적 방식으로 향유된 소설도 4.4조의 율문체를 가지기도 하거니와, 2~3음절에 조사를 붙이는 4음절이 4구마다 마디를 가지면서 지속되는 형식은 일상 구어의 쓰임과도 크게 다르지 않으면서 입에 잘 붙어 기억에 용이하다. 국어라는 것 자체가 한시와 달리 일상구어로서 가사의 문장 형식이 일상 구어와 크게 다른 구조도 아니다.

게다가 가사가 가진 연속체라는 형식은 고려시대 당시 독보적인 모습이다. 고려 향가도 분연체였을 뿐만 아니라 나옹 당시 한문가요도 분연체이고, 경기체가, 고려속요 등의 국어시가도 분연체인 때에 노래이면서도 연속체인 독창적인 형태를 추구했다는 점에서 주목된다. 또 혜근(1320-1376)과 동시대 사람인 우탁(1262-1342), 이조년(1269-1343), 정몽주(1337-1392) 등의 사대부가 시조를 지었던 것을 보면 국어시가의 선택이 가사만 있었던 것은 아니었다. 그러나 시조의 3행으로 완결된 구조는 가사의 연속체와 대비적이다. 또한 우탁의 '탄로'를 다룬 시조가 우연히 2수일 수도 있지만, 2수로 된 연작성을 가졌다고 본다면 2연 형식에도 가까운데, 이는 연 구분이 있다는 점에서 가사의 연속성과는 또 다르다. 연 구분이 있는 연장체는 내적 완결성을 다시 그 내부의 연마다 가지고 있어서 가사에 비해 폐쇄성이 크다. 작품이 마칠 때마다 무한히 펼칠 수 있는 개방형 구조의 가사는 이런 점에서 열고 닫기를 반복하지 않아도 되는 장점이 있다.

특히 가사는 정보량에 있어서 어떤 갈래보다 큰 차이가 난다. 절구는 말할 것도 없고, '삼가'와 비교해도 더 길다. 이러한 긴 분량이어야 하고자 하는 말을 다 전할 수 있다. 왕족이나 사대부 이상이 아니라면 친절하고 자세한 정보가 있는 것이 이해를 더 도울 수 있고, 나타내고자 하는 바도 더 명확해진다.[46] 그만큼 화자의 메시지를 더 분명하고 자세히 알 수 있는 통로는 한시보다는 가사인 것이다.

사실 <승원가>의 첫 시작부분 2줄에서 보이듯이, "세사탐착 그만하고 .. 염불 어떠하뇨"가 말하고자 하는 핵심 주제로 첫 단락에 이미 다 제시된다. 그러나 이를 세세하게 뒷받침하는 설명들이 이후에 길게 등장해 수용자에 따라 자세한 설명들을 제시할 수 있다. 핵심만 간단히 말해도 된다면 구구절절히 긴 가사가 불필요하겠지만, 구도자가 아닌 일반 세속인들에게는 그 이유를 자세히 설명할 필요가 있고, 그만큼 설득력을 높일 수 있는 설명이 길어져야 한다.

앞절에서 살펴본 극락왕생에 대한 강조는 작품의 분량과 언어 선택의 문제와도 밀접하게 관련된다. <서왕가> 이본 중 95구로 된 10편이 속하는 ≪염불보권문≫ 외에, 더 짧은 이본이 실린 ≪신편보권문≫의 <강월존자서왕가>에는 극락에 대한 내용이 거의 없다. 전자는 극락세계까지 언급했고, 더 다양한 대상 지칭의 표현들이 있어서 포교나 대중성이 더 강하다. 염불을 왜 해야 하는지가 왕생과 성불이라는 구체적이고 직접적인 목표로 제시되어 있다. 후자는 표현도 한자어의 경우 한자를 모두 노출하고 있어서 사회적 지위도 어느 정도 이상인 식자층을 대상으로 하고 있다.[47] 전자

---

[46] 연구자의 연구방법에서도 이 점을 볼 수 있다. 일례로 한태식(2008), 「나옹왕사의 정토사상이 한국불교신앙에 미친 영향」, 『대각사상』 11, 대각사상연구원, 99-164면에서는 나옹의 사상적 검토를 하면서 염불정토사상에 대한 논의는 한시도 일부 다루지만 실질적으로 대부분의 자세한 논의가 <서왕가>와 <승원가>를 통해 다루어지고 있다.

[47] 최형우(2016), 앞의 글에서는 18~20세기 문헌의 사설을 중심으로 향유자의 의식을 살펴본 바, <서왕가(염불)>(95구)에 비해 <강월존자서왕가>(74구)는 독서물로

는 칭명(稱名)염불로서 외형으로라도 염불을 강조한다면, 후자는 칭명만이 아니라 마음으로까지 변화를 더 적극 유도하고 있어[48] 긴 분량과 청자의 대중성, 그리고 극락에 대한 강조가 긴밀한 것을 볼 수 있다.

또 <서왕가>가 수록된 ≪염불보권문≫ 이본 중에는 작품마다 모두 한문과 국문 언해본이 차례로 나란히 실려 있다. 염불을 권한다는 문헌의 목적에 따라 염불을 다룬 글 바로 다음에 극락에 대한 글이 나오고, 문헌 전체가 이러한 염불과 극락왕생에 대한 내용 위주라 해도 과언이 아니다.[49] 언해 병용은 한문을 모르는 이들에게도, 곧 더 많은 이들에게 염불을 권하려는 목적이 있기 때문이다. 이렇게 염불, 극락, 한글 언해는 밀접한 관계에 있는 것을 볼 수 있다. 이런 점에서 볼 때에도 식자층만이 아니라 일반 백성들에게까지도 불도를 전하고자 하는 적극적 의지의 표현이 지금까지 살펴본 바, 한시와 대비되는 국어시가인 가사의 작품 구조나 내용, 대상 표현을 갖추게 한 이유가 되었을 것으로 보인다.

한편, 한시는 당시 명확한 형식으로 고정된 갈래였다. 절구, 율시 등 누구나 한시를 주고 받으면서 특정 형식으로 고정시키기로 약속된 관습적 갈래이다. 공통의 형식을 공유하고 있다는 점에서 장르성이 강하다. 삼가 역시 중국의 변려문, 특히 돈황변문이나 게송 형식을 이어받아[50] 동아시아

서의 향유방식을 고려한 것으로 보고 있다.
[48] 김기종, 「<서왕가>의 주제의식과 18세기 불교사의 맥락」, 『한국시가연구』 46, 한국시가학회, 2019, 1-29면에서는 가장 이본이 많은 <서왕가>에서는 칭명염불을, 짧은 형태의 이본인 <강월존자서왕가> 1편은 관념염불을 더 강조하고 있다고 그 차이점에 대해 논의하였다.
[49] 최형우(2017), 앞의 글에서도 ≪염불보권문≫ 자체가 대중들과의 소통을 위한 방편이었다는 점을 지적하여 수록된 가사도 그러한 경향을 띤다는 점을 논의하였다.
[50] 이종군, 「나옹화상 삼가의 형성 배경 연구」, 불경서당 훈문회(1996), 『삼대화상 연구 논문집』, 불천, 149-192면 ; 정상홍, 「나옹선사의 <삼가시>형태에 대한 일고」, 불경서당 훈문회(1996), 위의 책, 193-230면.

내에서 고정된 형식을 공유하고 있다는 점에서[51] 역시 장르성이 강하다.

공유된 형식적 관습을 가진 갈래를 통해 기존의 식자층과의 교유가 자연스럽다면, 새로운 사람들, 곧 잘 아는 특정인이 아니라 잘 모르는 일반 사람들에게는 새로운 소통 방식이 요구된다. 형식적 장치는 아는 사람들끼리는 편하고 자연스럽고 당연한 방식이지만 모르는 일반인들과는 오히려 제약이 될 수 있다. 특히 형식적으로 고정된 장치는 해당 기득권 문화의 자장 내에 있는 사람이 아니고서는 쉽게 접근이 어렵다. 이런 점에서 한시보다 가사가 훨씬 더 많은 불특정 일반 다수의 사람들에게 새로운 소통 방식이 될 수 있었을 것이다.

게다가 한시는 형식의 고정성만이 아니라 문자의 고정성도 가지고 있다. 한문으로 되어 누군가에게 글로 전달되고, 수신자도 비교적 명확하다. 이렇게 특정 대상을 향해 글의 방식으로 기록해서 전달되는 한시에 비해 가사는 불특정 다수를 향해 절조(絶調)있는 말로 전달된다.[52] 고정된 문자에 비해 말은 유동성이 크다. 이로 인해 가사에는 다양한 이본이 존재한다. 이에 비해 한시는 정확하고 통일된 유일한 형태의 작품으로 남아있다. 가사 이본의 다양한 존재는 대중화, 향유층의 확대와 긴밀하다. 가사가 더 많은 일반인들에게 전달되기 위해 택한 갈래라는 점을 이 역시 잘 보여준다.

기록된 언어를 보면, 한시는 한문으로 되어 있고, 가사 <승원가>는 이두[53], <서왕가>는 한글이나 이본에 따라 국한문 병용체로 되어 있다. 이두

---

[51] 김종진(2011), 「고려 말 나옹선가의 동아시아적 연원에 대하여-<백납가>, <고루가>를 중심으로」, 『한국시가연구』 31, 한국시가학회, 271-303면.

[52] 문집에 국어시가가 들어가는 경우가 없었던 14세기의 상황을 볼 때에 문자로 기록되어 전하는 한시와 달리, 가사의 경우 유독 나옹작인지 진위 여부를 의심하는 시각이 있는 것도 가사가 말로 전달되었던 당시의 상황과 밀접하다.

가 조선시대의 것과 다른 특이한 점은 박병채에 의해 이미 지적된 사실이다.[54] 이두의 특징은 우리말의 조사나 어미를 발음나는대로 기록도 하는 방식에 있다. 이두나 국문이라는 차이가 있더라도 가사는 모두 우리말의 일상 언어와 크게 다르지 않는 언어적 표현을 가지고 있다. 그렇다면 의미 중심이 아니라 표현까지 일상 구어와 거리가 가까운 방식이라는 점에서, 가사는 이를 구현하고자 하는 갈래라는 점에 주목할 수 있다.

한문을 모르고, 한시라는 장르적 관습을 배우지 않았어도 우리말을 사용하는 이들이라면 식자층은 물론이고 그렇지 않은 다수의 사람들에게도 가사 갈래를 통한 접근이 가능하다. 14세기 당시 불교가 약세인 상황에서 새로운 신자에게 눈을 돌려 포교와 교세 확장을 위해 노력하는 것이 당연한 일일 것이다. 기존의 아는 사람들에게는 한시로, 불특정 다수의 새로운 사람들, 특히 더 많은 사람들에게 접근하기 위해서는 우리말로 된 가사로 전달하는 것이 요구된다.

10.5. 결론

지금까지 본고는 고려시대 한시와 국어시가의 상관성을 보기 위해서

---

[53] <승원가>의 최초 발견자인 김종우의 <懶翁和尙僧元歌>는 이두로 되어 있다. 김종우(1971), 「나옹화상 승원가」, 『국어국문학』 110, 부산대학교. 2음보를 1구로 하여 405구에 이르는 이 긴 작품이 구전으로만 전하다가 19세기에서야 문헌에 기록되었다고 보기는 어렵다. 게다가 실린 문헌마다 유독 이 <승원가>만 이두 표기라는 점은 아직 해명이 되지 않은 상태이다.

[54] 박병채(1977), 「<역대전리가>에 나타난 구결에 대하여」, 『어문논집』 20, 민족어문학회, 405-416면에서는 <역대전리가>의 구결이 어느 시대의 것이라고 단정할 수는 없지만 적어도 기존에 알려진 구결과는 또 다른 형태의 독특한 방식으로 가사형식의 운율에 맞추려는 특수용법임을 지적하고 있다.), 물론 고려시대라고 결론내린 것은 아니지만 적어도 일반적인 조선의 이두와는 다르다는 점은 지적되었다.

조선시대 사대부와 달리 고려시대 승려인 혜근의 한시와 가사는 어떤 특징이 있는지 비교해보았다. 화자가 이야기를 표현하는 대상은 누구인지 살펴보았고, 제재와 내용이 무엇인지도 비교하였다. 이 비교 결과에 기반하여 한문가요, 가사의 갈래적 차이를 화자와 발화 대상의 관계, 제재와 내용적 측면, 형식과 언어적 측면에서 비교해보았다.

한시는 왕에서 일반 대중까지 그 대상이 다양하고 넓다. 그러나 상층 식자층이 더 많고, 타인만이 아니라 자기 자신에게 고백하는 경우도 상당하다. 또 적어도 구도에 대한 관심을 가지고 있는 대상들이 대부분이다. 이에 비해 가사는 불특정 다수가 대상이지만 다른 한편으로는 오히려 발화 대상이 특정층으로 한정된다. 곧, 가사의 발화 대상은 식자층을 포함한 백성 대다수를 대상으로 하고 있다는 점에서 한시와는 차이가 있다.

이러한 특징이 14세기에 나타난 점에 대해서 생각해볼 필요가 있다. 이 시기는 우리말노래에 대한 적극적 관심과 함께, 한문체 시가를 우리말 시가로 대체하려는 움직임이 활발한 시대였다. 어부가 계열 노래나 경기체가가 한문체 시가의 대체 과정에서 마련되었다[55]고 보기도 하거니와, 특히 14세기는 이러한 움직임이 활발하였다. 우탁, 원천석, 길재, 정몽주 등의 시조와 같이 우리말 노래가 적극 창작된 시기였고, 이제현과 민사평이 국어시가를 한시화한 소악부를 지은 것도 14세기의 일이다. 또 당악 가사에 대응할 속악 가사를 적극 마련하여 국어문학의 위상이 강화되는 시대적 상황 속에 있었다. 이러한 때에 사대부들과의 교류가 활발한 왕사 혜근이 한시만이 아니라 새로운 국어시가에 적극 관심을 가지는 것은 자연스러운 현상이다. 여기에 식자층은 물론이고 중인층이나 그 이하의 일반인까지도 염불과 극락왕생을 권하고자 하는 마음이 더해져 가사를 짓기에 이르렀다

---

55   박경주(2009), 『한국 시가문학의 흐름』, 월인, 223면.

고 할 것이다.

또한 이 시기에 이루어진 혜근의 가사는 불교 경전의 가르침을 국어시가로도 전하고자 한 데에서도 시가사적 의미를 가진다.[56] 균여의 <보현십원가>처럼 경전의 특정 부분을 그대로 국어시가화한 것은 물론 아니다. 그렇지만 적어도 혜근이 불교적 가르침의 요체를 포교를 위해 가사로도 전하고자 한 것은 부인하기 어려울 것이다. 실제로 <서왕가>는 '주인공 주인공아'라고 시작되는데, 이 주인공이라는 말은 ≪楞嚴經≫에 나오는 말로, 이를 화두로 한 설화나 게송을 여러 승려들에게 볼 수 있다.[57]

또 앞에서 극락 부분에 대한 비교도 잠시 언급한 바 있다. 경전과 혜근 가사의 비교는 별도의 자리에서 이루어져야 할 것이나 몇 가지 더 예를 들면 다음과 같다. <서왕가>의 "육근의 문 앞에 자취 없는 도적은 나며 들며 하는 중에 번뇌의 마음 베어 놓고"는 ≪華嚴經≫의 "일체 중생이 번뇌의 도적을 죽이고 해롭게 하려는 마음을 여의어지이다."나 "일체 중생이 불법의 왕이 되어 모든 번뇌의 원수를 깨뜨려지이다."[58]와 유사하다. <승원가>에서는 "팔만 사천 끝없는 지옥은 중한 죄인을 위해 마련하고, 그 나머지 작은 죄 지은 사람은 소 되거니 말 되거니, 개 짐승 뱀 구렁이 되게 하나니"라고 하였는데, 이는 ≪화엄경≫의 "세계 중에 지옥 있고 중생 고통 구원 못해, 늘 캄캄한 가운데서 불꽃 바다 매양 타고, 어떤 데는 축생 있어 모든 형상 누추하니, 제가 지은 악업으로 갖은 고통 항상 받

---

56   행장. 나옹이 생시에 한 말로서 "其歌頌法語 若不經意皆極其妙(그 노래, 게송, 법어가 경전의 뜻이 가진 묘함을 다한다)"고 한 바 있다.
57   이와 관련해 혜심의 경우를 주호찬 편역(2007), 『무의자 혜심의 송고와 게송』, 한국학술정보, 98-101면에서 자세히 볼 수 있다.
58   ≪화엄경≫ 권28, 십회향품 제6회향품, 이운허 역(2006), 『대방광불화엄경』 2, 동국역경원, 472면, 474면.

고."⁵⁹와 유사하다.

　이렇게 혜근은 고려후기 가사를 통해 신라와 고려전기의 불교계 시가를 이으면서도 15세기에 <월인천강지곡>처럼 국가 공식적 차원의 불교적 내용의 악장문학이 이루어지는 흐름 가운데 개인적 차원에서 이를 시도한 것이라 할 수 있다. 불교계 국어시가의 향유 전통은 고려시대 <보현십원가>로 끝난 것같지만, 혜근을 통해 가사 갈래로, 또 15세기에는 악장으로 이어지고 있는 것이다.

　한문 산문 경전을 노래한 경우는 더러 있지만 운묵(雲默)의 776구로 된 <석가여래행적송>(1328)은 국어시가는 아니다. 태고화상 보우(普愚, 1301-1382)의 ≪태고화상어록≫에는 <太古庵歌>, <山中自樂歌>, <雲山吟>, 그리고 화엄경을 노래한 <雜華三昧歌>, 이 네 작품 역시 '歌'를 표방하고 있지만 한시이다. 물론 이들 한시체 노래는 본서의 마지막 장에서 후술하겠지만 고려후기에 한시가 국어시가를 수용하는 전형적 모습이기도 하다. 백운화상 경한(景閑, 1299-1375)의 ≪백운화상어록≫에는 한역시 <無心歌>가 있다.

　문집에서의 수록 유무는 원래의 형태와도 긴밀하다. 곧, 운묵은 물론이고, 보우 역시 노래를 지향했다고 해도 스스로 처음부터 한시 형태로 지은 것일 가능성이 높다. 반면 혜근의 <승원가>와 <서왕가>는 노래로만 부르고 굳이 한시화하지는 않았던 것으로 보인다. 게다가 혜근의 가사들은 지속적으로 노래불리면서 후대에 수용된 덕분에 기록되었을 가능성이 높고, 그래서 한시체가 아니라 국어시가 형태로 남았을 수도 있을 것이다. 불교적 가르침을 국어시가화하여 교화적 성격이 서정성 못지 않게 차지하지만 14세기에 개인 창작의 국어시가의 저변이 더 넓어지게 한 의의가 있다.

59　≪화엄경≫ 권10, 화장세계품, 이운허 역(2006), 앞의 책, 361-362면.

> V. 고려시대 전체

11. 고려 한시를 통해 본 국어시가

11.1. 서론

고려시대 사대부나 승려 시인들은 국어시가를 개인적으로 짓기보다는 한시의 개인적 창작에 더 적극적인 모습을 보였다. 노래의 향유가 적었다고 할 수는 없지만 실제 시인별로 지었다는 국어시가가 조선시대에 비하면 많이 남아있지 않다. 그렇지만 14세기 소악부나 이중언어시인들의 한시에서도 보이듯이 한시를 통해서도 국어시가를 어떻게 향유했는지, 어떤 국어시가를 수용하고 있는지 등을 볼 수 있다. 노래를 들었다는 내용이 나타날 뿐만 아니라 자신이 노래를 불렀다는 한시도 보인다.[1] 또 때로는 노래의 내용으로 짐작되는 일부 구절도 보이고, 나아가 한시 자체가 노래를 표명하는 경우도 적지 않다.

이와 관련하여 이중언어시인들의 한시는 앞에서 국어시가와 비교하는 자리에서 자세히 살펴보았으므로 여기서는 한시만 지은 시인들 위주로 이

---

[1] 일례로 이색, <謝郡守李公來訪>(≪동문선≫ 권8) "(前略) 客去樽空時獨唱"; 윤소종, <一月三十日寄野堂呼齋> (≪동문선≫ 권5) "(前略) 從公歌旣醉 (中略) 望公空長謠" 등을 들 수 있다.

들의 한시를 통해 국어시가와의 상관성을 살펴보고자 한다. 앞장에서 살펴본 바, 소악부를 짓거나 국어시가와 한시를 모두 지은 시인들의 한시는 노래와 긴밀하고, 국어시가와 내용이나 형식적인 상관성이 높은 것을 볼 수 있었다. 그렇다면 국어시가는 직접 짓지 않고 한시만 남긴 시인들의 경우는 어떠할까. 사실 한시만 지은 시인들의 경우에도 국어시가를 수용하고 노래와 관련성이 높은 대목들이 적지 않게 보인다. 이와 관련한 선행 연구도 적지 않다.

　변종현(1993)[2]에서는 민요 가락을 한시에서 재생한 사례로 소악부를 비롯하여 정지상의 <送人>, <大同江>, 최당의 <送人>, 이인로의 <牛月城>, 최유청의 <雜興>, 이인로의 ≪파한집≫에서 의종이 각 역의 벽에 붙여진 풍요(風謠)를 모아 시선을 만들게 한 작품 등을 소개하였다. 이종묵(2003)[3]에서는 고려와 조선의 한시 속에 옛 노래로 보이는 작품들을 소개하고 있는데, 이러한 한시 창작법은 일반화된 현상이라 하였다. 고려의 경우, 정지상의 <送人>의 전구와 결구인 "大同江水何時盡 別淚年年添綠波", 김부식의 <聞敎坊妓唱布穀歌有感>의 승구인 "布穀飛來樞樹稀", 이공승의 <天官寺>의 미련인 "蟾兔同眠萬古傳" 부분이 노랫말이나 내용일 것으로 추정하였다. 정민(2003)[4]에서는 고려가요 <만전춘별사> 제2, 4연과 비슷한 내용이 최호의 <도화소춘풍>, 매성유의 한시를 비롯한 한국과 중국의 여러 한시에 등장하고, <이상곡>은 중국 악부 <이상조>와, 소악부 <오관

---

[2]　변종현(1993), 『고려조 한시 연구-당송시 수용 양상과 한국적 변용』, 태학사, 285-293면.

[3]　이종묵(2003), 「한시 속에 삽입된 옛 노래」, 박노준 편, 『고전시가 엮어 읽기』 상, 태학사, 399-416면.

[4]　정민(2003), 「한시와 고려가요 4제」, 박노준 편, 『고전시가 엮어 읽기』, 태학사, 274-293면.

산>은 중국 악부시 <상야>와 연관지어 논의하였다. 여운필(2008)[5]에서는 이색의 <鞦韆>을 경기체가 <한림별곡> 제8연의 한역시로 보는 등 고려 한시에 국어시가의 흔적과 수용 양상에 대해 자세히 논의하였다.

　이러한 양상은 그 자체로 한시의 국어시가 수용이 고려시대에 일반적인 현상이고, 한시와 국어시가를 긴밀하게 여겼다는 것을 보여준다. 한시를 더 높게 여기거나 국어시가를 낮추어보아 둘을 멀리 떨어뜨려 생각하지는 않았다. 물론 시와 노래, 한문과 국어라는 차이로 인한 구분이 전혀 없다고 할 수는 없겠지만, 조선시대와 비교하면 한시와 국어시가의 거리가 더 가깝다. 조선 전·중기에는 사대부의 국어시가 창작이 더 활발한데 비해 한시와 거리를 두고 둘을 상하 관계로 구분하는 경향이 더 강했다. 이에 비하면 고려시대는 오히려 한시와 국어시가를 대등하게 인식하고 둘을 더 가깝게 여겼다.

　이제 이러한 양상을 구체적인 작품을 통해 살펴보려고 한다. 우선 고려시대 한시와 국어시가의 관련성에 대한 시가론을 한시를 통해서 보고자 한다. 산문을 통해서는 최행귀의 서문이나 이제현의 소악부 관련 글, 그리고 ≪삼국유사≫ 등을 통해 이미 본서의 앞장에서 해당 부분을 다룰 때마다 살펴본 바 있다. 이제 본장에서는 한시에 노래, 혹은 국어시가와 관련해 수용한 부분도 풍부하여 시가관이라 할 만한 부분을 조명하고자 한다.

　다음으로, 구체적 작품의 수용 양상을 다루게 될 것이다. 이름 모를 민요를 수용하고 한시 자체를 노래처럼 짓거나, <처용>, <정과정> 등 유명 작품과 관련하여 쓴 한시도 있다. 이를 조금 더 체계화해서 고려시대 한시에 나타나는 노래는 크게 다음의 양상으로 분류해서 살펴볼 수 있다.

---

[5] 　여운필(2008), 「고려시대 한시와 국문시가」, 『한국한시연구』 16, 한국한시학회, 5-36면.

첫째, 이별의 자리에서 노래를 언급하고 노래 지향의 한시를 쓰는 경우가 많다. 고려가요도 이별의 노래가 많은데, 한시에서도 노래와 관련해서 언급할 때에는 이별의 자리인 경우가 많다. 고려가요는 주로 남녀 간의 이별을 다루는 경우가 많다면 한시에서는 문인들 간에 임지로 떠나거나 유배를 가는 상황이 많다는 점이 다르다.

둘째, 민요를 적극 수용하고 있는 것을 볼 수 있다. 김만중(1637-1692)은 ≪서포만필≫에서 여항의 나무하는 이와 물 긷는 여성의 노래가 가진 가치를 인식한 바 있는데[6], 고려시대 한시에 이미 백성들의 노래를 언급하거나 다루는 경우가 적지 않다. 백성들의 노동요가 많은 가운데 이들의 삶의 현실을 읽을 수 있고, 나아가 이를 수용한 시인의 비판적 태도 역시 드러난다. 이제현과 민사평처럼 소악부화한 것까지는 아니지만 민요를 수용하여 세태를 읽어내려는 점에서 악부의 역할을 이를 통해서도 하고 있다고 할 것이다.

셋째, 여러 노래 중에서도 특별히 어부가를 들었거나 언급하는 경우가 많다. 어부가는 두 가지의 양상으로 언급이 많이 된다. 민요는 특별한 이름이 없는데, 주로 뱃노래로서 백성들이 부르는 '어부가'가 있는 반면 문인 중 공부(孔俯)가 어부가를 잘 불렀다하여 이를 언급하는 한시도 적지 않다. 유희적 상황에서의 어부가라 할 수 있지만, 실제 어부인 백성들의 삶도 일부 드러난다. 이를 통해 한시의 국어시가화라 할 수 있는 조선시대 어부가류의 등장이 이미 고려 후기 한시를 통해 그 기반을 이룬다는 점에서 그 시가사적 변곡점을 이를 통해 살펴보게 될 것이다.

넷째, 한시에서 언급되는 국어시가 중에는 낯선 노래들도 있지만 현재

---

[6] "而閭巷間樵童汲婦 咿啞而相和者 雖曰鄙俚 若論眞贗 則固不可與學士大夫所謂詩賦者 同曰而論" 김만중(1959), ≪西浦漫筆≫, 문림사.

의 우리에게 잘 알려진 작품이나 잘 알려진 이야기를 배경으로 하는 것들도 적지 않다. 같은 고려시대 가요로서 정서의 <정과정>, <벌곡조>, 고구려 노래였다고 하는 <예성강>, 백제 노래 <정읍사>, 신라 노래 <처용가> 등을 언급한 한시를 볼 수 있다. 이야기와 관련해서는 김유신과 기녀 천관의 이야기, 망부석 설화 등이 있고, 이 중에는 민요화되어 불린 흔적도 한시를 통해서 알 수 있다. 이러한 구체적 사례를 본문을 통해 자세히 보게 될 것이다. 이 노래들은 공통적으로 ≪고려사≫ 악지와 ≪신증동국여지승람≫에서도 수용하고 있는 부분이라서 시가사적으로 지속적인 수용사라는 의미를 가지고 논의를 진행하게 될 것이다.

11.2. 고려 한시에 나타난 시가관

고려시대에 한시만 지은 시인이라 할지라도 노래에 대해서 부정적 인식을 갖고 있어서 그런 것은 아니다. 국어시가에 대해서 폄하하거나 부정적으로 인식해서가 아님은 한시에 나타난 노래에 대한 관심을 통해 알 수 있다. 한시만 지은 시인들의 한시에도 노래를 수용하고, 또 국어시가도 언급하면서 노래 지향의 한시를 짓기도 했다. 여기서는 이러한 한시 중에서 시가관을 볼 수 있는 경우를 살펴보고자 한다.

고려 한시에 나타난 시가관은 크게 두 가지 방향으로 정리된다. 시와 노래의 차이점을 더 인식하고 표명하는 경우와 시와 노래를 다르지 않은 것으로 보는 관점이다. 전자는 한시와 국어시가의 구분이라고까지는 할 수 없으나 시와 노래가 가진 각각 다른 특성을 비교할 수 있는 인식을 보여준다. 후자는 시가일도(詩歌一道)라고 할 수 있는 관점이다. 시가일도는 ≪詩經≫ 해석에 있어서 중요한 자리를 차지하는 모시(毛詩)파의 대서(大序)에서의 시가론을 배경으로 한다. 시와 노래를 구분하기보다는 말로 다 나타내지 못할 때 차탄하고, 나아가 길게 노래한다는 것인데, 이러한 후자의 관점이 더 많이 보인다. 이에 대해 항을 나누어 자세히 보고자 한다.

11.2.1. 시와 노래를 다르게 구분하는 관점

시가일도관에 비해 시와 노래의 차이에 주목하는 경우는 많은 편은 아니다. 그나마 차이점을 보여주는 한시를 찾아도 시가관이라고 할 만큼 적극적으로 나타난 것은 아니다. 이규보의 <溫上人所蓄獨畵鷺鷥圖>(동국이상국전집 권10)는 본서의 앞에서도 살펴본 바 있는데, ≪동문선≫에는 실리지 않았지만 '君不見'으로 시작하는 가행체의 시 마지막 구에서는 "吾作歌詩始翼揚"[7]이라고 마무리함으로써 근체한시에 비해 노래는 좀 더 자유롭다는 인식이 보인다. 물론 시인이 짓고 있는 것도 한시이기는 하지만 '歌詩'라고 함으로써 노래가 가진 차이를 염두하고 있다.

14세기의 경우에는 다음의 한시가 보인다.

이달충, <次襄州官舍詩韻>(동문선 권16)
此樓風景僅瞻前　이 누각의 풍경을 삼가 보며
來往登臨又一年　왔다갔다 올라온 지 또 1년이 되었네
簾額冷霑銀漢露　발에는 싸늘히 은하수 이슬 젖어오고
<u>琴心暖起玉田煙</u>　거문고 곡조에는 따스하게 옥전 연기 일어난다
淸閑可喜壺中日　몸이 청한하니 병 속의 세월이 즐겁고
陋塞還嫌瓮裏天　땅이 옹색하니 독 안의 하늘이 딱하다
<u>欲和諸公氷雪句</u>　빙설 같이 맑고 서늘한 시에 화답하려니
羞將短綆汲深泉　두레박 짧은 줄로 어이 깊은 샘물 길으리

함련의 '琴心暖起玉田煙'을 보면 노래가 얹혀서 불린 여부는 모르지만

---

[7] 이하의 한시 원문은 따로 언급이 없는 한 한국고전종합DB(http://db.itkc.or.kr/)에서 가져온다. 번역을 가져오는 경우에는 번역자 언급을 따로 한다.

곡조있는 음악이 공간을 따뜻하게 만들고 있다고 하였다. 거문고 음악이 공간을 메우는 소리라는 점을 고려해 노래로 확장해서 이해할 수 있다. 반면 미련에서는 양주관사시에 화답을 하자니 자신이 매우 얕은 수준이라고 하고 있다. 음악은 따뜻하게 공간 전체를 감싼다면 시는 빙설에 비유하여 차가운 이미지이다. 물론 빙설은 상대방의 시가 훌륭함을 의미하는 것이겠지만, 시(詩)는 빙설로 수식하고, 곡(曲)은 따뜻한 기운을 일으킨다는 것으로 수식했으니 시와 음악이 대비되는 것은 사실이다. 또 음악은 일으킨다[起]고 한 것처럼 상승의 이미지라면 샘물은 아래로 줄을 내려 길어야 한다는 점에서 하강의 이미지이다. 음악과 달리 시는 샘물이라는 점에서 맑고 투명하지만 그만큼 깊이 길어야 하는 분석적인 대상인 점도 대조적이다. 시와 노래를 대비하려는 의도가 위 시에 있는 것은 아니지만 작품 속에 이면적으로 두 이미지가 대조되어 이렇게 나타나고 있다고 하겠다.

다음의 박효수(朴孝修, ?-1337)의 한시에서는 노래 중에도 민요와 한시를 대비하고 있다.

<星州靑雲樓上偶題>(동문선 권16)
樓下居人笑語譁   누각 아래 사는 사람들은 웃고 떠들고
畫橋流水柳陰多   다리 밑 흐르는 물에 버들그늘은 짙다
恨無崔顥題芳草   한스럽네, 최호의 방초시가 없음을
誰爲滕王詠落霞   누가 등왕각에 떨어지는 노을을 읊을까
山雨曉催燒筍興   새벽에 산비 오니 죽순 먹을 흥이 나고
野風時送揷秧歌   들바람에 이따금 모심는 노래 들리네
强留拙句眞蕭散   구태여 서투른 시를 쓰니 참으로 멋적으나
滿壁龍騰醉筆斜   벽 가득 용 꿈틀거리듯 취필로 비껴쓴다

제목을 보면 박효수가 경상도 성주의 청운루에 올라서 쓴 시로 보인다. 함련에 나오는 최호(崔顥)는 당나라 사람으로 <黃鶴樓>, <長干行> 등을

지었는데, 악부시를 잘 짓고 민간의 가사를 차용하여 지었다고 한다.[8] <황학루>의 경련에서 '芳草萋萋鸚鵡洲'라고 한 유명한 구절을 떠올려 '題芳草'라고 하였다. 황학루와 더불어 등왕각 역시 멋진 경치로 유명하여 왕발의 <등왕각서> 등이 남아있고, 조선 성종대에는 두 곳을 그린 그림을 두고 율시를 지어 바치게도 하였다.[9] 그런데 중국의 황학루에 비견될 정도로 성주의 청운루도 이에 못지 않은 곳이다. 이런 곳에서 최호와 왕발을 떠올리는 것은 청운루가 황학루나 왕각에 못지 않은 곳이라는 인식도 이면에 있다고 봐야 할 것이다. ≪신증동국여지승람≫의 성주 '청운루' 부분에도 박효수의 이 한시가 실려 있고, 강혼(姜渾)도 이 지역 풍광을 다 담지 못해 최호의 방초시를 만들어내지 못했다고 읊었다.[10]

이런 멋진 곳의 풍광을 담아내고자 한 박효수의 고심의 결과는 경련에서 절정을 이룬다. 새벽에 산비가 온 뒤의 죽순을 보고 먹을 것이 생겨 즐거움을 느끼는 백성들의 마음[興], 또 들바람을 맞으며 모를 심는 노동의 소리 등이 청운루의 멋진 풍광에서 중요한 부분을 이루는 것이다. 박효수는 기구에서 이미 이 곳에 사는 사람들의 생동감 있는 모습으로 청운루에 대한 풍경 묘사를 시작하였다. 농민들의 생동감있는 생활의 모습은 '모 심는 노래[揷秧歌]'로 경련 마지막을 이루며 고조되고 있는 것이다.

그런데 바로 직후에 나오는 미련은 자신의 이 시가 '졸구(拙句)'라는 대조적인 시선을 보이고 있다. 최호가 민간의 노랫말을 즐겨 사용하고 악부시를 잘 지은 시인임을 고려한다면 그런 시적 지향을 박효수도 가지고

---

[8] 임종욱 편저(2010), 『중국역대인명사전』, 이회문화사.
[9] ≪조선왕조실록≫ <성종실록> 99권, 성종 9년 12월 30일 기사 "內出 ≪滕王閣≫ ≪黃鶴樓≫兩畫簇 令承政院 弘文館各製律詩以進" (이하 실록 원문은 국사편찬위원회, http://sillok.history.go.kr에서 가져온다.)
[10] ≪신증동국여지승람≫ 권28, 경상도 성주목.

있다고 할 수 있다. 이앙가라는 민요의 언급과 자신의 시에 대한 시선은 이러한 배경에서 이해된다. 민간의 노래에 적극적 관심을 보여주고, 생활의 소리이자 생계의 노래인 노동요가 이 청운루 풍경의 핵심으로 고조시키는 지점에 있다면, 자신의 한시는 이에 비해 초라하게 여겨질 수밖에 없을 것이다. 물론 최호만큼 잘 쓰지 못했다는 자의식도 있겠지만, 그러면서도 정말 나타내고 싶은 청운루의 모습은 다 드러내었다. 자연 가운데 농민의 생계와 생활의 생동감있는 모습과 소리를 담은 이 한시는 민요의 언급을 통해 한시와 대비되고 있다. 둘을 다르게 인식하고 있지만 국어시가에 대한 폄하는 아니고 오히려 한시가 민요의 살아있는 삶의 소리를 따르고자 한다는 점에서 대등한 시각 그 이상이라고 할 것이다.

아래 유방선(柳方善, 1388-1443)의 시는 조선시대의 것이지만 고려의 시인이 등장하고 있어서 여기서 함께 살펴보고자 한다.

<青鶴洞> (동문선 권8)
(前略)
疑是昔時隱者居　　아마도 여기는 옛날 은자가 살던 곳
人或羽化山仍空　　사람은 신선 되어 가고 산만 남았다
神仙有無未暇論　　신선이 있고 없고야 논할 틈이 없지만
只愛高士逃塵籠　　그저 진세에서 도망한 고사(高士)가 좋아라
我欲卜築於焉藏　　내 여기 집을 짓고 숨어 살면서
歲拾瑤草甘長終　　해마다 요초 주우며 여생을 보내리
天台往事儘荒怪　　천태의 고사야 모두 황탄하고
武陵遺迹還朦朧　　무릉의 유적도 기실 몽롱하다
丈夫出處豈可苟　　장부의 출처를 구차히 할 것인가
潔身亂倫誠悾悾　　몸을 깨끗이 하려다 인륜을 어지럽힘도 헛되니
<u>我今作歌意無極</u>　　내 이제 노래를 지음은 무궁한 뜻이 있어서니
<u>笑殺當日留詩翁</u>　　옛날에 시에 머문 이가 우습도다

마지막 구에 등장하는 '留詩翁'을 번역자 양주동은 이인로(1152-1220)라고 보았다.[11] 이인로는 고려 당시 시를 잘 지어 <한림별곡>에도 제1연에도 '仁老詩'로 등장한다. 여러 선비들이 함께 지은 노래에서 당대에 시(詩)의 대표자는 이인로라고 했으니 당대 시인으로서의 최고의 평가를 받은 셈이다. 그래서 유방선은 '시에 머문 이'라고 이인로의 생애를 한 마디로 정의하였다. 이인로는 어릴 적 고아가 되어 요일 승려에게서 자라고 무신란 때 불가에 귀의하기도 했으나 환속하였다. 이러한 삶의 이력을 생각하면, 이인로의 생애는 속세에서의 성공과 지위를 추구하는 삶이었다고 보일지도 모른다. 당시 한시는 과거시험, 벼슬, 외교 등 속세에서 중요한 자리를 차지하고 있었기 때문이다. 따라서 '시(詩)'라는 단어로 대표되는 이인로의 생애는 화자가 원하는 삶과는 반대되는 것이다.

화자는 이러한 진세(塵世)에서 도망한 이를 고사(高士)로 평가한다. 출처(出處)를 구차하게 반복하는 삶보다는 산 속에서 은자로 사는 삶을 택하고, 이 노래[歌]를 짓는다고 하였다. 현재 짓고 있는 위의 한시를 노래라고 한 점도 의미심장하다. 당대 시로 가장 유명한 이를 대비하면서 은자로서의 삶을 추구하여 짓는 시는 시가 아니라 노래라고 한 것이다. 속세와 탈속의 대비가 시와 노래의 이미지로 나타난다.

또 노래의 뜻은 끝이 없는데, 시는 머무르게 하는 존재라는 점도 대비적이다. 노래는 무궁한 자유로움이 있다면, 시는 머물게 하고 매이게 하는 존재라는 의미가 이면에 있다. 무궁한 뜻을 나타내기 위해 노래를 짓는다고 했기 때문이다. 이러한 대비가 가능한 것은 노래는 상대적으로 격식이 없고 자유로운 반면, 한시는 자구를 따지고 운율을 맞추어야 하는 형식적 제약이 큰 점이 이유가 되었으리라 본다.

---

[11] 고전번역원(1976), ≪(3판)국역동문선≫ 1, 민족문화추진회, 354면.

물론 이인로가 지은 시도 한시이고, 시인이 지금 지은 이 시도 외형상 한시이지만 자신의 한시는 그 추구하는 바가 노래와 같다는 의미로 이해할 수 있다. 이러한 대비적 인식 속에는 시와 노래를 다른 것으로 생각한다는 것을 의미한다. 그렇지만 마지막 부분에서 지금까지 지은 이 한시는 노래라고 하였으니 결과적으로는 한시와 노래는 다른 것이 아니라는 시가 일도에 속하는 시각도 보여준다. 외형상 한시이지만 근체율시가 아닌 고시라서 '作歌'라고 했을 수도 있을 것이다. 그렇지만 더 근본적으로는 외형보다는 그 추구하는 바를 주목해 노래 지향의 한시라고 할 수 있다.

이런 점에서 시와 노래는 다른 것이라는 인식이 강하면서도 한시를 통해서도 노래 지향을 얼마든지 할 수 있다고 여긴 시인으로서 유방선을 평가할 수 있다. 이런 유방선의 한시에는 노래[歌]에 대한 언급이 종종 보인다. 유배시에 지은 <八日歌 奉舅氏> 첫 2구에서는 "感舊作歌獻舅尊 倘留淸覽聞吾言"[12]라고 하였는데 제목과 내용에서 모두 이 한시를 노래라고 표현하고 있다. 이외에도 장편시에는 <短歌行 答趙仲敬>, <短歌行 贈李正郎而立>, <戲作短歌 奉贈權司諫>, <珈山歌>, <冠山歌>, <短歌行 贈吳仲安> 등과 같이 제목에서 '노래'라고 밝힌 시들이 적지 않다. 시와 노래가 다르다고 구별한 관점을 한시를 통해 보이면서 그 한시를 노래라고 인식했으니 두 가지 관점을 모두 동시에 보여준다고 할 수 있다.

유방선은 고려후기와 조선초기를 잇는 시인으로 이색, 권근 등을 이어받아 서거정, 성간 등에게 전하는 중요한 역할을 했다고 평가된다.[13] 그만큼 여말선초의 한시사에서 중요한 역할을 했다고 할 수 있다. 실제로 유방선의 시구 중에는 권근의 <梧桐歌贈田判事>(양촌집 권4)나 이색의 <鄕學

---

12 ≪태재집≫ 권1.
13 김성룡·류재민(2017),「여말선초 시학사의 구도를 위하여 -방법으로서의 전고(典故)-」,『한국한문학연구』 65, 한국한문학회, 7-56면.

上舍歌>(목은시고 권11)에서와 유사한 구절도 보이는데, 두 시인의 한시에서도 작품 제목에 모두 '노래[歌]'라고 하였다. 결국 시와 노래가 대비되는 차이도 있지만 한시도 얼마든지 노래를 지향할 수 있다는 것을 보여주었다는 점에서 고려시대가 그만큼 시와 노래를 가까이 여기고 있다는 것을 보여주는 셈이 되었다.

11.2.2. 시가일도관

고려시대에 개인의 창작물로서 국어시가의 작품수가 적은 것을 보면 시에 비해 노래를, 혹은 국어시가를 비하하거나 부정적으로 생각한 것은 아닐까하고 추측해볼 수 있겠으나, 실제로는 앞의 절에서 본 것처럼 대비되는 측면이 있더라도 근본적으로는 시와 노래가 하나라는 시각이 강하다. 국어시가를 직접 짓지 않고 한시만 지은 시인들의 작품을 보아도 시와 노래를 상하관계로 보거나 국어시가를 폄하하는 시각은 보이지 않는다. 어떤 상황에서의 구별은 있지만 시와 노래, 또 한시와 국어시가를 대등하게 인식하고 있는 시가일도(詩歌一道)의 시각을 보이는 것이다.

이는 ≪詩經≫ 해석의 주류를 이루었던 모시(毛詩) 대서(大序)의 시가론이기도 하다. 시와 노래를 구분하기보다는 말로 다 나타내지 못할 때 차탄하고, 나아가 길게 노래한다고 함으로써 시와 노래는 다른 것이라기보다 표현 방식의 차이라는 것으로 이해할 수 있다. 이러한 시경관도 고려시대에 한시와 국어시가를 가까이 여기고 대등하게 인식하는 데에 기여한 것으로 보인다. 이는 직접 드러나지는 않지만 한시와 국어시가를 모두 지어 둘을 대등하게 여긴 이중언어시인들의 사례를 통해 추측해볼 수 있다.

시조와 한시를 모두 지은 이중언어시인을 다루는 장에서도 보았지만, 이색은 <淸風詩> 2수에서 '思無邪'의 관점에서 시와 노래가 동일하다는 인식을 보여주었다.[14] 고려후기 성리학의 유입 후에 ≪시경≫은 중요하게 다루어지는데, 이색은 한시에서 ≪시경≫의 시구를 여러 가지 방식으로 인용하면서, 성정의 올바름을 담는다면 시나 노래나 다름이 없다는 시가관을 피력하였다. 교화적 관점에서 시와 노래가 대등하다는 시각을 가진 이색의 시각은 개인적 차원에서 끝나지 않는다. 이후 정도전은 '아희야'와 같은 호칭을 사용하여 고국흥망이라는 역사의 본질을 가르치는 교화적 성격의 시조도 지었다.[15] 이러한 교화적 수사방식이 하나의 전통을 이루어 조선시대에 '아희야'가 등장하는 시조가 지속적으로 등장하는 기반을 마련하였던 것이다. 이렇게 고려 한시에서 보이는 ≪시경≫의 영향은 표면적인 직접 인용이든, 이면적이고 암묵적인 시각이든 시와 노래를 대등하게 보는 관점, 그리고 교화적 관점에서의 시가관, 이 두 가지를 모두 보여주는 것과 밀접하다고 할 수 있다.

후자와 관련하여 ≪시경≫을 수용한 고려시대의 한시는 적지 않게 보인다. 이른 시기로 이자량(李資諒, ?-1123)의 <大宋睿謀殿御宴應製>(동문선 권12)에서 제1구는 "鹿鳴嘉宴會賢良"으로 시작하여 제8구는 "願歌天保永無忘"로 마쳐, 처음과 끝에 ≪시경≫의 편명이 등장한다. 녹명(鹿鳴)과 천보(天保)를 언급해 군신간의 조화로움을 말하고 있다.[16] 이제현의 <黃土店 聞上見讒不能自明>은 3수로 된 시인데, 제2수의 수련에서 "式微何處是菟裘"라고 하였다. 식미(式微)편은 임금이 남의 땅에서 고생하는 것을 다루고 있는 노래이다. 충선왕이 참소를 받고 해명하지 못하고 있는 것을

---

[14] <淸風詩> 제1수 중 해당부분은 다음과 같다. "寫之以歌詩 歌詩如淸風 自然無邪思"
[15] 이에 대해서는 본서의 정도전 부분 참조.
[16] 녹명(鹿鳴)은 신하 등을 모아 잔치하는 자리에서의 노래이고, 천보(天保)는 신하가 임금을 축수하는 노래이다. 중국과 고려의 관계까지 포함되는 조화로움을 노래했다고 할 수 있다. 이하 ≪시경≫의 인용과 해석은 김학주 역저(2010), 『새로 옮긴 시경』, 명문당을 참고한다.

안타까워하며 식미(式微)를 언급해 임금의 고생을 안타까워했다. 조영인 (趙永仁, 1133-1202)은 <扈從安和寺應製>(동문선 권18)에서 형제 우애를 내용으로 하는 ≪시경≫의 '상체(常棣)'를 언급해 이들을 위해 잔치를 마련한 왕을 높이기도 하였다.[17]

이러한 군신 관계 외에도 문인들 간에 상대방을 칭하할 때의 경우로 ≪시경≫의 '一言以蔽之思無邪' 정신을 언급한 황석기(黃石奇, ?-1364)의 <次鄭愚谷子厚韻送洪敏求進士>[18], ≪시경≫의 '深則厲, 淺則揭'가 의미하는 지혜로운 삶의 처신을 말한 이달충(李達衷, 1309-1384)의 <炭洞新居>[19]을 들 수 있다. 이외에도 고려 중기의 김극기는 <興海途上>에서 ≪시경≫의 '상중(桑中)'편을 들어 농번기에 연락(宴樂)을 즐기는 상황을 비판하기도 하였는데 여러 미묘한 뜻이 있다. 작품은 다음과 같다.

<興海途上>(동문선 권19)
桑間婦女趁微行　　상간(桑間)의 부녀들 미행 길에 부딪치고
撥穀飛來繞樹鳴　　뻐꾸기 날아와 나무를 돌며 우네
只爲田家趨未耜　　농가는 오직 밭갈기 바쁜 때
何人寫出管絃聲　　누가 관현 소리 낼까

기구(起句)의 '상간(桑間)의 부녀'는 ≪시경≫의 '상중편(桑中篇)'에서

---

[17] "周王賜宴歌常棣". 이에 차운한 최당의 <次扈從安和寺應製詩>(동문선 권18)에서도 "鴒原懿戚承三接"으로 와의 이러한 행석을 칭하고 있다.

[18] 황석기, <次鄭愚谷子厚韻送洪敏求進士>(동문선 권16)의 경련에서 "只効周詩蔽一言"이라고 하여 홍민구(洪敏求)가 ≪시경≫의 '一言以蔽之思無邪'의 시작(詩作)으로 장원급제했다고 칭하했다.

[19] 이달충, <炭洞新居>(동문선 권16)는 다음과 같다. "魚游江海鳥投林 揭厲須當適淺深 拂石坐苔伸脚膝 尋泉掬水洗胸襟 興來畢卓方偸酒 老去昭文不鼓琴 醉擊唾壺眞可笑 凝然嘿坐有餘音"

남녀의 밀회를 다룬 부분과 연관된다. 기구의 남녀 문제, 전구(轉句)의 농사일, 그 사이에 있는 승구(承句)에서 뻐꾸기가 나와 의미가 여러 측면에 걸치고 있는 것을 보여준다. 승구의 뻐꾸기는 기구와도 연결되고 전구(轉句)와도 연결되어 두 가지 의미를 가진다.

첫째, 남녀의 밀회 자리에서 우는 뻐꾸기는 고려가요 <유구곡(維鳩曲)>을 상기시키기도 한다. ≪시경≫에서도 남녀 관계를 다루지만, 우리 고려가요 중에도 뻐꾸기가 등장하면서 기구와 같이 남녀관계를 다루는 노래는 <유구곡>이다. <유구곡>에서는 비둘기가 울지만 뻐꾸기를 더 좋다고 하는데, 이에 근거해 이 노래는 민요의 남녀 관계를 다룬 내용을 가져온 것이라고 보기 때문이다. 따라서 여기서 뻐꾸기는 기구와 연결하여 남녀상열의 모습을 비판한 것으로 볼 수 있다.

둘째, 전구에서는 밭갈기가 바쁘다고 하였는데, 뻐꾸기는 농사를 재촉하는 새이기도 하다. 승구의 '撥穀'이란 말이 농사를 다스린다는 말로, 밭곡새가 난다는 것은 뻐꾸기가 풍년을 예고하며 밭갈기를 재촉한다는 의미가 있다. 그래서 뻐꾸기를 '포곡조(布穀鳥)'라고 하기도 한다. 그래서 전구와 연결되어 농사철에 바쁘다는 것인데, 이러한 때에 관현을 울린다는 것은 심각한 문제가 있다. 그리고 기구의 내용으로 보건대, 그 노래가 혹 남녀상열을 담은 노래일 수 있다는 것을 추정할 수 있다. 흥해 지역에서는 농번기임에도 불구하고 남녀 관계를 다룬 노래와 음악소리가 나는 것을 경계하는 것이 된다.

이렇게 ≪시경≫을 굳이 인용하지 않아도 고려시대에 시와 노래를 다르지 않게 생각한 흔적은 여러 가지 방식으로 나타난다. 정도전의 <仲秋歌>, 윤여형의 <橡栗歌>, 이인로의 <飮中八仙歌> 등과 같이 한시 제목을 '~가(歌)'로 작명하는 경우는 물론이고, 그렇지 않은 한시에도 시인이 현재 짓는 한시를 노래라고 하는 경우를 볼 수 있다. 이러한 예들을 보면 다음과 같다.

　13세기에 활동한 한취(韓就)의 <次韻寄金學士之岱>(동문선 권14)는 "雨浥輕塵唱渭城 臨分醉臉縐紋生"으로 시작하는 7언율시인데, 첫 구는 왕유의 <送元二使安西>에 나오는 구절이다. 이별의 자리에서 '위성곡'을 부른다는 것은 한시도 노래와 같이 여긴 것을 의미한다. 최해(崔瀣, 1287-1340)의 <高欒感興十二韻>(동문선 권11)은 5언 배율로 지은 것인데 제21, 22구에서 "長歌誰見和 大息只無言"이라고 하여 이 시를 장가(長歌)로 칭하고 있다. 부친의 유배지인 작은 섬에서 마음의 여러 생각들과 염려들을 이 시와 같이 긴 노래로 표현하고 있다.

　최해의 또 다른 시 <次大同江船窓權一齋韻>의 결구에서는 "濃濃淡淡雲煙好 去去來來客子多 極口道人難到處 又因行迫未成歌"(동문선 권20)라고 하였는데, 마지막 구에서 이 시를 노래라고 하고 다 못 이루고 마무리를 한다고 하였다. 노래라고 한 만큼 이 한시에서는 근체시에서 피하는 중복이 되는 첩어(疊語)를 기구와 승구에서 4회나 사용하여 노래가 가진 구음(口音)의 반복성과 리듬감을 더 높이려고 한 것을 볼 수 있다.

　양이시(楊以時, ?-1377)의 <題平陵驛亭>(동문선 권19)은 "稻花風際白 豆莢雨餘靑 物物得其所 我歌溪上亭"이라고 한 짧은 시인데, 모든 존재가 그 소이연을 얻은 가운데 본인은 시내 위 정자에서 노래한다고 하였으니, 곧 이 시를 지음을 말한다. 이러한 동일한 방식이 한처령(韓處寧)의 <四皓>(동문선 권8)의 마지막 두 구인 "我今作歌歌四皓 清風飄飄日杲杲"에서도 노래를 지어 사호를 노래한다고 '歌'를 연이어 사용하여 표현하고 있다. '飄飄', '杲杲'와 같은 첩어도 반복해서 나온다.

　정포(鄭誧, 1309-1345)의 5언고시 <瀋陽雜詩>(동문선 권4)에서도 "浩歌對明月 明月流中天"과 같이 명월을 대하며 크게 노래한다고 하였는데, 지금 짓는 이 시가 바로 이 노래이고, 노래인 만큼 '明月'이라는 말도 연이어 반복해서 말하고 있다. 이달충의 30구로 된 7언고시 <次春日昭陽江行>의 첫 구절인 "昭陽江草綠如煙 昭陽江水碧於天"에서도 '昭陽江'을 같은 자리에 사용해 반복되는 노래의 미감을 살리고 있다. 이숭인의 7언고시 <若有杖歌>(동문선 권8)는 부기(附記)된 말에 노래를 짓는다고 하였고((前略) 盖雖微物 不能不使余有感 故作歌焉) 중간 부분에 "<u>我或</u>昂首吟高低, <u>我或</u>帶醉迷東西 <u>或上</u>孤舟破巨浪 <u>或降</u>楚丘登山蹊"와 같은 대목이 나온다. 이 부분은 한시의 대구와 유사한 것처럼 보이지만 이렇게 같은 말을 매구마다 지속적으로 반복하지는 않기 때문에 한시의 대구와 또 다른 노래의 형식미를 이루는 것이 특징이라고 할 수 있다.

이렇게 한시에서 형식적으로 노래의 느낌을 살려서 노래화를 추구한 방식은 12세기에 활동했던 인의(印毅)의 다음 시에서도 볼 수 있다.

<東都懷古>(동문선 권9)
昔年鷄貴國   옛날 계귀국(鷄貴國)
王氣歇山河   왕기는 산하에 끊겼다
代遠人安在   시대는 멀고 사람들은 어디 있을까
江流水自波   강물은 흘러 스스로 물결치고
舊墟空草木   옛 터엔 초목만 헛되네
遺俗尙絃歌   음악과 노래를 숭상하는 풍속은 남았어도
崔薛無因見   최치원(崔致遠)과 설총(薛聰)은 보지 못하니
嗟嗟可柰何   아아 어찌할까

위 한시는 신라를 회고하면서 그때의 사람들은 없지만 음악과 노래를 숭상하는 풍속은 계속되고 있다고 하였다. 신라의 노래는 향가인데, 향가 중 10구체 사뇌가는 마지막 제9구가 탄사가 나오면서 작품이 마무리된다. 이와 같은 방식을 위 한시를 따르고 있어서 신라 노래 숭상을 보여주고 있다. 곧, 제8구를 '嗟嗟'로 시작하여 같은 글자를 중복해서 사용하는 점,

그리고 탄사의 역할을 하는 단어로 작품을 마무리하는 점이 그러하다.

이외에 민요를 수용했다고 보기는 어렵지만 제목을 <桃源歌>(동문선 권6)라 한 최자(1188-1260)의 한시는 제목에서 노래를 표방하면서 백성들의 살림이 펴지는 것이 무릉도원이라는 취지로 이 노래를 지었는데[20], 24구로 된 이 시의 마지막 구에서 "此詩有味君莫棄 寫入郡譜傳兒孫"이라고 하여 이 작품을 시(詩)라고 지칭하여 길이 전하라고 하였다. 시이든 노래이든 백성의 살이가 좋아지는 것을 추구하는 것이라면 '君不見'이 등장하는 가행체로 노래를 지향해도 시와 다르지 않다는 인식을 보여준다.

지금까지 고려시대 시인들 중 국어시가를 따로 짓지는 않았지만 한시를 통해서도 노래에 대해, 또 국어시가에 대해 한시와 같게 생각하는 측면이 나타난 대목들을 살펴보았다. 한시 자체를 노래로 여긴다거나, 노래에서 주로 나오는 특성인 반복법과 같은 형식을 자주 구현하는 것 등을 볼 수 있었다. 또 노래를 지향하는 한시에서 민요와 긴밀한 경우도 볼 수 있었다.

11.3. 한시에 나타난 이별의 노래

고려시대 한시에 나타난 이별의 노래라고 하면 정지상의 <送人>이 가장 먼저 떠오를 수 있다. 한시를 통해 노래를 언급할 때에 이별연(離別宴)의 자리에서 지어지는 경우가 많은데, 이때 불려지는 노래를 한시로도 수용하게 되는 것이다. 또한 노래를 수용한 한시에 이별을 제재로 하는 경우가 많다는 것은 슬픔이라는 정서가 노래와도 긴밀하다는 것을 의미한다.

고려가요가 이별의 제재를 많이 다루고 있고, 남녀 관계 속에서의 상황이 많은 반면 한시에서는 더 다양한 이별의 상황이 나타난다. 특히 한시는

---

20   해당 부분은 다음과 같다. "所恨居民産業日零落 縣吏索米長敲門 但無外事來相逼 山村處處皆桃源"

제목을 통해 구체적인 정보도 함께 나타나 이 점이 더욱 잘 드러난다. 다음은 최자의 <次李需敎坊少娥詩韻>의 일부분이다.

<次李需敎坊少娥詩韻> (동문선 권18, 신호열 역, 1968)
(前略)
蓮開相府傳<u>新曲</u>　상부에 연꽃 피어 새 곡조를 전하고
柳折娼樓罷<u>舊歌</u>　창루에 버들 꺾는 옛 노래 파하였네
(中略)
幸今江國聊憑險　다행히 지금은 우리 강도 험하여
坐使强隣屢請和　앉은 채 강린이 자주 강화 청하니
要倩小娥<u>歌薄伐</u>　어린 기녀들아 부디 박벌곡을 노래하고
<u>哀音怨曲莫吟哦</u>　구슬픈 원망의 곡은 아예 노래 말거라

교방의 7, 8세의 어린 기녀들이 고종 앞에서 노래하고 춤추는 모습을 담은 이수의 한시 <敎坊少娥>에 차운한 시로는 이규보, 최자 등의 시가 있다. 이 중 최자가 쓴 위의 한시에는 노래와 관련한 대목이 밑줄 친 것처럼 네 군데 이상 등장한다. 이수는 <敎坊少娥>에서 "樂章已了三千曲 稚齒俄臨五六儺"라고 하여 당시 불린 악장이 3천곡이라 하여 고려시대가 노래를 즐겨 부르는 것을 표현한 바 있는데, 최자는 신곡과 옛 노래가 모두 불리워진 것에 주목하고 있다. 3천곡이면 국어시가만이 아니라 한문가요도 포함될 것이니 꼭 국어시가만을 일컫는 것은 아니다.

그러나 최자의 차운시에서의 '옛 노래[舊歌]'는 창루(娼樓)의 버들 꺾는 노래라고 하였으니 남녀 간의 이별노래로 국어시가일 가능성이 높다. 고려가요 중에는 고구려 노래나 백제의 노래, 그리고 신라 때부터 불리던 노래등 옛노래들이 수용되어 불리고 있었기 때문이다. 고구려 노래라 할 수 있는 <동동>이나 <예성강>, 백제 노래인 <정읍>, 신라 노래인 <처용> 모두 이별의 노래라 할 수 있다. <처용>도 아내를 잃은 배경을 가지고

있으나 여타 시들과 그 대응방식이 다를 뿐이다.

그런데 이렇게 오랫동안 전해 내려온 슬픈 옛노래보다는 ≪시경≫의 '薄伐', 곧 오랑캐를 물리친 것을 칭송하는 노래를 부르라고 한다. 이는 중국의 시가와 국어시가를 대비하는 것은 아닐 것이다. 최자 당시는 몽골 침략이 지속되는 시기로 위 한시에서도 몽골이 강화를 청하는 상황['強隣屢請和']이 언급되고 있다. 이러한 와중에 궁중의 분위기는 슬픈 이별 분위기의 노래들이 불리는 전송의 자리가 빈번했을 것이다. 이에 <시경>의 '박벌곡'을 통해 대몽전에서 이기기를 바라는 기쁨의 노래가 궁에 울리기를 바라는 심정이 이 한시를 통해 드러난다.

최자는 이수의 한시에 차운시를 또 지었는데 <復次韻>도 주목된다.

<復次韻>(동문선 권18, 신호열 역, 1968)
(前略)
若也吾民聞管籥   만일 백성들이 이 관약을 들으면
欣然喜氣遍山河   지화자 기쁨이 온 강산에 가득하리
是誠天地神明鑑   천지신명이 이 일을 굽어보리니
猶勝韶鈞律呂和   소와 균의 율려가 조화됨보다도 낫네
寄語小娥須努力   동기들아 말 듣거라 한 층 더 노력하여
鄕音雖鄙好吟哦   본국악이 비록 천하나 잘 익혀 부르기를

이 시는 이별의 노래는 아니지만 앞의 시와 연결하여 중국의 노래와 국어시가를 대비하고 있어서 여기서 함께 살펴보고자 한다. 시구를 보면 백성들이 궁중 연회 노래들을 들을 가능성을 보여주고, 그래서 마지막 구절에서는 잘 부르라고 어린 기녀들에게 말하고 있다. 실제로 고려시대 연회에는 백성들까지 참여하는 경우가 관례적으로 있었다고 한다.[21] 마지막 부분에서는 '소균율려(韶鈞律呂)'와 '향음(鄕音)'을 대비하고 있다. 우리나

라 소리, 곧 국어시가는 비록 비루하다고 해도 백성들과 함께 한다는 점에서는 중국의 음악이자 천상의 음악이라 할 수 있는 아름다운 '소균율려(韶鈞律呂)'보다 더 낫다고 하였다.

정포(1309-1345)의 5언배율시 <贈佐郞舅詩 幷序>(동문선 권11)에서는 병기(倂記)된 서문을 보면 함께 했던 여러 사람들과 이제는 다 흩어진 이별의 감회를 시로 쓴다고 하였다.[22] 시를 보면 중간에 "感懷歌正冽 覽物淚空垂 (중략) 聚散還疑夢 悲歡只有詩"라고 했다. 외삼촌과의 즐거웠던 지난 날을 떠올리는 가운데 슬픈 감회에 노래한다고 하고, 슬픔도 기쁨도 다만 시에 있다고 하였다. 시와 노래가 이별의 감회를 드러내는 통로인 점은 같으나 슬픔은 노래와 조금 더 긴밀하다는 인식도 볼 수 있다.

설손(?-1360)이 강음(江陰)을 떠나면서 쓴다는 <歲暮行 發江陰>(동문선 권7)은 7언 8구의 고시인데, 역시 이별의 상황 속에서 지어진 것이다. 정처 없이 어디로 갈지 모르겠다고 하면서 마지막 두 구에서는 "君不見翟公之門可羅雀 烏乎世情君勿嗟"로 마치고 있다. 가행체를 쓸 뿐만 아니라 마지막 구의 '烏乎'라는 탄사는 10구체 향가나 시조 종장 첫 음보와 같은 형식적 특징과도 만난다.

이러한 방식은 이혼(1252-1312)의 5언고시 <擬古>에서도 볼 수 있다. 좀 길지만 살펴보아야 할 필요가 있어서 전체를 보이면 다음과 같다.

<擬古>(동문선 권4)
昨日花滿樹　　어제는 꽃이 가득하던 나무에
今日花辭枝　　오늘은 가지와 이별하는 꽃

---

[21] 하일식 편(2007), 『고려시대 사람들의 삶과 생각』, 혜안, 68-70면.
[22] ≪동문선≫ 권11, "(前略) 於戱人生離合 莫不有數 今予之謫此也 柳梁皆去而獨舅氏在者 豈非天使吾二人 復相從此邪 感歎不已 爲賦此詩"

東風有何忙	동쪽 바람은 무엇이 바쁘다고
開花無停期	꽃 필 때를 기다려주지 않을까
花開亦莫喜	꽃이 피어도 또한 기쁘지 않고
花落亦莫悲	꽃이 져도 슬프지 않네
此花雖已落	이 꽃은 이미 떨어져도
還復有開時	다시 필 날 오리니
不見靑銅裏	보지 못하는가 청동거울 속
朱顔日日衰	붉은 얼굴이 쇠하는 것을
賢愚同歸盡	현자나 우매자가 함께 돌아가는 것
毀塚空纍纍	허물어진 무덤만 다만 총총하네
置之飮美酒	두어라 맛있는 술이나 마시지
惻愴終何爲	슬퍼하고 한탄한들 어찌하리

이 시의 이별의 대상은 사람이나 사물이 아니다. 꽃이 떨어지듯, 누구나 삶과 이별하고 죽음으로 돌아가는 사별(死別)을 다루고 있다. 죽음은 사람을 가리지 않는다. 현명한 사람도 피해갈 수 없어서 모두에게 대등하게 찾아온다. 누구든 이 세상과 반드시 이별하게 되어있는 것은 꽃이 지듯 정해진 자연의 이치이다. 이러한 주제가 누구에게든 속하듯이, 이 작품은 한시이지만 누구나 부르는 민요와 많이 가깝다. 제1, 2구나 제5, 6구의 반복법은 근체시의 방식이 아니라 노래에서 주로 나오는 표현이다. 무엇보다 주목되는 부분은 마지막 두 구인 제13, 14구이다. 향가 10구체의 제9구에서 탄사가 나오는 방식과 같이 이 작품의 끝에서 둘째 구에 이러한 탄사가 나온다는 점에서 수사적 위치가 같다. 또 시조 종장에서 '두어라'고 하는 시어를 한역(漢譯)한 것과 같아서 시조의 형식도 이 한시에서 볼 수 있다.

이외에도 이 한시는 주제나 마지막 구절의 결론 부분에서 정철의 <장진주사>를 상기시킨다. <장진주사>에서도 부자든 가난하든 누구나 겪는 죽음을 얘기하면서 그 허무감을 이기지 못하여 술을 권한다. 죽음 후 무덤가의 스산한 분위기를 자세히 묘사하면서 권주로 마무리하는 방식이 위 마지막 세 구의 흐름과 유사하다. 이백의 <장진주사>의 전통이 있다고 해도 국어시가에 이미 이와 유사한 노래가 있었을 가능성이 높고, 이 노래가 조선시대로 이어져 정철의 시가로 수면 위에 올라왔을 가능성도 배제할 수는 없을 것이다.

13세기에 활동한 김찬(金贊)이 자신의 20구로 된 7언배율시 <童女詩>에 차운한 <次韻>에서는 "腸斷庭闈泣涕沱 里堠堪嗟催去意祖筵那忍聽離歌"(동문선 권18)라고 하였다. 여느 이별의 상황이 아니라 우리나라 동녀(童女)를 원나라로 보내는 일 또한 잦아서 어린 고려의 소녀들이 떠나는 슬픈 상황이 그려지는 한시이다. 이 시에 김찬은 스스로 다시 차운하기를 "腸斷庭闈泣涕沱 里堠堪嗟催去意 祖筵那忍聽離歌"(동문선 권7)라고 하였다. 이를 보면 동녀들을 보내는 송별연회가 있고, 이 때 이별가가 불려지는 것을 알 수 있는데, 이별의 내용이 많은 고려가요를 떠올리게 한다. 특히 고려가요가 연행되는 이러한 현장을 떠올리면 이별 시가의 화자가 여성인 경우에는 동녀의 심정을 대변할 수도 있을 것이라는 생각이 든다.

이러한 다양한 상황 속에서도 고려가요와 같이 여성 화자가 이별하는 내용으로 쓴 한시 역시 노래와 만나는 지점들이 있음을 볼 수 있다. 우선 이달충(1309-1385)의 다음 작품을 보자.

<閨情>(동문선 권5, 양주동 역, 1968)
贈君同心結   그대에게 동심결 주었더니
貽我合歡扇   내게는 합환선을 주네
君心竟不同   그대 마음 마침내 같지 않아
好惡千萬變   좋아하고 미워함이 천만 번 변하네
我歡亦未成   내 즐거움 또한 이루지 못해

憔悴日夜戀	모양이 야위도록 밤낮으로 그리워하네
棄捐不怨君	날 버리는 그대 원망하지 않으리
新人多婉孌	새 사람 어여쁘다고 해도
婉孌能幾時	그 여여쁨 얼마나 가리
光陰疾於箭	광음은 빠르기 화살 같아라
焉知如花人	꽃 같은 그 사람에게도
亦有欺皺面	얼굴에 주름질 날 있으리

이 시의 화자는 여성이다. 님에게 새 연인이 생겨 버림받았으나 원망하지 않고, 그 님 또한 늙는 날을 기다리겠다고 하였다. 남녀상열을 통해 연군지정을 드러내는 고려가요의 해석 방식이 이 한시에 적용할 수 있다는 점에서 이달충이 왕에게 버림받고 파직된 상황에서 쓴 시로도 볼 수 있다.[23] 그러나 이 시구의 내용들이 낯설지 않은 점이 주목된다. 허난설헌의 <규원가>에서 떠난 님이 새사람이 생겨서라고 보는 시각과 유사하다. 이달충의 순수한 창작일 가능성도 있겠지만, 노래 지향의 한시가 여럿 있는 점을 고려한다면 이 한시도 지역의 관련 민요에 기반하여 이를 활용해서 지은 작품일 가능성도 배제할 수는 없을 것이다.

이런 한시는 다음의 정포의 한시에서도 볼 수 있는데, 다음 작품은 더욱 문제적이다.

<怨別離>(동문선 권7, 양주동 역, 1968)

妾年十五嬌且癡	내 나이 열 다섯 때 어리광 피며 철이 없어
見人惜別常發嗤	남이 이별 서러워함 항상 비웃었더니
豈知吾生有此恨	어찌 알았으랴, 내 평생에도 이 시름 있어
靑鬢一夜垂霜絲	푸르던 귀밑 하룻밤에 흰 실이 나붓거릴 줄

---

[23] 김동욱(2004),『고려 사대부 작가론』, 박이정, 217면.

愛君無術可得留	님을 사랑했으나 붙들 길이 없네
滿懷都是風雲期	가슴에 품은 풍운의 뜻 때문에
男兒功名當有日	남아의 공명은 마땅히 날이 있으련만
女子盛麗能幾時	여자의 고운 얼굴 얼마나 가리
呑聲敢怨別離苦	울음을 삼키며, 어이 이별의 괴로움을 원망하랴
靜思悔不相逢遲	곰곰히 생각하면 후회로다, 차라리 늦게 만나지 못한 것이
歸程已過康城縣	돌아가는 길 이미 강성현을 지났으련만
抱琴久立江南湄	거문고 안고 오래오래 강남 물가에 섰노라
恨妾不似江上雁	이 몸 강 위의 기러기만 못한 것이 한스러워라
相思萬里蜚相隨	그들은 서로 그리워 만리를 날아서 서로 따르는데
床頭粧鏡且不照	거울을 비춰 보며 머리 단장도 안하거니
那堪更着宴時衣	어찌 차마 잔치 때 옷을 갈아입으리
愁來唯欲徑就睡	시름이 오면 오직 곧 잠들고 싶구나
夢中一笑携手歸	꿈에라도 한 번 웃으면 손 잡고 돌아오련만
天涯魂夢不識路	그대 있는 머나먼 길은 꿈속의 혼도 모르리니
人生何以慰相思	인생 상사 어이 위로하리

위 시는 노래라는 말이 나오는 것이 아니지만 여러 가지 면에서 주목된다. 우선, 화자가 15세 여성이라는 표지가 여러 곳에서 보이고, 이런 여성화자가 님과 헤어져 이별의 아픔을 토로하고 있는 상황인 점이 주목된다. 14세기 전중반기에 민사평은 이제현의 소악부에 남녀상열의 내용이 있어서 화답하기를 꺼려냈는데[24], 14세기 전반기를 살았던 정포의 생애를 생각해보면 역시 이 시기에는 한시로 남녀상열을 표현하고, 특히 여성 화자를 내세우는 방식이 흔하지는 않았으리라 생각된다. 정포는 짧은 생애를 사는 중에 안동으로의 유배, 원나라 여정 등 이별의 상황을 많이 겪기도

---

[24] 소악부의 창작 시기는 14세기 초기와 중기로 보는 두 가지 입장이 있는데, 이와 관련해서는 해당 장에서 상론하였다.

하였고, 이별시가 많은 시인 중 한 사람이다. 특히 위의 시가 대표적인데, 사대부 남성 시인이 고려가요와 같이 여성 화자를 내세워 님과 이별한 상황을 직접 그리고 있다는 데에서 문제적이다. 이외에도 정포는 7언절구 <梁州客館別情人>의 기구와 승구에서 "五更燈燭照殘粧 欲話別離先斷腸"[25] 으로 여성 화자는 아니지만 이별 중 여성의 모습을 핍진히 그리고 있기도 하다.

무엇보다 위의 <怨別離>에서 밑줄 친 부분은 조선시대 <규원가>나 <상사별곡> 등 상사류의 가사에서 여성 화자가 주로 쓰는 표현이나 시상, 상황 등이 유사하다. 엊그제 젊었는데 어느덧 고운 얼굴을 잃었다거나, 견우직녀나 새들은 아무리 멀어도 만나는데 자신은 그렇지 못한다거나, 시름이 너무 깊어 꿈에서라도 보고자 잠들지만 꿈 속에서도 만나기 어렵다는 등의 대목이 그러하다. 그런데 이 시기는 아직 상사류의 가사가 출현했다고 보기는 어렵다. 조선시대의 상사류 가사의 내용이나 표현이 민요를 수용한 고려 한시에 나타난다는 것은 이러한 가사의 근거도 민요에 있다는 것을 보여준다.

후대 국어시가로 이어지는 고려 한시가 이 작품만은 아니다. 다음 절에서 상론하게 될 한시 속의 민요 중에는 어부들이 부르는 뱃노래인 도가(棹歌)나 어부가(漁父歌)류의 노래가 보이는데 이는 조선시대의 시조 어부가로, 이달충의 한시 <촌중사시가>와 같은 작품은 조선시대 사대부의 사시가류 시조로, 승려 굉연의 <分題得九曲溪送友>와 같은 한시는 민요 기반은 아니지만 구곡가류 시조로 연결된다고 할 수 있다.

이는 후대 사대부의 국어시가의 기반이 이미 고려시대 한시 속에 수용된 민요의 흔적을 통해 보건대, 오랜 전통과 내력을 가진 사적 전개 위에

---

[25] 정포, ≪설곡집≫, 이종찬 역주(1998), ≪한국한시대관≫, 이회문화사.

있다는 것을 보여준다. 후대에 국어시가로 수용되는 이러한 민요들의 전모가 고려시대에는 텍스트로 남아 문학사의 표면에 나타나지는 않더라도 이를 수용한 한시에서나마 편린을 볼 수 있다. 고려 한시에 수용된 흔적을 통해 해당 민요가 면면히 이어져왔다는 것을 보여주고, 조선 이후에는 문학사의 표면으로 상승하여 사대부를 통해 국어시가로 존재하게 되었을 가능성을 조심스럽게 타진해볼 수 있지 않을까 한다.

무엇보다 정포의 위 한시는 규원가, 상사가류의 여성 가사의 전 단계를 이루는 고려시대의 양상이라는 점에서도 주목된다. 어부가나 사시가 등의 사대부 남성의 국어시가 수용의 한편으로, 여성 가사라는 한 축을 이룰 수 있는 기반을 추측할 수 있는 단서를 제공하는 것이다. 16세기 허난설헌의 한시에는 국어시가나 민요가 수용된 흔적을 볼 수 있고, 가사 역시 기존 민요와 만나는 지점들이 있다.[26] 정포의 위의 한시는 이러한 상사가 계열의 가사가 나타나기까지 고려후기적 양상이 어떠한지를 보여줌으로써 그 시가사적 흐름을 읽어내는 데에 기여한다.

우탁(1263-1342)과 생몰연대가 겹치는 정포가 살았던 시대를 생각해보면 아직 시조 창작이 활발한 때라고 보기는 어렵다. 게다가 이 시기 남아있는 몇 편의 시조는 이런 상사적 내용을 담는 분위기도 아니었다. 이색(1328-1396) 이후 정도가 되어야 연군(戀君)을 이면에 둔 표면적 단심가가 나왔던 점을 상기해본다면 아직 표면적이든 이면적이든 상사곡이기만 한 이런 류의 국어시가를 짓기는 이른 때이다. 따라서 이 시기에는 개인 창작의 국어시가로는 나타내기 어렵고 한시로밖에는 담을 수 없었을 것이다. 또한 정포는 <예성강곡>을 들었다는 등의 한시를 쓰기도 하였고[27], 유배

---

[26] 정소연(2019), 「허난설헌과 황진이의 한시와 국문시가의 상관성」, 『조선시대 한시와 국문시가의 상관성』, 한국문화사, 147-185면.
[27] ≪雪谷集 下≫, <西江雜興> 9수 중 제3수 결구에 "舟人更唱禮成江"이라고 하였다.

로 지방에 있어야 했던 생애적 특징은 지역 민가(民歌)와도 가까웠으리라고 추측해볼 수 있어서 이러한 민요 기반의 한시를 지을 수 있었으리라고 생각된다.

11.4. 한시에 나타난 민요 개관 및 어부 노래

11.4.1. 개관

고려 한시에는 민요를 들었다거나, 민요의 일부를 한시화하거나, 한시를 민요처럼 짓는 등의 경향을 적지 않게 볼 수 있다. 이제현과 민사평이 민요를 한시화한 소악부를 이미 보였지만, 7언절구의 형식이 아니라도 이런 사례가 적지 않게 보인다. 서론에서도 잠시 언급하였지만 고려 한시에 나타난 민요의 흔적은 조선 이후 국어시가사와도 긴밀하게 연관되어 있다. 입에서 입으로 전해지는 민요가 사대부에 의해 한시 속에 남아 이후 사대부의 국어시가 창작에도 영향을 미칠 수 있기 때문이다.

고려 한시에서 보이는 민요 중 노동요는 뱃노래라 할 수 있는 어부가 종류가 가장 많이 보이고, 이외에 농가(農歌), 산가(山歌) 등 대개 백성들의 삶의 터전과 긴밀한 장소를 배경으로 한 노래들이 보인다. 한시 속에 백성들의 노래의 흔적이 발견될 뿐만 아니라 이를 통해 세태를 풍자하고 비판하며 백성들의 삶의 애환까지 다루고 있다. 민요를 한시화한 측면도 적지 않아 이후 민요 한시로서의 면모에 주목하며 살펴보고자 한다.

이규보(1168-1241)는 고율시 <代農夫吟 二首>(동국이상국집 후집 권1)에서 화자를 농부로 내세웠다. 특히 제2수 제3구에서 "力耕富國關吾輩"라고 한 데에서 명확하게 드러난다.[28] 이 한시 전체가 농부가라고 하기는

---

[28] 시 전체는 다음과 같다.
"帶雨鋤禾伏畝中 形容醜黑豈人容 王孫公子休輕侮 富貴豪奢出自儂"

어렵지만 이런 불평의 마음이 담긴 농부가도 생각해볼 수 있다. 중중모리로 부르는 <자진농부가>에도 "우리 남원은 사판이요 어찌하여 사판인가, 골 원님은 놀이판이요, 거부 장자는 뺏기는 판, 육방 관속은 먹을 판 났으니, 우리 백성들은 죽을 판이라도"[29]와 같은 노랫말이 있는 것을 보면 농부가의 일부가 포함되었을 가능성도 있을 것이다.

정이오(鄭以吾, 1347-1434)의 <次茂豊縣壁上韻>(동문선 권22)에서는 "立錐地盡入侯家 只有溪山屬縣多 童稚不知軍國事 穿雲互答採樵歌"로 귀족들의 토지 겸병으로 백성들이 송곳 세울 땅도 없지만 천진한 아이들은 나무꾼 노래를 부르고 있다고 하였다. 이제현과 비슷한 시기에 활동한 윤여형(尹汝衡)의 <橡栗歌>(동문선 권7)는 "橡栗橡栗栗非栗"로 시작하는 7언고시이다. 중간에는 "崇朝掇拾不盈筐 兩股束縛飢腸鳴 ... 夜深霜露滿皎肌 男呻女吟苦悽咽"과 같이 종일 주워도 주림을 면치 못하고 신음해야 하는 고달픔을 다루고 있다. 그리고 그 사연을 들으니 흉작에 조세에 토지 겸병 때문으로 "君不見侯家一日食萬錢 ... 焉知彼美盤上餐 盡是村翁眼底血"이라고 마친다. 민요와 같은 반복법으로 가볍게 시작한 앞부분은 민요의 일부분인 것같고, 뒷부분은 시인의 말이다.

이러한 민요 한시를 통한 세태 비판은 조선시대에도 이어진다는 점에서 고려의 민요 한시의 시가사적 의의가 있다. 정몽주의 사위인 이석형(李石亨, 1415-1477)의 <呼耶歌>(동문선 권8)는 제목에서 우리말을 그대로 담았다. 위에서 본 민요 한시처럼 "呼耶呼耶在南北 呼耶之聲何時息"이라는 반복어구로 시작하고 있다. 이어지는 내용이 "千人輓一木 萬人轉一石"인 것으로 보아 노동요의 일종으로 '어이야'하며 일할 때 내는 소리를 나타낸

新穀靑靑猶在畝 縣胥官吏已徵租 力耕富國關吾輩 何苦相侵剝及膚"

[29] 김동진, ≪신창악집≫에 있는 민요로 이지양(2007), 『홀로 앉아 금(琴)을 타고』, 샘터, 188면에서 재인용한다.

것으로 보인다. 중간에 "民可惜誰能識 惡卒捶督如電擊 朝未食夕無殗 可憐腰間空垂橐"으로 백성들의 고통스러운 모습과 악한 관원을 드러내고 있다. 마지막은 "我願天公生大材 不置山林置君側 作我堂堂大廈之柱石 不勞萬民力 不爲萬姓瘼 莫使呼耶在山谷"으로 마치고 있다. 시인의 기원은 백성들의 노래의 일부일 수 있고, 결국 백성들의 바람이다.

나옹 혜근(1320-1376)의 제자인 고려후기 승려 굉연(宏演)도 민요를 담은 한시를 지었다. <舂米行>(동문선 권8)은 "大婦舂東臼 小婦舂西臼 小郞舂南臼 大郞舂北臼"로 시작한다. 온 가족이 여기저기서 방아를 찧고 있다니 풍족한 모습이고, 이러한 흥겨움이 반복되는 문장구조와 어구로 드러나고 있다. 중간에 "或舂或揄或蹂簸 釋之叟叟蒸浮浮"와 같이 반복법이 지속되면서 민요의 가락을 살린 것으로 보인다. 이 부분은 조선시대 퇴계 이황의 가사로 알려진 <상저가(相杵歌)>의 "일거니 씻거니"[30]나 <용저가(舂杵歌)>의 "일거니 싯거니 지어ᄂᆞ니 밥이로다"[31]와 유사한 패턴이라서 고려시대 당시 민요에는 "찧거니 날리거니 까부르거니"라는 구절이 있었을 것으로 추정된다. 방아찧는 모습은 이러한 흥겨움 속에 백성들의 편안함과 태평성대를 보여주고, 그래서 "但願年年世太平 斗米三錢差可擬"로 마치고 있다. 사대부와 달리 풍족함을 기원하는 기도의 마음을 담았다.

위 시와 같은 가행체는 당시 국어시가가 활발하게 지어지지 않던 때에 한시를 통해 노래를 추구하는 하나의 방식일 수 있다. 중국은 말과 글이 다르지 않으므로 가행체가 노래를 직접 향유하는 것이 될 수 있겠으나, 우리는 말과 글이 다르므로 가행체도 고급 시문학인 한시 향유에 더 가깝게 여겨질 수 있다. 그럼에도 민요의 흥겨움을 반복법으로 담아서 한시와

---

[30] 윤덕진·성무경 편(2008), 『고금가곡: 18세기 중·후반 사곡(詞曲)가집』, 보고사, 158면.
[31] 정소연·이종석 엮음(2020), 『해동유요 주해본』, 박이정, 426면.

민요가 만나고 있는 것을 볼 수 있다.

다음으로 볼 민요 한시는 사시가(四時歌)를 담은 경우이다. 한시에도 사시(四時)를 담는 전통이 있지만 민요에도 농가의 삶을 담은 노래들이 있기 때문이다. 이런 사시가계 한시는 조선시대의 시조와 한시로 지속된다는 점에서도 주목된다.

고려 중기에 활동한 김극기는 <田家四時> 4수를 5언율시로도 짓고 5언고시로도 지었다. 그 중 율시(동문선 권9) 제3수 경련(頸聯)에서는 "牧笛穿煙去 樵歌帶月還"으로 목동과 나무하는 이의 노래를 언급하고 있다. 율시보다는 고시에서 "饁婦繞田頭 芒鞋才受足", "客來方進饌 窮不待珍貝", "顔色還百憂 官租急星火" 등과 같이 백성들의 고단한 삶을 조금 더 핍진하게 그리고 있고, 율시는 농가의 평화로운 풍경에 더 가깝다. 그러나 두 작품 모두 비판적 성격이 크지는 않다.

이달충도 '사시가(四時歌)'를 지었는데, <金晦翁南歸作村中四時歌以贈>(동문선 권7)을 보면 <村中四時歌>를 지어주었다고 하였다. 제2수에서 김매는 노래를 언급하고("耘鋤作隊雁陣白 低昂競進歌聲長"), 제4수에서는 농가(農歌)와 산가(山歌)를 함께 말했다.("野笛山歌亦可樂 耕夫蕘叟眞良儔") 계절마다 하는 일이 김극기의 위 한시와 유사하다. 또 제4수에서 "官租輸了生理優 東家西舍相勞慰"와 같이 농촌 풍경을 그린 것 역시 세태를 핍진히 그리기보다는 이상적이고 평화로운 모습에 더 초점을 둔 것이라 할 수 있다. 그럼에도 불구하고, 이러한 사시가류의 한시는 월령체 민요가 있듯이, 계절에 따른 농사와 산림 등의 일거리들을 다루며 이를 일부 수용한 것이라 여겨진 데에서 의의를 찾을 수 있다. 이런 한시들이 이후 사시가류의 전가(田家) 시조와 <농가월령가>와 같은 작품을 형성하는 데에 사대부 시가가 지속되는 기반이 되었을 수 있기 때문이다.

어부가는 민요도 있지만 사대부 문인들이 즐겨 부르거나 듣는 어부가가 있고, 또 중국 시가를 수용한 것도 있다. 이런 점에서 별도로 본 절을 마련하여 다루고자 한다. 특히 앞에서 본 민요 수용 한시가 이후 조선시대 국어시가사로 이어지고 있는 점을 고려한다면 어부가는 이에 못지 않게 시가사에서 지속성을 갖는 작품으로서 주목된다.

고려 한시에서 어부의 노래는 세 가지 종류로 나타난다. 첫째, 말 그대로 진짜 어부(漁父)가 <배따라기>와 같은 민요를 부르며 배를 타고 가는 것을 강 위나 강가에서 듣는 경우, 둘째, 사대부 문인 중 어촌(漁村) 공부(孔俯)나 기녀들이 부르는 어부가를 뱃놀이 중에나 연회 자리에서 듣는 것, 셋째, 굴원의 <어부>와 같은 중국한시 창랑가류, 또 이백의 <산중문답>에 나오는 도연명의 도화원기에 기반한 어부 형상, 이외에도 주자의 무이도가(武夷櫂歌) 등의 수용으로 나눌 수 있다.

어부가는 중국의 어부 형상을 다룬 한시들 이래로 우리 한시와 국어시가의 문학사 속에도 지속적으로 영향관계를 가지고 있는 노래이다. 김승우(2017)[32]에서는 9세기에 활동한 중국의 선자 화상의 게송이 한시와 국어시가 <어부가>들의 수용사와 더불어 후술하게 될 월산대군의 시조에도 수용된 양상까지 자세히 살펴보고 있다. 또 승려의 수용사가 가진 선적 명상이 사대부에게서는 흥 위주로 바뀐 점도 비교검토하고 있다. 선행연구[33]에서는 어부가 계열 노래와 관련하여 한시사와 국어시가사에서 각각 논의가 되었는데, 본절에서는 이 모든 갈래들의 영향관계를 고증하는 것은 아니지만 고려시대 한시를 중심으로 민요 기반과 중국 한시, 그리고 우리 한시의 관련 양상의 모습을 보게 될 것이다.

---

[32] 김승우(2017), 「고전시가 속 '어부' 모티프의 수용사적 고찰」, 『조선시대 시가의 현상과 변모』, 보고사, 472-502면.
[33] 자세한 관련 연구는 김승우(2017), 473-474면 참고.

11.4.2. 한시에 나타난 민요 뱃노래

정몽주가 중국 강소성에서 배로 이동하며 쓴 일련의 시에는 뱃노래가 여러 번 등장한다. <四月十四日 淮陰水驛登舟 是日有雨>(포은집 권1)의 미련(尾聯)에서는 "向晚棹歌發 忽生千里愁"라 하여 뱃노래를 듣고 고향 생각을 한다고 하였다. <范光湖曉景>(포은집 권1)의 경련과 미련에서는 "意適與景會 詩因著字迷 舟人忽相喚 搖棹各東西"와 같이 경치에 빠져 시 짓기가 더디어질 때 귀에 들리는 뱃사공이 주고 받는 소리를 들으며 노를 동서로 젓는 광경을 묘사하고 있다.

뱃노래는 고기잡이의 과정에 따라 닻올리는 노래, 노젓는 노래, 그물당기는 노래, 고기푸는 노래 등의 흐름으로 나눌 수 있는데, 제창(齊唱)보다 교창(交唱)이 압도적으로 많아서[34] 교환창으로 부르는 노젓는 노래가 연상되는 장면이다. 호수의 멋진 풍경 앞에서 시(詩)보다는 뱃사공들의 소리, 이는 사공의 구호일 수도 있고, 이를 담아 교환창으로 부르는 노래일 수도 있을 것인데 이 소리가 결국 시의 나머지 부분을 이루게 되었다. 서로 주고 받는 소리이니 민요를 의미할 것으로 보이고, 그 소리에 맞추어 노를 저으니 사공들이 부르는 뱃노래일 것이다. 시가 멈춘 자리에서 뱃노래가 대신하여 시를 마무리했으니 노래가 시가 되었다.

이곡의 <天曆己巳六月 舟發禮成江南往韓山 江口阻風 五首>(가정집 권14) 제3수에서는 "日月江河流 百年眞一瞬 作詩相棹歌 明當風自順"이라고 하였다. 순탄한 뱃길에서 시로 뱃노래에 화답한다고 한 것은 실제 뱃노래를 듣고 시를 지었을 수도 있지만 동시에 강물같은 인생을 뱃노래에 빗대어 시를 짓는다는 의미일 수도 있다. 잡가 <배따라기>의 노랫말을 보면 "요←일신(一身) 싱각(生覺)ᄒ면 불상(不群)코 가련(可憐)치 안탄말이냐"

---

[34] 김순제(1982), 『한국의 뱃노래』, 호악사 참조.

고 한 뒤에 이어 파도 광풍을 묘사하여 파도 위의 생애의 험난함을 말하고 있다.[35] 이런 내용의 뱃노래를 들었다면 뱃길이 순탄하면 인생이 다행스럽다고 여기는 시상으로 이어질 수도 있을 것이다. 강물의 모습과 인생을 거기에 비유하는 방식은 이후의 한시에서도 볼 수 있다.

안축의 <再遊三日浦 次板上詩>(근재집 권1)는 정자에서 삼일포를 보며 풍광을 읊고 신라의 사선(四仙) 고사를 떠올리며 쓴 것이다. 제6, 7구에서는 "宮商已變棹歌聲 惟餘石面丹書在"라고 하여 들려오는 뱃노래가 신라의 노래에서 이미 많이 바뀌었다고 하였다. 여기서도 뱃노래의 연원이 오래되어 신라시대 이래로 내려왔다는 것을 짐작할 수 있다. 노랫말이 나오지 않으나 민요 기반의 긴 내력을 가진 뱃노래의 존재를 알려준다.

설장수(偰長壽, 1341-1399)의 5언절구 <漁艇>에서도 뱃노래를 볼 수 있는데, 다음과 같다.

<漁艇>(동문선 권19, 신호열 역, 1968)
撒網群魚急   그물을 펼치니 고기떼가 급하고
回舟一棹輕   배를 돌리니 한 돛대가 가볍다

---

[35] 정재호 편(1984), 「신찬고금잡가(新撰古今雜歌)」, ≪韓國雜歌全集≫ 2, 계명문화사, 233-234면. 또 서도민요 <배따라기>도 이와 유사한데, 마지막 부분을 들면 다음과 같다. "(전략) 연파만리 수로창파 불리워 갈 제, 뱃전은 너울렁 물결은 출렁 해도중에 당도하니 바다에 저어라 하는건 노로구나. 쥐라고 하는건 돌이로구나. 만났드니 뱃삼은 갈라지고, 용총 끊어져 돛대는 부러져 삼동네 나고, 깃발은 찢어져 환고향할 제, 검은 머리 어물어물하야 죽는 자이 부지기수라. 할 수 없어 돛대차고 만경창파에 뛰어드니 갈매기란 놈은 요내 등을 파고 상어란 놈은 발을 물고 지긋지긋 찍어 당길 적에, 우리도 세상에 인생으로 생겨를 났다가 강호에 오복중 장사를. 내가 어이 하자나. 에, 지화자자 좋다." (국립국악원(2017), ≪풀어쓴 민요≫, 국립국악원, 161면) 실제 어부의 생애가 가진 고달픔이 자세히 묘사되어 있어서 강물같은 인생은 비유가 아니라 실존이라는 점에서 어부의 노래는 인생을 돌아보게 한다.

| 却從紅蓼岸 | 문득 붉은 여뀌풀 우거진 언덕을 따라 |
| 齊唱竹枝聲 | 일제히 죽지가(竹枝歌) 부르네 |

이 시는 관찰자인 시인이 어부가 고기를 잡은 뒤 움직이는 여정을 보고 쓴 것일 수도 있지만 어부를 화자로 내세워 지은 것이라고도 할 수도 있다. 이런 점에서 보면 어부가의 한 대목으로 보아도 무방할 것이다. 제목이 어정(漁艇)이니 큰 배에 싣고 다니는 작은 배, 곧 시선배이다.[36] 그래서 승구(承句)에서 그 많은 고기를 어정에 시선배로 옮겨 돛대가 가볍다고 한 것이다. 전구(轉句)에서 여뀌풀 우거진 언덕을 따라 간다고 한 것은 바다배가 아니라 강배라는 의미이기도 하다. 급한 고기떼를 그물로 담아 돌아오는 길에 부르는 죽지사는 민요의 통칭이라 볼 필요가 있다. 죽지사의 노래 내용은 실로 다양해서, 농부들은 풍년가로서 부르고, 고기잡는 이들은 풍어가로서 불렀을 것이다. 그러니 여기서 죽지가는 어부들의 뱃노래 중 풍어놀이노래일 수도 있고, 시선뱃노래의 한 부류일 수도 있을 것이다.

이러한 사례는 권한공(權漢功, ?-1347)이 1313년에 썼다고 하는 다음 한시에서도 볼 수 있다. 대동강 주변에서 쓴 시이므로 결구(結句)의 죽지가는 민요이면서 그 중에서도 뱃노래일 가능성이 높다.

<皇慶癸丑酒酣得四書于大同江軒窓>(동문선 권21, 김달진 역, 1968)
磯邊綠樹春陰薄	여울 가의 푸른 나무는 봄그늘이 엷은데
江上靑山暮色多	강 위의 푸른 산은 저문 빛이 많구나
宛在水中迷遠近	완연히 물 가운데 있는 듯 원근이 아득하나니
夕陽何處竹枝歌	해질 녘 어디에서 죽지가를 부르는가

---

[36] 이하의 내용은 김순제(1982), 앞의 책, 228-244면을 참고한다.

전구(轉句)를 보면 강 위에서 원근이 아득하다고 한 것으로 보아 강배가 돌아오면서 부르는 죽지가를 멀리서 들은 것으로 보인다. 이런 점에서 여기서의 죽지가도 뱃노래의 일종으로 보인다. 특히 시선 뱃노래 중에는 "달은 밝고 명랑한데 고향 생각 뿐이로다"와 같이 돌아오는 길에 달을 보는 대목이 있는데, 위 한시의 기구(起句)와 승구(承句)에서도 주변의 해가 지는 어스름 풍경을 보고 있는 시선이 시인의 것이기도 하겠지만 뱃노래의 화자의 시선이기도 할 것이다.

11.4.3. 사대부의 어부가, 창랑가와 탁영가

한편, 백성들이 부르는 뱃노래 외에 사대부의 어부가가 한시에 곧잘 등장하는데, 이러한 노래는 한시의 창랑가, 혹은 탁영가와 만나고 있다. 이에 대해 살펴보면 다음과 같다.

권근(1352-1409)은 뱃노래와 관련하여 <大同江泛舟>(양촌집 권5)에서 "歌聲嫋嫋穿雲上 無袖翩翩照水明"과 같이 뱃놀이 중의 노래를 언급하기도 하고, <是日與諸公冒雨泛舟>에서도 뱃놀이를 하며 다음과 같은 시를 지었다.

```
<是日與諸公冒雨泛舟>(양촌집 권5)
(前略)
伯共蕭灑懷好音      백공의 맑은 모습은 좋은 소리를 품었으니
高歌濯纓聲出金      높이 부르는 탁영가 소리 금이 나오는 듯
(中略)
樂極哀來不可禁      기쁨이 극에 달하면 슬픔이 오는 것을 어찌 금하리
頭上歲月常駸駸      머리 위 세월은 항상 덧없네
風塵世路何歎崟      풍진 세상이 얼마나 험한지
安得忘機飄蕩如沙禽  언제 나도 다 잊고 갈매기와 같이 되리
```

마지막 네 구를 보면 뱃놀이를 하면서 부르는 노래로서 인생의 덧없음과 허무감으로 시를 마무리하고 있다. 앞에서 이곡의 뱃노래는 인생을 상기하는 <배따라기>와 유사하다고 하였는데, 여기서도 뱃놀이를 하며 부르는 뱃노래에 인생을 돌아보고 있다. 잔잔하기도 했다가 다시 풍파가 일기도 하는 강이라는 알 수 없는 세계는 풍진 세상을 떠올리게 하기 마련이다. 조금 뒷 시기이지만 권홍(權弘, 1360-1446)도 <送權司諫兄左遷赴淸風群湛>(동문선 권22)에서 "宦海風濤人共愁 未知何日得安流 濯纓一曲滿江月"와 같이 벼슬바다의 풍파에서 편안함을 얻기를 바라며 <탁영가> 한 곡조를 듣는다고 하였다.
　설장수의 <漁翁>도 이러한 시상과 연결된다.

　　<漁翁> (동문선 권17)
　　不爲浮名役役忙　　뜬 이름에 매어 바쁘지 않고
　　生涯追逐水雲鄕　　생애가 물과 구름을 따르네
　　平湖春暖煙千里　　따뜻한 봄 질펀한 호수에 안개가 천 리
　　古岸秋高月一航　　가을 경치 한창인데 달 아래 외로운 배
　　紫陌紅塵無夢寐　　티끌세상은 꿈꾸지 않고
　　綠蓑靑蒻共行藏　　푸른 도롱이, 부들삿갓과 평생을 함께 하네
　　一聲欸乃歌中趣　　어여차 한 마디 노래 속에
　　那羨人間有玉堂　　어찌 인간의 높은 벼슬을 부러워함 있을까

　제목과 내용이 모두 어부의 생애에 주목하고 있다. 티끌세상의 공명(功名)을 따르지 않고 봄, 가을 외롭지만 한적한 어부의 삶에 초점을 두고 있다. 그러나 먹고 사는 생계로 고군분투해야 하는 백성으로서의 어부는 아니고, 사대부의 시각에서 어부를 부러워하고 있는 것이다. 무엇보다 앞에서 본 여러 편의 한시에서도 보았듯이 사대부의 시각은 풍파가 많은 강과 같은 벼슬살이, 풍진세상에서 벗어나기를 바라니 뱃길이 잠잠하기를

바라는 어부와 같은 마음을 지향하고 있는 것을 볼 수 있다.

앞에서 권근의 <是日與諸公冒雨泛舟>로 돌아가 밑줄 친 부분을 잠시 보자. 여기에 나오는 공백(孔伯)은 어촌(漁村) 공부(孔俯)로, <탁영가>를 높이 부른다고 하였다. 권근은 공부의 시집에 제한 시인 <題漁村詩卷>(동문선 권8)에서도 벼슬을 그만두고 어부로서의 생애를 사는 공부에 대해 읊으며 "高歌濯纓且扣舷 得魚不得俱忘筌 嗚呼此士眞才賢 吾知終入非熊畋"으로 작품을 마무리하였다. 여기서도 공부가 <탁영가>를 높이 불렀다고 하였고, 마지막 끝에서 두 번째 구에 탄사를 사용하여 노래의 느낌도 더하고 있다.

정도전도 공부에게 준 시가 여럿인데, 그 중에 <宿義順館寄孔俯>(포은집 권2)의 마지막 세 구에서는 "遼陽城下路茫茫 夜深逆旅不成寐 一曲漁歌聲短長"이라고 하였다. 중국에서 어부의 노래를 들으니 공부가 생각난다고 준 것으로 보인다. 정도전은 공부의 <어부사>에 대해서 다음과 같은 한시도 지었다.

<題孔伯共漁父詞卷中>(삼봉집 권1)
有翁有翁身朝衣   늙은이 늙은이 벼슬아치 옷을 입은
半酣高歌漁父詞   반쯤 취해 어부사 높이 노래하네
一曲起我江海思   일곡은 나를 일으켜 강과 바다 생각하게 하고
二曲坐我蒼苔磯   이곡은 나를 이끼 돌에 앉혀주고
三曲泛泛迷所之   삼곡은 둥둥 갈 바를 헤매이네
白沙灘上伴鸕鶿   흰 모래 여울 위에서는 가마우지와 짝하고
紅蓼洲邊同鷺鷥   홍료화 물가에서는 해오라기 함께 하네
雲煙茫茫雪霏霏   구름 연기 아득아득 눈보라 부슬부슬
水面鏡淨風漣漪   거울 같은 수면이 바람 일어 무늬지네
綠簑青蒻冒雨披   푸른 우장 푸른 삿갓으로 비를 무릅쓰고
短棹輕槳載月歸   짧은 노 가벼운 장대로 달 싣고 돌아오네

興來閒捻一笛吹　　흥이 나면 한가로이 피리 불고
徃徃和以滄浪辭　　때때로 창랑가(滄浪歌)로 화답하니
數聲激烈動江涯　　여러 소리 격렬하여 강 기슭을 움직이네
怳然四顧忽若遺　　갑자기 잊은 듯 사방을 돌아보니
高歌未終翁在玆　　노래가 끝나지 않고 옹은 여기 있네

공부(孔俯)에 대해 쓴 위의 시에서 밑줄 친 대목처럼 <어부사>와 <창랑사> 두 노래가 언급된다. <어부사>의 내용은 명확하지는 않지만 바로 다음 세 구절을 통해서 가늠해볼 수 있다. 세 곡까지 이어지는 노래라는 점에서 연장체임을 알 수 있고, 강과 바다를 다녔다가 이끼 낀 돌에도 앉았다가 여기저기 다니는 내용이 등장한다고 할 수 있다. 그러나 <어부사>의 내용은 그 뒤의 6구가 모두 해당될 수 있다. 이 여섯 구절도 어부가를 다루는 한시에서 자주 나오는 배경이고 내용이기 때문이다. 박해남(2010)에서는 정도전의 이 한시를 보면 공부의 <어부사>가 <악장 어부가>가 유사하면서 완전히 일치하지 않는다고 보았는데[37] 그 지향점을 보면 크게 다르다고 하기는 어렵고, 오히려 뒤에 나오는 <창랑사>가 <악장 어부가>와 다른 지향을 보여준다는 점에서 <어부사>와 <창랑사>를 구분하여 볼 필요가 있다.

위 시에서 정도전은 <어부사>에 대한 화답으로 <창랑사>를 불렀다고 하였다. 정도전이 공부의 <어부사>에 대해 화답했을 수도 있지만 마지막 구를 볼 때에는 공부가 불렀을 가능성도 있을 것이다. 또 전술했던 권근의 한시에서는 공부가 <탁영가>를 불렀다고 하였으니 역시 공부가 자답가로

---

[37] 박해남(2010),「악장가사본 어부가 재고」,『반교어문연구』28, 반교어문학회에서는 이 시를 <악장 어부가>와 비교하면서 공부가 부른 <어부가>는 <악장 어부가>와 다르다고 결론지었다.

부른 것이라 볼 수 있다. <창랑사>는 ≪맹자≫에서 공자가 이것을 어린아이들이 노래한 것을 들었다고 하고, ≪초사≫의 <漁父>에서 어부가 굴원에게 한 말의 일부이기도 한데, 마지막 부분에 나오는 "滄浪之水淸兮 可以濯吾纓 滄浪之水濁兮 可以濯吾足"을 말한다.[38] 이러한 <창랑사>의 내용은 ≪초사≫에서도 굴원과 반대 입장이고, 공자나 맹자의 인용 속에서는 유교적 입장을 보여주는 것으로 이해되고 있다. 이달충도 <次叢石亭詩韻>(동문선 권18)에서 "莫詠滄浪濁斯濯 休歌粲爛生不逢"라고 하여 신라의 화랑 사선(四仙)을 떠올리며 티끌 세상을 벗어나고자 하여 <창랑>을 부르지 말라고 하는 마음을 표현하였고, <次益齋詩韻>(동문선 권5)에서는 첫 구에서 "行歌滄浪水"라고 하며 이제현이 은자로 숨지 않고 세상을 풍자하면서까지 상황에 맞게 살아가고자 함을 말하였다.

그런데 정도전은 <어부사>와 <창랑사> 둘을 화답관계로 둠으로써 유자로서의 입장을 드러낸 것으로 보인다. <창랑사>를 들으며 푹 빠져서 갑자기 잊은 듯한 지경에 이르렀기 때문이다. 앞에서 본 한시들은 어부와 같이 속세를 떠나 강호에 살고자 하는 마음을 담았는데, 정도전은 <창랑사>를 언급함으로써 속세를 떠나지 못하더라도 변해가는 상황 속에 처신을 하면 된다는 의미일 수 있기 때문이다.

무엇보다 一曲~, 二曲~, 三曲~ 부분은 <창랑사>를 화답가로 들으면서 빨려들 만큼 듣고 있는 정도전이라면 주희(1130-1200)의 <武夷櫂歌>와 연관을 짓지 않을 수 없을 것같다. <무이도가> 제2수는 '一曲'으로 시작해 시냇가에 낚시배에 탄 이후를 다루고 있는데[39], 정도전의 한시에서도 일

---

[38] 이에 대해서는 박완식(2000), 『한국 한시 어부사 연구』, 이회, 14-19면에 자세하여 이를 참고하고 원문을 가져온다.

[39] <武夷櫂歌> "一曲溪邊上釣船 幔亭峰影蘸晴川 虹橋一斷無消息 萬壑千巖鎖翠煙", 권석환·김동욱·안장리 외(2002), 『중국문화답사기 1 : 오월지역의 수향을 찾아

곡은 강과 바다로 데려간다고 하였다. <무이도가> 제3수의 이곡(二曲)은 앞산[前山]으로 간다고 하였는데[40], 정도전도 이곡은 이끼 낀 돌에 앉는다고 하였으니 이 역시 공간적 배경을 산으로 이동한 내용이다. <무이도가> 제4수의 삼곡(三曲)은 '桑田海水'로 물거품같은 인생을 읊는데[41], 정도전의 한시에서 삼곡은 갈 곳을 헤맨다고 했으니 주자의 시와 연관지어 본다면 뽕나무밭이 바다가 되기도 하여 우리의 인생을 알 수 없다는 의미로 이해된다.

<창랑사>와 주자의 <무이도가>를 함께 연관짓는 것은 승려 굉연의 <分題得九曲溪送友>(동문선 권5)에서도 보인다. 그 중에 "水淸宜濯纓 睠言詩書地 悠悠櫂歌聲 千年武夷詩 懷哉考亭名"이라고 한 대목이 보인다. 굉연은 나옹 혜근의 제자로 앞에서도 민요를 담은 한시를 지어 소개한 바 있다. 이 시구에서는 물이 맑으면 갓끈을 씻는다고 강론하던 곳에 무이도가 노래가 들리고, 주자를 그립다고 하였다. 여기서 <창랑가>와 <무이도가>가 함께 언급되고 있다는 점이 주목된다. 주자의 <무이도가>를 도학시(道學詩)로 볼 것인지에 대한 의견이 분분하지만 분명 이 한시에서는 유교적 관점에서 수용하고 있다. 고려시대에 사대부와 승려의 교류가 많았으니, 유자(儒者)인 벗을 보내는 시라서 불자(佛者)인 본인의 처지에도 이런 시를 지었다.

그동안의 연구사에서 주희의 <무이도가>는 뱃노래라는 점이 거의 고려되지 않았다. 그러나 주희의 <무이도가>는 무이 지역의 뱃노래로 지어진 것이다. 건국의 유교적 질서를 세운 정도전이니 이러한 사실을 모를 리는

서』, 다락원, 245-248면에서 가져온다. 이 책 244-245면에서는 도학시와 산수시로서의 두 면모를 모두 조명하고 있다.
40 "二曲亭亭玉女峰 揷花臨水爲誰容 道人不作陽臺夢 興入前山翠幾重"
41 "三曲君看架壑船 不知停棹幾何年 桑田海水今如許 泡沫風燈敢自憐"

만무하리라 생각되고, 굳이 굴부의 <어부사>를 이러한 형식으로 표현한 점도 이후 나올 <창랑사>를 통해 말하고자 하는 바와 연관지점이 있다고 본다. 앞에서 보았던 한시에서 어부의 형상이나 어부가는 티끌세상에서 벗어나고자 하는 지향점이 강했는데, 정도전은 이를 <창랑가>로 화답한 점을 들어서 유교적 관점에서 이 세상을 벗어나지 말고 주어진 환경에서 최선을 다하고자 하는 의지를 보여주고 있는 것이다.

주자의 <무이도가>를 이어받았다고 보는 이이의 <고산구곡가>도 제5수에서는 맑고 깨끗함 속에서의 학문 강론이라는 도학적 세계를 읊다가 제6수에서는 낚시대를 메고 나오면서 사람과 고기 중 누가 더 즐거운가[42] 라고 이어서 말하고 있다. 도학적 지향과 어부 형상을 통한 풍류, 두 가지를 다 보이고 있는 것이다. 그렇다면 고려시대 <어부가>를 탈속적 세계가 아니라 유교적 세계로 끌어들이고 있는 점을 정도전의 이 한시는 잘 보여준다. <어부가>와 <창랑가>를 화답의 관계로 주목하면서 어부의 세계를 유교적 관점에서 재해석하며 이어가고 있는 것이다.

이 점은 주자의 <무이도가>에서 이미 보여주고 있다. <무이도가>는 "武夷山上有仙靈"으로 시작하여 제10수에서는 "漁郎更覓桃源路 除是人間別有天"으로 마치고 있다. 무이산에 신선의 기운이 어려 있는 이 곳을 놔두고 어부는 또 다른 곳을 찾으려고 하나 바로 여기가 별천지라고 함으로써 무릉도원의 별천지가 바로 도가 구현된 유교적 세계라고 말하는 점을 정도전은 주목하고 있다고 할 것이다. 이러한 대목은 이백의 <산중문답>[43]

---

[42] 이이, ≪율곡전서≫ 권2, <高山九曲歌> 제5, 6수는 다음과 같다. 이이의 문집에는 송시열이 한역한 다음의 한시 <고산구곡가>가 있어서 이를 인용한다.
"五曲何處是 隱屛最好看 水邊精舍在 瀟灑意無極 箇中常講學 詠月且吟風"
"六曲何處是 釣溪水邊闊 不知人與魚 其樂孰爲多 黃昏荷竹竿 聊且帶月歸"
[43] "問余何事棲碧山 笑而不答心自閑 桃花流水杳然去 別有天地非人間" 신하윤 편저 (2002), ≪(제2판)李白詩選≫, 문이재, 36면.

에 나오는 도연명의 도화원기에 기반한 어부의 이야기를 반영한 것으로 별천지를 유자의 관점으로 재해석한 것이라 할 수 있다. 이백이 <산중문답>에서 말한 바, 도화원에 어떤 어부가 우연히 들어갔더니 별천지였다는 도연명의 <도화원기>를 상기시키기도 한다. 이와 관련해서는 충정왕대에 활동한 백미견(白彌堅)의 <晉州矗石樓次鄭勉齋韻>(동문선 권18)에서도 "風流秋月謫仙詠 欸乃暮江漁父詞"라고 하여 이백을 떠올리면서 어부사 노래를 언급한 데에서도 볼 수 있다.

이러한 전환점은 이후 '亦君恩'과 어부의 생애를 함께 다루는 맹사성의 <강호사시가>와 ≪악장가사≫ 소재 <어부가>가 나타날 수 있는 기반이 된다. <강호사시가>와 <악장가사 어부가>는 그간 어부가를 다룬 한시가 보여주는 강호 지향의 탈속적 세계에 군은(君恩)이라는 유교적 질서를 덧입혔다. 우선, 강호에서의 모습을 사시가로 다루는 방식은 이미 이색의 <驪江四絶 有懷漁父金敬之>로 나타난 바 있다. 이 시에서 네 구절이 ≪악장가사≫ 소재 <어부가>에 수용되고 있기도 하다.[44] 좀 길지만 이를 보이면 다음과 같다.

<驪江四絶 有懷漁父金敬之>(목은시고 권9)[45]
春
群花爛熳炫晴空　　오만 꽃이 만발하여 맑은 하늘 현란시킬 제
一箇釣舟明鏡中　　거울처럼 맑은 강에 낚싯배 하나 떠 있으니
不是綠簑靑篛客　　푸른 도롱이 삿갓 쓴 나그네가 아니라면
誰知細雨與斜風　　가랑비와 비낀 바람을 그 누가 알리요

---

[44] 여운필·성범중·최재남 역주(2002), ≪역주 목은시고≫ 4, 월인, 54면.
[45] 임정기 역, 2001. 마지막 부분을 일부 수정하였다.

夏
兩岸微茫水拍空　　양쪽 언덕 아득히 물이 공중에 넘실대어라
山沈樹暗雨聲中　　빗소리 속에 산은 잠기고 숲은 어둑한데
搗香碧椀銀絲凍　　유리 사발 생선회에 향료 곁들여 먹노라면
百尺高樓盡日風　　백척의 높은 누대에 온종일 바람이 불겠지
秋
渚淸沙白水如空　　물가는 맑고 모래는 희고 물은 허공 같아라
人在秋光活畫中　　가을 경치 생동하는 그림 속에 사람이 있네
詩眼祇今高四海　　시의 안목은 지금 천하에 가장 으뜸이어서
一竿明月釣絲風　　한 낚싯대 밝은 달에 낚싯줄 바람이로다
冬
孤舟簑笠碧江空　　텅 빈 푸른 강 외로운 배에 도롱이 삿갓 쓰고
獨釣蕭蕭暮雪中　　눈내리는 저녁에 혼자 낚시하네
肯怕水寒魚不食　　물이 차가워 고기 물지 않는게 두려우랴
更教詩格播高風　　높은 바람에 다시 시의 격조를 전하리.

　봄을 다루고 있는 제1수의 결구, 곧 밑줄 친 부분은 이인로의 <宋迪八景圖>(동문선 권20)중 '洞庭秋月'의 전구(轉句)와 결구(結句)에 "欲識夜深風露重 倚船漁父一肩高"와 유사하다. 바람과 비, 혹은 바람과 이슬이 유사하고, 이를 아는 것은 어부라는 부분도 같은 발상이다. 또 이인로의 이 결구는 이현보의 <어부사>에도 수용된다. 이렇게 수용관계가 명확한 부분은 고려 한시에서 여러 부분이 있고, 선행연구에서도 다루어진 바 있다. 본서에서도 13세기의 특징으로 이인로의 <宋迪八景圖>와 최자의 <宋迪八景圖>를 비교하고, 또 혜심의 <漁父詞> 등을 이미 자세히 살펴본 바 있다. 여기서는 그 외의 수사적 측면과 표현에 있어서의 유사성에 주목하고자 한다.
　위의 시는 어부의 생애를 네 계절에 따라 지은 것으로, 이러한 방식은

윤선도의 <어부사시사>로 이어진다. 그런데 앞에서 잠시 보았던 잡가 <배따라기>도 "요← 춘싴(春色)은 다 지나고 황국단풍(黃菊丹楓)이 도라를 왓구ㅁ"[46]로 계절의 변화로 시작하고 있어서 어부의 노래와 계절의 변화가 밀접한 것을 볼 수 있다. 바다 위에서 생애를 보내는 어부의 특성상 계절과 날씨의 변화에 긴밀할 수밖에 없기도 하다. 맹사성의 <강호사시가>와 비교해보면, 봄과 여름의 노래가 서로 엇갈려 있다. <강호사시가>는 다음과 같다.

江湖에 봄이 드니 미친 興이 절로 난다
濁醪 溪邊에 錦鱗魚ㅣ 안쥐로다
이 몸이 閒暇히옴도 亦君恩 이샷다

江湖에 녀름이 드니 草堂에 일이 없다
有信ᄒᆞᆫ 江波ᄂᆞᆫ 보내ᄂᆞ니 ᄇᆞ람이로다
이 몸이 서늘히옴도 亦君恩 이샷다

江湖에 ᄀᆞ올이 드니 고기마다 솔져 잇다
小艇에 그믈 시러 흘리ᄯᅴ[여 더뎌두]고
이 몸이 消日히옴도 亦君恩 이샷다

江湖에 겨월이 드니 눈 기픠 자히 남다
삿갓 빗기 쓰고 누역으로 오슬 삼아
이 몸이 칩지 아니히옴도 亦君恩이샷다[47]

이색의 한시 '春'에서는 비바람이 주된 제재이고, '夏'에서도 바람부는

---

[46] 정재호 편(1984), 앞의 책, 같은 곳.
[47] 김천택 편, 권순회·이상원·신경숙 주해(2017), ≪진본 청구영언≫, 국립한글박물관, 18-20면.

장면이 나오는데, 맹사성의 사시가에서도 2연에 바람이 제재가 되고 있다. 이색의 한시 '夏'에서는 유리접시에 생선회를 먹는 장면이 맹사성의 사시가에서는 1연에 나온다. 이색의 한시 '秋'와 '冬'에서 낚시하는 모습이 맹사성의 사시가에서는 3연에 나온다. 같은 계절에 같은 장면이 나오기도 하지만 봄과 여름, 가을과 겨울이 서로 어긋나게 나오기도 하는 것이다. 어부가의 내용이 다양한 점을 고려할 때 이렇게 유사성이 높은 것은 간과하기 어렵다. 두 시가의 지향점이 다르지 않은 가운데, 그 연유를 맹사성은 군신관계로까지 연결짓고 있는 것이다. 특히 맹사성의 연시조에서 종장마다 반복되는 이런 점에서 맹사성의 시가에서 가어옹은 도(道)가 구현된 규범적 존재로서의 자연 속에서 사심없는 구도자의 면모를 보여준다고 할 수 있다.[48]

또한 위 이색의 한시 '冬'은 권근의 <周翁說>(양촌집 권21, 동문선 권98)의 마지막 대목과도 만나고, 월산대군 이정(1454-1488)의 시조 또한 유사하다. 순서대로 들면 다음과 같다.

渺江海兮悠悠　아득한 강과 바다 유유히
泛虛舟兮中流　빈 배를 물 가운데에 띄우고
載明月兮獨往　밝은 달만 싣고 홀로 가며
聊卒歲以優游　세월 마치도록 노닐리

秋江에 밤이 드니 물결이 ᄎᆞ노ᄆᆡ라
낚시 드리치니 고기 아니 무노ᄆᆡ라
無心한 ᄃᆞᆯᄇᆡᆺ만 싯고 뷘 ᄇᆡ 저어 오노라[49]

---

[48] 이에 대한 자세한 논의는 이형대(1997), 앞의 글 참조.
[49] 김천택 편, 권순회·이상원·신경숙 주해(2017), 앞의 책, 186면.

이색의 한시에서 어부는 외롭고 차가운 강에서 낚시를 하지만 고기 물지 않는 것이 전혀 염려되지 않는다고 하였다. 오히려 높은 바람이 부는 것을 통해 가르침을 얻는다고 하였다. 권근의 <주옹설>에 나오는 위 시구도 빈 배에 달빛만 싣고 온다고 하였다. 월산대군의 시조는 차가운 이미지를 가지고 오면서도 겨울이 아니라 가을을 택했다. 풍성할 수 있는 계절의 차갑고 비어있는 편을 택한 것은 왕손이지만 이와 멀리 있는 자신의 처지가 더 잘 나타나기 때문일 것이다. 이러한 시조 이전에 이색과 권근의 어부 노래가 있었고, 권근이 이색보다 조금 뒷 시기에 살았던 것을 고려할 때에 이색의 계절에 따른 어부의 생애와 그 지향점은 이후 한시와 시조에 지속적으로 영향을 미쳤다고 할 것이다.

　　≪악장가사≫ 소재 <어부가>는 앞에서 나온 공부의 <어부가>라고 보기도 하고[50], 여러 문인들이 지속적으로 추가하여 변형된 공동작[51]으로 보기도 한다. 또 '어부'에 대한 시가는 사대부의 유교적 처사문학으로의 성격 외에도 도교, 불교 등의 종교적 이념을 보여주거나 백성의 삶과 밀착된 내용도 있음도 논의가 되었다.[52] 실제로 본절에서는 중국에서 수용된 <창랑가>의 어부 형상, 또 우리 고유의 민요에 기반한 뱃노래에서의 인생관, 그리고 이 둘을 수용한 사대부 취향의 어부가를 한시를 통해 볼 수 있었다.

---

[50] 이우성(1964), 「고려말·조선초의 어부가」, 『성대논문집』 9, 성균관대학교, 20-21면 ; 송정숙(1990), 「어부가계 시가 연구」, 부산대학교 박사학위논문 ; 박규홍(2011), 『어부가의 변별적 자질과 전승 양상』, 보고사, 128면.

[51] 이형대(1997), 「어부형상의 시가사적 전개와 세계인식」, 고려대학교 박사학위논문, 47-48면 ; 여기현(1999), 『고전시가의 표상성』, 월인, 73-74면 ; 박해남(2010), 「악장가사본 어부가 재고」, 『비교어문연구』 28, 비교어문학회, 148면

[52] 이에 대한 자세한 내용은 박규홍(2011), 「어부가의 시적 자아 '어부'」, 『어부가의 변별적 자질과 전승 양상』, 보고사, 129-167면 참조.

무엇보다 정도전의 한시나 이색의 한시를 통해 어부에의 지향이 탈속적 세계에서 유가적 세계로 옮겨지게 된 측면을 포착할 수 있었다. 이로써 어부가류만이 아니라 구곡계나 사시가계 시가, 또 그 외의 시조 등에까지 지속적으로 연결될 수 있는 가능성을 작품 비교를 통해 추론할 수 있었다. 고려 후기까지 탈속적 세계 지향의 어부 형상이 맹사성의 <강호사시가>와 ≪악장가사≫ 소재 <어부가>를 통해 군은(君恩)을 노래하게 되고, 이후 다시 윤선도에 이르러 군은 부분이 제외되고 다시 탈속적 세계 지향이 더 강화되는 변주가 시가사 내에서 이루어졌다고 할 것이다.

11.5. 한시에 나타난 잘 알려진 국어시가

여기에서 살펴볼 한시들은 이미 잘 알려진 국어시가와 관련해서 쓰여진 것들이라 따로 자리를 마련하여 살펴본다. 동시대에 유행하고 유명하여 수용되기도 했겠지만, 예전의 노래를 기억한 것도 있다. 예를 들어, 홍간(洪侃, ?-1304)의 <次韻李蒙庵西京懷古>(동문선 권18)에서는 "桑女猶傳玉樹歌"라는 구절이 나오는데, '옥수가'는 이미 망한 나라의 노래라는 의미로 이해할 수 있다. 고려시대에 부를 수 있는 이미 망한 나라는 삼국의 노래이고, 서경 지역이라는 제목의 정보를 통해 고구려의 노래일 가능성이 높다. 고려 가요 중에 남아있는 고구려의 노래인 <동동>의 일부분일 수도 있고, 또 다른 노래일 가능성도 있다.

관찬서인 ≪고려사≫ 악지, ≪악장가사≫ 등과 같은 문헌이 아니라 시인 개인의 한시 창작을 통해 수용된 것이라면 어떤 국어시가가 사대부들에게는 더 와 닿았을지를 볼 수 있게 된다. 어떤 국어시가는 많은 시인들에 의해 수용되기도 하고, 어떤 경우는 단 한 편의 한시에서 보이기도 한다. 그렇지만 한 편도 남지 않은 국어시가가 더 많다는 점을 고려해 이 경우도 포함하여 다루고자 한다. 본 논의를 통해서 조선시대 이후의 국어시가와 만나는 지점들도 살펴볼 수 있을 것이다.

11.5.1. 신라의 기녀 천관의 노래와 고려가요 <가시리>

이공승(李公升, 1099-1183)은 <天官寺>라는 한시를 통해 김유신과 기녀 천관이 관련된 민요의 흔적을 보여주고 있다. 한시 제목인 절 이름은 기녀 천관의 이름이기도 한데, ≪신증동국여지승람≫에서는 천관이 살던 집이 절이 되었다고 한다.[53] 천관이 지었다는 이 노래는 현재 노래 전모를 알 수는 없으나 김유신과 천관의 일화가 유명하고, 이인로의 ≪파한집≫에서도 해당 이야기와 한시가 실려 있다. 또 신호열(1982)[54]에서는 <가시리>와의 관련성을 제시한 바 있어서 더욱 주목된다. 작품은 다음과 같다.

<天官寺>(동문선 권12)
寺號天官昔有緣	절 이름 천관에는 옛 유래가 있는데
忽聞經始一悽然	문득 유래를 들으니 슬프네
倚酬[55]公子遊花下	연회를 즐기는 공자는 꽃 아래 노닐고
含怨佳人泣馬前	원망하는 미인은 말 앞에서 우네
紅鬣有情還識路	말도 정이 있어 길을 알고 왔으니
蒼頭何罪謾加鞭	채찍질한 하인이 무슨 죄인가
唯餘一曲歌詞妙	오직 남은 노래 한 절이 묘하니
蟾兎同眠萬古傳	두꺼비와 토끼가 함께 잔다고 만고에 전하네

---

[53] ≪신증동국여지승람≫ 권21, 경상도 경주부, 天官寺, "寺卽其家也天官女號也"
[54] 신호열·양주동·김달진 역(1982), ≪(수정 중판)국역 동문선≫ Ⅱ, 민족문화추진회, 51면.
[55] ≪신증동국여지승람≫, 같은 곳에도 이 시와 관련 일화가 소개되어 있는데, 이 부분이 '多情'으로 되어 있다.

신라시대 김유신과 기녀 천관에 관한 이야기를 배경으로 하고 있다. 김유신은 삼국을 통일하는 데에 위대한 공을 세우고 ≪삼국사기≫(1145)에도 실린 인물인데, 기녀를 좋아했다가 위에 나온 일화까지 남아있으니 사서(史書)에서는 다루기 어려워도 한시에서는 놓칠 수 없는 제재가 된다. ≪신증동국여지승람≫에서는 김유신이 말머리를 베었다고까지 하였는데[56], 시인은 이런 김유신보다는 미인의 편이다. 동물도 아는 정(情)을 표현하지 않는 김유신을 나무란다.

마지막 미련(尾聯)에서는 당시 이 일화와 관련한 노래가 있다는 것을 전해주고 있다. 두꺼비와 토끼가 함께 잔다는 제8구는 노래의 한 절로 보인다. 신호열 번역(1968)에는 두꺼비는 해, 토끼는 달이라고 하였다. 달에 토끼가 산다는 전설도 있고, 두꺼비는 해가 짧은 겨울에는 활동을 하지 않고 잠을 자는 존재이다. 토끼와 두꺼비와 해와 달이 되어 함께 한다면 이 이야기 역시 설화적이니 이 노래가 민요라는 것을 추측하게 한다. 두꺼비는 해, 토끼는 달이 되어 밤낮 만나지 못하고 서로 엇갈리는 사물에 비유한 것은 지체높은 김유신과 기녀 천관이 이루어지는 것이 불가능한 일임을 말한다. 그런데 노래에서는 이 불가능한 일을 이루었다. 현실에서는 비극적인 결말을 맞이했으나 노래의 향유자들은 상상력으로 현실을 극복해 사랑을 이루게 하였다.

결론을 이 노래 내용으로 하여 시를 마무리한 것은 시인 역시 그런 바람이 있어서일 것이다. 물론 위 시의 제7구에서는 해와 달이 함께 자는 것은 있을 수 없는 일이니 묘하다는 이성적 판단을 보여주고 있다. 비록 한시는 사대부 시인으로서의 사회적 신분과 지식인으로서의 판단력이 작동하기도 하지만, 그래도 노래와 같은 지향점을 가지고 이룰 수 없는 사랑에 대한

---

[56] ≪신증동국여지승람≫, 같은 곳, "庾信旣悟斬所乘馬"

동의를 표현할 수 있는 갈래이기도 한 것을 볼 수 있다.

　미련(尾聯)에서 이 노래가 만고에 전한다고 하였으니 7세기의 신라 이야기에 대한 노래가 그때 이후로 이공승 당시인 12세기에도 지속된 것을 알 수 있다. 장연우(?-1015)가 한역한 향가 추정 노래 <한송정곡>이 있고, 예종(재위1105-1122)도 <도이장가>를 남겼으니 신라의 노래가 이공승이 살던 시대까지 입에서 입으로 전해졌을 가능성도 있다. 또 신호열(1982)은 다음과 같은 주석을 달았는데, 이에 의하면 <가시리>라는 노래가 언급된다.

"천관(天官)은 김유신(金庾信)이 정을 주었던 창녀(娼女) 이름. 어머니의 훈계로 유신이 다시 그녀를 찾지 않았다가 하루는 술이 취한 중에 말[馬]이 옛길을 찾아 그 집에 들리게 되었다. 그가 말의 머리를 베고 돌아가므로 천관(天官)도 애원(哀怨)하여 〈가시리〉 노래를 지었다. 천관사는 그녀의 집 자리에 선 절이며, 경주오릉(五陵) 동쪽에 있었다."[57]

　위 주석에 의하면 <가시리>라는 노래를 천관이 지었다고 한다. ≪신증동국여지승람≫에서는 천관이 원망하는 노래 한 곡조를 지어 세상에 전해지고 있다[58]고 하여 노래 이름을 밝히지는 않았다. 위의 주석이 이미 잘 알려진 고려가요 <가시리>를 말하는 것이라면 이 노랫말에 김유신과 천관의 일화에 적용해보아도 어색하지 않다. 기녀 천관을 화자로 하여 고려가요 <가시리>의 노랫말에 대입해보면 말머리를 베어도 이렇다 저렇다고 말할 수 없는 처지의 기녀 천관이 할 수 있는 딱 그 고백이라 할 수 있다. 특히 원망의 마음은 <가시리> 제1연에서 "가시리 가시리잇고 브리고 가

57　신호열·양주동·김달진 역(1982), 앞의 책, 같은 곳.
58　≪신증동국여지승람≫ 같은 곳, "女作怨詞一曲傳"

시리잇고"와 제2연의 "날러는 엇디 살라 ᄒ고 ᄇ리고 가시리잇고" 부분에 잘 드러난다. 또 제4연 "설온님 보내ᅌᆞ노니 가시ᄂ 듯 도셔 오셔서"도 천관의 마음으로 읽어도 그 절실함이 잘 맞는다.

그러나 두 시구에서 차이점이 있다면 위의 이공승의 한시에서 말한 토끼와 두꺼비 부분이다. 고려가요가 여러 민간의 가요를 합하거나 나누어 편집한 것이 특징이니 이러한 방식이 고려가요 <가시리>에도 적용된다면 이러한 의문은 해소된다. 이러한 논의가 타당하다면 고려가요 중에서 신라의 노래는 <처용> 외에도 천관의 노래가 수용되어 이어지고 있다고 볼 수 있을 것이다.

또 위의 이공승의 한시에서 전해준 노래의 내용, 곧 두꺼비와 토끼가 함께 잔다는 말이 해와 달이 함께 있다는 의미라면 이는 불가능한 자연의 법칙을 거스르는 것을 통해 사랑을 이야기하는 방식이 오래되었다는 것을 보여준다. 고려가요 중에는 <정석가>에서와 같이 밤을 구워서 심어 거기에 싹이 나거나 철로 만든 소가 철로 만든 풀을 먹는 상황이 나오고, 이제현의 <소악부>에는 나무 닭이 우는 상황도 나온다. 대상에 대한 사랑을 자연법칙을 거스르는 불가능한 상황을 통해 말하는 수사법이 즐겨 사용된다. 이러한 상상력이 위의 천관이 지은 노래에도 있었던 것으로 보인다.

그러나 고려가요에서는 불가능한 상황은 일어나지 않는다는 이성적인 시각이 있다. 이런 불가능한 상황이 일어나지 않으므로 님과 이별도 할 수 없다는 것이다. 반면 신라의 노래에는 불가능한 상황으로 현실을 극복하는 상상력이 있다는 점에서 대조적이다. 김진희(2015)[59]에 의하면 국어시가사에서 <가시리>의 전통은 결핍과 기원에 기반한 것이라 하는데, 이

---

[59] 김진희(2015), 「한국시가의 전통과 <가시리>」, 『열상고전연구』 44, 열상고전연구회, 203-236면.

신라의 노래에는 불가능한 상황을 결국 극복하고 사랑으로 이루고 있다고 하였으니 이러한 시가사적 흐름에 반하는 측면이 있다. 그래서 이 대목이 이공승은 묘하다고 하였고, 고려가요 <가시리>에도 이 부분이 수용되지 않았던 것은 아닐까 한다.

11.5.2. 망부석 설화와 <정읍사>

이색의 <訪柳密直藩 歸而有詠>(목은시고 권31)은 "鵄述門底夾兩山"로 시작한다. 여기 치술문(鵄述門)은 이상현(2001)[60]에 의하면 신라의 치술령(鵄述嶺)에 있는 열녀문(烈女門)으로 망부석(望夫石) 설화와 관련된다. 김종직의 <東都樂府>(점필재집 권3, 속동문선 권4)에는 '鵄述嶺'이라는 제목 하에 관련 설화가 나온다. 박제상(朴提上)이 고구려에 갔다가 돌아온 뒤에 아내와 아이를 보지도 않고 바로 일본에 사신으로 갔는데, 돌아오지 못하고 죽자 그 아내가 이를 감당하지 못해 세 낭자를 데리고 치술령에서 바다를 보며 통곡하다가 죽어 이 곳의 신모(神母)가 되었다고 한다.[61] 그리고 김종직이 지은 한시 속에는 "呼天便化武昌石"으로 망부석이 되었다고 하였다.[62] 이 설화와 김종직의 시는 ≪신증동국여지승람≫ 치술령 부분에도 그대로 나온다.[63]

망부석 설화는 바로 위에서 무창(武昌) 지방의 것으로 언급되었는데, 지

---

[60] 한국고전번역원, ≪목은시고≫ 권31.

[61] 김종직, ≪점필재집≫ 권3, <東都樂府>, "朴堤上自高句麗還 不見妻子 而徑向倭國 其妻追至栗浦 見其夫已在船上 呼之大哭 堤上但搖手而去 堤上死後 其妻不勝其慕 率三娘子 上鵄述嶺 望倭國慟哭而死 因爲鵄述嶺神母焉"

[62] 시 전체는 다음과 같다. 김종직, ≪점필재집≫ 권3, 같은 곳, <鵄述嶺> "鵄述嶺頭望日本 粘天鯨海無涯岸 良人去時但搖手 生歟死歟音耗斷 音耗斷長別離 死生寧有相見時 呼天便化武昌石 烈氣千載干空碧"

[63] ≪신증동국여지승람≫ 권21, 경상도 경주부, 鵄述嶺.

금의 우한[武汉]이 있는 호북성(湖北省)에 속한다. 그런데 유우석도 <望夫石>을 지었는데, 지금의 안휘성(安徽省)에 있는 망부석이라고 하니[64] 중국에서도 여러 지방에 망부석 이야기가 전해오듯이 우리의 사정도 다르지 않다. 위에는 신라의 망부석 설화를 소개했는데, ≪고려사≫ 악지의 '정읍(井邑)'에서도 그 아내가 돌이 되었다고 하였다.[65] ≪고려사≫ 악지는 백제 정읍이라는 지역의 이야기이니 신라 치술령을 비롯하여 어느 나라 어느 지역에나 이런 일이 있었다고 할 수 있다. 이런 점에서 <정읍사>도 망부석 설화를 배경으로 하는 노래라고 할 수 있다. 신라와 백제, 어느 나라의 어느 지역에서도 아내가 남편을 그리워하면서 남편이 있는 곳을 향하여 돌이 되었다는 이야기가 있는 것이다. 다만 유우석의 <망부석>에는 그리워 애태우다 돌이 되었다고 하고 여성의 정절 부분은 나와 있지 않다.[66] 상사(相思)로 인해 그 자리에 돌이 되었다는 모티브만 가지고 있는 것이다. 그러나 이후 살펴보겠지만 우리 한시에서는 부부 사이의 이야기로 정절의 문제와 긴밀하게 관련되어 있다.

고려가요 <정읍사>와의 비교를 구체적으로 하기 전에 또 다른 망부석 관련 한시를 한 편 더 보고자 한다. ≪동문선≫ 권11에도 <望夫石>이 있다. 그런데 작자를 몰라서 시대를 가늠할 수 없으나 "昔有貞心婦 難追杳杳途 化爲山下石 空望戰場夫"로 시작하고 있는 것을 보면 절개를 지키려고 하다가 망부석이 되었다는 점에서 열녀문인 치술문과도 연관된다. 그렇다

---

64 유성준 편저(2002), ≪(제2판)劉禹錫詩選≫, 문이재, 59면.
65 ≪고려사≫ 권71, 악지, '속악', 井邑. "井邑, 全州屬縣. 縣人爲行商, 久不至, 其妻登山石以望之, 恐其夫夜行犯害, 托泥水之汚以歌之. 世傳, 有登岾望夫石云."(이하 ≪고려사≫ 원문은 국사편찬위원회, 고려시대 사료 DB, http://db.history.go.kr/에서 가져온다.)
66 劉禹錫(1966), ≪劉賓客文集≫, 中華書局. "終日望夫夫不歸 化爲孤石苦相思 望來已是幾千載 只似當時初望時"

면 망부석 설화는 님을 그리워서 그 자리에 돌이 되었다는 점에서 이별 가운데 나오는 상사(相思)의 이야기이면서도 아내의 정절과도 관련되는 이야기이다.

또 조선시대이기는 하지만 이익(1681-1763)은 <井邑詞>라는 한시에서 고려가요 <정읍사>의 내용을 말하면서 세상에서는 이 아내가 망부석이 되었다는 점을 전하고 있다.[67] 이익이 지은 시를 보면 이러한 설명이 잘 반영되어 있다. 검토를 위해 작품을 다 들면 다음과 같다.

<井邑詞>(성호전집 권7, "해동악부")
秋泉咽　　　　　　가을 샘물 삼키며
山河兩地同明月　　산과 강 양쪽에는 모두 달이 밝네
同明月　　　　　　모두 밝게 비치네
凄風苦雨幾年離別　슬픈 바람, 고난의 비 맞으며 몇 년을 이별하나
等閒黃葉知時節　　무심히 단풍이 계절을 알리네
泥塗漠漠行人絶　　진흙탕길 막막하고 지나는 사람도 없네
行人絶　　　　　　지나는 사람 없어
魂飛滄海貝宮珠闕　혼이 되어 창해 패주궁궐로 날아가네

전반부는 자신이 있는 곳과 그 곳에 달은 같이 밝다고 하고, 흙탕길을 언급하는 부분은 고려가요 <정읍>의 내용과 유사하다. 그런데 이 한시에서의 진흙탕길은 님이 있는 곳이기보다 화자가 있는 곳이라고 하는 게 더 맞다. 행인(行人)이 없음을 2회나 강조하고 있는 것을 보면 화자가 있는 곳에 님은 커녕 지나는 이조차 보이지 않는 것이다. 지나가는 이가 전혀 없으니 님조차 올 가능성이 없고, 그래서 절망하여 결국 혼이 되어 님이

67　이익, ≪성호전집≫ 권7, 海東樂府, <井邑詞> "井邑 全州屬縣 縣人爲行商 久不至 其妻登山石以望之 恐其夫夜行犯害 託泥水之汙以歌之 世傳爲登岾望夫石云"

있는 저 세계로 찾아간다는 내용으로 작품을 맺고 있다. 님이 있는 곳은 창해(滄海)를 건넌 궁궐이니 님이 죽었다고 여기고 화자 역시 그 길을 택한 것으로 보인다. 이런 점에서 화자가 있는 곳이 진흙탕 세계이고, 정절을 위협받는 상황을 말하고 있다고 보인다.

이런 점에서 이 한시도 이색의 시에서 나오는 열녀문과 망부석 설화에 더 가깝다. 그간 고려가요 <정읍사>는 ≪고려사≫ 악지의 '정읍(井邑)' 부분에 의하여 해석되어왔다. 그런데 ≪고려사≫ 악지에도 아내가 죽어 돌이 되었다고 하였으니 ≪고려사≫ 악지에서 말하고 있는 이 노래가 고려가요 <정읍사>라면 망부석이 된다는 내용을 적용해 해석이 되어야 할 것이다. 그러면 "즌듸를 드듸욜셰라"는 아내인 화자의 고민이 된다. 그리고 그 이후도 모두 아내인 여성 화자의 고백이 된다. 곧 "어느이다 노코시라"는 아내가 이런 '즌듸'에서 어떻게 처신을 하고 살아야 하는지 고뇌하는 것이 되고, "내 가논듸 졈그른셰라"는 말은 결국 암흑과도 같은 아내의 처지에 대한 자탄이 된다. 여성 화자의 절망감으로 읽히고, 그래서 생명을 저버리게 된다는 의미로도 해석이 될 것이다.

11.5.3. <정과정>과 충신연주지사(忠臣戀主之詞)의 수용사

고려 한시에 가장 많이 등장하는 국어시가는 <처용가> 외에 또 다른 한 작품이 바로 12세기에 활동했던 정서의 <정과정>이다. 두 노래 모두 신라의 노래와 밀접하다. <정과정>은 고려 당대의 국어시가이지만 향가 10구체에서 고려가요로의 과도기를 보여준다는 점에서 그러하다.

<정과정>을 수용한 한시는 이에 대해 자세히 다룬 장에서 살펴보았듯이 주로 정서와 같이 유배나 폄직 등 비슷한 처지에서 지은 한시인 경우가 많다. 그렇지 않은 경우로는 국어시가 자체에 대한 관심이 많은 민사평, 이제현 등에게서 볼 수 있었다. 4.4.에서는 정서의 한시보다는 국어시가가

더 적극 수용된 점과, 한시와 국어시가의 역할의 차이를 살펴본 바 있다. 여기서는 국어시가사에서 충신연주지사의 수용사와 관련해서 살펴보고자 한다. 앞에서 관련 한시들을 자세히 보았으므로 여기서는 간단히 살펴보고 논의를 진행한다.

≪신증동국여지승람≫에서는 이제현, 정추(鄭樞), 한수(韓脩), 유숙(柳淑), 이숭인(李崇仁)이 <정과정>에 대해 쓴 한시를 소개하고 있는데[68], 이제현은 노랫말의 핵심적 부분을 거의 그대로 번역하고 있다면[69] 다른 이들은 자신의 감상이나 정서의 상황을 이야기하였다. 정추는 2수로 지었는데 제2수의 마지막 구에서 "瓜亭一曲傷我情"으로 마음이 아프다고 하였다.[70] 한수는 같은 동래에 유배가서 지은 시라서, 백아와 종자기의 고사를 빗대어 정서의 마음을 알겠다고 하였다.[71] 유숙도 유배 중에 지은 시라서, 낯선 땅에서 차가운 눈길을 느끼고 정과정을 연주한다고 하였다.[72]

한편, 민사평은 이제현의 시에 화운한 <東國四詠益齋韻>(동문선 권21) 4수 중 '鄭中丞月下撫琴'에서 정서가 거문고를 탄 그 마음을 알겠노라고 하였다.[73] <東國四詠>에 대해서는 소악부를 다루는 장에서 살펴본 바 있

---

[68] ≪신증동국여지승람≫ 권23, 경상도 동래현, '瓜亭'

[69] ≪신증동국여지승람≫ 권23, 같은 곳. <鄭瓜亭> "憶君無日不添衣 政似春山蜀子規 爲是爲非人莫問 只應殘月曉星知"

[70] 시 전체는 다음과 같다. 정추, 제1수, "雲盡長亭月在天 橫琴相對夜如年 鵑啼曲盡思無盡 誰把鸞膠續斷絃"(≪신증동국여지승람≫ 권23, 같은 곳) 제2수, "風淸江瀨鴻雁鳴 日出海底蛟龍驚 我來此地訪前古 瓜亭一曲傷我情" (圓齋集, 卷上)

[71] ≪신증동국여지승람≫ 권23, 같은 곳 ; ≪동문선≫ 권21. 한수, <鄭中丞謫居東萊對月撫琴> "半輪江月上瑤琴 一曲新聲古意深 豈謂如今有鍾子 只應彈盡伯牙心"

[72] ≪신증동국여지승람≫ 권23, 같은 곳 ; ≪동문선≫ 권21. 유숙, <書懷寄趙瑚先輩>, "他鄕作客頭渾白 到處逢人眼不靑 淸夜沈沈滿床月 琵琶一曲鄭瓜亭"

[73] ≪급암시집≫ 권2, <東國四詠 益齋韻> 4수 중 제3수 ; ≪동문선≫ 권21. "蟾影圓流露桂枝 夜深斗覺爽襟期 世人誰是知音耳 一曲廣陵空自知"

듯이, 네 시인의 고사를 다룬 한시로 네 고사 중 한 사람이 정서이다. 이제현이 화답을 요청하여 쓴 시가 앞에서 본 정추의 2수 중 제1수, 그리고 한수의 시이다. 이외에도 조선시대 권근, 김시습에 이르기까지 지속적으로 차운이 이루어진다.

이외에도 변중량(卞仲良)은 <寧海>(동문선 권16)의 마지막 구에서 "每賦苽亭獨自悲"라고 슬픈 정서를 담아냈다.[74] 변중량은 이성계의 이복형인 이원계의 사위이기도 한데, 정몽주의 문인으로 정도전 등을 비판하다가 관직이 박탈된 적이 있고, 결국에는 오히려 정도전 일파로 몰려 참살되었다. 억울한 심정과 상황이 <정과정>을 읊게 하고 서러운 마음을 공감했을 것이다.

끝으로 살펴볼 시는 이숭인의 <秋日雨中有感>이다. 시는 다음과 같다.

<秋日雨中有感>(도은집 권3)
琵琶一曲鄭過庭[75]　　비파 한 곡조 정과정
遺響凄然不忍聽　　그 소리 슬퍼서 차마 듣지 못하겠네
俯仰古今多少恨　　고금에 한이 얼마나 서렸을까
滿簾疏雨讀騷經　　주렴 속 빗소리에 이소를 읽는다

이숭인은 이 시 아래에 앞에서 본 유숙의 시를 함께 기록하고 있다. 이숭인은 앞에서 본 여러 시인들이 슬프다거나 공감된다는 점을 더 강조해서 나타내었다. 이숭인 역시 간관의 참소로 유배를 여러 번 갔고, 결국 유배지

---

[74] ≪동문선≫ 권16. 시 전체는 다음과 같다. "二月江城霽景遲 芳洲散策動春思 少年流落傷豪氣 半日娛歡遇舊知 梅柳開時難把酒 樓臺多處盡題詩 京華北望幾千里 每賦苽亭獨自悲"
[75] ≪도은집≫에서는 '瓜亭'을 '過庭'이라 하고, 함께 소개한 유숙의 한시에서도 이렇게 바꾸어 적어두었다.

에서 살해당한 삶의 이력을 가지고 있으니 크게 공감하는 것은 당연할 것이다. 승구(承句)에서 본인이 슬퍼서 못들을 정도일 뿐만 아니라 전구(轉句)에서는 이 노래를 듣는 이들이 고금에 모두 한스러워했다고 하여 본인만이 아니라 <정과정>을 노래한 이들 모두의 심정까지 떠올리고 있다. 고려 한시에서 가장 많이 수용된 국어시가가 <정과정>인 점을 상기하면 이숭인의 이 시구처럼 실제로 많은 사대부 시인들에게 공감되는 작품인 것을 알 수 있다. 결구(結句)에서는 간신의 참소로 억울하게 추방당한 굴원의 <이소>를 읽는다고 하여 두 작품을 연결짓고 있다. 고금(古今)만이 아니라 동서(東西)로도 공감할 수 있는 노래라는 점을 이렇게 말하고 있다.

　지금까지 <정과정>을 수용한 고려의 한시들을 보았다. 이제현은 작품 내용 자체를 다루고 있는 반면 다른 시인들은 모두 본인의 심정이나 감상을 표현하였고, 자신의 심정을 대변하는 국어시가로 <정과정>을 생각하고 있는 것을 볼 수 있었다.

　그런데 앞에서 본 한시들은 <정과정> 5, 6행의 "넉시라도 님은 흔딕 녀져라 아으, 벼기더시니 뉘러시니잇가"와 같이 상사(想思)와 함께 있고 싶다는 부분을 수용한 것은 아니다. 대개 억울함, 한(恨)의 호소에 주목하고 있다는 것을 볼 수 있다. 님과 함께 있고 싶다는 부분은 <만전춘별사> 3연에도 "넉시라도 님을 흔딕 녀닉경(景) 너기다니 벼기더시니 뉘러시니잇가 뉘러시니잇가"와 같이 거의 그대로 수용된 것을 볼 때에 국어시가로서의 수용 관계를 보여주는 대목이기도 하다. 이에 비해 한시에서는 굴원의 <이소>와 연결짓는 등 억울함에 더 초점이 있다는 것, 그래서 국어시가에서의 화합적 측면보다 화자 자신의 내면의 하소연 위주로 한시에서 수용되고 있다는 차이를 볼 수 있다.

　충신연주지사로서 굴원의 <이소>를 연결짓는 시각은 김만중의 ≪서포만필≫에서도 보이는데, 정철의 <사미인곡>과 <속미인곡>을 동방의 <이

소>라고 극찬하였다. 이 두 미인곡은 조선시대의 <정과정>이라고 할 수 있고, <정과정>의 자리를 대신하는 조선시대 국어시가로서의 충신연주지사이다. 본서의 앞에서 이제현과 민사평의 <소악부>를 다루면서 여성 화자를 내세워서 화자1과 화자2가 화답하는 방식을 이미 살펴보았는데, 이 점 역시도 이어지고 있다는 점에서도 그렇다.

한편, 16세기 충신연주의 국어시가에는 님, 특히 임금에 대해 '美人'이라고 하는 경향이 적지 않다. 정철의 두 가사도 전후(前後) 미인곡(美人曲)이라고 불린다. 이황의 <도산십이곡>에서도 '彼美一人', 혹은 '고온 님'이라고 한 대목이 보인다. 임금을 미인(美人)이라고 칭하는 것은 이미 ≪시경≫에 보이고[76], 굴원의 <이소>, 또 당시(唐詩)나 소동파의 <적벽부>에서도 보인다. 이숭인이 <정과정>을 들으면서 <이소>를 읽는다고 하였으니 이미 임금을 미인(美人)으로 보는 방식은 알고 있다고 하겠으나, 문제는 이러한 수사적 방식이 우리 시가사에서 구체적으로 표현되는 것은 언제인가이다.

조선시대에는 한시에서도 많이 등장하는데 비해 고려시대 한시에는 상대적으로 몇몇 시인에게 나타나는 정도이다. 그런데 단지 임금을 미인이라고 부르는 것이 중요한 것이 아니라 정철의 가사들처럼 상사(相思)의 마음을 제재로 하는 한시 속에서 나타나는 경우여야 시가사적 연계성에 대해서도 어느 정도 의미가 있을 것이다. 정몽주의 <寄浙東佩玉齋鄭士安>(포은집 권3)은 중국 문인에게 보낸 한시인데, 제1구에서 "思佳人兮如玉"이라고 하여 '鄭士安'을 지칭하였다.[77] 그런데 ≪동문선≫에서는 제목

---

[76] ≪시경≫ '邶風' <簡兮>에 "云誰之思 西方美人 彼美人兮 西方之人兮"라는 말이 나오는데, 서주의 임금을 가리킨다. ≪시경≫ 작품과 해석은 김학주 역저(2010), 앞의 책, 174-177면을 참고한다.

[77] 시 전체는 다음과 같다. "思佳人兮如玉 隔滄海兮共明月 顧茫茫兮九州 豺狼當途兮龍

을 <思美人辭 寄浙東鄭士安>(동문선 권1)로 바꾸어 기록하고, 제1구도 "思美人兮如玉"으로 바꾸었다. 이러한 변화는 조선시대가 미인(美人)이라는 단어를 더 즐겨 쓰며 상대에 대한 마음을 나타내는 상황과 이 단어의 쓰임을 긴밀히 여겼다는 것을 보여준다.

고려 한시 중에서 정서의 <정과정>을 이으면서 16세기 정철의 전후미인곡 사이에 자리할 수 있는 작품으로는 이첨(李詹, 1345-1405)이 유배 중에 쓴 다음의 한시가 있다.[78] 참소당한 억울한 신하가 연군지정을 드러내면서 님을 미인(美人)이라고 칭하였다.

<有所思>(동문선 권8, 양주동 역, 1968)
頭流山高南海深　　두류산 높디 높고 남해 바다 깊디 깊은데
瘴煙四塞淸晝陰　　장기가 둘러싸 대낮에도 어두운 곳
三年逐客苦留滯　　3년이나 쫓겨난 나그네는 괴로이 갇혀
懷歸更奈傷春心　　돌아갈 생각 더구나 이 몸 어이 견디리
<u>欲修尺書寄美人</u>　　편지나 한 장 써 미인에게 부치려 하나
塞雁不征河鯉沈　　기러기도 아니 오고 잉어도 잠겼네
山更高兮水更深　　산이 더욱 높고 물 더욱 깊으니
天涯地角力難任　　하늘가 땅 끝에 힘으로 어이하리
相思一夜夢中見　　하룻 밤 임 그리다 임을 꿈에 만나니
<u>美人遺我雙黃金</u>　　임께서 내게 황금 한 쌍을 주셨네

野戰 緇余馬兮扶桑 悵何時兮與遊讌 進以禮兮退以義 紳搢笏兮戴華簪 願一見兮道予意 君何爲兮江之南"

[78] 이첨은 1375년에 이인임, 지윤을 탄핵하다 유배를 가서 1388년에 해배되었고, 1391년에 다시 김진양 사건에 연루되어 유배간 적이 있다. (한국학중앙연구원, 한국민족문화대백과사전(https://encykorea.aks.ac.kr/)) 정구복(1999)의 해제에서는 1977년에 유배에서 풀려났으나 10년간 재야생활을 했다고 한다. 이에 대해서는 김동주 역(1999), ≪국역 쌍매당선생문집≫, 민창문화사, 60면과 해제 부분 참조.

不重黃金重人意　　황금은 안 중하고 사람의 뜻이 중하더니
　　　覺來金與人難尋　　꿈 깨자 금도 사람도 모두 찾을 길 없어라

　위 한시에서 화자는 미인과의 거리가 하늘가의 땅끝이라고 할 정도로 멀리 쫓겨나 있다. 억울함의 호소는 없는 대신 상사(相思)의 간절함이 전체적으로 극대화되어 있는 점이 <사미인곡>의 화자의 정서와 같다. 국어시가인 <정과정>이 억울함과 상사의 간절함을 모두 담고 있는데 비해, 이를 다루고 수용한 여러 한시에서는 전자가 주로 수용되고 있는 것을 앞에서 보았는데, 이 한시는 후자에 더 초점을 두고 있다는 점이 특이하다.
　우선, 제2, 3구를 보면 사방이 산으로 둘러싸여 괴롭다는 심정을 토로하고 있는데, <사미인곡>에서도 "올 적의 비슨 머리 얼킈연디 삼년(三年)일쇠"[79]와 같이 3년간 멀리 떨어져있다고 하였다. 한시에서는 산에 싸여 있으면서 괴로이 묶인 심정을 외형상의 공간과 내면의 시름 모두로 나타냈는데, <사미인곡>에서는 "마음의 매친 실음 텹텹(疊疊)이 싸혀 있어"로 내면의 시름을 첩첩으로 표현하는 변주가 보인다. 또 <사미인곡>에서는 님이 예전에 사랑하다가 이제는 그렇지 않다는 점을 광한전에서 모셨다는 구체적 사건을 통해 과거의 좋은 관계를 말하였으나 위 한시에서는 마지막 구를 통해 미래의 기대감을 보여준다. 미인이 황금을 준다는 것은 임금이 관직의 영광을 준다는 의미로 이규보의 한시에서도 보인다.[80]
　<속미인곡>과도 유사한 부분이 보인다. <속미인곡>에서는 님을 보고자 높은 곳으로 올라갔다가 다시 바다로 가지만 보지 못하는데, 위 한시에서는 이 두 가지 공간에 갇혀 님을 보지 못하고 편지도 없다는 내용이 위

---

[79]　≪송강가사≫, 통문관, 1954.
[80]　"四愁詩云 美人贈我金錯刀 注云 喩君榮我以爵祿" 이규보, ≪동국이상국집≫ 권5, <次韻吳東閣世文呈諸學士三百韻詩>중 이규보가 쓴 주(註)에 나오는 말이다.

한시의 제1구와 5, 6구에 나타난다. 또 <속미인곡>에서 꿈에 님을 보고자 하는 대목 역시 위 한시에서 마지막 네 구를 통해 님이 그리워 꿈에 만난 이야기를 하고 있다.

이렇게 고려 한시 속에는 다음 시대의 국어시가와 만날 수 있는 여러 시상이나 모티브, 주제의식, 구체화된 표현 등의 면에서 여러 공통점이 있다. 사대부의 처지에서 다룬 <정과정>이 많은 고려시대 사대부의 한시에 수용되면서 조선시대의 전후 미인곡으로 이어지고 있는 것을 볼 수 있었다.

11.5.4. 신라와 고려의 <처용가>

이외에도 고려 시인의 한시 속에 나타나는 국어시가는 다르게 인식하고 있는 경우도 보인다. <처용가>의 경우, 여러 시인에 의해 한시에 등장하는데 그 수용하는 바가 같지 않다. 다음은 이숭인의 시이다.

<十一月十七日夜聽功益新羅處容歌聲調悲壯令人有感>(도은집 권2)[81]
夜久新羅曲　밤은 깊은데 신라의 노래
停杯共聽之　잔 멈추고 다 함께 듣네
聲音傳舊譜　소리는 옛악보를 전하고
氣像想當時　기상은 당시를 생각하게 하네
落月城頭近　달빛은 성머리 근처에 떨어지고
悲風樹抄嘶　나무끝을 흔드는 바람이 슬프다
無端懷抱惡　마음에 품은 악은 끝없고
功益爾何爲　공익 너는 무엇을 하는가

---

[81] 이상현 역(2008), 한국고전번역원.

제목을 통해서 공익이라는 사람이 신라의 노래 <처용가>를 부르고 있는 상황에 쓰여진 시임을 알 수 있다. 함련을 통해 공익의 목소리처럼 신라의 노래가 소리를 통해 고려 당시까지 이어져온 사정을 알 수 있고, 신라 노래의 기상도 당시에 여전하다고 하였다. 그렇다면 이숭인이 들은 처용가는 ≪삼국유사≫에 나오는 신라 <처용가>로 보아도 무방할 것이다. 이에 기반해 경련과 미련을 보면 처용이 달밤에 집에 들어와 역신을 마주한 장면으로 보인다. 아내가 배신한 상황이 주는 슬픔, 그 앞에서 노래하고 물러서는 처용에 대해 시인은 슬프다고 하였다. 게다가 제7구는 처용의 이러한 선택과 달리 악에 악으로 대응하고 싶은 마음이 인간에게 끝없음을, 혹은 역신과 같은 악의 존재를 품은 이는 끝없음을 말하고 있다고 보인다. 이러한 점을 공익이 너무 잘 드러내고 있어서 제8구와 같이 마무리하지 않았나 싶다.

　제목과 이 마지막 부분에 주목해보면 이 한시는 공익의 노래를 들으면 인간이 마음에 품은 악이 드러나고, 처용처럼 대응하기가 쉽지 않다는 것을 절감하게 될 정도로 잘 불러서 짓게 된 것으로 보인다. 역신은 처용과 대비되는 악의 상징으로서 우리 안의 악을 마주하게 하고, 역신의 행동에 대해 동일한 악으로 대응하게 되는 것이 보통 사람의 심정일 것이다. 고려 <처용가>에서는 "둘은 내것인데, 둘은 뉘해인가"하는 신라 <처용가>의 마지막 대목이 없는 것을 볼 때에 궁중악으로서 처용을 신적 존재로 높이려는 의도, 그래서 혹여 악 앞에서 갈등하는 모습으로 보일 수 있는 대목을 삭제한 것은 아닐까 싶다. 반면 위의 한시에서 공익이 부른 것은 승구를 통해 신라 <처용가>를 들은 것으로 보인다.

　이숭인이 슬픈 성조에 주목하고 처용을 둘러싼 악과 처용이 당한 슬픈 상황에 더 주목하고 있는 것과 달리, 이색과 이제현은 처용을 유희적 존재로 본다. 이색의 <驅儺行>은 좀 길어서 해당 대목을 보면 다음과 같다.

<驅儺行>(목은시고 권21)[82]
(前略)
新羅處容帶七寶　　신라의 처용은 칠보를 몸에 장식하고
花枝壓頭香露零　　꽃가지 머리에 꽂아 향 이슬 떨어질 제
低回長袖舞太平　　긴 소매 천천히 돌려 태평무를 추는데
醉臉爛赤猶未醒　　발갛게 취한 뺨은 술이 아직 안 깬 듯하다
(中略)
海東天子古樂府　　원컨대 해동 천자의 고악부 가운데
願繼一章傳汗靑　　내 노래 한 장 이어서 역사에 전했으면
(下略)

위 한시는 역귀를 몰아내는 의식을 보고 쓴 것이다. 그래서 인용된 위 네 구는 화려한 처용의 면모를 볼 수 있다. 신격화된 존재로서 역귀를 없애는 역할이기 때문이다. 그런데 이색은 처용의 모습 가운데 술에 취해 춤을 추는 부분을 주목하고, 이 노래가 길이 전해지길 바라고 있다. 처용의 위엄이나 역귀를 이기는 액막이 부분보다는 화려한 모습의 처용이 술에 취해 춤을 추는 부분을 기록하고 말이다. 이러한 측면은 이숭인의 한시에서 느껴지던 바와는 다르다.

초점의 변화는 이제현에게서도 보인다. 이제현은 <소악부>에서 처용과 관련하여 다음의 시를 지었다.

新羅昔日處容翁　　옛날 신라의 처용 늙은이
見說來從碧海中　　푸른 바다에서 왔다고 하네
貝齒赬脣歌夜月　　자개 이빨 붉은 입술로 달밤에 노래하고
鳶肩紫袖舞春風　　솔개 어깨 자주 소매로 봄바람에 춤추네

---

[82] ≪목은시고≫ 권21, 임정기역(2002), 한국고전번역원.

이제현의 <소악부>가 기존의 국어시가를 한역(漢譯)해도 볼 만큼 원래의 노래를 잘 담은 경우도 많고, 그 중 <정과정>에 대해서도 앞에서 다룬 바 있다. 그런데 위 시를 보면 우리가 아는 신라 <처용가>의 내용과는 다르고, 오히려 배경설화를 잘 축소하여 담고 있다. 신라 <처용가>를 지칭하는 부분은 의 핵심은 달밤에 노닐다가 들어보니 아내가 역신과 함께 있더라는 부분에 있으나 전구(轉句)에 '歌夜月'밖에 없고, 여기서 '歌'가 처용이 불렀다는 그 노래이다. 그러니 노래 내용은 없고, ≪삼국유사≫에서 처용 이야기를 다룬 산문의 흐름을 따라 축약된 것에 가깝다.[83] 또한 처용을 묘사한 대목을 보면 달밤에 노래하고 봄바람에 춤추는 존재이다.

이제현의 이 한시를 소개한 ≪고려사≫ 악지에서도 역신의 이야기는 전혀 언급하지 않고 있다.[84] 이런 점에서 이제현의 처용도 신인(神人)으로서의 신적(神的) 존재보다는 유희적 존재로서 더 초점을 두고 있어서 이숭인이 수용한 <처용가>와 다르고 이색과 가깝다. 이제현보다 이색과 이숭인은 한 세대 더 뒤에 활동했던 인물인데, 이색과 이숭인의 때에는 이 두 가지 색깔의 <처용가>가 공존하며 향유된 것을 알 수 있다. 또 이숭인의 시대에도 고려 <처용가>와 함께 신라 <처용가>는 여전히 지속되고 향유되고 있다는 것을 추론할 수 있다.

---

[83] 이 점은 이제현이 민사평에게 소악부 화답을 종용하면서 쓴 시에 소동파의 예를 들어 여러 고사(故事)들을 엮는 방식이 가하다고 한 것을 상기시킨다. 소동파가 중국의 고사를 한시화하여 엮은 것처럼 이제현도 ≪삼국유사≫의 고사인 처용을 비롯해 여러 고사를 소악부로 엮은 것인데, 이에 대해서는 본서의 소악부 관련 장에 자세하다.

[84] ≪고려사≫ 권71, 악지, '속악', <處容> 新羅憲康王, 遊鶴城, 還至開雲浦, 忽有一人, 奇形詭服, 詣王前, 歌舞讚德, 從王入京, 自號處容. 每月夜, 歌舞於市, 竟不知其所在, 時以爲神人, 後人異之, 作是歌. 李齊賢作詩解之.

11.5.5. <벌곡조>, <포곡가>, <유구곡>의 관련 양상

<벌곡조>와 관련해서는 4.3. 예종의 한시와 국어시가를 비교하는 대목에서 다룬 바 있다. 앞장에서는 12세기의 시대적 배경과 관련하여 한시와 국어시가의 역할의 차이에 주목했다면, 여기서는 이를 수용한 김부식의 한시를 중심으로 살펴보고자 한다.

김부식(1075-1151)은 <聞教坊妓唱布穀歌有感>에서 옛노래를 <포곡가>라고 하여 뻐꾸기 노래를 언급하고 있다. 해당 작품은 다음과 같다.

佳人猶唱舊歌詞	가인은 오히려 옛 노래 부르는데
布穀飛來櫪樹稀	포곡새 날아오는 상수리나무 드무네
還似霓裳羽衣曲[85]	도리어 예상우의곡에
開元遺老淚霑衣	개원(開元)의 남은 늙은이들 눈물이 옷을 적신다

제목에서 <포곡가(布穀歌)>라고 하였는데, 뻐꾸기를 포곡조라고도 부르니 예종이 지은 뻐꾸기 노래인 <벌곡조>를 상기시킨다. 실제로 ≪동문선≫에는 제목 옆에 예왕(睿王)이 이 노래를 듣기 좋아하였다[86]는 제주(題註)가 남아있다. ≪고려사≫ 악지에서는 예종(재위 1105-1122)이 언로를 열기 위해 <벌곡조>를 지었다고 하였다. 한 곳에서는 이 노래를 좋아했다고 하고, 한 곳에서는 이 노래를 지었다고 하면서 모두 뻐꾸기가 나오고, 제목도 뻐꾸기 노래이니 이 <포곡가>는 예종이 지은 <벌곡조>일 가능성이 높다. 그런데 무슨 사연으로 예종이 좋아했다는 이 노래를 듣고 늙은

---

[85] <예상우의곡>은 무지개치마 깃 옷 노래로, 당 명황이 꿈에 선녀들이 이 옷을 입고 추는 것을 보고 깬 뒤에 만들어서 양귀비와 즐겼다고 한다. 안록산의 난 이후 늙은 이들이 누가 예상우의곡을 부르는 것을 듣고 눈물을 흘린 것이 전구와 결구를 구성하고 있다.

[86] ≪동문선≫ 권19, "睿王喜聽此曲"

신하는 울었을까.

　김부식의 한시 승구(承句)에서는 포곡새가 적고, 이 새가 날아와 앉을 만한 상수리나무도 적다고 하였다. 포곡새는 정사에 바른 말을 하는 역할만이 아니라 농사와도 관련되기 때문에 상수리나무가 적다는 것은 흉년인 때라는 것을 의미한다. 이와 관련해 14세기 초에 활동했던 정윤의(鄭允宜)의 5언절구 <書江城縣舍>(동문선 권20)의 전구와 결구에서 "布穀不知王事急 傍林終日勸春耕"라고 하여 왕의 일과 농사 모두 관련된 새임을 보여준다.

　한편, 전구(轉句)의 예상우의곡은 당 현종이 양귀비와 즐겼다는 노래로, 안록산의 난을 경험한 노인들이 이 노래를 들으며 태평했던 당시를 떠올리며 눈물을 흘렸다는 일화가 있다. 결국 <포곡가>를 들으면서 옛날을 떠올리고 우는 것, 그리고 지금은 흉년의 때인 것을 고려한다면 나라가 태평하지 못한 어려운 때인 것을 모두 말하는 것이다. 흉년으로 백성은 어렵고, 임금에게 충성스럽게 간언하는 충신도 적은 때라는 것이다. 예종이 노래를 지었던 당시의 김부식은 이제는 늙은이가 되었고, 나라를 잘 다스리려고 예종이 짓고 좋아했던 노래는 남아있으나 현실은 그렇지 않다는 것을 슬퍼하고 있는 것이다.

　여기서 잠시 앞에서 본 김극기의 <興海途上>을 상기해보자. 이 시에서는 남녀의 밀회에 빠져 농사철도 등한히 하고 현가(絃歌)에 빠져있는 것에 대한 비판적 태도를 본 바 있다. 이때 포곡조인 뻐꾸기를 통해 이를 보여주고 있어서 남녀관계를 다룬 민요 기반의 <유구곡(維鳩曲)>을 언급한 바 있다. 김극기의 시와 위의 김부식의 시를 종합하면 뻐꾸기가 등장함으로써 농번기와 풍년, 그리고 남녀 간의 밀회, 이 세 가지 일이 긴밀한 관련을 가지게 된다.

　이와 관련하여 김부식의 위 시에서 승구를 <포곡가>의 노랫말의 한 부분이라고 볼 가능성은 없을까. 고려가요가 여러 노래를 편집하고 합하여 재창작하는 방식이 특징이니 이를 반영한다면 "비둘기는 울음을 우는데 나는 뻐꾸기가 좋아. 그런데 상수리나무에 날아오는 뻐꾸기 드무네."정도의 흐름을 가정해볼 수는 있다. 뻐꾸기를 더 좋아하는데 그런 뻐꾸기가 드물다는 취지의 노래를 생각해볼 수 있을 것이다. 다만 예종이 지은 또 다른 노래인 <도이장가>를 떠올려보면 그런 방식은 취하지 않았다.

이와 관련하여 ≪신증동국여지승람≫ 권17(충청도 공주목)에는 '유구역(維鳩驛)'이 있고, 거기에 무의자 혜심의 시를 언급하면서 임금에게 제대로 간언하지 못하고 떠나가는 간신(諫臣)에 대해 임금의 잘못을 바로잡지 못했다는 내용을 담고 하였다. 우연의 일치라고 하기에는 역의 이름이 '유구'곡과 같다. 그렇다면 예종이 지은 <벌곡조>와 민요에서 가져온 <유구곡>이 예종 이후에 재편집을 통해 섞여 고려가요로 불리워질 가능성도 고려해보게 된다. 김부식이 들은 <포곡가>는 예종의 <벌곡조>에 민요 <유구곡>이 합해진 변형으로, 간언(諫言)의 역할을 한다는 전체 주제 하에 있다면 위 김부식의 한시와 ≪신증동국여지승람≫의 기록을 모두 납득할 수 있게 되기 때문이다.

이외에도 고려 한시에 언급되는 국어시가로는 안축의 <관동별곡>, <예성강> 등이 더 있다. 예성강은 개성 서쪽의 강으로 중국과의 교류가 활발한 곳이다. ≪신증동국여지승람≫ 권4, '개성부'에서도 이 지명을 소개하면서 <예성강>이라는 노래에 대한 ≪고려사≫ 악지의 기록을 소개하고 있다. 중국과의 교류가 활발한 곳이니 신라시대 때에는 당나라 상인도 활발히 오갔을 것이고, 그래서 이 노래도 지어지게 되었다.

이제현은 장단구로 지은 <巫山一段雲> '松都八景'(익재난고 권10)중 '西江風雪'에서 "高歌一曲禮成江 腸斷賀頭綱"이라고 하였다. 부부에게서 아내를 빼앗으려던 하두강의 이름을 언급한 것으로 보아 하여 ≪고려사≫ 악지에서 말한 <예성강>임을 알 수 있다. <예성강>은 2곡으로 되어 있다고 ≪고려사≫ 악지에 언급되어 있는데, <예성강>을 한시에서 다룬 또 다른 작품인 정포(鄭誧)의 <西江雜興>(동문선 권21)도 2수로 되어있다. <예성강>1곡은 내기바둑에 빼앗긴 아내로 뉘우치고 한탄하는 남편의 노래, <예성강>2곡은 다행히 남편에게로 돌아오게 된 아내의 노래이다.[87]

정포의 한시는 제1수는 빗발치는 가운데 잠을 못들고, 뱃사람이 '예성강' 부르는 것을 듣는다고 하였다.[88] 제2수는 강마을의 파리로 먹지도 못하였으나 곧 날씨가 좋아져서 창릉을 지나게 되었다는 희망으로 마무리하고 있다.[89] 두 한시가 예성강이라는 노랫말과 같을지는 알 수 없으나, 두 한시의 관계가 근심에서 희망으로 시상이 전환된 점이 주목된다. 특히 제1수의 화자는 비로 잠못들었다고 하였으니 비는 부부에게 닥친 고난을 상징하는 것으로 잠못드는 남편의 마음일 수 있고, 제2수는 파리로 먹기도 힘든 고통을 당했으나 비가 개여 원하던 곳으로 오게 되었다는 내용이니 아내의 사정과 마음을 표현한 것이라고 할 수 있다.

안축의 경기체가 <관동별곡>은 원송수(元松壽, 1324-1366)가 안축의 아들 안종원이 강릉 안찰사로 가는 것을 전송하며 쓴 시 <送安宗源赴江陵府使>에서 언급된다. 강릉 백성들이 아직도 안축의 어진 치리를 말하는데,

---

[87] ≪고려사≫ 권71, 악지, '속악', <禮成江> 歌有兩篇. 昔有唐商賀頭綱, 善棋. 嘗至禮成江, 見一美婦人, 欲以棋賭之, 與其夫棋, 佯不勝, 輸物倍, 其夫利之, 以妻注. 頭綱一擧賭之, 載舟而去. 其夫悔恨, 作是歌. 世傳, 婦人去時, 粧束甚固, 頭綱欲亂之, 不得. 舟至海中, 旋回不行, 卜之曰, "節婦所感, 不還其婦, 舟必敗." 舟人懼, 勸頭綱還之. 婦人亦作歌, 後篇, 是也.
[88] 제1수 전체는 다음과 같다. "靑山似畫滿蓬窓 細雨如絲灑石矼 已是夜闌淸不寐 舟人更唱禮成江"
[89] 제2수 전체는 다음과 같다. "江村秋後轉多蠅 對案時時食不能 早晩雨晴天氣好 飄然一棹過昌陵"

그것이 악부에도 아직 남아있다고 하였다. 그 악부의 노래는 안축이 지은 <관동별곡>일 가능성이 높다. 마지막 구에서 "應向樽前淚滿巾"[90]이라고 한 것을 보면 아버지의 인자한 치리가 아직 이 고을에 남아 기려지는 것에 대한 감동을 느낄 것이라고 한 것으로 보인다.

지금까지 고려시대의 한시에 나타난 국어시가에 대해서 살펴보았다. 고려 이전부터 불려오던 국어시가부터 고려 당대의 국어시가, 그리고 조선시대 이후 나타나게 되는 국어시가의 모습까지 나타난 것을 볼 수 있었다. 고려 당대의 국어시가의 흔적은 고려가요의 해석을 더 구체화시키는 것에 기여한다. 국어시가 내적으로만 볼 때에는 다양한 해석이 가능하지만, 한시에서 수용된 흔적을 통해서 그 의미가 더 좁혀지고 분명해지는 것을 볼 수 있었다. 또 조선시대 국어시가들이 고려 한시에 이미 있다면 그 또한 노래를 전하려는 고려 시인들의 의도라고 여겨진다. 수용사가 명확하지 않더라도 조선시대 국어시가가 시가사적으로 지속되어 온 흔적을 고려의 한시는 전해준다.

이렇게 한시에서 국어시가를 적극 수용한 현상은 고려시대는 한시가 국어시가를 수용하여 나타낼 수 있는 갈래, 곧 국어시가의 세계를 한시로도 나타낼 수 있다고 인식했다는 것을 의미한다. 이미 14세기 초중반에 이제현과 민사평이 국어시가를, 특히 민요를 한시화할 수 있다는 것을 보였는데, 소악부라는 형식이 아니라도 많은 시인들이 국어시가를 한시화함으로써 따로 개인적인 국어시가 창작을 하지 않더라도 국어시가의 세계를 한시를 통해서도 나타내고자 한 것을 보았다.

국어시가의 한시화는 어느 시대에나 있지만, 고려시대에는 어느 시대보

---

[90] 시 전체는 다음과 같다. "出按關東有幾人 漁樵猶說謹齋仁 至今樂府遺聲在 應向樽前淚滿巾"

다 적극 나타났다는 것을 볼 수 있었다. 한시가 문학의 중심으로 본격적으로 자리잡은 시대이자[91], 국어시가와 매우 가까운 친연관계에 있다는 것을 의미한다. 특히 고려 한시의 민요 수용은 상층과 하층의 정서를 더 보편화하여 고려인들의 보편적 정서가 형성되어 조선으로 이어지는 데에 기여했다고 본다. 민요에서 보자면 한시화를 통해 더 상승되는 측면이 있어서 이 과정을 통해서 조선시대 사대부는 국어시가를 더 적극 향유할 수 있는 기반으로 작용할 수 있었을 것이다. 이로 인해 조선시대에는 국어시가의 위상이 한시 못지 않게 점점 높아질 수 있는 변화가 더 적극 일어나 19세기에 이르면 한시를 짓지 않고 시조를 통해 한시의 세계까지 모두 나타내기에 이른다.[92] 19세기에 이르면 한시의 국어시가화라고 할 수 있는 현상이 나타났다면 고려시대는 그 반대이다. 19세기 이후는 근대 국문시의 시대로 나아가는 의미가 있다면, 고려시대는 중국 한시와 구별되는 우리만의 한시를 추구하는 데에 국어시가의 수용이 하나의 양상으로 나타났다고 보인다.

이번 장에서 살펴본 한시들은 대부분 ≪동문선≫에 수용된 것을 보고자 하였다. 이는 고려만의 특색이 아니라 조선에까지 수용되었다는 것을 함께 염두하였기 때문이다. 고려 한시에 국어시가를 담아내고, 또 노래를 지향하는 한시도 적지 않았음을 보았는데, 이들 한시가 대부분 ≪동문선≫에 수용되었다는 것은 15세기의 한시관 역시 다르지 않다는 것을 의미하는 것이기도 하다. 16세기 이후에야 사대부의 개인 서정시로서의 국

---

[91] 김인환 역해(2014), 『고려 漢詩 삼백수』, 문학과지성사, 6면에서도 이러한 견해를 보이고 있다.
[92] 이에 대해서는 정소연(2019), 「이세보, 조황, 정현석을 통해 본 19세기의 한시와 국문시가의 상관성」, 『조선시대 한시와 국문시가의 상관성』, 한국문화사, 633-720면.

어시가 창작이 활발하게 이루어지는 것을 생각해볼 때에 15세기도 한시를 통해 노래를, 또 국어시가를 수용하고자 하는 시가관을 가지고 있었다고 할 것이다.

12. 결론

　지금까지 본서는 세기별로 사대부와 승려에 있어서 한시와 국어시가의 상관성을 알 수 있는 단서를 최대한 추적해 논의를 진행하였다.
　10세기에는 균여의 향가 <普賢十願歌> 11수를 중심으로 최행귀의 한역시와 비교하고, 또 다른 장에서는 신라 향가에 비해 시적 특성이 강화되는 점을 살펴보았다. <보현십원가>는 한역시에 비하면 사람들 간의 관계에 더 주목하고, 연작성을 띤 향가로서의 특성이 강하다. 또한 신라 향가에 비해 다양한 탄사로 이를 기록문학으로서 옮기는 시적 특성이 더 강화되는 것을 보았다.
　11세기에서 12세기는 왕과 사대부 문인을 중심으로 향가가 지속적으로 향유되면서 한시도 함께 지은 현종, 예종, 윤언민, 정서 등과, 구비서사시이기도 한 신화를 한시화한 이규보의 사례를 살펴보았다. 이 시기까지는 아직 향가가 잔존하면서 한시와 함께 향유되는 시대라면 13세기 이후에는 경기체가가 등장하여 국어시가의 변화와 한시의 새로운 상관 관계의 국면을 보여준다.
　13세기에는 국어시가이면서 한시체를 가진 사대부의 경기체가 <한림별곡>과 승려 충지, 혜심의 한시에 나타난 국어시가의 특성, 일연의 ≪삼국유사≫에 나타난 한시와 국어시가의 상관성에 대해서 살펴보았다. <한림별곡>은 개인 서정시가 아니라 문인 사대부들이 함께 지은 것이다. 14세기에 시조, 안축의 경기체가가 지어지기 전까지 13세기 이후 국어시가는 개인 서정시가 아니라 공동체 향유가 특성인 점을 <한림별곡>은 잘 보여준다. 12세기 초·중반까지도 예종이나 정서 등 국어시가로 개인의 서정을 나타내었으나 그 이후 14세기 전까지 개인 서정시의 중심은 한시인 것을 이를 통해서도 알 수 있다.

무엇보다 <한림별곡>은 한문 문장구조의 한문구를 활용한 형식을 통해 한시체를 국어시가에 접목시켰다. 이러한 점에서 '한시의 국어시가화'라는 현상이 우리 시가사에서 나타나게 되는 중요한 변곡점이 된다. 이후 소악부와 같은 적극적 변화가 가능할 수 있는 토대로서 이러한 전변(轉變)을 보여주었다는 데에 매우 중요한 의의가 있음을 살펴보았다.

승려 시인에게도 개인 서정시로서의 국어시가는 이 시기에 볼 수 없다. 혜심이나 충지는 10세기 향가가 승려에 의해 향유된 전통을 잇기는 하였으나 실제 향가를 남긴 것은 아니다. 혜심의 <碁詞腦歌>와 충지의 <臂短歌>는 한시화된 국어시가의 모습을 보여준다. 그러나 두 승려 시인의 한시는 제목이나 형식면에서 노래를 표방하거나 노래가 가진 특성을 보이는 한시가 여럿 보인다. 고려가요의 후렴이나 향가의 탄사, 반복 어구, 구음(口音)의 사용 등을 통해 국어시가의 특성을 접목하고 있는 것을 볼 수 있었다.

≪삼국유사≫는 국어시가와 한시를 적극 기록하고 관심을 보이고 있어서 13세기에 한시와 국어시가의 상관성을 볼 수 있는 대표적 문헌으로 살펴보았다. 이 시기는 시가에 대한 관심이 높고 시가의 저변 확대를 꾀하는 시기로 이인로의 ≪파한집≫, 최자의 ≪보한집≫, 이규보의 ≪백운소설≫ 등 시에 대한 이야기를 다룬 문헌이 여럿 등장한다. ≪삼국유사≫

는 더 복합적 성격을 띤 문헌이지만 역시 시화(詩話)의 면모를 포함하고 있고, 전자의 시화집들이 한시를 중심으로 한 반면에 ≪삼국유사≫는 한시와 국어시가를 모두 적극적으로 다루고 있어서 대표 문헌으로 살펴보았다. ≪삼국유사≫는 과거의 국어시가에 대해 당대의 일연이 한시로 화답하며 스스로는 국어시가를 짓지 않았다. 이 역시 앞서 본 13세기의 여러 경향과 같이 국어시가를 개인 서정시로서는 잘 짓지 않는 시대적 특성을 보여준다.

≪삼국유사≫에서 한 조항에 국어시가와 한시를 모두 기록한 7개의 사례를 살펴보았는데, 국어시가는 구체적 경험과 사건 속에서의 화자의 감흥을 중심으로 하고 있다면 찬시는 해당 조항 전체를 요약하거나 아우르며 편명과 일치되는 내용으로 마무리하며 편명과 수미상응하는 역할이 강하다. 또 국어시가는 구체화된 고유명사가 드물어 누구에게든 적용가능한 포괄성과 보편성이 크다면 찬시는 해당 조항의 구체적 인물명이나 지명 등이 등장하여 특정 개인에 한정되는 점이 상대적으로 보이는 특성이다. 그러나 ≪삼국유사≫ 전체를 볼 때에 국어시가로도 찬시의 역할을 하는 경우가 없지 않아 한시와 국어시가의 위상은 대등하게 인식하고 있는 것을 볼 수 있었다.

14세기는 이러한 13세기를 배경으로 개인 서정시로서의 국어시가인 시조가 지어지고, 개인 작의 경기체가도 등장한다. 이러한 국어시가의 두드러진 전개 한편으로 한시에서도 소악부와 같이 국어시가를 직접 한시화하는 적극적 모습이 나타난다. 개인 서정시로서 국어시가의 창작과 한시를 모두 짓는 이중언어시인이 사대부 문인 가운데 여럿 나타나고, 이중언어시인이 아니더라도 한시에서 노래의 흔적을 다양하게 볼 수 있다. 또 승려 나옹 혜근의 한시를 불교 가사 <승원가>, <서왕가>와 함께 살펴보았다. 14세기와 관련하여 다룬 내용을 정리하면 다음과 같다.

첫째, 13세기는 형식을 자유롭게 하면서 국어시가를 한시화했다면 14세기 소악부는 형식은 절구와 같이 7언 4구로 고정하고, 내용을 국어시가로 재구성하였다. 무엇보다 이제현과 민사평이 남녀상열의 내용을 국어시가만이 아니라 한시인 소악부로도 나타내고, 여성 화자를 통해 이를 드러내는 수사법을 적극 활용한 것을 보았다.

특히 이제현의 소악부 9수와 민사평의 소악부 6수는 소동파의 장가(長歌)와 같이 개별작을 하나의 긴 연작성을 띤 일련의 긴 노래로 재구성하여 화자1과 화자2가 문답식으로 내용을 전개해나가는 것을 보았다. 이를 통해 여성 화자가 문답하며 님과의 이별 상황에서 그 원인을 제3자의 탓으로, 혹은 님의 탓으로 여기는 구성 방식이 이후 정철의 장가(長歌)인 <속미인곡>에서 수용된 점을 연관지어 시가사적 연속성을 볼 수 있었다.

또 번(飜)에 대한 두 가지 입장을 볼 수 있었다. 민사평은 한시든 국어시가이든 내용이 같다면 언어가 달라도 중복으로 보았고, 이제현은 번(飜)은 수용자의 느낀 뜻이 들어가므로 새로운 노랫말이라고 여겼다. 이외에도 두 시인은 우리의 고사를 활용한 우리 한시에 대해 고민하며 소악부를 통해서 한국적 한시를 추구한 바를 볼 수 있었다.

둘째, 사대부 이중언어시인 중에는 안축과 같이 경기체와 한시를 함께 짓는 경우도 있고, 시조와 한시를 함께 지은 우탁, 이조년, 이색, 원천석, 정몽주, 이존오, 길재, 정도전 등의 경우도 있다. 한시 작품수에 비해 시조는 1수~4수까지 훨씬 적은 편이지만 이러한 자료의 실상 자체가 14세기 사대부 문인에게 있어서의 한시와 국어시가의 상관성을 보여준다. 한시와 시조에서 다른 주제를 유사하게 다룬 시인도 있지만 그렇지 않은 경우도 있어서 하나로 결론내릴 수 없지만 서로 교류하는 관계 속에서 시조 창작이 고려후기에 나타나 개인의 서정시로의 통로가 국어시가로도 확대된 점이 중요한 변화이다.

셋째, 이중언어시인으로 승려 시인 나옹 혜근의 한시와 두 가사 <승원가>와 <서왕가>를 비교하였는데, 특히 작품 속에서 이야기하는 대상, 작품의 제재와 내용, 작품의 형식을 중심으로 살펴보았다. 이야기 대상을 비교한 결과, 한시와 가사 모두 자기 고백적 성격과 타인을 향한 전언적 성격이 모두 있다는 점에서는 유사하다. 그러나 한시의 청자는 최고상층인 왕에서부터 일반인까지라면, 가사의 청자는 성속 모두를 지칭하면서도 농부, 직녀 등 일반 백성을 향한 측면이 더 강하다. 이런 점에서 국어로 불교 시가를 창작한 의도를 읽을 수 있고, 이는 중세 자국어 종교 시가를 장편화하여 15세기 이후 <월인천강지곡>의 앞선 사례로서의 의미를 가진다.

혜근은 기존에 즐겨 짓던 갈래인 한시 외에도 가사 창작을 통해 더 많은 이들에게 염불과 극락왕생을 전하고자 하였고, 그 결과 고려시대 국어시가의 향유층이 확장되고 갈래의 다양성에도 기여하였다. 또한 <보현십원가> 이래 한문 경전의 국어시가화를 이으면서 지식의 대중으로의 확장에도 기여해 대중을 대상으로 하는 국어시가의 교술적 갈래를 마련했다는 의의가 있다. 이로써 고려 후기, 특히 14세기 한시와 국어시가의 관계에 있어서 한시에 대응하는 국어시가의 문학사적 위상을 보여준다.

이외에도 국어시가를 직접 개인적으로 짓지는 않았지만 한시를 통해서도 노래를 지향하고, 국어시가를 수용한 여러 시인들의 한시를 살펴보았다. 시와 노래를 다르지 않게 인식하고, 한시를 통해서도 국어시가를 담고자 하는 방향성을 확인할 수 있었다. 고려가요에서 남녀 간의 상사(想思)를 다룬 경우가 많다고 하지만 고려 한시에서도 이 점을 볼 수 있었다. 고려 한시가 국어시가의 세계를 최대한 수용하고 있어서 <보현십원가>의 한역이나 '소악부'와 같은 직접적 한시화가 아니라도 국어시가의 한시화를 보이는 여러 측면을 볼 수 있었다.

한시만 지은 시인들의 작품 속에 수용된 국어시가는 민중이 향유하던 노래와도 긴밀한 관련을 가지고 있다. 잘 알려진 고려가요만이 아니라 이름모를 민요들도 볼 수 있었고, 나아가 조선시대에까지 지속적으로 지어지는 국어시가의 고려시대적 존재 양상을 한시를 통해 살펴볼 수 있었다. 이를 통해 ≪고려사≫ 악지나 ≪악장가사≫와 같은 문헌에 남아있지 않는 고려의 국어시가들도 그 편린을 볼 수 있었던 바, 이를 통해 조선시대의 어부가나 사시가 등의 시조, 상사류의 가사 등이 고려시대에 존재했던 양상을 볼 수 있었던 점이 수확 중 하나이다. 이로써 조선시대의 특정 시가군을 이루는 시조나 가사가 고려시대에 존재하다가 이후 문학사의 표면에 적극 드러나게 된 정황을 살펴볼 수 있었다.

그런데 그 반대의 방향도 주목해야 한다. 곧, 한시를 가요에 접목하려는 움직임으로 악장에서 한문가요나 현토가요가 그것이다. 고려 한시에 나타난 국어시가 중 어부가류는 바로 이러한 방향성을 예고하는 것이다. 중국 한시의 어부 형상의 전통과 접목되는 지점도 있지만, 결과적으로 한시를 국어시가화한다는 것은 앞에서 본 국어시가와 한시의 긴밀한 상관성을 기반하여 국어시가의 저변이 확장되어가는 것을 의미한다. 국어시가의 한시화를 통해 다시 한시의 국어시가화의 변화가 이루어지는 변곡점 역시 고려후기에 이루어진 것이다.

본서는 한시와 국어시가의 상관성을 살펴보는 오랜 작업의 마지막 부분으로서 이전 연구와 비교하며 논의를 마무리하고자 한다. 고려시대는 국어시가를 한시에 수용하여 노래를 지향하는 한시 창작, 한시체 국어시가, 한역시 등의 양상이 나타나 한마디로 국어시가의 한시화가 적극 드러났다고 할 수 있다. 그러나 조선시대, 특히 19세기에 이르면 이와 반대의 현상이 나타난다. 한시를 짓지 않고 시조를 수백 수 짓는 이세보와 같은 경우가 그러한 예이다. 이세보는 그간 한시로 짓던 세계를 시조로도 모두 나타낼 수 있음을 보여주었다.[1] 이인로가 소상팔경에 대응하는 한국 한시로서의 팔경시를 쓴 이후 안축은 경기체가로 팔경시를 보여주었고, 이세보는 시조로 이를 이루었다.[2] 고려시대는 국어시가의 세계도 한시를 통해서 담고자 했고, 조선시대는 한시로 나타내던 것을 점점 국어시가가 모두 잠식해 가더니 20세기는 전통 한시마저 번역하여 자유시화하였다.[3]

본서는 국문(國文)이 생기기 전인 고려시대에는 과연 한시와 국어시가가 어떤 관련을 가지고 전개되었는지, 특히 국문의 존재 이전에 국어시가는 어떻게 존재했는지를 살펴보고자 하였다. 10세기에는 향가가 기록될 수 있었으나 14세기 이후 시조가 등장하기 전까지는 13세기 경기체가인 <한림별곡>과 같이 한시체의 모습을 보이거나 14세기 소악부의 형태로 남을 수 있었다. 또 고려시대에 국어시가는 직접 남기지 않았어도 한시를 통해 민요 한시를 짓는 등 다양한 방식으로 국어시가를 한시에 수용하여 남겼다. 한시를 모두 국문시가화하는 것이 가능하여 사대부라도 한시는 짓지 않고 국문시가만 짓는 것이 19세기의 양상이라면, 고려시대는 그 반대로 국어시가를 한시화하였던 것이다. 소악부도, 경기체가도 그러한 노력의 하나이고, 국어시가는 짓지 않고 한시만 지은 더 많은 고려의 시인들이 국어시가를 모두 한시로 나타내고자 했다.

14세기는 한시에서 벗어나 개인 서정시로 국어시가가 창작되어 이러한 분리가 시작된 시기이다. 이후 조선시대에 본격화되면서 19세기는 이제 국어시가로 수렴되고, 20세기 이후 고전시가는 다시 근대시로 수용되었다. 14세기를 분기점으로 그 이전은 국어시가의 한시화의 시대로, 그 이후는

---

[1] 정소연(2019a), 「이세보, 조황, 정현석을 통해 본 19세기의 한시와 국문시가의 상관성」, 『조선시대 한시와 국문시가의 상관성』, 한국문화사.
[2] 이세보의 팔경시조에 대해서는 김승우(2020), 「왕족 출신 시조 작가 이세보의 <순창팔경가>」, 『옛 문학에서 발견한 전라북도 문화풍경』, 태학사, 256-287면 참조.
[3] 정소연(2019b), 『20세기 시인의 한시 번역과 수용』, 한국문화사.

한시와 국어시가의 분리의 시대로, 19세기 이후는 한시의 국어시가화의 시대로 크게 그 흐름을 나눌 수 있다.

또, 이제현의 소악부는 짧은 시형에 담았다는 점에서 20세기 시의 소곡화 현상과 관련지어 볼 수 있다. 소곡(小曲)은 짧은 시를 노래의 틀에 넣어 부르는 것인데, 7.5조의 형식은 바로 소곡에 넣기 좋은 형태여서 20세기 전반기에 유행하였다.[4] 이제현의 소악부 역시 7언 4구의 짧은 시로 노래와 만나기 가장 좋은 형태의 한시로 여긴 것으로 보인다. 노래와 시가 만날 때의 특정 시형식이라는 점에서 유사하다. 고려시대에는 국어시가를 한시화하고, 20세기에는 한시를 국어시가화하는 점이 시대적 특징인 만큼 고려의 소악부와 20세기의 소곡은 노래의 시화와 시의 노래화라는 점에서 각 시대의 상반된 방향성의 특징을 시와 노래의 만남이라는 지점에서 또한 잘 보여준다.

고려 시가와 20세기 시 모두 여성 화자를 적극 등장시키고 있는 것은 노래와도 밀접하다. 20세기 전반기 시인들은 여성 한시를 적극 번역하였고, 시인들의 시 창작에서도 여성 화자가 등장하는 경우가 많다. 현대시는 노래와 많이 멀어졌지만, 20세기 전반기는 소곡에 얹어부르는 등 노래화된 시가 적지 않았다. 고려가요 역시 시문학으로서보다는 노래의 특성이 강하고, 소악부라 할지라도 그 기반은 고려가요에 두고 있으면서 노래에서 주로 많이 등장하는 여성 화자를 취한 점이 특징이다. 한시를 중심으로 하는 기록문학에서는 상층 남성이 중심이 되지만, 우리말로 부르는 노래인 구술문학에서는 여성 향유층이 중심을 이룬다. 이러한 특성이 20세기 전반기 시가 여성을 시문학의 독자로 수용하고자 노래와 넘나들며 여성 화자를 취한 측면이 있을 가능성이 있다.

---

[4] 이에 대해서는 정소연(2019b), 위의 책 참조.

고려시대는 원 간섭기를 상당 기간 거쳤다는 점에서 20세기 일제강점기를 보낸 점과 유사한 측면이 있다. 20세기 한시 번역의 의미는 다양하지만, 그 중 일제강점기에 이루어진 한시 국역이라는 점에서는 일본의 강점 속에서 일본보다 우세했던 중세 시대의 한국과 중국의 문학을 재음미하고 당시 가졌던 한국문학의 보편성과 특수성을 근대문학으로 가져오는 작업이었다고 할 수 있다.

이런 점에서 고려시대의 원 간섭기의 한문학과 자국어문학도 바라볼 수 있는 측면이 있다. 한시 속에 국어시가를 여러 방식으로 수용하고 나타낸 점은 자국시가로서의 한시를 추구한 결과라고 할 수 있다. 비단 원 간섭기만이 아니라 고려만의 한시를 형성하고 찾아가는 과정 속에서 고려시대 한시에서 나타난 현상들, 곧 민요의 한역시인 소악부, 향가의 한역시 외에도 국어시가의 한시화라 할 수 있는 고려 한시에서 보이는 특성들은 중국 한시에 대응하여 우리만의 한시, 나아가 우리만의 시가를 모색하는 방향의 일환이었다. 한문이라는 언어매체를 활용하여 민족 시가를 만들어내려는 노력의 결과물로서 한문학에 대한 민족어문학의 구체적인 대응을 볼 수 있었다.

본서는 한시와 국어시가를 모두 지은 이중언어시인의 경우도 보았지만, 한시만 지은 시인의 경우도 많이 다루었다. 조선시대에 비해 이중언어시인이 적고, 특히 국어시가를 개인적으로 지은 경우가 압도적으로 적다. 이러한 상황 속에서 한시에 나타난 국어시가를 살펴본 것이라서 그 결과에 일정 정도의 한계를 가진다. 조선시대에 한시만 지은 시인의 작품만을 별도로 다룬다면 본서 11장과는 어떻게 같고 다를지 의문이 남는다.

| 참고문헌 |

1. 자료

≪高麗史≫(국사편찬위원회, https://db.history.go.kr)
≪高麗史節要≫(국사편찬위원회, https://db.history.go.kr)
≪朝鮮王朝實錄≫(국사편찬위원회, (http://sillok.history.go.kr)
≪新增東國輿地勝覽≫(한국고전종합DB, http://db.itkc.or.kr)
≪俗樂歌詞≫ (김명준 주해(2004), 『악장가사 주해』, 다운샘 소재 영인본)
≪時用鄕樂譜≫(문숙희(2012), 『시용향악보 복원 악보집』 소재 영인본)
≪樂學軌範≫(성현 외 찬, 김지용 해제(2011), 『악학궤범』, 명문당(일본 名古屋 蓬左文庫 영인본)
≪靑丘永言≫(김천택 편, 권순회·이상원·신경숙 주해(2017), ≪진본 청구영언≫, 국립한글박물관)
≪海東歌謠≫(황충기 편저(1995), ≪校注 海東歌謠≫, 태화)
≪全唐詩≫
≪靑丘詩鈔≫ (일본 동경대 오구라문고본)
≪念佛普勸文≫(해인사판, 1776, 홍문각, 1978)
≪韓國佛敎全書≫(동국대학교 한국불교전서편찬위원회(1984), 동국대학교 출판부)

권근, ≪陽村先生文集≫(이하 개인문집은 모두 한국고전종합DB, http://db.itkc.or.kr)
김만중, ≪西浦漫筆≫, 문림사, 1954.
길재, ≪冶隱集≫(고전연구원(장순범 해제), ≪國譯 冶隱先生 言行拾遺 : 竝續集≫, 한국정신문화연구원, 1980)
김종직, ≪佔畢齋集≫

민사평, ≪及庵集≫
백문보, ≪淡庵逸集≫
서거정, ≪東人詩話≫
서거정 외,≪東文選≫
우탁, ≪尙賢錄≫(상현록편찬위원회(1990), ≪國譯尙賢錄≫)
원천석, ≪耘谷詩史≫(강원도 원주시(2016), 1·2·3, 휴먼컬쳐아리랑)
유방선, ≪泰齋集≫
윤선도, ≪孤山遺稿≫(이형대·이상원·이성호·박종우 역(2004), ≪국역 고산유고≫, 소명출판)
이곡, ≪稼亭集≫
이규보, ≪東國李相國集≫
이달충, ≪霽亭集≫
이숭인,≪陶隱集≫
이색, ≪牧隱集≫ (여운필·성범중·최재남 역(2000~2007), ≪역주 목은시고≫, 월인.
이이, ≪栗谷全書≫
이익, ≪星湖全集≫
이인로, ≪破閑集≫(박성규 역주(2012), ≪역주 파한집≫, 보고사)
이제현, ≪益齋亂藁≫
이존오, ≪石灘集≫(이창우·이종락·정광순 역주(2008), ≪增補譯註 石灘集≫, 기창)
이첨, ≪쌍매당집≫(김동주 역(1999), ≪국역 쌍매당선생문집≫, 민창문화사)
이현보, ≪聾巖集≫
이황, ≪退溪集≫
일연, ≪三國遺事≫(고전연구실(리상호) 역(2004), ≪新編 三國遺事≫, 신서원 ; 권상로 역해(2007), ≪삼국유사≫, 동서문화사 ; 김원중 역(2007), ≪삼국유사≫, 민음사)
정도전, ≪三峰集≫
정몽주, ≪圃隱集≫(포은학회 편(2007), ≪포은선생집≫, ≪포은선생집속록≫, 한국문화사)

정철, ≪송강가사≫, 통문관, 1954.
정포, ≪雪谷集≫
최자, ≪補閑集≫ (박성규 역주(2012), ≪역주 보한집≫, 보고사)
충지, ≪圓鑑國師集≫(이상현 역(2010), ≪원감국사집≫, 동국대학교출판부)
혁련정, ≪均如傳≫(최철·안대회 역주(1986), ≪역주 균여전≫, 새문사)
혜근, ≪懶翁禪師語錄≫(무방 혜오 편역강해(2006), ≪나옹선사어록≫, 명상)
혜심, ≪無衣子詩集≫(유영봉 역(1997), ≪國譯無衣子詩集≫, 을유문화사 ; 주호찬 편역(2007), ≪무의자 혜심의 송고와 게송≫, 한국학술정보)

소동파, 류종목 역주(2012), ≪소동파시집≫ 1, 서울대학교출판문화원.
劉禹錫, ≪劉賓客文集≫, 中華書局, 1966.
劉禹錫, 梁守中 譯注(1991), 倪其心 審閱, ≪劉禹錫詩文選譯≫, 巴蜀書社.
유우석, 유성준 편저(2002), ≪(제2판)劉禹錫詩選≫, 문이재.
이백, 신하윤 편저(2002), ≪(제2판)李白詩選≫, 문이재.

국립국악원(2017), ≪풀어쓴 민요≫, 국립국악원.
김인환 역해(2014), ≪고려 漢詩 삼백수≫, 문학과지성사.
김태준 편(1934), ≪조선가요집성≫, 조선어문학회.
김학주 역저(2010), ≪(새로 옮긴) 시경≫, 명문당.
민족문화추진회(1985), ≪국역 신증동국여지승람 III≫.
명연 저, 정우영·김종진 역(2012), ≪염불보권문≫, 동국대학교출판부.
박을수 편저(1992), ≪한국시조대사전≫, 을유문화사.
신방현 편(1922), ≪列聖受敎≫(국립중앙도서관 소장본), <平山申氏高麗太師壯節公遺事>, 일풍활판소.
신호열·양주동·김달진 역(1982), ≪(수정 중판)국역 동문선≫II, 민족문화추진회.
심재완(1972), ≪교본역대시조전서≫, 세종문화사.
여운필 역(2011), ≪역주 고려사 악지≫, 월인.
이운허 역(2006), 『대방광불화엄경』 1·2, 동국역경원.
이종찬 역주(1998), ≪한국한시대관≫, 이회문화사.

이화여자대학교 한국여성연구소 편(1977), ≪한국여성관계자료집≫ 중세편 권下, 이화여자대학교 출판부.
임기중 편저(1987), ≪역대가사문학전집≫, 동서문화원.
임기중 외(1997), 『경기체가 연구』, 태학사.
임기중(2000), 『불교가사 원전연구 : 한국 발원노래 모두 모음』, 동국대학교 출판부.
임세권·이우태 편저(2014), ≪韓國金石文集成≫ 권29, 한국국학진흥원.
임종욱 편저(2010), 『중국역대인명사전』, 이회문화사.
전규태(1968), ≪고려가요≫, 정음사.
정재호 편(1984), ≪韓國雜歌全集≫2, 계명문화사.
최연식 편저(2014), ≪韓國金石文集成≫ 권27, 한국국학진흥원.
한국고전번역원(1976), ≪(3판)국역동문선≫ 1, 민족문화추진회.

2. 연구논저

강석근(2007), 「和諍的 觀點에서 바라본 두 僧侶의 行迹과 詩文學」, 『한국사 상과 문화』 37, 한국사상문화학회, 75-100면.
강전섭(1984), 「나옹화상작 가사 4편에 대하여」, 『한국언어문학』 23, 한국언 어문학회, 1-12면.
강전섭(1986), 『한국시가문학연구』, 대왕사.
강헌규(1989), 「'청산별곡' 신석-이규보 한시와 대비를 통하여」, 『어문연구』 17(2·3) 통합본, 한국어문교육연구회, 166-185면.
경일남(1987), 「삼국유사 소재 찬의 서사문학적 의미」, 『어문연구』 16, 어문연 구학회, 83-99면.
고운기(2001), 『일연과 삼국유사의 시대』, 월인.
고운기(2005), 「佛讚詩의 성격과 敍事上의 기능에 대하여: <삼국유사>의 讚을 중심으로」, 『傳統文化研究』 4, 용인대학교 전통문화연구소, 7-23면.
고정희(2018), 「향가의 서정적 쟁점과 전망-10구체 향가의 형식을 중심으로-」, 『한국시가연구』 45, 한국시가학회, 175-208면.

곽진(1990),「목은 이색의 풍속시 소고」,『민족문화』 13, 한국고전번역원, 39-66면.
구수영(1973),「나옹화상과 서왕가 연구」,『국어국문학』 62·63, 서울대학교 국어국문학회, 33-56면.
권두환 편(1998),『고전시가』, 한국문학총서1, 해냄.
권석환·김동욱·안장리 외(2002),『중국문화답사기 1 : 오월지역의 수향을 찾아서』, 다락원.
권영철(1958),「유구곡고」,『어문학』 3, 한국어문학회, 45-70면.
김건곤(2004),「고려시대의 일실 시화, 시평집 고찰-잡서, 속파한집, 동국문감을 중심으로-」,『정신문화연구』 94, 한국학중앙연구원, 3-25면.
김건곤 외(2007),『고려시대의 문인과 승려』, 파미르.
김건곤(2015),「고려 문인들의 팔경문학 향유에 대하여」,『장서각』 34, 한국학중앙연구원, 138-167면.
김경은(1986),「나옹 혜근의 시 연구」, 이화여자대학교 한국학대학원 석사학위논문.
김기종(2017),「향가와 그 한시의 관계」,『열상고전연구』 56, 열상고전연구회, 105-138면.
김기종(2019),「<서왕가>의 주제의식과 18세기 불교사의 맥락」,『한국시가연구』 46, 한국시가학회, 1-29면.
김기탁(1976),「나옹화상의 작품과 가사발생연원 고찰」,『영남어문학』 3, 한민족어문학회, 45-59면.
김동욱(2004),『고려 사대부 작가론』, 박이정.
김명순(1998),「조선후기 시조 한역의 양상과 의미」,『한국한문학연구』 22, 한국한문학회, 371-399면.
김명순(2000),「정현석의 시가 한역 양상 연구」,『동방한문학』 19, 동방한문학회, 257-289면.
김명순(2002),「신위 소악부의 독법과 그 의미」,『대동한문학』 17집, 대동한문학회, 201-231면.
김명준(2005),「<강호사시가(江湖四時歌)>의 창작 시기와 세계상」,『한국시가문화연구』 15, 한국고시가문학회, 75-98면.

김명호(1983), 「고려가요의 전반적 성격」, 백영정병욱선생환갑기념논총위원회 편, 『한국시가문학연구』, 신구문화사.
김문기(1997), 「가사 한역의 목적과 한역기법」, 『국어교육연구』 29, 국어교육학회, 23-44면.
김문기(1998), 「가사 한역가의 현황과 한역 양상」, 『모산학보』 10, 동아인문학회, 271-308면.
김문기(2000), 「십이가사의 한역 양상과 그 의미」, 『국어교육연구』 32, 국어교육학회, 2000, 87-114면.
김문기·김명순(1996), 「조선조 한역시가의 유형적 특징과 전개양상 연구(2)-한역기법과 전개양상을 중심으로-」, 『어문학』 58, 한국어문학회, 51-74면.
김방룡(2016), 「진각 혜심의 선사상 체계와 불교사적 의의」, 진각국사 선양회 편, 『진각국사의 생애와 사상』, 진각국사 선양회.
김상현(1993), 「향가와 게송과 불교사상」, 화경고전문학연구회 편, 『향가문학연구』, 일지사.
김상현(2005), 「『삼국유사』의 찬(讚) 연구」, 『동국사학』 41, 동국사학회, 1-28면.
김성규(2016), 「향가의 구성 형식에 대한 새로운 해석」, 『국어국문학』 176, 국어국문학회, 177-208면.
김성룡(2003), 「고려 중기 禪 사상과 문학 사상의 관련 양상 연구」, 『한국한문학연구』 32, 한국한문학회, 165-205면.
김성룡·류재민(2017), 「여말선초 시학사의 구도를 위하여 -방법으로서의 전고(典故)-」, 『한국한문학연구』 65, 한국한문학회, 7-56면.
김순자(1994), 「원 간섭기 민의 동향」, 『14세기 고려의 정치와 사회』, 민음사.
김순제(1982), 『한국의 뱃노래』, 호악사.
김승룡(2013), 『고려 후기 한문학과 지식인』, 지식을 만드는 지식.
김승우(2017), 『조선시대 시가의 현상과 변모』, 보고사.
김승우(2020), 「왕족 출신 시조 작가 이세보의 <순창팔경가>」, 『옛 문학에서 발견한 전라북도 문화풍경』, 태학사.
김영수(2016), 「악장으로 읽는 <만전춘별사>」, 고가연구회 편, 『새로 풀어본 고려가요』, 보고사.

김완진(1972), 「세종대의 어문정책에 대한 연구」, 『성곡논총』 3, 성곡학술문화재단, 185-215면.
김완진(1980), 『향가해독법연구』, 서울대학교출판부.
김완진(1996), 『음운과 문자』, 신구문화사.
김완진(2000), 「향가에 대한 두어 가지 생각」, 『향가와 고려가요』, 서울대학교출판부.
김유경(2016), 「고려 소악부와 속요의 관계」, 고가연구회, 『고려가요 연구사의 쟁점』, 보고사.
김은령(2018), 「『삼국유사』의 시가와 향가-찬시와 향가 속 '꽃'의 양상을 통해 본 상징과 층위-」, 『한국불교사연구』 13, 한국불교사연구소, 132-165면.
김은정(1996), 「형성기 한국한시 연구」, 서울대학교 일반대학원 석사학위논문, 32면.
김은정(2014), 「한국한시 형성 과정 고찰」, 『국문학연구』 30, 국문학회, 7-38면.
김재욱·송혁기(2014a), 「목은 이색 불교시의 일고찰」, *Journal of Korean Culture* 25, 한국어문학 국제학술포럼, 43-68면
김재욱·송혁기(2014b), 「도은 이숭인의 불교시 연구-승려와의 교유시를 중심으로」, 『한문학논집』 38, 근역한문학회, 195-220면.
김종렬(1992), 「영남시조문학의 형성배경과 사상에 관한 연구」, 안동문화연구소 편, 『우탁선생의 사상과 역동선생의 역사』, 안동대학교.
김종우(1971), 「나옹화상 승원가」, 『문창어문논집』 10, 문창어문학회, 109-121면.
김종진(2005), 「<서왕가> 전승의 계보학과 구술성의 층위」, 『한국시가연구』 18, 한국시가학회, 77-111면.
김종진(2011), 「고려 말 나옹선가의 동아시아적 연원에 대하여-<백납가>, <고루가>를 중심으로」, 『한국시가연구』 31, 한국시가학회, 271-303면.
김종진(2013), 「동아시아 禪歌와 자국어 시가의 관련성- 고려 말 가사 발생론을 포함하여」, 『동악어문학』 61, 동악어문학회, 213-239면.
김주한(1983), 「삼국유사 소재 찬에 대하여」, 영남대학교 민족문화연구소 편, 『삼국유사연구 상』, 영남대학교 출판부.

김진영(1988),「경기하여가와 <한림별곡>」,『경희어문학』9, 경희대학교 문리과대학 국어국문학회, 5-34면.
김진희(2015),「한국시가의 전통과 <가시리>」,『열상고전연구』44, 열상고전연구회, 203-236면.
김창룡(2018),『새로 읽는 고려의 명시가』, 보고사.
김태준(1932),「별곡의 연구」, 동아일보.
김학성(2009),「가사 양식의 전통 유형과 계승 방향」,『고시가연구』23, 한국고시가문학회, 147-179면.
김현주·서진영(2009),「중당(中唐) 유우석(劉禹錫) 사(詞)의 내용 분석」,『세계문학비교연구』29, 세계문학비교학회, 83-113.
김혜은(2010),「향가와 한시의 장르적 상보 관계 고찰」,『열상고전연구』32, 열상고전연구회, 423-452면.
김혜은(2011),「번역시가로서의 소악부 형성 과정과 번역 방식 고찰」,『한국시가연구』31, 한국시가학회, 247-270면.
남치형(2004),「돌바둑판 연구의 필요성」,『바둑학연구』1, 한국바둑학회, 163-171면.
노재준(2015),「고려 문인의『시경』에 대한 태도」,『태동고전연구』35, 한림대학교 태동고전연구소, 7-34면.
류연석(2014),「새로 쓰는 가사문학사2-발생기(고려말~성종)의 가사문학」,『오늘의 가사문학』2, 가사문학관, 16-49면.
박경주(1989),「고려시대 향가 전승과 소멸 양상에 관한 고찰」,『한국시가연구』4, 한국시가학회, 207-208면.
박경주(1994),「한시체 가요로서 본 <한림별곡>의 창작 방식」, 이상익 외,『고전문학 어떻게 가르칠 것인가』, 집문당.
박경주(1998),「고려시대 향가 전승과 소멸 양상에 관한 고찰」,『한국시가연구』4, 한국시가학회, 183-210면.
박경주(1998),『한문가요연구』, 태학사.
박경주(2009),『한국 시가문학의 흐름』, 월인.
박규홍(2011),『어부가의 변별적 자질과 전승 양상』, 보고사.
박기호(2003),『고려 조선조 시가문학사』, 국학자료원.

박노준(2018), 『향가 여요의 역사』, 지식산업사.

박병채(1977), 「<역대전리가>에 나타난 구결에 대하여」, 『어문논집』 20, 민족어문학회, 405-416면.

박성규(2011), 「고려후기(高麗後期) 한문학(漢文學)에 나타난 불교사상(佛敎思想) 연구(硏究)-원감국사(圓鑑國師) 충지(沖止)의 선시(禪詩)를 중심(中心)으로-」, 『漢字 漢文敎育』 27, 한국한자한문교육학회, 407-430면.

박완식(2000), 『한국 한시 어부사 연구』, 이회문화사.

박일용(1987), 「경기체가의 장르적 성격과 그 변화」, 『한국학보』 13(1), 일지사(한국학보), 40-59면.

박재금(1998), 『한국 선시 연구-무의자 혜심의 시세계』, 국학자료원.

박재금(2004), 「나옹 선시의 상징과 역설」, 고경식 외, 『고려조 한문학론』, 민속원.

박재금(2016), 「혜심의 선시에 나타난 역설」, 진각국사 선양회 편, 『진각국사의 생애와 사상』, 진각국사 선양회.

박재민(2013a), 『신라 향가 변증』, 태학사.

박재민(2013b), 『고려 향가 변증』, 박이정.

박주성·노재현·심우경(2011), 「입지와 장소 특성으로 본 암각바둑판의 의미와 문화재적 가치」, 『문화재』 44(4), 국립문화재연구소, 172-205면.

박천규(2002), 「중국 국가도서관 장본『보한집』과 고려 이장용 발문」, 『한민족어문학』 40, 한민족어문학회, 235-257면.

박해남(2010), 「악장가사본 어부가 재고」, 『반교어문연구』 28, 반교어문학회, 123-150면.

박현규(1995), 「이제현·민사평의 소악부에 관한 연구」, 『한국한문학연구』 18, 한국한문학회, 157-180면.

박혜숙(1991), 『형성기의 한국악부시 연구』, 한길사.

배규범(1993), 「무의자 혜심 시의 형식적 고찰」, 『고황논집』 13, 경희대학교 대학원, 67-91면.

변종현(1993), 『고려조 한시 연구-당송시 수용 양상과 한국적 변용』, 태학사.

변종현(2004), 『고려조 명가 한시 연구』, 경남대학교출판부, 201-215면.

서수생(1962), 「고려가요의 연구-익재 소악부에 한하여」, 『경대논문집』 5, 경북대학교, 277-326면.
서수생(1984), 「익제 소악부와 고려가요」, 『동양문화연구』 11, 경북대학교 동양문화연구소, 1-51면.
서철원(1993), 『향가의 유산과 고려시가의 단서』, 새문사.
서철원(1999), 「균여의 작가 의식과 <보현십원가>」, 고려대학교 석사학위논문.
서철원(2006), 「나말여초 향가의 지속과 변모 양상」, 『우리문학연구』 20, 우리문학연구회, 81-106.
서철원(2011a), 『향가의 역사와 문화사』, 지식과 교양.
서철원(2011b), 「鄕歌의 분절과 음보율의 양상을 통해 본 율격의 관습」, *Journal of Korean Culture* 17, 한국어문학국제학술포럼, 97-126면.
성범중(2006), 『東國四詠 研究』, 월인.
성범중(2013), 「牧隱 李穡의 풍속 관련 한시 一考」, 『한국한시연구』 21, 한국한시학회, 79-112면.
성호경(1989), 「한림별곡의 창작시기 논변」, 『한국학보』 56, 일지사, 56-78면
성호경(1990), 「익재 소악부와 급암 소악부의 제작시기에 대하여」, 『한국학보』 61, 일지사, 2-21면.
성호경(2005), 「사뇌가의 성격과 그 변천에 대한 시론」, 『시학과 언어학』 10, 시학과 언어학회, 7-30면.
성호경(2006), 『고려시대 시가 연구』, 태학사.
성호주(1979), 「고대한역 3가요에 대한 고찰」, 『수련어문논집』 7, 부산여자대학교 국어교육학과 수련어문학회, 151-164면.
손정인(2000), 『고려중기 한시연구』, 문창사.
손정인(2009), 「이규보의 <開元天寶詠史詩>의 구성원리와 표현양상」, 『고려시대 역사문학 연구』, 역락.
송정숙(1990), 「어부가계 시가 연구」, 부산대학교 박사학위논문.
신연우(2019), 「제주도 무가와 『삼국유사』의 삶의 의미 구현 방식」, 『한국무속학』 39, 한국무속학회, 67-91면.
신영심(1985), 「나옹 혜근의 선시 연구」, 『연구논총』 13, 이화여자대학교 대학원, 45-66면.

신은경(1998), 「『삼국유사(三國遺事)』의 삽입시가(揷入詩歌) 연구」, 『古典文學硏究』 13, 한국고전문학회, 31-68면.

신은경(2007), 「동아시아 문학에서의 산문/운문 혼합서술에 대한 비교연구 -한부(漢賦)의 영향을 중심으로」, 『국제어문』 40, 국제어문학회, 155-186면.

신재홍(2002), 「향가의 인용 구문과 시적 특성」, 『한국시가연구』 12, 한국시가학회, 5-26면.

심경호(2016), 「『三国遺事』の詩歌における様式区分」, *Journal of Korean Culture* 32, 한국어문학국제학술포럼, 191-236면.

안대회(2000), 『한국 한시의 분석과 시각』, 연세대학교 출판부.

안동문화연구소 편(1992), 『우탁선생의 사상과 역동선생의 역사』, 안동대학교.

안병태(2006), 『근재 안축의 생애와 문학』, 가람문화사.

안영이(2005), 『다시 쓰는 한국 바둑사』, 한국기원.

양희철(1989), 「균여 <願王歌>의 方便詩學」, 『어문논총』 6·7, 청주대학교, 241-260면.

양희철(1997), 「균여 <願王歌> 연구의 현위치」, 『모산학보』 9, 동아인문학회, 257-280면.

어강석(2010), 「익재 이제현의 동국 관련 시 창작과 의도」, 『어문연구』 38, 한국어문교육연구회, 415-440면.

여기현(1999), 『고전시가의 표상성』, 월인.

여기현(2007), 「시가 속 비둘기의 변용 - 〈유구곡(維鳩曲)〉 재해석을 위하여」, 『반교어문연구』 23, 반교어문학회, 107-134면.

여운필(1993), 「목은시의 민풍과 그 의미」, 『한국한시연구』 1집, 한국한시학회, 183-210면.

여운필(2004), 『고려후기 한시의 연구』, 월인.

여운필(2008), 「고려시대 한시와 국문시가」, 『한국한시연구』 16, 한국한시학회, 5-36면.

여운필(2007), 「고려 말기 문인의 승려 교유」, 김건곤 외(2007), 『고려시대의 문인과 승려』, 파미르.

여운필(2008), 「고려시대 한시와 국문시가」, 『한국한시연구』 16, 한국한시학회, 5-36면.

우쾌제(1992), 「역동 우탁의 사상과 문학」, 안동문화연구소 편, 『우탁선생의 사상과 역동선생의 역사』, 안동대학교.
윤덕진·성무경 편(2008), 『고금가곡: 18세기 중·후반 사곡(詞曲)가집』, 보고사.
윤덕진(2012), 「가사의 운율은 어떻게 형성되었는가」, 『번역시의 운율』, 소명출판.
윤덕진(2014), 『전통지속론으로 본 한국 근대시의 운율 형성 과정』, 소명출판.
윤덕진(2016), 「소악부 제작 동기에 보이는 국문시가관」, 고가연구회, 『고려가요 연구사의 쟁점』, 보고사.
윤성현(2016), 「속요의 장르적 특질과 서정성」, 고가연구회 편, 『고려가요 연구사의 쟁점』, 보고사.
윤영옥(1998), 「교화가사연구(1)」, 『한민족어문학』 33, 한민족어문학회, 257-313면.
윤주필(2017), 「고려 후기 불교 우언과 전기우언」, 『고전문학연구』 52, 한국고전문학회, 67-97면.
이구의(2001), 『고려 한시 연구』, 아세아문화사.
이기현(1994), 「<고산구곡가>의 한역악부에 대한 일고찰」, 『동아시아문화연구』 24, 한양대학교 한국학연구소, 1994, 53-90면.
이동근(1997), 「삼국유사의 편찬배경과 과정」, 『人文科學硏究』 16, 대구대학교 인문과학 예술문화연구소, 35-47면.
이동영(1996), 「나옹화상의 <승원가>와 <서왕가> 탐구」, 『사대논문집』 32, 부산대학교 사범대학, 1-28면.
이명구(1984), 『고려가요의 연구』, 신아사.
이병기(1955), 「시용향악보의 한 고찰」, 『한글』 115, 한글학회, 367-393면.
이병기·백철(1957), 『국문학전사』, 신구문화사.
이병철(2006), 「가사발생과 관련한 <서왕가>의 논의」, 『인문학연구』 10, 경희대학교 인문학연구소, 29-52면.
이병혁(1989), 『고려말 성리학 수용기의 한시 연구』, 태학사.
이병혁(2003), 『고려말 성리학 수용과 한시』, 태학사.
이상미(2007), 『진각 혜심의 게송문학』, 박이정.
이상보(1975), 『한국고시가의 연구』, 형설출판사.

이상혁(1999), 「문자 통용과 관련된 문자 의식의 통시적 변천 양상-최행귀, 정인지, 최만리, 이규상의 문자 의식을 중심으로-」, 『한국어학』 10, 한국어학회, 1999, 233-256면.
이승남(2018), 「『삼국유사』 기이편 무왕조의 서사적 의미소통과 향가 <서동요>」, 『동악어문학』 76, 동악어문학회(구, 한국어문학연구학회), 7-33면.
이승우(2010), 『바둑의 역사와 문화』, 현현각양지.
이승재(2017), 『시가, 목간에 기록된 고대 한국어』, 일조각, 2017, 208-250면.
이우성(1964), 「고려말·조선초의 어부가」, 『성대논문집』 9, 성균관대학교, 5-28면.
이우성(1976), 「고려 말기의 소악부」, 『한국한문학연구』 1, 한국한문학연구회, 5-18면.
이임수(2009), 「<역대전리가>와 형성기의 가사문학 고」, 『우리말글』 47, 우리말글학회, 305-340면.
이종군(1996), 「나옹화상 삼가의 형성 배경 연구」, 불경서당 훈문회, 『삼대화상 연구 논문집』, 불천, 149-192면.
이종군(1996), 「나옹화상의 삼가연구」, 부산대학교 대학원 박사학위논문.
이종묵(2003), 「한시 속에 삽입된 옛 노래」, 박노준 편(2003), 『고전시가 엮어 읽기』 상, 태학사.
이종찬(1980), 「고려문학의 형성과정」, 『조연현박사회갑기념논문집』, 석재회 갑기념논문집간행회.
이종찬(1982), 「불가의 한시」, 황패강 외, 『한국문학연구입문』, 지식산업사.
이종찬(2000), 『한국선시의 이론과 실제』, 이화문화출판사.
이지양(2007), 『홀로 앉아 금(琴)을 타고』, 샘터
이진(1984), 「최행귀 譯詩 고찰」, 『동경어문논집』 1, 동국대학교 경주캠퍼스 국어문학회. 151-176면.
이진규(2018), 「한림별곡(翰林別曲)의 형성과 성격 연구」, 『어문학』 139, 한국어문학회, 237-261면.
이진오(2007), 「고려시대 승려의 문인 교류」, 김건곤 외(2007), 『고려시대의 문인과 승려』, 파미르.
이태극(1974), 『시조의 사적 연구』, 이우출판사.

이형대(1997),「어부형상의 시가사적 전개와 세계인식」, 고려대학교 박사학위
논문.
이혜순(2004),『고려 전기 한문학사』, 이화여자대학교출판부.
이혼진(2006),「蘇東坡詞 硏究」,『퇴계학과 유교문화』38, 경북대학교 퇴계연
구소, 211-257.
인권환(1990),「나옹 왕사 혜근의 사상과 문학」,『한국불교인물사상사』, 민족
사.
인권환(1999),『한국불교문학연구』, 고려대학교출판부.
임주탁(1996),「고려가요 <安東紫靑>의 문학적 성격」,『관악어문연구』21,
서울대학교 국어국문학과, 297-337면.
임주탁(2004),『고려시대 국어시가의 창작·전승 기반 연구』, 부산대학교출판
부, 289-291면.
임주탁(2008),「維鳩曲의 해석과 伐谷鳥·布穀歌와의 관계」,『한국문학논총』
49, 한국문학회, 5-30면.
장원철(1995),「향가와 한시」,『한국한문학연구』15, 한국한문학회, 5-52면.
전재강(2012),『한국 불교 가사의 구조적 성격』, 보고사.
정민(2003),「한시와 고려가요 4제」, 박노준 편,『고전시가 엮어 읽기』, 태학사.
정병욱(1970),「한시의 시조화 방법에 대한 고찰」,『국어국문학』49·50, 국어
국문학회, 269-276면.
정병욱(1977),『한국고전시가론』, 신구문화사.
정병욱(1999),『한국 고전문학의 이론과 방법』, 신구문화사.
정병욱(1999),『한국시가의 탐구』, 신구문화사.
정병욱(2008),『(증보판)한국고전시가론』, 신구문화사.
정상홍(1996),「나옹선사의 <삼가사>형태에 대한 일고」, 불경서당 훈문회,
『삼대화상 연구 논문집』, 불천, 193-230면.
정소연(2006),「신흠의 절구와 시조 비교연구」, 서울대학교 박사학위논문.
정소연(2009),「<龍飛御天歌>와 <月印千江之曲> 비교연구 -양층언어현상
(Diglossia)을 중심으로」,『우리어문연구』33, 우리어문학회, 187-222면.
정소연(2010),「<普賢十願歌>의 漢譯양상 연구-향가와 한역시의 구조 비교를
중심으로-」,『어문학』108, 한국어문학회, 87-132면.

정소연(2012), 「≪삼국유사(三國遺事)≫에 나타난 고전시가 수용 방식과 현대적 의의」, 『국어교육』 138, 한국어교육학회, 223-257면.
정소연(2019a), 『조선시대 한시와 국문시가의 상관성』, 한국문화사.
정소연(2019b), 『20세기 시인의 한시 번역과 수용』, 한국문화사.
정소연·이종석 엮음(2020), 『해동유요 주해본』, 박이정.
정우영(2007), 「景幾體歌 <關東別曲>의 國語史的 檢討」, 『구결연구』 18, 구결학회, 251-288면.
정일남·이려(2019), 「牧隱 李穡의 詩와 『詩經』」, 『민족문화』 54, 한국고전번역원, 105-140면.
정재호(1983), 「歷代轉理歌의 眞僞考」, 『동방학지』 36-37, 연세대학교 국학연구원, 477-508면.
정재호(1985), 「서왕가와 승원가의 비교고」, 『겨레어문학』 10, 겨레어문학회, 401-422면.
정재호(2003), 「나옹작 가사의 작자 시비」, 『한국학연구』 19, 고려대학교 한국학연구소, 137-181면.
정진원(1997), 「나옹화상의 <고루가> 텍스트 분석」, 『텍스트언어학』 4, 한국텍스트언어학회, 21-47면.
정혜원(1980), 「고려한역시가고」, 『관악어문연구』 5, 서울대학교 국어국문학과, 97-114면.
정환국(2006), 「『삼국유사』의 인용자료와 이야기의 중층성 - 초기 서사의 구축 형태에 주목하여」, 『동양한문학연구』 23, 동양한문학회, 121-148면.
조동일(1999a), 『하나이면서 여럿인 동아시아문학』, 지식산업사.
조동일(1999b), 『공동문어문학과 민족어문학』, 지식산업사.
조동일(2005), 『(제4판)한국문학통사』 1·2, 지식산업사.
조연숙(2005), 「최행귀의 한역시 연구」, 『고시가연구』 16, 한국고시가학회, 279-305면.
조윤제(1949), 『국문학사』, 동국문화사.
조재룡(2015), 『번역하는 문장들』, 문학과지성사.
조평환(2011), 『한국 고전시가의 불교문화 수용 양상』, 조율.
조해숙(2005), 『조선후기 시조 한역과 시조사』, 보고사.

조해숙(2006),「백제목간기록 "宿世結業…"에 대하여」,『관악어문연구』31, 서울대학교 국어국문학과, 157-176면.
지준모(2005),「삼국유사 인용문헌고」,『삼국유사의 어문학적 연구』, 이회, 565-620면.
진성규(1982),「圓鑑國師 冲止의 憂國精神」,『論文集』13, 신라대학교, 53-86면.
최귀묵(1994),「冲止 시에 나타난 민족의식에 대한 비교문학적 연구」, 서울대학교 석사학위논문.
최귀묵(2002),「『삼국유사』<남백월이성>조에 나타난 일연의 문학비평 - <사>와 <계>에 대한 비평을 중심으로-」,『한국시가연구』12, 한국시가학회, 55-80면.
최규수(1998),「서포 김만중의 <관동별곡 번사>에 나타난 한역의 방향과 그 의미」,『한국시가연구』4, 한국시가학회, 257-286.
최규수(2000),「<사미인곡> 한역의 전개상과 그 의미」,『열상고전연구』13, 열상고전연구회, 107-128면.
최미정(1983),「고려가요와 역해 악부」, 우전신호열선생고희기념논총간행위원회,『우전 신호열선생 고희기념논총』, 창작과 비평사.
최미정(2004),「고려 궁중악의 국어가요와 한자시가 - 고려의 향악·아악에 대한 연구의 고찰-」,『대동한문학』20, 대동한문학회, 123-167면.
최윤정(2001),「高麗 前期 文學의 詩經詩 수용 양상 고찰 :『東文選』소재 冊文을 중심으로」,『이화어문논집』19, 이화여자대학교 이화어문학회, 107-134면.
최재남·최유진·김재현(1999),「『삼국유사(三國遺事)』기사(紀事)와 찬(讚) 연구」,『인문논총』12, 경남대학교 인문과학연구소, 5-25면.
최진원(1996),「고려가요 연구의 현황과 전망」, 성균관대 인문과학연구소 편,『고려가요 연구의 현황과 전망』, 집문당.
최형우(2016),「<서왕가> 사설의 전승과 향유의식 연구」,『열상고전연구』54, 열상고전연구회, 287-321면.
최형우(2017),「18세기 경상지역의 ≪보권염불문≫(1741) 간행과 수록 가사 향유의 문화적 의미」,『열상고전연구』60, 열상고전연구회, 151-188면.

하일식 편(2007), 『고려시대 사람들의 삶과 생각』, 혜안.
하정룡(2001), 「삼국유사 소재 찬에 대하여」, 『남도문화연구』 7, 순천대학교 도남문화연구소, 107-131면.
하정승(2011), 『한국 한시의 분석과 해석』, 역락.
한태식(2008), 「나옹왕사의 정토사상이 한국불교신앙에 미친 영향」, 『대각사상』 11, 대각사상연구원, 99-164면.
허경진(1987), 『익재 이제현 시선』, 평민사.
호승희(1993), 「신라한시 연구」, 이화여자대학교 박사학위논문.
황병익(2000), 「익재·급암 소악부의 제작과 그 배경에 관한 고찰」, 『한국민속학보』 11, 한국민속학회, 137-160면.
황패강(2000), 「≪균여전≫의 민속학적 이해-균여 설화와 향가를 중심으로-」, 『한국문화연구』 3, 경희대학교 민속학연구소, 311-332면.

3. 인터넷 사이트

국사편찬위원회, 한국사료DB(http://db.history.go.kr)
신병주·김범·고운기 외, 인물한국사
    (https://terms.naver.com/list.nhn?cid=59015&categoryId=59015)
한국고전종합DB(http://db.itkc.or.kr)
한국학중앙연구원, 디지털장서각(http://jsg.aks.ac.kr)
한국학중앙연구원, 한국민족문화대백과사전(http://encykorea.aks.ac.kr)

찾아보기

ㄱ

가시(歌詩)__8, 64, 66, 108, 109, 110, 111, 134, 175, 273
가시리__77, 379, 381, 382
가행체__108, 336, 348, 360
감동천지귀신__72, 180, 187, 263
강호사시가__238, 373, 375, 378
강혼(姜渾)__338
개원천보영사시__103, 106
개인 서정__64, 74, 119, 185, 190, 247, 248, 286, 298, 402, 405, 406, 407
게송__8, 9, 65, 134, 135, 157, 170, 171, 175, 177, 362
경기체가__5
경한__134, 282
계림요__188
고대가요__3, 17, 195, 245, 268, 269
고려 향가__57, 59, 62, 63, 64, 143
고려사 악지__3, 95, 98, 211, 231, 378, 384, 386, 396, 397, 399, 409
고려사절요__93
고루가__305, 311, 322
고분가__137, 142, 146
고사(故事)__169, 200, 209, 210, 212, 213, 214, 241
고산구곡가__372
공무도하가__17
공부(孔俯)__334, 362, 368, 369, 372

공자__370
공후인__16, 268
곽예__213, 214
관동별곡__235, 236, 237, 238, 247, 249, 250, 399, 400
굉연__5, 360, 371
구가__210, 220, 221
구곡가__356
구비서사시__100, 101, 102, 404
구삼국사__101, 102, 168
구술문학__160
구술성__44
구실등가__90, 92
구지가__17, 105, 130, 166, 195
국어시가화__5, 127, 129, 219, 334, 402, 409, 411
굴원__210, 220, 221, 362, 370, 389, 390
권근__201, 214, 288, 341, 366, 368, 369, 376, 377, 388
권한공__365
권홍__367
귀산곡__304
규원가__354, 356, 357
균여__3, 7, 8, 77, 101, 135, 162, 329
균여전__8
근체한시__13, 21, 156, 336
기녀__241, 242, 243, 244, 350, 362, 379, 380

기녀 시조__243
기사뇌가__3, 130, 137, 140, 142, 143, 146, 148
길재__3, 251, 276, 282, 288, 289, 290, 407
김극기__111, 161, 344, 361, 398
김만중__14, 334, 389
김부식__85, 86, 102, 213, 214, 397, 398
김시습__214, 388
김유신__379, 380
김종직__383
김찬__353

ㄴ ──

낙구__61, 274
낙도가__304
남녀상열__197, 198, 201, 202, 203, 205, 207, 208, 218, 219, 225, 226, 229, 231, 238, 239, 241, 243, 255, 284, 354, 355
납씨가__127
납씨곡__294
노동요__358, 359
노래화__347
농가월령가__361
농민__84

ㄷ ──

대구__49
대명사__25
도산십이곡__390
도산십이곡발__250
도솔가__3, 130, 171, 176, 178, 179, 268, 269
도연명__362, 373
도이장가__70, 71, 75, 80, 81, 87, 88, 106, 381, 399
도이장시__70, 87, 88, 106
동국사영(東國四詠)__213, 387
동국여지승람__86
동동__349, 378
동명왕 신화__101
동명왕편__3, 100, 102, 105, 106, 163, 169, 212
동문선__5, 92, 214, 257, 259, 267, 384, 390, 402

ㅁ ──

만신가__17
만전춘별사__389
맹사성__238, 373, 375, 376, 378
맹아득안가__58, 166, 171, 172
맹자__370
메타 한시__161
메타시__280, 298
명사구__118, 129, 249
모죽지랑가__70
몽금척__294
무애가__174, 176, 177, 179
무이도가__362, 370, 371, 372
문답__231
문덕곡__280, 294
문자문화__44
물계자가__187
민가(民歌)__358
민사평__3, 15, 39, 67, 96, 166, 192, 193,

찾아보기 431

196, 198, 199, 200, 201, 204, 211,
212, 213, 217, 220, 228, 229, 231,
232, 241, 242, 243, 245, 252, 255,
387, 401, 407
민요 한시__358

ㅂ ──

박효수__337, 338
배따라기__362, 363, 367, 375
백납가__305, 311, 322
백문보__241, 242, 245, 246, 304
백사음__228
백성__3, 84, 166, 175, 179, 232, 334, 348,
358, 359, 360, 408
백운소설__114, 163, 405
백원항__228
뱃노래__356, 358, 363, 364, 365, 366,
367, 371, 377
벌곡조__73, 81, 82, 86, 87, 92, 97, 140,
397, 399
변중량__95, 388
보우(普愚)__330
보한집__95, 114, 167, 405
보현십원가__3, 7, 21, 22, 52, 56, 58, 59,
61, 65, 91, 101, 135, 162, 311, 312,
329, 404, 408
보현십원송__3, 9, 52, 66, 135
보현행원품__9
비단가__3, 130, 155, 156, 283

ㅅ ──

사(詞)__75, 76, 146, 168, 170, 209
사뇌가__139, 141, 347

사대부__3, 115, 119, 128, 149, 160, 161,
190, 199, 202, 229, 242, 243, 244,
246, 251, 298, 299, 303, 306, 309,
319, 331, 356, 360, 362, 371, 377,
410
사미인곡__286, 389, 392
사시가__361
삼국사기__102, 167
삼국유사__3, 56, 57, 103, 114, 130, 162,
163, 164, 165, 166, 167, 168, 169,
170, 171, 176, 183, 184, 186, 187,
188, 189, 212, 263, 269, 333, 394,
405, 406
상사별곡__356
상저가__360
서거정__215
서경별곡__77, 211, 225
서동요__166
서사 한시__100
서왕가__136, 177, 191, 242, 300, 301,
304, 308, 310, 312, 315, 318, 320,
321, 324, 325, 326, 329, 330, 406,
408
서정시__79
서포만필__334, 389
선가__9, 135
선시__9, 135, 152
설손__351
설장수__364, 367
성시(聲詩)__75, 76
소곡(小曲)__411
소년행__224
소동파__76, 208, 209, 210, 220, 225,

228, 390, 407
소상팔경도__120
소악부__3, 5, 15, 16, 39, 67, 104, 112, 166, 190, 192, 193, 194, 195, 196, 197, 198, 199, 200, 203, 204, 208, 210, 211, 212, 214, 215, 220, 221, 229, 231, 240, 241, 245, 255, 259, 265, 382, 401, 407, 410
속미인곡__231, 286, 389, 392, 407
송인__77, 202, 348
송적팔경도__121, 122, 126, 145, 374
수보록__294
숙세결업가__16
승려__3, 73, 74, 132, 134, 136, 141, 149, 152, 153, 157, 161, 167, 179, 190, 191, 199, 282, 303, 306, 320, 331, 371, 405, 406, 408
승원가__136, 177, 191, 242, 300, 301, 304, 308, 309, 312, 313, 315, 317, 318, 324, 326, 330, 406, 408
시가사__53, 134, 169, 190, 220, 243, 247, 284, 285
시가일도(詩歌一道)__335, 342
시경__17, 69, 195, 274, 288, 297, 335, 342, 343, 344, 345, 350, 390
시뇌가__70
시여(詩餘)__66
시용향악보__81, 82
시인__109, 160, 298
시조__22, 25, 33, 48, 49, 51, 54, 79, 80, 191, 216, 251, 252, 255, 257, 258, 261, 270, 276, 284, 288, 289, 291, 292, 293, 294, 295, 296, 297, 298,

309, 376, 407
시화(詩化)__63, 101, 103, 167, 168, 169
신라 향가__57, 58, 59, 62, 63, 64, 72, 143, 186
신사(新詞)__201, 232
신증동국여지승람__98, 140, 335, 338, 379, 380, 381, 383, 387, 399
심광세__283
심우가__304
10구체__55, 57, 61, 64, 67, 139, 149, 157, 216, 274, 347, 352
쌍화점__119, 204, 228, 231

ㅇ
악장__15
악장가사__3, 5, 91, 115, 117, 127, 128, 131, 186, 231, 377, 378, 409
악학궤범__93
안동자청__197, 198, 228
안민가__58, 70
안축__3, 119, 191, 234, 235, 237, 239, 240, 246, 247, 249, 250, 364, 399, 400, 407, 410
양이시__346
어부__145
어부가__3, 5, 121, 126, 127, 128, 130, 146, 334, 356, 361, 362, 369, 372, 373, 377
어부사__143, 146, 368, 370, 372, 374
어부사시사__126, 127, 146, 375
여성__167, 187, 232, 241, 244, 245, 247, 334, 354, 355
여성 화자__208, 218, 219, 241, 245, 246,

찾아보기 433

285, 286, 353, 355, 356
역대전리가__304
연(聯)__45
연군(戀君)__283, 284, 291, 357
연작__22, 23, 39, 52, 407
연장체__91, 238
염불보권문__308, 324, 325
영주가__305
예상우의곡__86, 398
예성강__349, 399, 400
예성강곡__357
예종__3, 69, 70, 73, 80, 83, 85, 87, 89, 90, 92, 97, 106, 381, 397, 399, 404
오관산__203
옥수가__378
완산아요__188
완주가__311, 322
왕발__338
왕유__346
외적 자아__110, 281
용비어천가__15, 100
용저가__360
우욕가__17
우적가__58, 171, 182
우탁__3, 191, 250, 251, 252, 255, 257, 258, 277, 293, 298, 299, 357, 407
우희조가__139, 140
운묵(雲默)__330
원가__58, 171, 181, 187, 295
원송수__400
원천석__3, 111, 251, 275, 277, 280, 281, 282, 295, 297, 407
원효__171, 174, 176, 177, 179, 188

월명사__171, 176, 178, 179, 180
월명사 도솔가__187
월산대군__376
월인천강지곡__15, 100, 330, 408
유구곡__73, 81, 82, 345, 397, 398, 399
유방선__339, 340, 341
유숙__96, 387, 388
유우석__202, 203, 205, 207, 209, 210, 220, 221, 224, 384
윤선도__126, 127, 145, 309, 375
윤소종__331
윤언민__3, 69, 71, 73, 404
윤여형__5, 345, 359
융천사__186, 188
의종__94
이곡__248, 249, 259, 363, 367
이공승__379, 382
이규보__3, 100, 101, 105, 107, 108, 109, 110, 111, 112, 145, 159, 161, 163, 169, 212, 281, 283, 358, 392, 405
이달충__197, 336, 344, 347, 353, 356, 361, 370
이백__353, 362, 372, 373
이상곡__201
이색__3, 111, 196, 217, 251, 259, 260, 262, 263, 264, 265, 266, 267, 269, 270, 272, 275, 277, 288, 293, 297, 299, 304, 331, 341, 343, 357, 373, 375, 376, 377, 378, 383, 394, 407
이석형__359
이성계__388
이세보__409, 410
이소__389, 390

이수__349, 350
이숭인__96, 197, 265, 347, 387, 388, 390, 393, 394
이승휴__169
이앙가__339
이어(俚語)__67, 68, 155
이이__39, 372
이익__385
이인로__4, 92, 114, 120, 122, 126, 145, 163, 202, 340, 341, 345, 374, 379, 405, 409
이자량__343
이제현__3, 15, 39, 67, 96, 98, 111, 112, 166, 192, 193, 196, 197, 198, 199, 200, 201, 203, 204, 205, 208, 210, 211, 212, 213, 214, 215, 216, 217, 220, 221, 224, 225, 228, 229, 231, 232, 237, 241, 243, 244, 245, 252, 255, 259, 265, 266, 333, 343, 370, 382, 387, 395, 396, 399, 401, 407
이조년__3, 251, 257, 258, 271, 277, 293, 298, 299, 407
이존오__3, 251, 290, 291, 292, 293, 407
이중언어__11, 161, 190, 233, 234, 247, 251, 252, 280, 281, 283, 286, 299, 300, 331, 342, 406, 408, 412
이첨__391
이현보__126, 127
이혼__351
이황__39, 250, 297, 360, 390
인삼찬__195
인의(印毅)__347
일연__134, 162, 163, 169, 171, 177, 183, 189, 212, 404

ㅈ ──────

자진농부가__359
자하동신곡__201
작지천주가(斫支天柱歌)__188
장가(長歌)__208, 209, 225, 228, 231, 237, 407
장단구(長短句)__215, 216
장연우__3, 13, 77, 79, 80, 381
장진주사__352, 353
적벽부__390
전가(田家) 시조__361
절(節)__244, 246
절원가__189
정과정__71, 75, 92, 93, 96, 97, 98, 204, 213, 223, 225, 272, 295, 333, 386, 387, 388, 389, 390, 391, 392, 393
정도__14
정도전__3, 128, 251, 280, 282, 294, 295, 296, 297, 345, 368, 369, 370, 371, 372, 378, 388, 407
정동방곡__128
정몽주__3, 111, 247, 251, 276, 283, 284, 285, 286, 287, 291, 359, 363, 388, 390, 407
정서__3, 69, 73, 92, 93, 94, 95, 99, 210, 213, 214, 223, 272, 295, 391, 404
정석가__211, 225, 382
정약용__153
정윤의__398
정읍__228, 349
정읍사__384, 385, 386

정이오__359
정자후__256
정지상__77, 202, 348
정철__14, 231, 286, 352, 353, 389, 390, 391, 407
정추__96, 214, 387, 388
정포__197, 346, 351, 354, 355, 357, 400
정형시__22, 45
제망매가__58, 171, 176, 178, 180
제왕운기__169
제위보__198, 199
조선가요집성__308
주자__362, 371, 372
주희__370, 371
죽계별곡__119, 191, 235, 237, 238, 239, 247, 249, 250
죽지가__209, 240, 241, 242, 365
죽지사__201, 202, 203, 205, 206, 220, 224
진화__4, 120, 122, 126, 127, 145

ㅊ ──

찬기파랑가__58, 70
찬시(讚詩)__67, 104, 168, 170, 171, 172, 174, 176, 177, 178, 181, 182, 183, 184, 186, 189, 212, 312
창랑가__362, 366, 372, 377
창랑사__369, 370, 371, 372
채홍철__201, 256
처용__210, 211, 265, 333, 349, 395, 396
처용가__224, 228, 386, 393, 394, 396
천관__379, 380, 381, 382
청구시초__268

청구영언__292
청산별곡__100
촌중사시가__356
최당__213, 214
최언위__8
최자__95, 163, 167, 348, 349, 350, 374, 405
최치원__16, 268
최해__212, 346
최행귀__3, 8, 53, 65, 67, 77, 80, 108, 134, 135, 165, 175, 333
최호__337, 338
충담사__70
충신연주__229, 231, 243, 246, 284, 386, 389
충지__3, 114, 134, 152, 154, 158, 161, 193, 282, 283, 404

ㅌ ──

탁영가__366, 367, 368, 369
탄사(歎辭)__55, 56, 57, 58, 59, 61, 62, 67, 147, 148, 149, 155, 156, 157, 217, 261, 273, 282
태평곡__304
토굴가__304

(ㅍ)

파한집__92, 114, 202, 379, 405
팔관회__90, 91
포곡가__85, 86, 87, 397, 398, 399
풍요__166, 171, 173, 175, 179

ㅎ

한림별곡__3, 4, 113, 115, 116, 118, 119, 120, 127, 128, 129, 130, 131, 145, 185, 186, 190, 196, 236, 237, 238, 250, 260, 340, 404, 405
한문가요__3, 5, 76, 90, 91, 264
한송정__3, 13
한송정곡__78, 381
한수__96, 214, 387, 388
한시체__237, 269, 311, 409, 410
한시화__3, 4, 11, 12, 22, 67, 101, 112, 143, 148, 192, 193, 196, 219, 237, 242, 247, 264, 267, 358, 401, 402, 406, 408, 410, 412
한역(漢譯)__12, 23, 25, 29, 47, 52, 65, 153, 157, 165, 236, 352
한역시__3, 14, 15, 16, 19, 24, 26, 27, 30, 44, 51, 130, 133, 137, 171, 178, 404, 409, 412
한처령__346
한취__346
해가__105, 195
해동가요__292
해동악부__283
향가__7, 19, 21, 24, 26, 27, 30, 44, 51, 54, 72, 75, 77, 148, 158, 169, 172, 179, 180, 187, 189, 263, 269, 347, 352, 404
향악잡영__16
향풍체__67, 69
허난설헌__354, 357
헌화가__166
혁련정__162
현종__3, 69, 73, 89, 404
현토가요__3, 5, 127, 131
혜근__3, 134, 136, 242, 282, 300, 301, 304, 305, 306, 308, 309, 311, 320, 322, 329, 330, 360, 406, 408
혜성가__186, 188
혜심__3, 114, 132, 134, 136, 141, 142, 143, 146, 147, 148, 149, 152, 154, 158, 161, 175, 193, 282, 374, 404, 405
홍간__378
홍장__79, 80
화답__184, 185, 199, 212, 228, 363
화랑__74, 141
화산별곡__113
화엄경__9, 101, 174, 175, 321, 329
황석기__344
황조가__17, 140, 245, 268
후렴__5, 60, 114, 118, 127
후전진작__228